Gerhard Meyer   Meinolf Bachmann

Glücksspiel

Wenn der Traum vom Glück zum Alptraum wird

Springer-Verlag
Berlin Heidelberg New York London Paris
Tokyo Hong Kong Barcelona Budapest

Dr. rer. nat. Gerhard Meyer, Dipl.-Psych.

Universität Bremen
Institut für Psychologie und Kognitionsforschung
Grazerstraße 4, 28359 Bremen

Dr. phil. Meinolf Bachmann, Dipl.-Psych.

Bernhard-Salzmann-Klinik
Im Füchtei 150, 33334 Gütersloh

Mit 10 Abbildungen und 9 Tabellen

ISBN 3-540-56497-7 Springer-Verlag Berlin Heidelberg New York

Die Deutsche Bibliothek – CIP-Einheitsaufnahme
Meyer, Gerhard: Glücksspiel: wenn der Traum vom Glück zum Alptraum wird / Gerhard
Meyer; Meinolf Bachmann. – Berlin ; Heidelberg ; New York ; London ; Paris ; Tokyo ;
Hong Kong ; Barcelona ; Budapest : Springer, 1993
ISBN 3-540-56497-7
NE: Bachmann, Meinolf:

© Springer-Verlag Berlin Heidelberg 1993
Printed in Germany

Einbandgestaltung: mmad Kommunikation GmbH Werbeagentur, Weinheim
Umschlagbild: Copyright Tony Stone Bildagentur
Gesamtherstellung: Konrad Triltsch, Graphischer Betrieb, Würzburg

26/3130-5 4 3 2 1 0 – Gedruckt auf säurefreiem Papier

„Vielleicht wurde meine Seele durch die vielen Empfindungen während des Glücksspiels nicht in höherem Maße befriedigt, sondern nur gereizt und verlangte nach immer stärkeren Empfindungen – mehr und mehr, bis sie schließlich völlig erschöpft war."

Fjodor Dostojewsky, Der Spieler (1866)

Vorwort

Seit vielen Jahren arbeiten wir im direkten Kontakt mit Spielern, sind gutachterlich, psychotherapeutisch und wissenschaftlich tätig. Wir sammelten praktische Erfahrungen und theoretische Erkenntnisse, die wir in diesem Buch nun zusammengetragen haben. Es besteht ein beträchtlicher Informationsbedarf, den wir durch dieses Buch zu decken versuchen.

Ein großes Vorhaben, das ohne die Hilfe anderer nicht zu leisten gewesen wäre. Unser besonderer Dank gebührt den Betroffenen, den Spielern und ihren Angehörigen, die, auch um anderen zu helfen und vor dem eigenen Schicksal zu bewahren, bereit waren, ihre „Spielerkarrieren" und Probleme in langen Gesprächen zu schildern.

Den Mitarbeitern von Beratungsstellen und Teilnehmern am „Bundesweiten Arbeitskreis Glücksspielsucht" möchten wir für die ausführlichen und aufschlußreichen Diskussionen sehr danken.

Nicht zuletzt gilt unser Dank unseren Familien – Anke Göken-Meyer und Ulrike Bachmann, unseren Kindern Katharina und Johanna Meyer sowie Matthias und Annemarie Bachmann. Sie alle haben mit Verständnis und Geduld die Einschränkungen im Familienleben toleriert.

Wir hoffen, daß sich die Anstrengungen gelohnt haben und wir vermitteln konnten, wie leicht sich der „Traum vom Glück" zum „Alptraum" entwickelt, aber auch zeigen konnten, daß Möglichkeiten der Hilfe bestehen.

Bremen und Gütersloh   Gerhard Meyer
im August 1993   Meinolf Bachmann

Inhaltsverzeichnis

1 Einführung

„Jede Woche Toto, Lotto! Jede Woche mit dabei!" Fast täglich fordert uns die fröhliche Stimme aus dem Radio auf, doch mitzumachen beim „Gewinnspiel", ja nicht die Chance auf das große Geld, das Glück des Lebens zu verpassen. Jeder kann dabei sein: groß und klein, jung und alt, und so gehört die „Ziehung der Lottozahlen" mit zu Deutschlands beliebtesten Fernsehsendungen. Lotto ist das am weitesten verbreitete und vergleichsweise harmloseste Glücksspiel. Niemand würde sich wohl als Spieler bezeichnen, der einmal in der Woche seinen Lottoschein abgibt. Die massive Werbung, die für diese Spielform betrieben wird, fördert jedoch eine positive Einstellung gegenüber Glücksspielen allgemein, weckt Bedürfnisse nach dem schnellen Geld.

Hier offenbart sich seitens des Staates ein tiefgreifender Wandel in der Einstellung: Vor allem *fiskalische Interessen* haben den in der Gesetzgebung verankerten Schutzgedanken (u. a. in bezug auf die Gefahren der „Spielleidenschaft") verdrängt. Es bestehen zwar weiterhin Beschränkungen. Noch im vergangenen Jahr wurde im Vorfeld des europäischen Binnenmarktes der EG-Kommission die Regelungskompetenz für Glücksspiele abgesprochen, da sie aufgrund ihres Gefahrenpotentials nicht dem Wirtschaftsrecht, sondern dem „Recht zur Wahrung der öffentlichen Sicherheit und Ordnung" zuzuordnen seien. Vor dem Hintergrund der geplanten Vergabe weiterer Spielbankkonzessionen, der Diskussion über tägliche Ziehungen beim Lotto und der massiven Werbung entsteht allerdings der Eindruck, daß der Schutz des eigenen Marktes vorrangiges Ziel der Argumentation war.

Seit Mitte der 70er Jahre ist das Angebot an Glücksspielen in Deutschland stark angestiegen. Gleichzeitig wurde der Zugang erleichtert, die Verfügbarkeit und „Griffnähe" erhöht. Allen Bevölkerungsschichten präsentieren sich Glücksspiele inzwischen als *attraktives Freizeitvergnügen,* in ihrer Allgegenwärtigkeit noch verstärkt durch gezielte Marketingstrategien.

Ein Großteil der Bevölkerung beteiligt sich mittlerweile an Glücksspielen, teilweise noch vorhandene Hemmschwellen gegenüber bestimmten Formen wie Roulette werden mehr und mehr abgebaut. Für viele Menschen bieten sie eine akzeptable Form der *Unterhaltung,* problemlos integriert in das Alltagsleben. Einige Spieler verlieren jedoch die Kontrolle über ihr Spielverhalten – mit erheblichen *individuellen und sozialen Folgeschäden.* Die Betroffenen und/oder ihre Angehörigen fühlen sich schließlich so stark belastet, daß sie Beratungs- und Behandlungseinrichtungen und Selbsthilfegruppen aufsuchen. Dieser Personenkreis ist in den letzten Jahren angewachsen. Ist die Zunahme eigentlich verwunderlich, wenn man die Ausbreitung von Glücksspielen berücksichtigt? Sicher nicht, zumal infolge der Angebotsstruktur – bezogen auf die alten

Bundesländer und zahlreichere Gelegenheiten oberhalb der „Main-Linie" – ein deutliches Nord-Süd-Gefälle in der Therapienachfrage erkennbar ist.

Es handelt sich nicht mehr nur – wie früher – um wenige Einzelfälle. Eine derartige Entwicklung zeigt sich auch auf internationaler Ebene. Sie hat zweifellos die politische, wissenschaftliche und therapeutische Auseinandersetzung mit der „Spielsucht" vorangetrieben und die Akzeptanz als *psychische Störung* gefördert. Die „American Psychiatric Association" (APA) hat das „Pathologische Glücksspiel" in das „Diagnostic and Statistical Manual of Mental Disorders" (DSM-III bzw. DSM-III-R) aufgenommen (APA, 1980, 1987), die Weltgesundheitsorganisation (WHO) führt dieses Störungsbild erstmalig in der 10. Revision der „Internationalen Klassifikation psychischer Störungen" (ICD-10), die Anfang 1993 in Kraft getreten ist (Dilling, Mombour & Schmidt, 1991).

Die Auffassung daß die „Spielsucht" eine *Krankheit* ist, setzt sich in jüngster Zeit verstärkt auch in Deutschland durch. Stellung beziehen mußten nicht zuletzt die Leistungsträger im Gesundheitswesen. Eine Projektgruppe hat sich grundsätzlich für eine Anerkennung als eigenständiges Krankheitsbild ausgesprochen (Die Leistungen, 1990, 8, S. 234 f.). In einem Sozialgerichtsverfahren wurde darüber hinaus erstmalig eine Landesversicherungsanstalt dazu verurteilt, die Behandlungskosten der stationären Entwöhnungstherapie eines „Spielsüchtigen" zu übernehmen (Meyer, 1991 a). Die Landesregierung von Nordrhein-Westfalen teilte vor kurzem mit, daß die „Spielsucht" neben den bekannten legalen und illegalen Suchtformen in dem neuen Landessuchtprogramm einen gleichrangigen Stellenwert erhalten wird. In der Regel bekommen pathologische Spieler bereits die Therapie finanziert, mitunter verlangen die Kostenträger allerdings Zusatzdiagnosen. Sie sehen in dem krankhaften Spielverhalten leider teilweise noch eine unspezifische psychische Erkrankung und keine Sucht im Sinne der Alkohol- oder Drogenabhängigkeit. Nach mehrheitlicher Meinung der wissenschaftlich und/oder therapeutisch mit pathologischen Spielern arbeitenden Experten handelt es sich jedoch um eine *Suchterkrankung* bzw. ein *Suchtverhalten* (vgl. Kap. „Ist pathologisches Glücksspiel eine Suchtkrankheit?"). Die derzeit geführte Diskussion um die „Spielsucht" erinnert manchen Sachverständigen sehr stark an die seinerzeit geführte Auseinandersetzung um die Anerkennung des Alkoholismus als Suchtkrankheit.

Mit unserem Buch möchten wir daher einerseits aufzeigen, daß und warum pathologisches Spielen als Suchtkrankheit zu werten ist, andererseits aber auch die dem Spieler und seinen Angehörigen zur Verfügung stehenden Möglichkeiten der Hilfe benennen.

Wir können dabei inzwischen auf zahlreiche Untersuchungen und Erkenntnisse zurückgreifen – auch aus dem angelsächsischen Sprachraum. In den USA beispielsweise wurden die Forschungsaktivitäten Mitte der 70er Jahre intensiviert, 12 Bundesstaaten stellen mittlerweile einen geringen prozentualen Anteil der Einnahmen aus Glücksspielen für Forschung und Therapie zur Verfügung. Seit 1985 erscheint dort das „Journal of Gambling Behavior/Studies", ausschließlich mit wissenschaftlichen Beiträgen zur Problematik des Glücksspiels. Die Ergebnisse der Studien sind zwar nicht ohne weiteres auf unsere Verhältnisse übertragbar und erfordern – gegebenenfalls – die Berücksichtigung unterschiedlicher Glücksspielformen und sozialer Grundbedingungen, dennoch liefern sie wertvolle Hinweise für das Verständnis dieser psychischen Störung und den Umgang mit den Betroffenen. Vergleiche mit den Ergebnissen und Aussagen deutschsprachiger Veröffentlichungen, deren Anzahl in den letzten Jahren stetig gestiegen ist, verdeutlichen außerdem ein sehr ähnliches Erscheinungsbild sowie Analogien in den Entstehungsbedingungen, Folgen und Behandlungsansätzen pathologischen Glücksspiels – ohne daß bestehende Unterschiede beispielsweise auch zwischen Roulette- und Automatenspielern in Deutschland ausgeschlossen werden sollen.

Zum Aufbau und Inhalt des Buches

- Wir schildern die rechtliche Situation des Glücksspielangebotes in Deutschland und stellen die diversen Glücksspielmöglichkeiten vor. Angaben zur Nachfrage in der Bevölkerung und zu erzielten Umsätzen geben Aufschluß über die Verbreitung des Spiels und seine ökonomische Bedeutung.
- Wir gehen auf den Begriff des „Pathologischen Glücksspiels" ein: Diagnostische Kriterien, die das typische Erscheinungsbild des Spielers beschreiben; Entstehungsbedingungen und Verlauf typischer Spielerkarrieren, die unter anderem auch durch zahlreiche Fallbeispiele deutlich werden.
- Wir begründen unsere nosologische Einordnung des pathologischen Spielens in die Kategorie der „Suchtkrankheiten".
- Wir beschreiben die individuellen und sozialen Folgeerscheinungen pathologischen Glücksspiels, gehen hier insbesondere auf die Beschaffungskriminalität ein.
- Wir nennen Möglichkeiten der Hilfe, die Spieler und ihre Angehörigen in Selbsthilfegruppen, in ambulanten Beratungsstellen, Praxen und durch stationäre Entwöhnungstherapie finden können.
- Wir lassen uns von zwei Mitarbeitern einer Beratungsstelle ihre Eindrücke und Vorgehensweise bei der Arbeit mit Spielern schildern (Transkript eines Interviews).
- Wir lassen ebenso Spieler in Selbstberichten zu Wort kommen: Über ihren ersten Kontakt mit Beratungsstellen oder der Spieler-Selbsthilfegruppe, über die diesem Schritt vorausgegangenen Probleme usw.
- Wir stellen die Auswirkungen des pathologischen Glücksspiels auf die Familie dar und gehen auf spielerspezifische und theoretische Ansätze der Familientherapie ein.
- Wir zeigen Möglichkeiten der Rückfallprävention auf – wie schließlich der Prävention pathologischen Spielens ganz allgemein.

Der Einfachheit halber und da die Mehrzahl der „Zocker" männlich ist, sprechen wir im Text von *dem Spieler*. Allerdings ist in Zukunft mit dem Anstieg des Frauenanteils im Bereich des pathologischen Glücksspiels zu rechnen (vgl. Kap. „Geschlecht").

Im Hinblick auf die Zielgruppe unseres Buches und ihre spezifischen Interessenslagen, haben wir uns bemüht, allen gerecht zu werden. Wir richten uns an

- den im Umgang mit Spielern praktisch tätigen Leser in ambulanten Beratungs- und Behandlungsstellen, Praxen und stationären Therapieeinrichtungen,
- „Zocker" und ihre Angehörigen,
- wissenschaftlich arbeitende Leser,
- den in Strafverfahren von Spielern tätigen Leser,
- den politisch verantwortlichen Leser und nicht zuletzt auch an
- den sich für das Thema interessierenden Leser.

Wir glauben, daß uns diese „Quadratur des Kreises" – Wissenschaftler gleichermaßen wie betroffene Laien anzusprechen – dadurch gelungen ist, daß wir Untersuchungsbefunde und die wissenschaftliche Diskussion der Literatur „petit" gesetzt haben, gefolgt von einer kurzen verständlicher geschriebenen Zusammenfassung, die es dem weniger an wissenschaftlichen Details denn an Praxisbezug interessierten Leser ermöglicht, ohne „inhaltliche Verluste" darüber hinwegzulesen.

Wir hoffen, mit unserem Buch das Bewußtsein für die von dem stetig steigenden Glücksspielangebot ausgehenden Gefahren geweckt und der wachsenden Anzahl derer, die mit den Folgen konfrontiert werden, praxisbezogene Hilfe an die Hand gegeben zu haben.

2 Glücksspiel

Spiel oder Glücksspiel – Die rechtliche Situation

Spielen ist menschlich – wer würde diesem Werbeslogan der Glücksspielanbieter nicht zustimmen? Ist doch das Spielen seit den Anfängen der Menschheit eine *primäre Lebenskategorie*. Es gehört zu den Grundelementen der individuellen und sozialen Reifung. Kinder lernen spielerisch, sich in unserer Welt zurechtzufinden. Im Spielen können sie Selbständigkeit, Kreativität, soziale Identität und Belastbarkeit entfalten und stärken. Es läßt sich als eine *zweckfreie Tätigkeit* charakterisieren, die um ihres eigenen Anregungspotentials willen aufgesucht und ausgeführt wird (Heckhausen, 1974). Aber nicht nur in den ersten Lebensjahren, sondern in jeder Altersstufe sollte das Spielen als Lebensbereicherung einen entsprechenden Freiraum haben, da es u.a. Distanz zum Alltag ermöglicht, Zeit und Raum entgrenzt, das Gefühl anspricht und fördert, Spannung und Risiko vermittelt und Gemeinschaft bewirkt (Schilling, 1990). Dieser Freiraum ist in der heutigen Zeit – mit zunehmender Freizeit – einmal mehr gegeben, von daher gewinnt auch das Spielen als Ausdruck von Lebensfreude an Bedeutung.

Gelten die aufgezeigten Sachverhalte nicht ebenso für Glücksspiele? Im Gegensatz zu anderen Spielen im Kindes- und Erwachsenenalter entscheidet bei Glücksspielen allein oder ganz überwiegend der *Zufall* über Gewinn oder Verlust. Es bedarf außerdem eines *äußeren Anreizes* in Form eines ausgesetzten Gewinnes sowie eines *Einsatzes,* der mit *Gewinnerwartung* und *Verlustrisiko* verbunden ist. In der Regel wird mit und um Geld gespielt. Erst das Geld verleiht dem Glücksspiel seine eigentliche Bedeutung.

Strafrechtlich liegt ein Glücksspiel nur dann vor, wenn Einsatz und Gewinn einen nicht ganz unerheblichen *Vermögenswert* darstellen (Aubin, Kummer, Schroth & Wack, 1981). Uneinigkeit herrscht allerdings in der Rechtsprechung, wann es sich um einen solchen Vermögenswert handelt. Unter psychologischen Gesichtspunkten sorgen erst vermögenswerte Gewinne und entsprechende Einsätze für den hohen *Spielanreiz* und die ausgeprägten *psychischen Wirkungen* von Glücksspielen. Welche Beträge die beteiligten Spieler als bedeutungsvoll erleben, hängt einzig und allein von individuellen Bewertungen und nicht zuletzt von den Lebensverhältnissen ab. Für einen jungen Menschen, der nur über ein geringes Einkommen verfügt, dürfte ein Gewinn oder Verlust von beispielsweise 200 DM ebenso bedeutungsvoll sein wie der zehnfache Betrag für einen finanziell bessergestellten Spieler.

Wo Vermögenswerte auf dem Spiel stehen, besteht die Gefahr erheblicher Verluste bis hin zum völligen Ruin. Aufgrund dieses Gefahrenpotentials ist das

Glücksspiel im Laufe der Geschichte immer als eine besondere Form des Spiels behandelt worden. Hinzu kommen moralische Bedenken, den Wohlstand nicht durch Arbeit, sondern durch pures Glück zu mehren, Probleme des Falschspiels sowie die bereits früher bei Spielern beobachtete „Spielleidenschaft" und Folgekriminalität, die dazu führten, daß dem Spiel mit dem Glück etwas Verwerfliches anhaftet. Auf der anderen Seite ermöglicht es die Befriedigung spezieller Bedürfnisse und verschafft den Anbietern eine lukrative Einnahmequelle. So ist das Glücksspiel im Auf und Ab weltanschaulicher Überzeugungen von Staat und Obrigkeit einmal verboten und reglementiert, ein anderes Mal toleriert oder gefördert worden.

Nach der Ansiedelung mehrerer Spielbanken in deutschen Kurorten bis Mitte des 19. Jahrhunderts und lautstarken Protesten von Gegnern in der Frankfurter Nationalversammlung, die darin einen „Übelstand" sahen, der die „Demoralisierung der einzelnen Individuen begünstigt", ordnete der Norddeutsche Bund schließlich per Gesetz vom 1. Juli 1868 die Schließung aller Spielbanken an (Bundes-Gesetzblatt, 21, S. 367). Es blieb den Nationalsozialisten vorbehalten, das Spielbankverbot am 14. Juli 1933 wieder aufzuheben (Reichsgesetzblatt, I, S. 480 f.). Die Wiederzulassung erfolgte jedoch nur unter einschränkenden Bedingungen. Spielbanken waren lediglich in Kur- und Badeorten erlaubt, die entweder jährlich mindestens 70 000 Kurgäste bei einem Mindestausländeranteil von 15% nachweisen konnten oder in der Nähe einer ausländischen Spielbank lagen. Eine ergänzende Verordnung vom 27. Juli 1938 begrenzte zudem das Zutrittsalter auf 21 Jahre, führte das Residenzverbot ein, das ortsansässigen Bürgern den Zutritt zur Spielbank verwehrt, und schloß diejenigen Personen vom Spiel aus, bei denen die Gefahr bestand, daß sie sich durch das Spiel wirtschaftlich ruinieren könnten (Reichsgesetzblatt I, S. 955). Sinn und Zweck dieser Bestimmungen war es, ein vornehmlich ausländisches Publikum spielend auszunehmen, das Abfließen potentieller Steuergelder als Spieleinsätze ins benachbarte Ausland zu verindern sowie unerwünschten Begleiterscheinungen in Form der Spielleidenschaft vorzubeugen. Das Spannungsfeld zwischen Staatsräson und der Aufgabe des Staates, drohende Gefahren von seinen Bürgern abzuwenden, fand hier für das Glücksspiel erstmalig gesetzlichen Ausdruck (Kummer & Kummer, 1986). Einen geschichtlichen Überblick über die Entwicklung des Glücksspiels geben Wykes (1967) sowie Giżycki & Górny (1970).

Gegenwärtig haben fast alle Staaten auf der Welt für die öffentliche Veranstaltung von Glücksspielen *einschränkende Regelungen* getroffen. Auch in der Bundesrepublik Deutschland liegen derartige Bestimmungen vor. Glücksspiele dürfen nur unter staatlicher Aufsicht und Kontrolle durchgeführt werden (§ 284 StGB). Das *Glücksspielmonopol des Staates* soll dem Zweck dienen – wie der Bundesgerichtshof festgestellt hat –, „die wirtschaftliche Ausbeutung der Spielleidenschaft des Publikums unter staatliche Kontrolle und *Zügelung* zu nehmen" (BGH ST, 11, S. 209). Von Zügelung kann allerdings in den letzten Jahren keine Rede mehr sein. Das Angebot ist vielmehr auf eine Markterweiterung ausgerichtet. Gab es 1974 lediglich 13 Spielbanken, hat sich deren Anzahl bis 1991 auf 39 in West- und Ostdeutschland erhöht, die inzwischen weitere 20 reine Automatenkasinos (außerhalb der Spielbanken) betreiben. Es wird außerdem für Glücksspiele geworben – ein Bedürfnis geweckt. Gleichzeitig werden Schutzbestimmungen wie das Residenzverbot abgebaut (es gilt nur noch in Bayern und Baden-Württemberg) und Verordnungen beispielsweise für Spielautomaten großzügig ausgelegt.

Es bleibt festzuhalten, daß das Spielen zum Wesen des Menschen gehört, daß aber eine bestimmte Form des Spiels, das Glücksspiel, auch besondere Gefahren in sich birgt, die eine Regelung im Rahmen der staatlichen Ordnung notwendig erscheinen lassen. Statt einer ableitbaren restriktiven Handhabung der Zulassung von Glücksspielen ist jedoch eine *Ausweitung des Angebotes* in der Bundesrepublik Deutschland festzustellen. Bundesbürger, die mindestens 18 Jahre alt sind, können ihr Geld inzwischen bei folgenden Glücksspielen riskieren (ausgenommen einige Spielbanken, die ein Mindestalter von 21 Jahren verlangen).

Glücksspiele in Spielbanken

Roulette

Roulette gehört zu den traditionellen Angeboten der Spielbanken – den „Life-Games" im sog. „Großen Spiel". Die Teilnahme am „Großen Spiel" ist nur nach Vorlage eines gültigen Ausweises beim Betreten der Spielbank und durch Einhalten der Kleiderordnung möglich. Auf einer Karteikarte muß der Besucher zudem per Unterschrift bestätigen, daß er sich in geordneten wirtschaftlichen Verhältnissen befindet und sich im Falle einer Sperre mit der entsprechenden Mitteilung an andere Spielbanken einverstanden erklärt. Die Spielbank kann Besucher ohne Angaben von Gründen aussperren. In der Regel werden Sperren wegen Straftaten, Manipulation bzw. Störung des Spielablaufes oder wegen „Hasardierens" (risikoreichem Spiel ohne Rücksicht auf andere oder sich selbst) ausgesprochen. Spieler oder deren Angehörige können aber auch eine lebenslange oder begrenzte Selbstsperre lokal für eine Spielbank oder bundesweit erwirken.

Das Spiel beginnt mit dem Einsatz der Jetons (statt Bargeld) auf einem Roulettetableau. Die Einsatzvarianten und Gewinnmöglichkeiten reichen von dem Spiel auf „einfache Chancen" (rot/schwarz, gerade/ungerade, Zahlen 1–18/19–36), das im Falle eines Gewinnes den 1fachen Einsatz einbringt, bis hin zu Einsätzen auf einzelne Zahlen von 0 bis 36 („plein"), mit der Chance, das 35fache des Einsatzes zu gewinnen. Auf lange Sicht gehen 2,7% der Einsätze beim Zahlenspiel und 1,4% beim Spiel auf einfache Chancen verloren. Diese rein statistischen Werte sollten nicht über häufige Totalverluste hinwegtäuschen. In den Spielbanken stehen jeweils mehrere Roulettetische mit unterschiedlichen Mindest- (2–50 DM) und Höchsteinsätzen (2400–40000 DM). Die Gewinnzahl wird ermittelt, indem ein Croupier eine Elfenbeinkugel in die Gegenrichtung einer sich drehenden Scheibe in den Roulettekessel einwirft, die schließlich in einem der 37 Zahlenfächer liegenbleibt – der klassische Fall einer Zufallsentscheidung.

Nach einer repräsentativen Befragung der Stiftung Warentest (1992) glauben 14% bzw. 17% der Bürger aus den alten und neuen Bundesländern, daß mit Spielsystemen die Gewinnchancen beim Roulette steigen. Diesen Glauben nutzen „Geschäftemacher", die in Tageszeitungen per Anzeige Käufer für ihre „Gewinnstrategien" suchen, Fachorgane wie die Zeitschrift „Roulette" stehen ihnen mit „Systemanalysen" zur Seite. Dem ist neben dem Hinweis auf den zufallsbestimmten Ausgang des Spiels entgegenzuhalten: „Albert Einstein hatte sich ein Jahr lang mit der Materie des Roulettespiels beschäftigt und gelangte zu der Erkenntnis, daß es nur zwei Möglichkeiten gibt, auf Dauer beim Roulette zu gewinnen: Jetons zu stehlen oder Systeme zu verkaufen" (Jandek, 1986, S. 9).

Black Jack

Nach dem Roulette ist „Black Jack" das zweithäufigste Angebot im „Großen Spiel". Die Kasinovariante des Kartenspiels „17 und 4" wird mit mindestens 4 Kartenspielen à 52 Blatt gespielt. Der Spieler tritt gegen die Bank an und verfolgt das Ziel, mit den ausgegebenen Spielkarten den Gesamtwert von 21 zu erreichen oder diesem möglichst nahezukommen – ohne ihn zu überschreiten. Nach dem Einsatz der Jetons (Minimum: 10 oder 20 DM, Maximum: 500 bzw. 1000 DM sowie Verdoppelung) gibt der Croupier die Karten an die Spieler und sich selbst nach festgelegtem Modus aus. Kommt der Spieler, der beliebig viele Karten ziehen kann, näher an den Wert 21 als der Croupier, gewinnt er die Höhe seines Einsatzes – bei Black Jack (As und 10/Bild) das 1,5fache. Bei Gleichstand bleiben die Jetons liegen, können zurückgezogen oder verändert werden, bei niedrigerem Gesamtwert oder Überschreiten der Zahl 21 gehen sie verloren. Ein optimales Spielverhalten, d. h. Spielen nach der sog. Basisstrategie, führt auf Dauer zu einem Verlust von 0,7% der Einsätze, ansonsten schwanken die Verlustquoten zwischen 2 und 15%.

Weitere Angebote im „Großen Spiel" (einiger Spielbanken) umfassen Baccara, Poker, American Roulette.

Glücksspielautomaten

Neben den „Live-Games" betreiben Spielbanken separat – zum Teil in Dependancen – das „Kleine Spiel" mit sog. Einarmigen Banditen (Slot-Machines) und elektronischen Spielgeräten wie Mini-Roulette-Automaten. Der Zugang ist leichter, eine Ausweispflicht besteht nicht, und die Hemmschwelle ist geringer als beim formellen und vornehmeren Roulette oder Black Jack. Wer an einem Gerät spielt, braucht sich weder mit Croupiers noch Mitspielern auseinanderzusetzen. Zwar können sich Spieler auch für Automatenkasinos sperren lassen, eine Kontrolle ist aber nur sehr schwer zu realisieren.

Nach dem Einwurf des Geldes (1–25 DM) und der Bedienung des Starthebels oder der Starttaste erfolgt die Ausspielung der Gewinnsymbole auf den meist 3–5 rotierenden Walzen der Automaten bzw. der Gewinnzahl über laufende Lichtketten an den Mini-Roulette-Geräten (mit höheren Einsatzvarianten). Läuft eine Gewinnkombination bzw. die gesetzte Zahl ein, kann der Gewinn bis zu 40 000 DM und bei Automaten mit Jackpot über 2 Mio. DM betragen bzw. das 11fache des Einsatzes beim Mini-Roulette ausmachen. Das Spiel dauert 3–5 Sekunden, die Auszahlungsquote liegt zwischen 82 und 92%.

Weitere Angebote im „Kleinen Spiel" (einiger Spielbanken) sind Bingo, Derby (Pferderennspiel), Poker, Black Jack, Lotto, Glücksrad etc.

Geldspielautomaten

Im rein rechtlichen Sinne sind Geldspielautomaten (amtlich: „Unterhaltungsautomaten mit Gewinnmöglichkeit", von Spielern als „Daddelkästen" bezeichnet) nicht den Glücksspielen zuzurechnen. Der Gesetzgeber hat für das Automatenspiel eine Reihe von Vorschriften erlassen, die Gewinne und Verluste mit Vermögenswert ausschließen sollen, um es vom Glücksspiel abzugrenzen und für eine gewerbliche Betätigung zu öffnen. Die Vorgaben der Spielverordnung sind (Bundesgesetzblatt I, 1985, S. 2246 ff. und I, 1990, S. 2392):

1. Höchsteinsatz pro Spiel: 0,30 DM,
2. Höchstgewinn pro Spiel: 3 DM,
3. Mindestlaufzeit pro Spiel: 15 Sekunden,
4. Mindestauszahlungsquote: 60% (bzw. 53,4% an neuen Geräten).

Gestattet ist die Aufstellung von Geldspielgeräten in Spielhallen (maximal 10 Geräte auf einer Fläche von mindestens 150 qm), Gaststätten und Wettannahmestellen (jeweils maximal 2 Geräte). Diese gesetzlichen Bestimmungen sollen den Spieler vor einer „übermäßigen Ausnutzung des Spieltriebes" schützen (§ 33 f. Gewerbeordnung).

Über die Verknüpfung von Spielabläufen ist es der Automatenindustrie jedoch gelungen, neue Spielsysteme (Sonder- und Risikospiele) einzuführen, die die intendierte Abgrenzung unterlaufen. In den Sonderspielserien (mit bis zu 200 Sonderspielen) führt etwa jedes 2. Spiel zum Höchstgewinn von 3 DM, so daß sich Gewinne aufsummieren können, die für Spieler mit geringerem Einkommen einen Vermögenswert darstellen. Die Serien werden nach Einlauf bestimmter Symbolkombinationen auf den in der Regel 3 Walzen/Scheiben der Automaten ausgelöst. Beim Risikospiel können Gewinne des Grundspiels per Tastendruck schrittweise auf bis zu 50 Sonderspiele verdoppelt werden. Der Spieler kann also mehr einsetzen – höhere Risiken eingehen – als vom Gesetzgeber festgelegt. Stopp-, Start- und Risikotasten beziehen den Spieler aktiv in den Spielablauf ein, obwohl deren Betätigung – außer beim Nachstarten der ersten Walze/Scheibe – gar keinen Einfluß auf das Spielergebnis hat, da es im Steuerungsprogramm der Automaten bereits vorbestimmt ist. Bei einem durchschnittlichen Verlust von 28,80 bzw. 33,60 DM pro Stunde (maximal 72,00 DM) an einem Gerät und der Möglichkeit, an mehreren Automaten gleichzeitig zu spielen („daddeln"), können die Verluste außerdem ein vermögensgefährdendes Ausmaß annehmen.

Nach der Expansion der Spielhallen in den 80er Jahren (Stand 1991 in den alten und neuen Bundesländern: ca. 7000 Spielhallen), offensichtlichen Fehlentwicklungen und kritischen Diskussionen zum Thema „Spielsucht" in der Öffentlichkeit forderte der Deutsche Bundestag Maßnahmen zur Minderung der von Geldspielgeräten (Anzahl 1991: 175 000) ausgehenden Spielanreize, die im Rahmen „freiwilliger selbstbeschränkender Vereinbarungen" seitens der Automatenwirtschaft umgesetzt wurden und seit dem 4. November 1990 in Kraft sind (BT-Drucksache 11/6224):

- Begrenzung der durch Anhäufung erzielbaren Sonderspielgewinne auf 150,
- Beschränkung des Münz-/Gewinnspeichers auf maximal 50 DM,
- Begrenzung der Risikoleiter auf 50 Sonderspiele,
- Einrichtung einer Zwangspause von 3 Minuten nach einer Stunde ununterbrochenen Spielens,
- Warnhinweise auf der Frontscheibe der Geräte (Abb. 1),
- Bereitstellung von Informationsmaterialien zu den Gefahren des Vielspielens,
- Verhinderung des gleichzeitigen Bespielens von mehr als 2 Geldspielgeräten,
- Einschränkung der Werbung für Geldspielautomaten.

Da der Glücksspielcharakter des Automatenspiels (Gewinne und Verluste mit Vermögenswert) aber unangetastet geblieben ist, dürfte die präventive Wirkung dieser Maßnahmen eher gering sein. Viele Aufsteller halten sich zudem gar nicht an die Vereinbarungen (BT-Drucksache 12/3232).

Kurz vor der Drucklegung des Buches hat der Bundesrat außerdem einem Antrag des Bundesministeriums für Wirtschaft auf Erhöhung des Einsatzes und Höchstgewinns auf 0,40 bzw. 4 DM – gleichbedeutend mit einer Erhöhung des Spielanreizes – zugestimmt (Bundesrats-Drucksache 126/93). Gleichzeitig fordert der Bundesrat die Bundesregierung auf, durch eine Änderung der Spielverordnung die Möglichkeit des Gewinns von Risiko- und Sonderspielen an Geldspielgeräten zu untersagen, zumindest aber stark einzuschränken.

Abb. 1. Warnhinweis auf Geldspielautomaten (BT-Drucksache)

Während jedoch die Spielpreis- und Gewinnerhöhung im Mai 1993 in Kraft getreten ist (Bundesgesetzblatt I, 1993, S. 460), steht die Umsetzung des 2. Beschlusses, die tatsächlich präventiven Charakter hätte, nach wie vor „in den Sternen".

Pferdewetten

In der Bundesrepublik Deutschland sind die öffentlichen Veranstaltungen von Wetten auf den Ausgang von Sportereignissen (abgesehen vom Fußballtoto) nur in bezug auf Pferderennen zulässig (Rennwett- und Lotteriegesetz von 1922).

Bei Galopp- und Trabrennen kann der Spieler unbegrenzte Einsätze (Mindesteinsatz: 2,50 DM) auf den vorherzusagenden Einlauf der Pferde tätigen. Die Veranstalter der Rennen (gemeinnützige Rennvereine) bieten im wesentlichen folgende Wettformen an:

- Siegwette (Vorhersage des siegenden Pferdes),
- Platzwette (Vorhersage, daß das gewettete Pferd unter den ersten 3 einläuft),
- Zweierwette (Vorhersage des siegenden und zweitplazierten Pferdes),
- Dreierwette (Vorhersage der ersten 3 Pferde in der richtigen Reihenfolge).

75% aller Einsätze stehen für Gewinne zur Verfügung. Die Gewinnquote resultiert aus der Relation zwischen Anzahl der richtigen Wetten und Höhe der Gesamteinsätze pro Wettart. Die Auszahlung an die Gewinner erfolgt nach Ablauf einer kurzen Protestfrist sofort nach Beendigung des Rennens. An einem Renntag finden 8–13 Pferderennen im Abstand von 20–30 Minuten statt.

Pferdewetten lassen sich nicht nur am Totalisator der Rennbahn, d. h. am Wettschalter, abschließen, wo gleichzeitig die Quoten berechnet und alle 20 Sekunden der neueste Stand angezeigt wird, sondern auch bei staatlich konzessionierten Buchmachern, die jede einzelne Wette in ein Wettbuch eintragen müssen (daher die Berufsbezeichnung). Sogar per Telefon ist der Abschluß möglich, sofern der „Zocker" (jiddisch „z(ch)ocker": Glücksspieler) ein persönliches Wettkonto bei dem Buchmacher unterhält. Eine weitere Besonderheit besteht in der sog. „festen Wette", d. h. festgelegte Gewinnquoten bei Abschluß der Wette, die sowohl von der Einschätzung der Pferde seitens des Buchmachers als auch von Angebot und Nachfrage abhängen. Da der Buchmacher Wetten auf eigenes Risiko annimmt, kann er Wetten ablehnen, wenn sie ihm zu riskant erscheinen, oder Quoten limitieren. Im Gegensatz zur Rennbahn bieten Buchmacher täglich Gelegenheiten, auf den Ausgang von Rennen zu setzen, die irgendwo in Europa stattfinden. In den Geschäftsstellen ist zwar nur wenig von der Live-Atmosphäre einer Rennbahn erlebbar, Videoübertragungen der Rennen sorgen jedoch für unmittelbare Bezüge zum Wettgeschehen.

Bei Pferdewetten kann Kompetenz das Spielergebnis mit beeinflussen. Eine Reihe von Informationen, wie Leistungen der Pferde in den letzten Rennen,

Bodenbeschaffenheit, Insidertips der Aktiven oder Kommentare der Fachpresse stehen dem „Experten" zur Verfügung, nach denen er seine Wette ausrichten und damit seine Chancen erhöhen kann. Letztendlich ist der Ausgang eines Rennens jedoch von weiteren Faktoren wie Rennverlauf, Tagesform des Pferdes und Reiters/Fahrers usw. abhängig – Zufallsfaktoren, die sich nicht ausrechnen lassen.

Lotterien

Lotto 6 aus 49

Aus dem breiten Spektrum der Lotterien ragt das Lotto „6 aus 49" heraus, das mit Abstand populärste Glücksspiel in der Bundesrepublik Deutschland. Auf einem allgemein erhältlichen, vorgedruckten Spielschein kreuzt der Spielteilnehmer 6 von 49 Zahlenkästchen pro Spielreihe an und gibt den ausgefüllten Schein in einer der zahlreichen Annahmestellen (Anzahl in den alten Bundesländern 1991: 22150) ab. Systemscheine erlauben den Einsatz für eine große Anzahl von Spielen auf nur einem Schein. Die Ziehung der Lottozahlen übertragen Fernsehanstalten live – jeden Mittwoch (2 Ziehungen) und Samstag. 1 bzw. 2 Tage später gibt der Deutsche Lotto- und Toto-Block die Gewinnquoten bekannt, und nach Ablauf weiterer 2 Tage werden die Gewinne ausgezahlt – insgesamt ein langgestreckter Spielablauf mit 3 Ausspielungen pro Woche. In der Diskussion befinden sich aber bereits tägliche Ausspielungen, die durch die Einführung von On-Line-Terminals in den Annahmestellen möglich werden. Hat der Spieler mindestens 3 der gezogenen Zahlen richtig getippt, zählt er zu den Gewinnern. Bei einem relativ geringen Mindesteinsatz von 1 bzw. 1,25 DM besteht die Möglichkeit, außerordentlich hohe Gewinne in Höhe mehrerer Millionen DM zu erzielen – neben den einfachen Regeln ein wesentlicher Grund für den vom Lotto ausgehenden Spielanreiz. Die vor kurzem eingeführte Super-Zahl (zusätzliche Ziehung einer Zahl von 0–9) soll zudem für gigantische Jackpots sorgen (Gewinnwahrscheinlichkeit für „6 Richtige + Superzahl": 1 : 139 838 160), d. h. für besonders hohe Gewinnquoten, die dadurch entstehen, daß es in dem vorausgegangen Spiel oder den Spielen keinen Gewinner im ersten Rang gegeben hat. Mit den Jackpots läßt sich vorzüglich Werbung betreiben, um die Massen anzulocken. Die Ausschüttungsquote beträgt 50% der Einsätze.

Weitere Angebote im Deutschen Lotto- und Toto-Block

● Spiel 77, Fußballtoto „11er Wette" und „Auswahlwette 6 aus 45", Rennquintett, Glücksspirale, Super 6, Tele-Lotto „5 aus 35" und Lotto „5 aus 45" (nur in den neuen Bundesländern)

sowie von anderen Veranstaltern:

- Klassenlotterien: Nordwestdeutsche und Süddeutsche Klassenlotterie,
- Fernsehlotterien: Die Goldene 1, Der Große Preis,
- Soziallotterien (auf lokaler Ebene, von sozialen Einrichtungen) und
- Prämienlos-/Lotterie-Sparen und Gewinnsparen (bei Sparkassen und Genossenschaftsbanken).

Rubbellotto

Eine Sonderstellung nimmt das Rubbellotto ein. Es ist ein schnelles Spiel. Die Entscheidung über Gewinn oder Verlust fällt sofort nach dem Kauf der Lose (Kaufpreis: 1–5 DM) in Lottoannahmestellen oder an besonderen Verkaufsständen und dem „Aufrubbeln" der beschichteten Spielfelder. Erscheint in 3 der 6 bzw. 8 Felder der gleiche Betrag oder mehrere Joker, hat der Spieler gewonnen (Höchstgewinn: bis zu 500 000 DM). Kleinere Gewinne werden sofort bar ausgezahlt, größere Gewinne bargeldlos übermittelt. Die Ausschüttungsquote liegt bei 40%.

Sonstige Glücksspiele

Gelegenheiten zum Glücksspiel bieten auch die nahezu 450 gewerblichen Spielkasinos in der Bundesrepublik Deutschland. Zwar sind dort nur Geschicklichkeitsspiele zugelassen, die eine Unbedenklichkeitsbescheinigung des Bundeskriminalamtes erhalten haben. Meist handelt es sich um rouletteähnliche Spiele wie Hadjakiss-Roulette, 24er Roulette oder Roulette-Opta, bei denen der Spieler den relativ langsamen Lauf der Kugel auf einer spiralförmigen Bahn beobachten und so vorab erkennen soll, in welches der Zahlenfächer die Kugel fällt. Nach kriminalpolizeilichen Erkenntnissen funktionieren die Betreiber sie jedoch häufig zu Glücksspielen um, denn erst die illegale Spielweise führt zu einem hohen Spielanreiz und entsprechenden Profiten.

Diese Form illegalen Glücksspiels läßt sich durch diverse Varianten ergänzen, die von Karten- und Würfelspielen um Geld bis hin zu Wetten bei Mäuserennen reichen. Der illegale Bereich ist allerdings nur sehr schwer zu erfassen (und sei daher nur am Rande erwähnt), spielt sich doch vieles im Verborgenen ab – in Hinterzimmern von Gaststätten, Freizeitclubs ausländischer Mitbürger und im „Rotlicht-Milieu".

> Von der Illegalität und dem Milieu mag für manche Spieler ein zusätzlicher Reiz ausgehen. Das häufig ins Feld geführte Argument, das (expandierende) Angebot staatlicher Glücksspiele diene der Begrenzung illegalen Glücksspiels, dürfte jedoch eher ein Scheinargument zur Rechtfertigung der lukrativen Einnahmequelle sein. Spielbanken sprechen beispielsweise ein ganz anderes Publikum an als illegale Spielclubs (Thompson & Pinney, 1990).

Durchaus vergleichbar mit Glücksspielen ist das Spekulieren an der Börse. An- und Verkauf von Aktien und Warentermingeschäfte winken mit hohen Kursgewinnen, beinhalten aber auch die Gefahr von Fehlspekulationen bzw. finanziellen Verlusten. Je risikoreicher das Geschäft ist, desto höher sind die möglichen Profite. Die bargeldlose Abwicklung erlaubt hohe Einsätze auf dem für Außenstehende oft undurchsichtigen Kapitalmarkt. Durch die Öffnung der Terminbörse für private Anleger wurde im Jahr 1990 die „Griffnähe" und Attraktivität von Börsenspekulationen vergrößert.

Nachfrage in der Bevölkerung

Eine repräsentative Bevölkerungsumfrage in den alten und neuen Bundesländern (in 1991) im Auftrag der Stiftung Warentest ergab, daß „zwei Drittel aller Westbürger regelmäßig tippen, daddeln, setzen, wetten" (Stiftung Warentest, 1992, S. 41). In den neuen Bundesländern ist das Glücksspielen noch nicht so weit verbreitet: 46% der Befragten gaben an, daß sie nie spielen. Das beliebteste Glücksspiel ist das Samstagslotto „6 aus 49" (Tabelle 1). Die Nachfrage nach Glücksspielen wie Spielautomaten, Roulette und Pferdewetten ist der Umfrage zufolge vergleichsweise gering. Nur 1% der Befragten aus den alten Bundesländern bestätigte, daß sie häufig an Geldspielautomaten in Spielhallen und Gaststätten spielt, 93% haben sich noch nie an Glücksspielen in der Spielbank beteiligt. Häufigspieler in Spielbanken und von Pferdewetten weisen die veröffentlichten Daten nicht aus – allerdings wurden nur auf ganze Zahlen gerundete Prozentangaben publiziert. In der Erhebung der Stiftung Warentest aus dem Jahre 1982 waren es 2,6% bzw. 0,3% und 0,2% der erwachsenen Bevölkerung, die sich als Häufigspieler eingestuft hatten.

In bezug auf Geldspielautomaten kommt Bühringer (1992) nach insgesamt 11 Studien zu dem Ergebnis, daß etwa ⅔ der Bundesbürger noch nie gespielt haben, etwa 15–25% zur „inaktiven" Gruppe gehören, d. h. ihr letztes Spiel lag länger als 3 Monate zurück, und etwa 10% aktive Spieler sind (ca. 4,6 Mio.). Von den aktiven Spielern spielen etwa 80–90% weniger als 1 Stunde pro Woche, etwa 10–15% bis zu 5 Stunden. Im Durchschnitt etwa 1% (je nach Stichprobe 0 bis knapp 3%) verbringt 5 und mehr Stunden pro Woche vor dem Spielautomaten (ca. 30 000 Spieler, Schwankungsbereich 10 000–80 000, vgl. Bühringer & Konstanty, 1989). In den Spielhallen besteht das Publikum hauptsächlich aus Häufigspielern (Rohwedder, 1987; Hübl, Hohls & Hollmann, 1987).

Rund 5 Mio. Besucher registrieren die bundesdeutschen Kasinos jährlich. Nach einer Umfrage der Stiftung Warentest bei den Spielbanken gehören 55% der Gäste zum Stammpublikum. „Intensiv-Spieler" stellen einen Anteil von 20% aller Besucher (Hübl et al., 1987). Der durchschnittliche Verlust der Spieler soll pro Besuch mehr als 130 DM betragen (Stiftung Warentest, 1992).

Tabelle 1. Häufigkeit der Teilnahme an Glücksspielen. (Erhebung in 1991, Angaben in Prozent[a], Stiftung Warentest)

Glücksspiel	Häufig		Manchmal		Selten		Nie	
	Ost	West	Ost	West	Ost	West	Ost	West
Samstagslotto „6 aus 49"	8	23 (31,9)	5	14 (16,2)	4	11 (12,5)	81	51 (39,5)
Mittwochslotto „6 aus 49"[b]	8	8 (12,3)	4	11 (11,2)	5	12 (9,7)	85	67 (66,8)
Fußballtoto	–	2 (1,9)	1	3 (4,3)	1	4 (6,1)	95	90 (87,8)
Renn-Quintett	–	– (0,3)	–	1 (0,9)	–	2 (2,5)	97	96 (94,4)
Spiel 77	1	13 (19,7)	1	12 (13,3)	2	11 (10,6)	94	64 (56,4)
Rubbellotterien	1	2 (–)	5	6 (–)	8	12 (–)	85	78 (–)
Glücksspirale	1	2 (4,5)	2	6 (15,2)	3	13 (16,0)	92	78 (64,2)
Staatliche Klassenlotterien	5	1 (1,8)	4	1 (1,8)	2	4 (1,8)	87	93 (91,3)
Die Goldene 1[b]	3	1 (6,6)	3	6 (16,6)	4	9 (16,6)	88	82 (60,1)
Der Große Preis	4	5 (11,3)	4	7 (16,2)	3	13 (16,6)	87	73 (56,0)
Gewinnsparen/ PS-Sparen	2	15 (15,0)	2	4 (5,4)	1	4 (4,2)	93	75 (75,4)
Spiele im Spielkasino wie Roulette, Black Jack, Automaten	–	– (0,3)	1	1 (1,0)	2	3 (3,4)	95	93 (95,3)
Pferdewetten	–	– (0,2)	–	1 (0,8)	1	2 (1,3)	97	96 (97,7)
Geldspielautomaten in Spielhallen und Gaststätten	–	1 (2,6)	3	4 (7,5)	6	8 (14,7)	89	85 (75,3)
Private Spielkasinos	–	– (–)	1	– (–)	–	2 (–)	97	96 (–)
Private Gewinnspiele wie Pilotenspiel, Hütchenspiel	–	– (–)	–	– (–)	1	1 (–)	96	97 (–)

[a] In Klammern sind Daten der Erhebung in den alten Bundesländern im Jahr 1982 angegeben.
[b] In 1982: Lotto „7 aus 38" bzw. „Platz an der Sonne".

Umsätze bei Glücksspielen

Mit der Ausweitung des Angebotes stieg der Bruttospielertrag der Spielbanken, d.h. der verbleibende Betrag nach Abzug wieder ausgeschütteter Gewinne (ohne Kostenanrechnung), von 180 Mio. DM in 1974 auf *über 1,1 Mrd. DM in 1991* (Tabelle 2). Einen ständig wachsenden Anteil erwirtschaften dabei die Glücksspielautomaten, die zum Gesamtertrag im Durchschnitt bereits ca. 50% beisteuern. Die Umsätze der Spielbanken sind nur schwer zu ermitteln,

Tabelle 2. Umsätze[a] der Glücksspiele (in Millionen DM)[b]

Glücksspiel	Erhebungsjahr						Veränderung in 1991 gegenüber Vorjahr in %
	1974	1982	1988	1989	1990	1991	
Spielbank[c]:							
– Roulette, Glücksspiel-automaten, Black Jack, Baccara	180	600	910	960	1005,0	1140,0	+13,4
Pferderennen:							
– Galopper (Totalisator)	104	193	180	198	205,2	235,2	+14,6
– Traber (Totalisator)	236	375	366	373	373,2	408,0	+ 9,0
– Buchmacher	138	116	137	143	142,9	171,8	+ 7,2
Spielhalle/Gaststätte:							
– Geldspielautomaten mit Gewinnmöglichkeit[d]		1890	2121	2065[i]	1995,0	–	
Deutscher Lotto- und Toto-Block:							
– Zahlenlotto	2752	5152	6604	6566	6774,7	6907,0	+ 2,0
– Fußballtoto	279	324	318	358	303,5	348,7	+14,9
– Rennquintett	59	30	6	6	5,0	6,2	+23,7
– Spiel 77	–	856	1060	1066	1248,5	1521,5	+20,5
– Landeslotterie Saar/Super 6[h]	–	25	24	23	22,1	117,8	
– Glücksspirale	107	83	138	109	201,2	303,3	+50,8
– Rubbellotterien	–	–	413	465	509,6	550,5	+ 8,0
Klassenlotterie:							
– Nordwestdeutsche	90	182	423	510	546,0	912,0	+67,0
– Süddeutsche		271	611	684	710,0	960,0	+35,2
Fernsehlotterie:							
– ARD		56	62	69	80,0	122,9	+53,6
– ZDF		195	212	213	209,4	219,1	+ 4,6
Soziallotterien[e]		20	16	15	–	–	–
Sparkasse/Bank:							
– PS-Sparen		316	451	465	479,7	491,6	+ 2,5
– Gewinnsparen[f]		62	167	182	188,7	192,2	+ 1,8
Gesamt (ohne Spielbanken)		10146	13309	13523	13995	15463[g]	+10,5

[a] Für Spielbanken ist der Bruttospielertrag angegeben. Die Umsätze der Spielbanken sind nur schwer zu ermitteln.
[b] Ohne neue Bundesländer.
[c] z.T. Hochrechnungen auf der Basis von 20 Spielbanken.
[d] Die Angaben entsprechen 70% der Umsätze der Automatenaufsteller, die nach dem Institut für Wirtschaftsforschung (IFO, 1990) durch Geldspielautomaten mit Gewinnmöglichkeit erzielt werden.
[e] Schätzung, seit 1990 keine verläßliche Angaben vorhanden.
[f] Hochrechnung auf der Basis: Nordrhein-Westfalen, Rheinland-Pfalz.

sie dürften unter Zugrundelegung der Bruttospielerträge aber deutlich höher liegen als die Umsätze der anderen Glücksspiele zusammen. Diese konnten ihren Umsatz seit 1982 um über 50% auf *15,3 Mrd. DM in 1991* steigern. Mit Abstand größter einzelner Umsatzträger ist nach wie vor das Zahlenlotto, gefolgt von den Geldspielautomaten, die es auf einen Marktanteil von ca. 14% (in 1990) bringen (Meyer, 1991 a, 1992). Die Einnahmen des Staates aus Glücksspielen (über Rennwett- und Lotteriesteuer, Gewinnablieferung aus verschiedenen Lotterien, Spielbankabgabe) beliefen sich nach Angaben des Statistischen Bundesamtes in 1991 auf 5,54 Mrd. DM (ohne Geldspielautomaten).

Im umsatzbezogenen Vergleich mit den Ländern der Europäischen Gemeinschaft liegt die Bundesrepublik Deutschland (zusammen mit Frankreich) hinter Großbritannien an zweiter Stelle. Der Glücksspielmarkt nimmt unter den europäischen Wirtschaftsbranchen bereits den 13. Rang ein – beispielsweise noch weit vor der Computerindustrie und dem Werft- und Schiffsbau (Commission of the European Communities, 1991).

Fußnoten zu Tabelle 2:

[g] Für Geldspielautomaten wurde der Umsatz aus 1990 einbezogen.

[h] Seit 1991.

[i] Nach den Ergebnissen des brancheninternen (nicht veröffentlichten) Betriebsvergleichs 1989 der Automatenunternehmen, erstellt von der Forschungsstelle für den Handel (FfH) e.V., erwirtschaftete ein in einer Spielhalle aufgestelltes Geldspielgerät durchschnittlich 2822,36 DM Kasseninhalt pro Monat und ein Gaststättengerät im Mittel 735,94 DM pro Monat. Da nach Angaben der Automatenindustrie ca. 49 000 Geldspielgeräte in Spielhallen und ca. 125 000 Geräte in Gaststätten aufgestellt waren, ergibt sich sogar ein Umsatz von rd. 2,76 Mrd. DM in 1989.
(Archiv- und Informationsstelle der deutschen Lotto- und Toto-Unternehmen, ausgenommen: Spielbanken und Geldspielautomaten).

3 Pathologisches Glücksspiel

Im allgemeinen Sprachgebrauch hat sich das Wort „Spielsucht" eingebürgert und bezeichnet ein Phänomen, das im wissenschaftlichen, klinischen und forensischen Bereich seit der Aufnahme in die beiden großen Klassifikationssysteme psychischer Störungen (DSM-III-R und ICD-10) unter dem angelsächsischen Begriff „Pathological Gambling" überwiegend mit dem Fachausdruck „Pathologisches Spielen/Glücksspiel" belegt wird. Eine Übersetzung durch „pathologisches Spielen" wie in den deutschsprachigen Versionen des DSM-III-R (Wittchen, Saß, Zaudig & Koehler, 1989) und im ICD-10 (Dilling et al., 1991) trifft den Sachverhalt allerdings nicht hinreichend, denn „gambling" steht für das Spielen um Geld, die Beteiligung an Glücksspielen. Prägnanter ist daher der Ausdruck „*pathologisches Glücksspiel*", auch wenn nur das Spielverhalten krankhafte Formen annehmen kann („glücksspielen" ist leider bei uns nicht gebräuchlich).

> Im angelsächsischen Sprachraum ist in der Umgangssprache der Begriff „compulsive gambling" verankert. In der Literatur wird teilweise auch der Ausdruck „problem gambling" verwendet, der neben der krankhaften weitere schädliche Formen des Spielverhaltens umfassen soll oder sich gegen das Krankheitskonzept richtet. Bachmann (1989) spricht von „problematischem Spielverhalten", wenn der Stellenwert oder die Funktion des Spielens über ein kurzfristiges Freizeitvergnügen weit hinausgeht und das Glücksspiel als Beruhigungs- oder Aufputschmittel zur Kompensation intrapsychischer und sozialer Konflikte eingesetzt wird, sich aber noch keine Eigendynamik, kein Suchtverhalten entwickelt hat (vgl. Kap. „Ist pathologisches Glücksspiel eine Suchtkrankheit?").

Es liegen eine Reihe unterschiedlicher, vom jeweiligen theoretischen Standpunkt abhängende Definitionen dieser psychischen Störung vor (Tabelle 3).

> Custer, Wegbereiter der Forschung und Behandlung in den USA und maßgeblich für die Aufnahme des pathologischen Glücksspiels in das DSM-III verantwortlich, definiert „compulsive gambling" als „an addictive illness in which the subject is driven by an overwhelming uncontrollable impulse to gamble. The impulse progresses in intensity and urgency, consuming more and more of the individual's time, energy and emotional and material resources. Ultimately, it invades, undermines and often destroys everything that is meaningful in his life" (Custer & Milt, 1985, S. 22).

Das DSM-III-R führt als wesentliche Charakteristika des pathologischen Glücksspiels an:

● Die chronische und fortschreitende Unfähigkeit, dem Impuls zum Glücksspiel zu widerstehen,

- ein Glücksspielverhalten, das die Erfüllung familiärer, persönlicher und beruflicher Aufgaben und Pflichten beeinträchtigt, schädigt oder zerstört,
- die Beschäftigung mit dem Glücksspiel und das dranghafte Streben danach verstärken sich in Streßphasen,
- Probleme, die aus dem Glücksspiel resultieren, führen zu einer Intensivierung des Spielverhaltens,
- hohe Verschuldung,
- Einstellung der Bezahlung von Schulden und anderer finanzieller Verpflichtungen,
- zerrüttete familiäre Beziehungen,
- Fehlzeiten am Arbeitsplatz,
- illegale Handlungen, die der Geldbeschaffung für das Glücksspiel dienen, als typische Folgeerscheinungen.

Im ICD-10 wird hervorgehoben, daß das Glücksspiel die Lebensführung der betroffenen Personen beherrscht und sie einen intensiven, kaum kontrollierbaren Spieldrang beschreiben. Die genannten Merkmale entsprechen insgesamt weitgehend denen des DSM-III-R.

Erscheinungsbild und Diagnose

In den aktuellen Fassungen der Klassifikationssysteme wird pathologisches Glücksspiel unter „Störungen der Impulskontrolle" (DSM-III-R) bzw. „Abnorme Gewohnheiten und Störungen der Impulskontrolle" (ICD-10) eingeordnet. Die „Amerikanische Psychiatrische Gesellschaft" betont jedoch, daß sie diagnostische Kriterien zugrunde legt, die sich an Merkmalen stoffgebundener Abhängigkeiten anlehnen, da die wissenschaftliche Forschung zahlreiche Gemeinsamkeiten mit der Alkohol- und Drogenabhängigkeit nach-

Tabelle 3. Definitionskriterien pathologischen Glücksspiels

Definitionskriterien	Autoren
Objektive, glücksspielorientierte Merkmale wie hohe finanzielle Verluste	Rosecrane, 1988
Verhaltenstheoretische Aspekte wie exzessives, nicht mehr akzeptables Vielspielen	Hand, 1990
Verhaltensmerkmale und intrapsychische Phänomene wie Schuldgefühle, der unbewußte Wunsch zu verlieren und „Nichtaufhörenkönnen"	Bolen & Boyd, 1968 Bergler, 1970
Wesentliche, im engeren Sinne suchttypische Merkmale, wie Kontrollverlust nach Beginn des Spielens und Abstinenzunfähigkeit	Meyer, 1983
Suchtmerkmale wie exzessiver Gebrauch, unwiderstehliches Verlangen, Kontrollverlust und Folgeschäden	Moran, 1970a Custer & Milt, 1985

gewiesen hat (APA, 1987, S. 427). Diese Kriterien sind sehr viel differenzierter als die diagnostischen Leitlinien des ICD-10. Die Einordnung unter „Störungen der Impulskontrolle" ist nach Angaben von Mitgliedern der zuständigen Arbeitsgruppe in der APA als Kompromiß im Zusammenhang mit der Aufnahme in das DSM-III bzw. DSM-III-R zu verstehen (persönliche Mitteilung von Dr. R. Custer und Dr. H. Lesieur).

Die Diagnose

Die Diagnose „pathologisches Glücksspiel" ist nach dem DSM-III-R bei fehlangepaßtem Spielverhalten zu stellen, indiziert durch mindestens 4 der folgenden Merkmale (S. 393 f.):

1. Häufige Beschäftigung mit dem Glücksspiel oder damit, Geld für das Spielen zu beschaffen.
2. Häufiges Spielen um größere Geldsummen oder Spielen über einen längeren Zeitraum als beabsichtigt.
3. Das Bedürfnis, die Höhe oder die Häufigkeit der Einsätze zu steigern, um die gewünschte Erregung zu erreichen.
4. Ruhelosigkeit oder Reizbarkeit, wenn nicht gespielt werden kann.
5. Wiederholte Geldverluste beim Spielen und Zurückkehren am anderen Tag, um die Geldverluste wieder wettzumachen.
6. Wiederholte Versuche, das Spielen einzuschränken oder zu beenden.
7. Häufiges Spielen, obwohl das Erfüllen sozialer oder beruflicher Pflichten vorrangig wäre.
8. Aufgeben einiger wichtiger sozialer, beruflicher oder Freizeitaktivitäten, um zu spielen.
9. Fortsetzung des Spielens trotz Unfähigkeit, die wachsenden Schulden zu zahlen, oder trotz anderer bedeutender sozialer, beruflicher oder gesetzlicher Probleme, von denen der Betroffene weiß, daß sie durch Spielen verschlimmert werden.

Das Erscheinungsbild

Die Kriterien beschreiben ein Erscheinungsbild, wie es in den Schilderungen beratungs- und behandlungssuchender Spieler immer wieder deutlich wird:

- Das Glücksspiel strukturiert das Leben der Betroffenen, ist *zentraler Lebensinhalt,*
- sie spielen häufig und intensiv, in der Erschließung neuer Geldquellen entwickeln sei eine ausgesprochene Kreativität,
- ist Geld vorhanden, richten sie den Tages- oder Arbeitsablauf so ein, daß sie rechtzeitig am Ort des Geschehens sein können,
- die Verhaltensmuster vor und in der Spielsituation nehmen die Form eines *Rituals* an, Abweichungen führen zu Irritationen bis hin zum Aberglauben,

- jede Gelegenheit nehmen die Spieler wahr,
- Familie, Beruf, andere Interessen werden durch das Glücksspiel absorbiert, der Rückzug aus dem sozialen Umfeld erfolgt in kleinen Schritten,
- es kommt zu Auseinandersetzungen wegen des Spielens, der Kritik weichen sie aus, Kommunikation empfinden sie als lästig, sie entziehen sich den Problemen ebenso wie Alltagskonflikten, indem sie ihr Geld riskieren oder sich damit nach durchlebten Streßsituationen belohnen,
- um die häufige Abwesenheit und finanzielle Engpässe zu erklären, bauen sie ein raffiniertes Lügengeflecht auf, schließlich lügen sie sogar grundlos,
- sie spielen heimlich und prahlen – vor anderen Spielern – mit Gewinnen,
- ihre Emotionen sind im wesentlichen auf das Glücksspiel ausgerichtet, hier erhoffen sie sich lustbetonte Gefühle, von der Familie haben sie sich emotional entfernt,
- Erfolge werden beim Glücksspiel gesucht, nicht mehr im Beruf, in der Ausbildung oder im Sportverein,
- alles andere, was sonst das Leben bindet, tritt in den Hintergrund (Matussek, 1953), das Glücksspiel ist zum obersten Daseinswert geworden (Kellermann, 1987).

Spieler berichten[1]:

„... bis dahin habe ich ja noch immer gespielt, um Gewinne zu machen. Dann schrumpfte eben das ganze Geld auf dem Konto, da fing das an mit den ersten Krediten. Das war so, daß mir das eigentlich schon fast zu dem Zeitpunkt egal war, ob ich gewinne oder verliere. Ich hatte das gemerkt, wenn ich mit Leuten wegging, ins Kino nachmittags oder wir machten sonst irgendwas, das war langweilig, das war total langweilig. Ich war überhaupt nicht, ja, wie soll ich sagen, so, das war nichts, das war nullo. Wenn ich aber in der Spielhalle saß, war's doch etwas anderes. Erstmal rannte da die Zeit sowieso weg, man war irgendwie angespannt, es war Spannung da irgendwie, und so ging das dann immer weiter mit dem Spielen. Und dann, als ich die richtigen Kredite aufgenommen hatte, (...) da habe ich mich wirklich nur noch auf das Spielen konzentriert. Und da fing das an, daß ich den Leuten, mit denen ich zusammen war, irgendwelche Arbeiten vorschwindelte. Das waren meistens solche Jobs im Außendienst oder sonst was, wo ich nicht erreichbar bin. Also, daß dann nicht einer mal auf die Idee kommt und irgendwo anruft. (...) Es war so, daß ich morgens loszog und abends um 5 Uhr wieder reinkam, weil die Arbeit dann ja normalerweise zu Ende ist.

Ich habe mich auch nicht mehr richtig ernährt, also meine Gesundheit habe ich ein bißchen vernachlässigt, das heißt, ich habe morgens nur viel Kaffee getrunken, um möglichst rege zu sein. Ich hab' auch später Aufputschmittel genommen, (...) die habe ich oft genommen, mittags so, weil die Konzentration nachläßt vor diesen Automaten. Ich hatte ja mittlerweile auch an mehreren Automaten gespielt, meistens hingen immer so 3 nebeneinander. Ich habe in einer Reihe angefangen und wenn das irgendwo lief in der Reihe, dann habe ich die nächste angefangen, auch wenn das ein' Raum weiter war. (...) Ich habe viel Kaffee getrunken, nichts gegessen, manchmal 2, 3 Tage nichts gegessen und abends Beruhigungsmittel genommen. Die habe ich nachher sowieso immer gebraucht, um weiterzuspielen, damit ich ruhiger wurde,

---

[1] Bei den Spielerberichten in den Kap. 3, 4 und 5 handelt es sich um Abschriften von Tonbandaufzeichnungen.

damit ich nicht so aufgekratzt war. Kreislaufstörungen kamen dann. Ja, also irgendwie alles, was nach der Spielhalle oder nach dem Spielen war, das war für mich kein
richtiges Leben mehr. Ich habe mich zwar bemüht, immer noch ein gutes Gesicht zu
machen, so zu Hause. (. . .) Ich habe mich immer ziemlich ausgeschlossen, von allen
möglichen Sachen."

[*Vernachlässigung von sozialen Kontakten und Hobbies:*]

„Die Freundin hat mal angerufen, wollte was unternehmen. Nee sag' ich, ich hab'
heute keine Zeit, ich muß noch weg, du kannst ja mitkommen, und da gab's natürlich wieder Krach, war beschissen. (. . .) Ich würde sagen, da ist unsere Beziehung so
ziemlich in die Brüche gegangen. (. . .) Die hat mich des öfteren deswegen zur Sau
gemacht, es gab' also deswegen häufig Streit. Ich war Tag und Nacht unterwegs. Sie
hat versucht, mich davon abzuhalten, dann bin ich gereizt geworden, hab' sie angeschrien.
Ich wollte eigentlich im September mit ihr in Urlaub fahren. Hatte ich auch Urlaub,
aber kein Geld mehr. Ja, zu der Zeit war's auch keine Beziehung mehr, (. . .) das war
mir zu diesem Zeitpunkt fast egal. (. . .) Irgendwo waren diese ganzen Freundschaf-
ten, Beziehungskisten bedeutungslos zu dem Zeitpunkt. (. . .) Im [Motorrad-]Club
war's soweit, daß sie mich bald rausschmeißen wollten. (. . .) Ich war ja kaum noch
da. (. . .) Am Wochenende war's mir auch wichtiger, in 'ner Baccarabude zu sitzen.
Bin doch kaum noch Bock gefahren den Sommer über. Im Gegenteil, ich hab' die
1.100er vergammeln lassen, könnt' ich mich heute noch für in A . . . treten. Hab' ich
kein Interesse mehr dran gehabt."

[*Vernachlässigung des Berufs und Beeinträchtigung des Sexuallebens:*]

„(. . .) das Ganze hat sich natürlich beruflich geäußert, das Geschäft hat sich zurück-
gebildet oder ist vernachlässigt worden, weil man ja das Interesse gar nicht mehr so
gehabt hat. Es hat sich hauptsächlich ums Spielen gedreht, man ist kaputt zurückge-
kommen, ja, dann hat man so den Auftrieb nicht gehabt für's Geschäft (. . .), hat sich
mehr Gedanken gemacht, wie wieder runterkommen [in die Spielbank], und das
Geschäft ist immer bedeutungsloser geworden. Das hat man auch an den Umsätzen
gemerkt, die sind natürlich zwangsläufig zurückgegangen. (. . .) Gegenüber früher,
wo ich da 10 000 Mark verdient hab', waren's zum Schluß bloß noch 3000 Mark oder
2000 Mark.
(. . .) Wenn man da in der Früh' um 4 oder was heimkommt, ganz kaputt oder so,
und muß der Frau sagen, daß man wieder 3000 Mark verspielt hat oder 5000, ist die
auch nicht unbedingt sehr empfänglich für Liebe oder sowas und man selber auch
nicht."

„Ich hab' mal bei einer Firma extra gekündigt, weil ich Geld haben wollte. Ich wollte
unbedingt zocken und habe keinen Vorschuß gekriegt. Da hab' ich gesagt, ich
kündige und bin 2 Tage nicht gekommen. Dann konnte ich mein Geld abholen,
einfach so. Mit 450 Mark bin ich in die Stadt gefahren, bin in die Halle. Ich hab'
6 Kisten bedient. In 2 Stunden war das Geld weg, (. . .) da hab' ich gedacht, jetzt
haste kein Geld, keine Arbeit, kein Garnichts."

● Einmal mit dem Glücksspiel angefangen, verlieren die Betroffenen die *Kontrolle* über ihr Spielverhalten. Trotz des Vorsatzes, nur einen bestimmten
Betrag zu verspielen, nach einem Gewinn oder einer vorher festgelegten
Spieldauer aufzuhören, spielen sie weiter, bis kein Geld mehr zur Verfügung
steht.

Spieler berichten:

„Ich hab' mir auch immer 'n Zeitlimit gesetzt, nur 'ne Stunde oder nur 100 Mark. Aber ich hab's nie geschafft. 600 Mark, oder was ich gerade in der Tasche hatte (. . .) wurde verspielt. Wenn ich gesagt hab', nur 'ne Stunde, naja, dann hab' ich noch 'ne halbe Stunde drangehängt und noch 'ne halbe Stunde und (. . .)."

„Also das waren immer so meine Geschichten, die ich mir selber erzählt hab', also wenn ich mit 100 Mark reingeh', 20 Mark verspielste, dann ist Schluß, mit dem Rest gehste raus. Klar, danach waren 's dann 30. Und ich hab' das immer verspielt. Am Anfang hab' ich's mir immer noch eingeredet, nachher war's klar, da hab' ich gewußt, gehste rein, dann kommste raus, wenn der Laden dicht macht, oder wenn du pleite bist."

„Das hab' ich mir fast jeden Tag vorgenommen, wenn ich 7-, 800 Mark hatte, oder auch nur 400, 200 Mark verspielste und von 100 Mark kaufste dir Platten oder brauchst' mal 'ne neue Hose oder was weiß ich. Dazu ist es nie gekommen. Wenn die 200 Mark weg waren, und ich hatte noch 200 Mark in der Tasche, ach 'n 50er kannste noch, dann 100, dann noch mal 50 und dann, ob du den 50er noch hast oder peng, das ist auch scheißegal. Dann kannste den auch noch verspielen. (. . .) Im August war das, ja. Wir kriegten immer Geld in Tüten. Und das war jetzt der erste Monat, wo ich meine Miete selber zahlen sollte, der erste Gesellenlohn. Und in Schöneberg ist auch so'ne blöde Spielhalle, so 'ne ganz kleine. Da bin ich rein und wollte eigentlich nur 10 Mark verspielen, weil ich es mir im Grunde überhaupt nicht leisten konnte. Es wurden 200, 300, 400 und da wurde mir schon 'n bißchen kribbelig. Ich hatte nur eins drei [1300 DM] und jetzt waren es noch 800 Mark. Kam ich schon in's überlegen, hab' aber noch weitergespielt und hatte plötzlich nur noch 300 Mark. Ich bin dann nach Kiel reingefahren, sofort, und hab' in Kiel noch 200 Mark verspielt. Dann hab' ich noch 100 Mark im Roulette [24er] verspielt, das sah ich als letzte Möglichkeit, das war der Rest an dem Tag. Ja, und abends bin ich nach Hause getrampt. Erst mal 'n Anschiß von der Lütten gekriegt. (. . .) Geld für Miete und Essen, ja is' weg, alles weg, alles verdaddelt. Ja, muß ich wohl morgen losziehen und [Zigaretten-]Stangen klauen. Ja, und am nächsten Tag bin ich losgezogen, nach der Arbeit, und bin natürlich prompt erwischt worden."

„. . . wie so'n Blackout war das wieder. Das, was man eigentlich vorhatte und machen wollte und wann man aufhören wollte, das ging nicht. Da fehlten einem nur noch 100 Mark an dem, was man haben wollte, und anstatt 2000 Mark Gewinn mitzunehmen, nur 1900 Mark mitzunehmen den Abend, das müßte ja auch reichen. Aber nee (. . .), den 100er holste dir auch noch! Nee, weitergespielt bis alles weg war . . ."

- Sie können nicht mehr mäßig und vernunftgesteuert spielen, verspüren ein *unwiderstehliches Verlangen* weiterzuspielen.
- Bewußt lassen sie einen Teil der verfügbaren Mittel zu Hause, deponieren Geld im Handschuhfach, bevor sie in die Spielhalle gehen, um einem Totalverlust vorzubeugen. Gewonnene Jetons werden sofort in Bargeld eingewechselt, der Ehefrau zur unwiderruflichen Verwahrung übergeben.
- Die *Schutzmaßnahmen* reichen jedoch in der Regel nicht aus. Nach einem Verlust holen sie sich das restliche Geld oder bedrängen massiv die Ehefrau, um weiterspielen zu können.
- Sie halten Verabredungen nicht ein, sagen berufliche Termine ab, wenn sie erst einmal vor dem Automaten oder am Roulettetisch sitzen.

Ein Spieler berichtet:

„(. . .) Ich hab' telefoniert, hab' gesagt, ich hab 'n Platten am Auto, ich kann dich nicht abholen (. . .), obwohl es eigentlich ihr [Freundin] Auto war. Aber das war mir im Prinzip egal, es gab da kein Ende mehr abzusehen in der Spielothek, (. . .), da mußte sie auf der Arbeit bleiben. Ob sie da was zu essen hat, das hat mich so doll gar nicht berührt. Das interessiert einen gar nicht mehr, was mit anderen Leuten ist."

Das 2. (Kontrollverlust-)Kriterium des DSM-III-R ist sehr weich formuliert. Höhere Einsätze und längere Spieldauer – als usprünglich beabsichtigt – bestätigt auch ein Teil der Gelegenheitsspieler (Dickerson, 1984; Lesieur & Rosenthal, 1991). Wiederholte Spielexzesse in der Form, daß auch der letzte verfügbare Groschen – entgegen anderer Vorsätze – nach stundenlangem Spiel in die Automaten wandert, dürfte bei ihnen dagegen äußerst selten vorkommen.

● Ein Aspekt des *Kontrollverlustes* ist das typische Motiv pathologischer Spieler, entstandene Verluste umgehend wieder auszugleichen. Sie jagen ihren Verlusten regelrecht hinterher („chasing"). Durch Erhöhung der Einsätze wollen sie dieses Ziel möglichst rasch erreichen. Der Gedanke, „das hol' ich mir wieder", wird zur übermächtigen, treibenden Kraft. Während unter Roulettespielern die „*Chase-Philosophie*" auch in bezug auf den Gesamtverlust vergangener Jahre weit verbreitet ist, bezieht sie sich bei Automatenspielern in der Regel auf unmittelbar vorangegangene Verlustsequenzen.

Ein Spieler berichtet:

„Irgendwann kam mal der entscheidende Einbruch. Da hatte ich mal 2000 Mark in der Tasche, die wollte ich zurückzahlen an die KKB, und das war Geld, was ich in der Halle verdient hatte. Ich geh' da [ins Spielcasino] auch rein und denk', nehm' mal 'n bißchen Geld mit, und die 2000 Mark hab' ich komplett verloren. Irgendwo, als ich dann hinten war, hab' ich versucht, weiter zu setzen, um mit mehr Satz meinen Verlust wieder reinzuholen. Und je länger das dauerte, desto nervöser wurde ich. Und dann hab' ich noch 'n 100er aus der Tasche geholt, bin nochmal raus, zum Geldautomaten, hab' mir nochmal 1000 Mark geholt, die hab' ich auch noch verdonnert. Von da an wurde es echt extrem. Ich bin echt hinter dem Geld hergejagt, hab' mehr und mehr gesetzt, bis ich dann irgendwo überhaupt nicht mehr ein und aus wußte. (. . .) Innerhalb von ein paar Tagen war ich auf 15000 Mark Miese bei der KKB. Zum Schluß war ich bald tagtäglich da drin. (. . .) Ich hab' eigentlich nur noch dran gedacht, wie ich jetzt wieder an Geld kommen kann, daß ich meine Schulden wieder in den Griff kriege."

● Vor allem nach verlustreichem Spiel oder auf Drängen der Angehörigen nehmen sie sich aber auch wiederholt vor, das Spielen einzuschränken oder glücksspielabstinent zu leben.

- Die Versuche, es ohne fremde Hilfe zu schaffen, scheitern nach einigen Tagen oder Wochen ebenso wie diejenigen mit Unterstützung von Angehörigen, mitunter auch von Selbsthilfegruppen, ambulanter oder stationärer Therapie.
- Es bedarf vielfach noch nicht einmal einer Belastungssituation für eine erneute Beteiligung, allein die *Wiedererlangung finanzieller Mittel* fördert das Verlangen nach dem Glücksspiel.

Spieler berichten:

„2, 3 Monate ging das eigentlich. (. . .) Also ich hab' versucht, mich abzulenken. Obwohl mir das nicht immer ganz leicht gefallen ist. Manchmal hab' ich mich schon angezogen und war auf dem Weg dahin [in die Spielhalle], aber dann hab' ich irgendwie doch noch die Kurve gekriegt und mir gesagt, nee, jetzt, das darfst du nicht. Das ging eigentlich in den Monaten. Dann hab' ich ja im November das erste Geld gekriegt von der Firma, und da ging das eigentlich wieder richtig los, wo ich mir gesagt hab', so, jetzt haste mehr Geld, jetzt kannste ja auch wieder öfter spielen gehen. Also das war mein erster Gedanke, 2 Tage bevor ich das erste Geld gemacht hab'. Von dem Augenblick an hab' ich immer dran gedacht, so, dann und dann gehste hin zur Spielhalle. Und nachdem ich Miete und das bezahlt hatte, das hatte ich mir fest vorgenommen. Ja, und dann bin ich den Morgen, wo das Geld da sein mußte, zur Bank hingegangen und hab' es abgeholt. Aber anstatt Geld für Miete und Strom gleich zu überweisen, (. . .) war der erste Weg von 'ner Bank aus gleich um 10 Uhr morgens in 'ne Spielhalle rein."

„Man kann sich das so oft vorgenommen haben, ich fahr' nimmer runter [in die Spielbank] und kaum hat man wieder Geld in Aussicht gehabt, oder 'n Scheck gekriegt vormittags, dann hat man den eingelöst und ist vormittags schon runter gefahren. (. . .) Es gibt keine Erklärung, warum man das macht. Aber es ist so. (. . .) Wie 'ne Kurzschlußreaktion ist das. (. . .) Man hofft immer wieder (. . .), daß man wieder dabei ist oder daß man doch einmal ein Ding abzieht (. . .). Ich weiß nicht, es ist logisch gar nicht erklärbar, weil es auch nicht logisch ist. Es ist halt so."

„Ich geh' nie mehr, nie wieder, hab' ich mir geschworen und wieder geschworen, nie mehr geh' ich hin. Das war absolut (. . .), und am nächsten Tag bin ich wieder hin. Ich hab' mich die ganze Nacht damit beschäftigt, mit der ganzen Sache. Ich hab' gesagt, ich hab' mich nicht unter Kontrolle gehabt, wenn ich mich unter Kontrolle gehabt hätte, wäre das nicht passiert. Ich mein', ich hab' immer noch an mein System geglaubt, immer noch eigentlich. (. . .) Ich hab' meine Permanenzen angeguckt, die aufgeschriebenen, notierten Zahlen, und hab' das alles nochmal durchgerechnet. Wenn ich so und so gesetzt hätte, dann hätte ich gewinnen müssen und eigentlich nichts verlieren dürfen. Und mit der Erkenntnis bin ich am nächsten Tag wieder hingefahren."

- Eine dauerhafte Enthaltsamkeit erscheint ihnen unerträglich, ein gänzlicher Verzicht unvorstellbar.
- Wenn Geld zur Verfügung steht, kommt es in der „*Egal-Stimmung*" zum Einsatz. Häufig ändert sich an der Grundeinstellung gegenüber dem Glücksspiel kaum etwas. Glaubenssätze wie „ich kann aufhören, wenn ich es wirklich will" stützen das glücksspielbezogene Selbstbild.

- Der Verweis auf erfolgreiche *Abstinenzbestrebungen* für einen begrenzten Zeitraum und glücksspielfreie Zeiten (durch Geldmangel), die *Eigensperre* für die lokale Spielbank und die Einrichtung familiärer *Kontrollstrategien* dienen der vorübergehenden Beruhigung – vor allem der Angehörigen.

- Tritt das Glücksspiel aufgrund neuer Lebenssituationen, die Sinnerfüllung vermitteln, für einige Zeit in den Hintergrund, wird zum Teil noch exzessiver gespielt, wenn der Reiz des Neuen verflogen ist oder sich Belastungssituationen ergeben haben. Haftaufenthalte haben einen ähnlichen Effekt, obwohl die wenigsten pathologischen Spieler während der Haft abstinent leben, denn das Spiel um Geld, Tabak usw. gehört zu den beliebtesten Freizeitbeschäftigungen in den Justizvollzugsanstalten. Auch nur periodisch auftretende Glücksspielexzesse weisen bei pathologischen Spielern eine typische, fortschreitende Entwicklung auf.

- Im Verlauf der „Spielerkarriere" müssen die Betroffenen ihre Einsätze steigern oder höhere Risiken eingehen, um den gewünschten *emotionalen Effekt* zu erzielen. Es entwickelt sich eine *Toleranz gegenüber der „Dosis"* des Glücksspiels, die zur Vermittlung von Gefühlen wie Erregung notwendig ist. Am Anfang genügt ein Gewinn des Mindesteinsatzes beim Spiel auf „einfache Chancen" des Roulette, um ein Glücksgefühl auszulösen, am Ende muß an mehreren Tischen gleichzeitig auf „plein" gewonnen werden, um noch ein Gefühl der Zufriedenheit zu verspüren.

- Das Erleben während des Glücksspiels stumpft zunehmend ab. Automatenspieler riskieren schließlich an mehreren Geräten gleichzeitig ihr Geld, wählen nur noch die höchste Risikostufe oder steigen teilweise auf illegales Glücksspiel und Kasinospiele um (mitunter beschreiten Spieler auch den umgekehrten Weg, wenn beispielsweise eine Sperre oder Geldmangel den Zugang zum normalerweise bevorzugten, „höherwertigen" Glücksspiel verhindern).

Ein Spieler berichtet:

„Ich hab' da bald an 3 Kästen [Spielautomaten] gleichzeitig gespielt, ich hab' auch viel gewonnen, muß ich dazu sagen. Ich hab' eigentlich unerträglich viel Glück gehabt im Spielen, und da mußte ich schon bald an 3 Kästen spielen. (...)
Beim Risikospiel ging es bis zum Anschlag hoch oder eben nicht. (...) Und ich meinte, ich hätte da 'n Trick rausgekriegt, mit dem ich auf 100 hochdrücken konnte. Das klappte auch fast immer. Lang 5, lang 10, lang 40, kurz 100, das klappte ziemlich oft, also eigentlich hab' ich viel auf 100 gedrückt. Aber selbst wenn ich 4-, 500, 600 Mark voll hatte, ich hab' solange gespielt, bis das Geld alle war."

- Fehlen die finanziellen Mittel für das Glücksspiel, lassen andere Gründe wie berufliche Verpflichtungen oder Kontrolle seitens der Familie eine Beteiligung unmöglich erscheinen oder werden Abstinenzbestrebungen umgesetzt, treten psychische aber auch vegetativ-physische *entzugsähnliche Erscheinungen* auf. Am häufigsten berichten Spieler über innere Unruhe und Reizbarkeit, die sie in diesen Situationen erleben. Sie spüren ein „Kribbeln im

Bauch", gehen ruhelos auf und ab und können begonnene Handlungen nicht zu Ende führen. Sie reagieren schon bei Kleinigkeiten gereizt und fangen schließlich in der Familie einen Streit an, um endlich in die Spielhalle gehen zu können. Alles was einer umgehenden Teilnahme im Wege steht, wie die Einlaßkontrolle in der Spielbank, läßt die Ungeduld wachsen (ebenso wie Unterbrechungen des Spielablaufes). Sobald die erste Münze eingeworfen oder der erste Jeton plaziert ist, setzt ein beruhigendes Gefühl ein. Einige betroffene Spieler schildern daneben in retrospektiven Studien Konzentrations- und Schlafstörungen, Alpträume, Depressionen, Kopf- und Magenschmerzen, Appetitlosigkeit, Schweißausbrüche etc. Aber auch positive Auffälligkeiten in den ersten Tagen der Abstinenz wie eine neue Weltanschauung und das Gefühl, von einer inneren Last befreit zu sein, bestätigen Mitglieder der „Anonymen Spieler". Die entzugsähnlichen Symptome scheinen in einer engen Beziehung zu der erlebten Erregung während des Glücksspiels zu stehen (Wray & Dickerson, 1981; Meyer, 1989 a, b; Rosenthal & Lesieur, 1992; vgl. Custer, 1982).

Ein Spieler berichtet:

„Wenn ich da gesessen hab' und Fernsehen geguckt hab' oder Musik gehört hab', irgendwie bin ich unruhig gewesen. Ich konnte nicht lange auf dem Stuhl sitzen, still sitzen, bin aufgestanden, in der Wohnung rumgelaufen, hab' sauber gemacht, irgendwie versucht mich abzulenken. Wenn das nicht geholfen hat, bin ich raus, mit 'nem Walkman auf'm Kopf und bin an den Strand gegangen. Das hat aber alles nichts genützt. Ich fühlte mich unruhig. Also irgendwie als wenn ich nicht wußte wohin. Ich war einfach nicht zufrieden gewesen mit dem, was im Moment geschehen ist. Langeweile. Na, was machste nun, was machste nun. Ja, eigentlich könnteste ja mal nach Kiel fahren. Also das ist eine innere Unruhe in dem Moment. 'Ne Unzufriedenheit. Wenn sie [Freundin] dann da war, bin ich gereizt gewesen und bin immer gleich auf jedes Wort angesprungen, hab' sie angeschrien, all sowas. Das ist manchmal so ausgeartet, daß ich sie aus der Wohnung geworfen hab' und all so 'ne Scherze. Ich bin in dem Moment unberechenbar. Ich kann Menschen dann so verletzen, auch wenn ich das gar nicht will. Das tut mir 5 Minuten später wieder leid. Aber in dem Moment, da dreh' ich durch. Ich kann da keinen klaren Gedanken mehr fassen."

[Nachdem er dann gespielt hatte:]
„Dann bin ich losgezogen und hab' versucht, noch schnell [Zigaretten-]Stangen zu klauen und dann spielen. (...) Wenn ich gespielt hab', war das alles wieder weg. Dann fühlte ich mich eigentlich mit mir und meiner Umwelt wieder zufrieden. Auch wenn ich abends nach Hause kam, habe ich mich entschuldigt bei meiner Lütten."

- Ein unkontrolliertes Spielverhalten führt auf Dauer fast zwangsläufig zunächst zu finanziellen, später auch zu psychosozialen *Folgeschäden*. Mit der Aufnahme von Krediten oder dem Verkauf persönlichen Eigentums beginnt ein Kreislauf, der in illegalen Handlungen enden kann, wenn die eigenen Ressourcen erschöpft sind.

- Über kurz oder lang treten Störungen im zwischenmenschlichen Bereich auf, Schuldgefühle und Depressionen können die Folge sein (eine ausführliche Darstellung der Folgeerscheinungen erfolgt im Kap. „Individuelle und soziale Folgen").

Die Kriterien 7–9 des DSM-III-R, die soziale Probleme teilweise unscharf und überlappend thematisieren (Lesieur & Rosenthal, 1992), sollen im DSM-IV durch die direkte Erfassung schädlicher Auswirkungen – analog zum DSM-III – wie illegale Handlungen (7.), Gefährdung/Zerstörung familiärer Beziehungen/beruflicher Karrieren (8.) und notwendige finanzielle Unterstützung durch andere (9.) ersetzt werden (s. u.). Vorgesehen ist außerdem die Aufnahme der Kriterien „Flucht vor Problemen" (4.) und „Lügen/Täuschung" (6.). Einige Kriterien wurden zur besseren Abgrenzung umformuliert. Die empirische Überprüfung für das DSM-IV, die erste bestätigende Befunde erbracht hat, basiert auf folgenden diagnostischen Kriterien:

Persistent or recurrent maladaptive gambling behavior as indicated by at least five of the following:

1. Preoccupied with gambling (e.g., preoccupied with reliving past gambling experiences, handicapping or planning the next venture, or thinking of ways to get money with which to gamble).
2. Needs to gamble with significantly increasing amounts of money in order to achieve the desired excitement.
3. Made repeated unsuccessful attempts to control, cut back, or stop gambling.
4. Restlessness or irritability when attempting to cut down or stop gambling.
5. Gambles as a way of escaping from problems or relieving dysphoric mood (e.g., feelings of helplessness, guilt, anxiety, depression).
6. After losing money gambling, often returns another day in order to get even ("chasing" one's losses).
7. Lies to family members or others to conceal the extent of involvement with gambling.
8. Committed illegal acts, such as forgery, fraud, theft, or embezzlement, in order to finance gambling.
9. Has jeopardized or lost a significant relationship, job, educational or career opportunity because of gambling.
10. Reliance on others to provide money to relieve a desperate financial situation caused by gambling (Lesieur & Rosenthal, 1992; Lesieur, persönliche Mitteilung).

Das aufgezeigte idealtypische Erscheinungsbild ist in seiner Reinform nur in Extremfällen erkennbar. In weniger ausgeprägten Fällen bestehen häufig Schwierigkeiten, eine objektiv eindeutige Diagnose zu stellen.

Die operational definierten Kriterien der „American Psychiatric Association" bilden hier einen hilfreichen Leitfaden. Die Diagnosestellung sollte sich auf Angaben zur Intensität des Glücksspiels (Häufigkeit, Dauer, Einsatz), zu pathologischen (süchtigen) Spielverhaltens- und Erlebensmustern (Kontrollverlust etc.) sowie zu glücksspielbezogenen Folgeschäden stützen, wobei der Beurteilung des Suchtcharakters des Spielverhaltens eine zentrale Bedeutung zukommt.
Ein Testverfahren zur Erfassung des pathologischen Glücksspiels wurde bisher lediglich in den USA entwickelt. Es handelt sich um einen Fragebogen, den „South Oaks Gambling Screen (SOGS)", der auf den Kriterien des DSM-III für „Pathological

Gambling" basiert und 20 Items umfaßt. Der SOGS korreliert hoch mit den Kriterien des DSM-III-R (Lesieur & Blume, 1987).
In der Bundesrepublik Deutschland sind verschiedene Item-Listen in Fragebogen- oder Interviewform – teilweise in Anlehnung an das DSM-III-R – konstruiert und eingesetzt worden (Kunkel, Herbst & Reye, 1987; Meyer, 1989 b; Schwarz & Lindner, 1990), für die Validitäts- und Reliabilitätsüberprüfungen allerdings noch ausstehen (eine entsprechende Untersuchung ist in Vorbereitung).

Die Anamnese und spezifische sowie umfassende psychologische Testverfahren liefern weitere Informationen über potentielle Ursachen der pathologischen Entwicklung (vgl. Kap. „Die Persönlichkeit"), die die Diagnose untermauern können und auch für die Indikationsstellung relevant sind.

Als differentialdiagnostisch bedeutsame Störungsbilder sind im ICD-10 das exzessive Glücksspiel im Rahmen einer manischen Psychose sowie bei soziopathischen Persönlichkeitsstörungen angeführt. Die Abgrenzung des pathologischen Glücksspiels vom exzessiven Spielverhalten soziopathischer Persönlichkeiten bereitet mitunter Schwierigkeiten, wenn Anhaltspunkte für beide Störungsbilder vorliegen (vor allem für antisoziale Persönlichkeitseigenschaften in der Kindheit und Jugend), die späteren Probleme mit dem Glücksspiel aber weniger auf der Grundstörung als auf der Eigendynamik der Suchtentwicklung beruhen (vgl. Kap. „Die Beschaffungskriminalität").

Spieler ist nicht gleich Spieler

In dem Kontinuum von einer sehr seltenen, problemlosen Teilnahme am Glücksspiel bis hin zu einem exzessiven, pathologischen Spielverhalten lassen sich verschiedene, mehr oder minder abgrenzbare Formen des Spielens unterscheiden. Merkmale wie *Spielfrequenz* und *Funktionalität,* aber auch *Abhängigkeitsgrade* und *Ätiopathogenese* ermöglichen eine Differenzierung der Glücksspieler insgesamt wie der pathologischen Spieler.
Die größte Gruppe der Glücksspieler bilden die *Gelegenheits- oder sozialen Spieler,* die ab und zu in ihrer Freizeit mit geringen Einsätzen ihr Glück versuchen. Sie suchen beiläufig Abwechslung, Unterhaltung, Vergnügen, ohne daß es zu irgendwelchen Auffälligkeiten kommt.
Weiter in Richtung pathologischen Glücksspiels lassen sich Gruppierungen vornehmen, in

- *„intensive soziale Spieler"* (Custer & Milt, 1985), die häufig und intensiv ihrer beliebtesten Freizeitbeschäftigung als wesentliche Quelle für Anregung, Spaß und Entspannung nachgehen, ohne Familie und Beruf zu vernachlässigen und den eigenen finanziellen Rahmen zu sprengen, und
- *„Gewohnheitsspieler",* die dauerhaft spielen, um ihre hedonistischen Wünsche zu befriedigen oder um „Geld zu machen", trotz vorhandener Kontrolle vor allem finanzielle, ansatzweise auch psychosoziale Probleme bekommen, aufgrund derer sie aber das Glücksspiel zumindest längerfristig einschränken.

In der angelsächsischen Literatur wird zudem der „*professionelle Spieler*" beschrieben, der seinen Lebensunterhalt mit dem Glücksspiel verdient. Für ihn bietet das Spiel ansonsten keinen Reiz, es ist zum Beruf geworden. Er hat ein distanziertes Verhältnis zum Spiel und tätigt seine Einsätze kontrolliert, kühl und berechnend (Custer & Milt, 1985; Hayano, 1984; Dickerson, 1984). Glücksspiele, bei denen individuelle Fähigkeiten einen entscheidenden Einfluß auf das Spielergebnis haben, ein Spieler besser sein kann als andere, wie z.B. beim Poker, sind das Metier von professionellen Spielern. Es handelt sich – auch im angelsächsischen Sprachraum – um eine sehr kleine Gruppe, die in der Bundesrepublik Deutschland – wenn überhaupt – vornehmlich im illegalen Bereich anzutreffen sein dürfte.

Ein (glaubhaft) professioneller Pokerspieler äußerte, daß die Gefahr des Kontrollverlustes immer präsent sei. Nach den Unterschieden zum pathologischen Spieler befragt, gab er an, daß der süchtige Spieler jede „Hand" spielen wolle, immer in Action sein müsse, während er, so schwer es manchmal auch sei, bei einem relativ schlechten Blatt aussteigen könne (weitere Subgruppen – unter den Spielern allgemein – beschreiben Newman, 1972; Conrad, 1978; Kusyszyn & Rubenstein, 1985; Custer & Milt, 1985; Rosenthal, 1989).

Pathologische Spieler sind ursachenbezogen klassifiziert worden. Moran (1970b, c) unterscheidet – ausgehend vom Suchtmodell – zwischen:

- subkulturellem Glücksspiel, das auf dem Hintergrund exzessiven Spielens im sozialen Umfeld entsteht,
- neurotischem Glücksspiel als Reaktion auf eine Streßsituation oder ein emotionales Problem,
- impulsivem Glücksspiel, das durch einen Kontrollverlust bei einer Tendenz zu spontanen Reaktionen und eine ambivalente Einstellung zum Spielen gekennzeichnet ist,
- psychopathischem Glücksspiel als Teil einer grundlegenden Persönlichkeitsstörung,
- symptomatischem Glücksspiel, das auf eine schwere psychische Störung (häufige Depressionen) zurückzuführen ist.

Bei allen Formen besteht eine *psychische Abhängigkeit,* jedoch mit unterschiedlichem Ausprägungsgrad. Beim impulsiven Typ ist sie nach Moran (1970b, c) am stärksten, beim subkulturellen Typ am geringsten ausgeprägt.

Ähnlich differenzieren Schürgers & Haustein (1988) in Ablehnung an klinisch-diagnostische Kategorien des ICD-9 bei ambulant behandelten Automatenspielern zwischen:

- Spielern mit einer Persönlichkeitsstörung (exzessive Spieler, deren Erkrankung auf ausgeprägte Störungen und Defizite in der frühen Persönlichkeitsentwicklung zurückzuführen ist),
- Spielern mit einer Neurose (exzessive Spieler, deren Erkrankung auf einer neurotischen Fehlentwicklung beruht),
- Spielern mit einer Anpassungsstörung (exzessive Spieler, deren Erkrankung als Reaktion auf eine aktuell schwierige persönliche Situation zu verstehen ist).

Derartige Klassifikationen pathologischer Spieler (vgl. auch Hand & Kaunisto, 1984; Bellaire & Caspari, 1989; sowie Kap. „Die Persönlichkeit" bzw. die vielfältigen ätiologischen Bedingungen, die hier zum Ausdruck kommen, sprechen für eine differentielle Diagnostik mit spezifischen therapeutischen Indikationen.

Eine Spielerkarriere

Der Verlauf einer „Spielerkarriere" bis zur Manifestierung der Sucht läßt sich in Analogie zu stoffgebundenen Suchtentwicklungen in 3 Phasen unterteilen:

1. positives Anfangsstadium,
2. kritisches Gewöhnungsstadium,
3. Suchtstadium

Custer (1987) bezeichnet sie – eher glücksspielorientiert – als Gewinn-, Verlust- und Verzweiflungsphase (Abb. 2).

Positives Anfangsstadium

Ersten Kontakten zu Glücksspielen im Familienkreis, in der Peer-Group in Form von Karten-/Würfelspielen um kleinere Geldbeträge oder mehr zufälligen Annäherungen über eindrucksvolle Schilderungen von Freunden, Eröffnung einer Spielhalle/-bank in der Nähe des Wohnortes usw. folgt früher oder später eine gelegentliche Teilnahme mit in der Regel *positiven Erfahrungen*.

Spieler berichten:

„. . . Mein Vater und ich [im Alter von 7 Jahren] haben gehäufelt, gespielt, um Kohle. Ich hab' immer 2 Mark für's Spülen gekriegt. (. . .) Gleich zocken wir erst mal einen, sagt er. Da hab' ich mich gefreut wie 'n Irrer, gespült schnell, komm, komm komm, sag' ich. (. . .) Dann hat er mir für 2 Mark Groschen gegeben, da konnte ich immer setzen, ja und wir haben Spaß 'ne Stunde gehabt. (. . .) Ich hab' ab und zu mal 5 Mark in Groschen gehabt, das hat sich dann immer gestapelt. Ich hab' mich gefreut wie ein Wilder und mir 'n Eisbecher gekauft. Am nächsten Tag haben wir wieder gespielt, (. . .) unsern Spaß gehabt."

„Das ging los, wir haben bei uns 'n Imbiß gehabt, da hab' ich 'n 5er reingesteckt und 180 Mark gewonnen (. . .). Das erste halbe Jahr war eigentlich nichts Dolles, hab' ich mal 'n 5er zwar reingesteckt, (. . .) dann hab' ich mal 4 Wochen nichts da reingesteckt. Ab und zu haben wir mal Billard gespielt, da hab' ich nebenbei mal 'n 10er reingeworfen oder 'n 5er. Das war nix Großes. (. . .) Ende '86 ging das erst los, als ich beim Schwarzfahren erwischt wurde. (. . .) Weil ich zu dem Zeitpunkt kein Geld hatte, hat mein Vater mir das vorgestreckt. (. . .) Also ich hatte genau das Geld, um das [die Strafe] zu bezahlen, und da hab' ich gedacht, wenn du das in die Automaten steckst und gewinnst, haste noch mehr. Eigentlich sollte ich das Geld bei der Zahlstelle einzahlen. Das hab' ich dann aber eben nicht gemacht, weil ich das Geld für mich brauchte. Ich habe gedacht, du hast sowieso kein Geld, versuchste 'n bißchen mehr rauszuholen. Und dann hatte ich das

Geld wieder verzockt. Daraufhin hab' ich eben richtig angefangen, mehr Geld da reinzustecken. 20, 30, 40, 50 Mark, und plötzlich fing ich an, auch mein Konto zu überziehen. Weil ich plötzlich nur noch gespielt habe, um wieder das Geld, was ich für'n nächsten Tag brauche, zu kriegen. Ja, und dann ging's so richtig los. (. . .) Von da an hab' ich jeden Tag, was weiß ich, so viel Geld ich hatte, alles in die Automaten reingeschmissen."

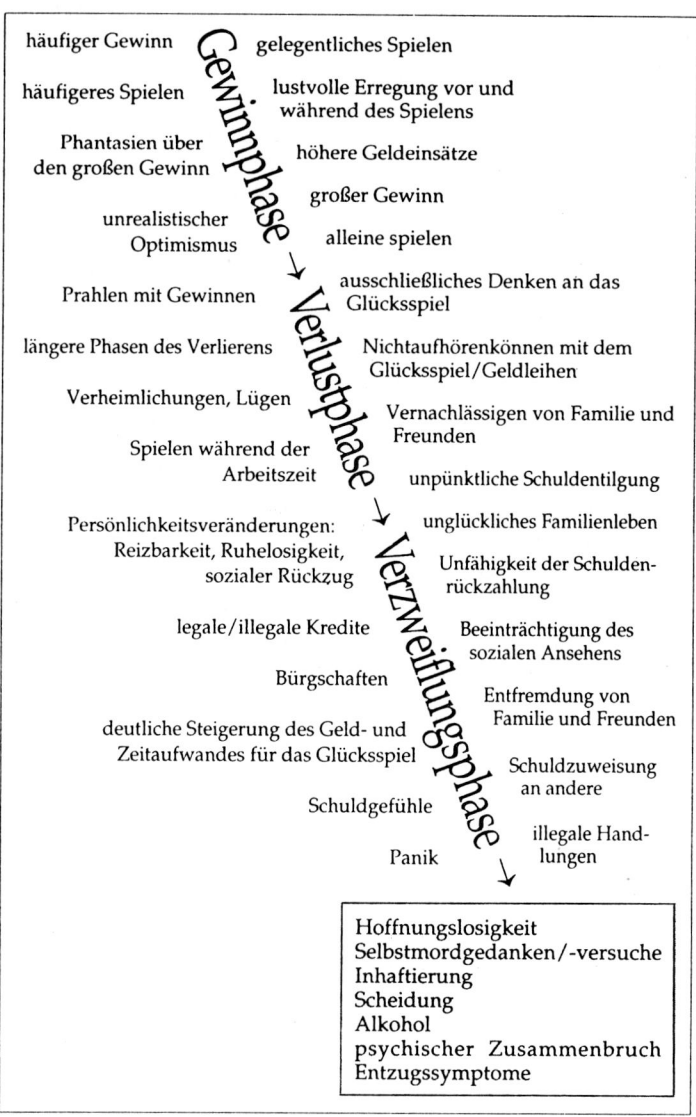

Abb. 2. Verlauf der „Spielerkarriere". (Custer, 1987)

Der Spieler erzielt kleinere oder größere Gewinne, erlebt anregende, euphorische Gefühle, ein *gesteigertes Selbstwertgefühl*. Spieler berichten häufiger über größere Gewinne in der Anfangsphase, die die Entwicklung (ebenso wie äußere Belastungen) beschleunigen können, jedoch nicht notwendig sind, denn schon das Eingehen von Risiken und zwischenzeitlich zwangsläufig eintretende, kleinere Gewinne führen zu positiven Gefühlen, zu Entspannung und Entlastung von psychischen Problemen. Gewinne werden stolz den Angehörigen präsentiert, Anschaffungen getätigt und größere Summen nach Gewinnsequenzen (beim Roulette) angelegt. Optimismus macht sich breit, Phantasien drehen sich um zukünftige Gewinne. Das Glücksspiel ist auf die Freizeit beschränkt, auf das Spiel an einem Automaten oder Roulettetisch. Kontakte zur Spielerszene, die Anerkennung und Statusgewinn vermittelt, verstärken sich. Verluste werden immer wieder ausgeglichen, glücksspielspezifische Kenntnisse erweitert. Aus gelegentlichen entwickeln sich regelmäßige Besuche der einschlägigen Einrichtungen. Die *Risikobereitschaft* wächst.

Kritisches Gewöhnungsstadium

Der Übergang zum kritischen Gewöhnungsstadium, der sich hier andeutet, ist fließend. Häufigkeit, Spieldauer und Einsätze nehmen zu – die *Spielintensität* steigt. Um den gewünschten Effekt zu erzielen, sind immer höhere Einsätze und Gewinne erforderlich, da deren Wirkung infolge von Gewöhnung nachläßt. Der Spieler wählt risikoreichere Spielvarianten, spielt an mehreren Automaten gleichzeitig. Das Spielverhalten schleift sich ein, gewinnt *Eigendynamik*. Da überwiegend Verluste mit zunehmendem Ausmaß eintreten, läßt sich das Glücksspiel nicht mehr nebenbei finanzieren. Angehörige werden beliehen, Kredite aufgenommen, Einsätze limitiert und Erfolge jetzt systematischer angestrebt. Geld hat zunehmend nur noch die Funktion des *Spielkapitals*, jeglicher Bezug zum realen Geldwert geht verloren. Der Spieler verheimlicht seine Glücksspielaktivitäten und entwickelt ein *System von Lügen*, um die Abwesenheit und finanzielle Engpässe zu erklären. *Probleme in Partnerschaft und Ehe* beginnen, denen er sich durch die Flucht in den Glücksspielbereich entzieht. Eine *Vernachlässigung der Ausbildung, des Berufes* zeichnet sich ab. Der Lustgewinn und die Unlustabwehr sind bereits ansatzweise auf das Glücksspiel ausgerichtet. Erste Anzeichen von *Unzuverlässigkeit* und *Kritikschwäche* zeigen sich, die Kontaktfähigkeit nimmt ab. Verluste werden bagatellisiert, die Schuldenrückzahlung wird hinausgezögert. Der Verlustausgleich bestimmt innerhalb von Spielsequenzen immer häufiger die Motivation. Die Kontrolle über das Spielverhalten ist aber insofern noch vorhanden, als der Spieler zwar teilweise mehr Geld und Zeit investiert als vorher beabsichtigt, eine Fortsetzung des Spiels entgegen gefaßter Vorsätze, bis absolut kein Geld mehr zur Verfügung steht, jedoch kaum vorkommt. Außerdem gelingt es ihm noch, mit Gewinnen (auch mittleren) den „Zockertempel" zu verlassen. Er hat aber bereits seine Stammspielhalle, für den Besuch der Spielbank lohnt sich eine Jahreskarte, die Überreichung der Ehrenkarte mit kostenlosem Eintritt (für gute Kunden) steht kurz bevor.

Suchtstadium

Das Suchtstadium ist dann erreicht, wenn der Spieler nicht mehr mäßig und vernunftgesteuert spielen, nach Beginn nicht mehr aufhören kann, wiederholt alles verfügbare Geld ebenso wie seine Gewinne restlos verspielt. Der Kontrollverlust ist eingetreten, ein kennzeichnendes Merkmal des *Suchtstadiums*. In diesem Stadium beherrscht das Glücksspiel sein Leben. Exzessives Spielen oder Geldbeschaffung stehen auf der Tagesordnung. Obwohl der Spieler eine positive Wirkung kaum mehr erfährt, ist er grundsätzlich überzeugt, auf das Glücksspiel nicht verzichten zu können. Es hat sich ein von potentiellen Grundstörungen mehr oder minder unabhängiges, eigenständiges Störungsbild entwickelt. Trotz erkennbarer *Folgeschäden* wird weitergespielt, Geld zum Spielen um jeden Preis beschafft – auch durch *Straftaten*. Schuldgefühle treten auf, teilweise auch Panikgefühle, wenn der Spieler vornehmlich nach einem Totalverlust kurzzeitig auf dem Weg nach Hause seine Situation inklusive der angerichteten Schäden reflektiert. Versuche, glücksspielabstinent zu leben, scheitern nach wenigen Tagen oder Wochen – enden im Rückfall. *Persönlichkeitsveränderungen* (Stimmungslabilität, Selbstverachtung, Antriebsverlust) und *sozialer Abstieg* (emotionale Entfremdung von Familie, Scheidung, Isolation) begleiten das Erscheinungsbild pathologischen Glücksspiels (vgl. Kap. „Spieler ist nicht gleich Spieler" und „Individuelle und soziale Fragen").

Es ist ein jahrelanger Prozeß. Durchschnittlich dauerte die Phase gelegentlichen Spielens nach Angaben von Spielern aus Selbsthilfegruppen ca. 2,5 Jahre, die des häufigen und intensiven Glücksspiels im Mittel ca. 5,5 Jahre. Nach ca. 3,5 Jahren erlebten die Spieler oder ihre nächsten Bezugspersonen das Glücksspiel zum ersten Mal als Problem (Meyer, 1989a, b). Bis sich ein ehrliches Bedürfnis nach Hilfe entwickelt hatte und eine Akzeptanz des Problems sich durchsetzte, vergingen teilweise weitere Jahre.

Ist pathologisches Glücksspiel eine Suchtkrankheit?

Obwohl der Gebrauch von psychotropen Substanzen beim pathologischen Glücksspiel nicht gegeben ist, wird es seit langem und in jüngster Zeit verstärkt als eine Form der Suchtkrankheit betrachtet.

(Vgl. u.a. Erlenmeyer, 1887; Fischer, 1905; Rasch, 1962; Moran, 1970c; Meyer, 1983; Fröhling, 1984; Custer & Milt, 1985; Heckmann, 1985; Orford, 1985; Schumacher, 1986; Blume, 1987; Kellermann, 1987; Lempp, 1987; Schmidt-Traub, 1988; Brakhoff, 1989; Thomas, 1989a; Dickerson, 1989; Shaffer, Stein, Gambino & Cummings, 1989; Gross, 1990; Jost, 1990; Schwarz & Lindner, 1990; Petry, 1991; Windgassen & Leygraf, 1991; Schneider, 1992.)

Sowohl die Anwendung des Sucht- als auch des Krankheitsmodells sind von verschiedener Seite kritisiert worden.

(Vgl. u. a. Hand & Kaunisto, 1984; Dickerson, 1987; Kröber, 1987; Rosecrane, 1988; Brengelmann, 1990; Saß & Wiegand, 1990; Haase, 1992.)

Zum Suchtmodell

Die Analyse der Suchtprobleme hat lange Zeit unter der Überbewertung der physischen und pharmakologischen Aspekte gelitten (Bochnick & Richtberg, 1980; Kellermann, 1988 a). Das pathologische Glücksspiel bietet die Gelegenheit, das Wesen süchtigen Verhaltens in seiner Reinform zu studieren, da es keine Interferenzen durch körperliche Abhängigkeit (mit vielfältigen und weitgreifenden Stoffwechselvorgängen) oder hirnorganisch bedingte psychische Veränderungen gibt. Die Relevanz psychologischer Aspekte läßt sich auch dadurch verdeutlichen, daß die physische Abhängigkeit keine notwendige Bedingung für stoffgebundene Suchtformen darstellt und die psychische Abhängigkeit zentraler Gegenstand aller therapeutischen Bemühungen ist. Während die körperliche Entzugsbehandlung nur einige Tage oder Wochen in Anspruch nimmt, bleibt die psychische Abhängigkeit mit ihrer *verhaltensbestimmenden Wirkung* bestehen und zeichnet für die hohe Rückfallquote bei Suchtkranken verantwortlich.

Ein süchtiger Mensch strebt nicht den Konsum eines Suchtmittels bzw. einer Droge um ihrer selbst willen an, sondern den durch den Stoff erzeugten *psychischen Zustand* – vor allem Entspannung, Rausch und Betäubung. Das eigentliche Suchtpotential besteht in der sofortigen stimmungsdämpfenden, stimulierenden oder halluzinogenen Wirkung der Mittel. Die Eigenschaften des Glücksspiels, unmittelbar intensive Lustgefühle, einen erregenden, euphorischen Zustand zu erzeugen oder Mißstimmungen, seien sie glücksspielbedingt oder unabhängig entstanden, sofort zu vertreiben, bilden die Grundlage des Suchtpotentials, wie sie auch stoffgebundenen Formen gemein ist. Die Art und Weise der Integration der Glücksspielwirkung in den „psychischen Haushalt", der beigemessene Bedeutungsgehalt und die Funktionen, die die Wirkung für den Spieler erfüllt, entscheiden dann über die Manifestation der Sucht – ein in erster Linie *psychischer Prozeß*.

Um die Dominanz physiologischer und pharmakologischer Aspekte zu überwinden, ist es notwendig, alternative, für stoffgebundene und stoffungebundene Suchtformen gültige, typische und obligatorische Merkmale aufzuzeigen. Eine auf beide Formen zutreffende Suchtdefinition stammt von Wanke (1985, S. 20): „Sucht ist ein unabweisbares Verlangen nach einem bestimmten Erlebniszustand. Diesem Verlangen werden die Kräfte des Verstandes untergeordnet. Es beeinträchtigt die freie Entfaltung der Persönlichkeit und zerstört die sozialen Bindungen und Chancen des Individuums."

Hierbei handelt es sich zwar um wichtige und typische Merkmale, zu bedenken ist aber, daß das unabweisbare Verlangen nicht ständig bei einem süchtigen Menschen besteht, sondern vor allem nach Konsumbeginn, in der Entzugssituation sowie bei psychischen Belastungen und kaum in Abstinenzzeiten auftritt. Folgeschäden für das Individuum und die Gesellschaft treten zudem erst spät auf, wenn die Sucht bereits manifestiert ist.

Als obligatorische, zuverlässige und für alle Suchtformen gültige Symptome sind der *Kontrollverlust* und die *süchtige Bindung an das Suchtmittel* (die psychische Abhängigkeit im engeren Sinne) zu nennen, die sich bei der Diagnose um den typischen Verlauf einer Suchtentwicklung in Form der Eigendynamik ergänzen lassen.

- Ein süchtig gewordener Mensch kann sein Suchtmittel nicht mehr über einen längeren Zeitraum kontrolliert konsumieren – ein Phänomen, das auch bei abstinenten Süchtigen noch längere Zeit, möglicherweise lebenslang fortbesteht.
- Die beherrschende und überdauernde Grundeinstellung des süchtigen Menschen, auf sein Suchtmittel, das für ihn zum obersten Daseinswert wird, nicht verzichten zu können, kennzeichnet die süchtige Bindung.
- Die Diagnose läßt sich nur aus dem Verlauf heraus stellen, der durch eine zunehmende Einengung der Lebensvollzüge und Fixierung auf das Mittel sowie eine abnehmende Befriedigung bei zunehmender Quantität gekennzeichnet ist.
- Die Kernsymptome lassen sich durch fakultative oder substanzspezifische Symptome wie „craving", Abstinenzunfähigkeit, Entzugserscheinungen, Folgeschäden, körperliche Abhängigkeit untermauern.

Eine Charakterisierung von Sucht anhand obligatorischer und fakultativer Merkmale birgt den Vorteil in sich, auf einer gemeinsamen Basis bestehende Unterschiede zwischen stoffgebundenen und stoffungebundenen Formen zu integrieren (vgl. Kellermann & Meyer, 1993).

Weitere Anhaltspunkte für einen weiter gefaßten Suchtbegriff liefern empirische Befunde, die auf *Ähnlichkeiten der Persönlichkeitsprofile* von pathologischen Spielern und Substanzabhängigen in klinischen Testverfahren und auf Analogien in den Hintergrundbedingungen (vgl. Kap. „Unter welchen Bedingungen entsteht pathologisches Glücksspiel") hinweisen. Als Beleg für den Suchtcharakter gilt auch die Mehrfachabhängigkeit oder Suchtverlagerung bei pathologischen Spielern – von einem anderen Standpunkt als Krankheitshäufung in einer Person interpretiert (Hand, 1986).

Rund ein Viertel der Mitglieder bundesdeutscher Selbsthilfegruppen „Anonyme Spieler" bestätigte Probleme mit (in erster Linie) Alkohol, Drogen oder Medikamenten. Davon gaben jeweils ca. ein Drittel an, daß die stoffgebundenen Probleme gleichzeitig mit dem Spielen bestanden oder sich in den Glücksspielbereich verlagert hatten. Fast alle Gruppenteilnehmer waren starke Raucher (Meyer, 1989a, b; vgl. Ramirez, McCormick, Russo & Taber, 1983; Lesieur, Blume & Zoppa, 1986; Ciarrocchi, 1987; Schwarz & Lindner, 1990). Nicht zuletzt erleben sich die betroffenen Spieler selbst häufig als „Süchtige".

Vorbehalte gegenüber dem Suchtmodell äußern Hand (1986, 1990) und Mitarbeiter (Hand & Kaunisto, 1984; Klepsch et al., 1989; Klepsch, Hand, Wlazlo, Kaunisto & Friedrich, 1989), da ein pathologisches Spielverhalten nicht – wie stoffgebundene Abhängigkeiten – zu körperlichen, insbesondere hirnorganischen Veränderungen (Leberschäden, Abbau von Gehirnsubstanz und Stoffwechselstörungen) führe, die die intellektuelle und emotionale Verarbeitungsfähigkeit von Umwelteinflüssen – einschließlich der therapeutischen – beeinträchtige und letztendlich die Therapiefähigkeit aufhebe (vgl. Brengelmann, 1990; Saß & Wiegand, 1990). Sie sei beim Spielen allenfalls psychisch blockiert und könne durch psychotherapeutische Maßnahmen mobilisiert werden. Die Überdosierung führe nicht direkt zum Tode, der Entzug nicht zum Delir. Das Suchtmodell beinhalte zudem die Gefahr, ein destruktives Selbstbild zu vermitteln (der Spieler als Opfer einer lebenslangen Krankheit). Das Abstinenzgebot als primäres und unverzichtbares Therapieziel sei – wie bei den meisten nichtstoffgebundenen Abhängigkeiten („Eß-, Sex- oder Arbeitssucht") – schließlich nicht umsetzbar.

Diese Argumentation verkennt, daß

- körperliche, insbesondere hirnorganische Folgeschäden durch stoffgebundene Abhängigkeiten – wenn überhaupt (fast nur bei Alkoholabhängigen) – in der Regel erst in einem späten Stadium der Suchtentwicklung auftreten, die Sucht hat sich schon vorher manifestiert,
- die „psychische Blockierung" auch bei stoffgebundenen Abhängigkeiten zentraler Gegenstand aller therapeutischen Bemühungen ist,
- nur der Entzug vom Alkohol-Barbiturat-Typ zum Delir führt – nicht beispielsweise der vom Heroin oder Kokain,
- sich die lebenslange Krankheit nur auf einen Aspekt, den Kontrollverlust gegenüber Glücksspielen, bezieht, abstinent lebende Betroffene ansonsten ein völlig normales Leben führen und auch das Suchtmodell die Übernahme von Selbstverantwortung impliziert,
- ein Leben ohne Glücksspiele (nicht ohne Spielen) ohne weiteres realisierbar ist.

Hand und Mitarbeiter sprechen sich alternativ für die Anwendung des „Neurosenmodells" aus und nehmen eine Zuordnung von exzessivem Spielen zu den zwanghaften „monomanen Verhaltensexzessen" vor: Exzessives Glücksspiel als „Abwehr" von Depressivität aufgrund psychosozialen Stresses im Alltagsleben, als neurotischer Konfliktlösungsversuch. Als Symptomverhalten kann es jedoch grundsätzlich bei allen psychiatrischen Erkrankungen auftreten. Das vorgeschlagene Therapiemodell ist entsprechend auf die Veränderung oder Behebung der ursächlichen Bedingungen ausgerichtet. Gleichzeitig wird der Behandlung nach dem Suchtmodell eine „Symptomfixierung" vorgeworfen.

Sucht im allgemeinen wie „Spielsucht" im besonderen können durchaus Symptom einer *psychischen Grundstörung* sein. Vor allem im Anfangsstadium der Suchtentwicklung kann das Glücksspiel positive Funktionen im Hinblick auf prämorbide psychische Störungen erfüllen. Später kommt es jedoch häufig zum *Funktionswandel,* die faszinierend positive Wirkung tritt kaum mehr auf. Die Fehlentwicklung zur Sucht schreitet durch *Eigendynamik* fort, durch einen eigengesetzlichen Verlauf. Beispielsweise empfindet der Konsument nach Abklingen der Suchtmittelwirkung seine Realität durch den Kontrast zu der faszinierenden Suchtmittelwirkung negativer als vorher; zudem leidet er an – vor allem psychischen – *Entzugserscheinungen* bzw. an *negativen Nachwirkungen* (Kellermann & Meyer, 1993). Auslösende Konflikte können bereits bewältigte Vergangenheit darstellen oder nur noch sehr eingeschränkt wirken, während sich das exzessive Glücksspiel verselbständigt. Insofern handelt es sich bei einer manifesten Sucht um ein *eigenständiges Störungsbild*. Wird im Einzelfall eine derartige Eigendynamik nicht deutlich bzw. beruht das pathologische Spielverhalten im wesentlichen auf primären Grunderkrankungen, sind entsprechende nosologische Einordnungen vorzunehmen.

Die Suchttherapie betrachtet daher einerseits Sucht und andererseits evtl. bestehende individuelle Grundstörungen getrennt und geht davon aus, daß sowohl (zuerst) die Sucht als solche als auch die psychischen und psychosozialen Grund- und Begleitprobleme Ziel der Behandlung sein müssen.

Wie die WHO im ICD-10 feststellt, ist pathologisches Spielen weder zwanghaft im engeren Sinne, noch besteht ein Zusammenhang mit Zwangsneurosen. Während der Zwang von dem Betroffenen als Ich-fremd und unsinnig erlebt wird, stellt das exzessive Glücksspiel ein (zumindest in den ersten Stadien) subjektiv sinnvoll empfundenes, zweckgerichtetes und auf Steigerung des Selbstgefühls abzielendes Verhalten dar (Schulte & Tölle, 1977).

Eine Ausweitung des Suchtbegriffs ist auch von Vertretern der klassischen Drogenarbeit (Bühringer, 1983) kritisiert worden, die – berechtigterweise – vor einem inflationären Gebrauch des Suchtbegriffs warnen, der zur Bedeutungslosigkeit führe sowie zu der Gefahr, daß klassische Abhängigkeiten verharmlost und „neue" stigmatisiert werden. Vor dem Hintergrund des Erscheinungsbildes pathologischen Glücksspiels sowie der Folgen für das Individuum und die Gesellschaft (vgl. Kap. „Individuelle und soziale Folgen") erscheint eine Beschränkung auf stoffgebundene Abhängigkeiten allerdings nicht sachgerecht.

Die Glücksspielbetreiber fürchten das Suchtmodell „wie der Teufel das Weihwasser". Sucht würde eine gesellschaftliche Kontrolle des Suchtobjektes „Glücksspiel" implizieren, wie es der Gesetzgeber eigentlich vorsieht – mit der Folge geringerer Profite. Die Profiteure favorisieren daher eine nur-individuelle Betrachtungsweise und finanzieren – verständlicherweise – ausschließlich Forschungsprojekte mit einer suchtkonträren Grundposition.

Zum Krankheitsmodell

Das Krankheitskonzept besagt im Kern, daß dem Suchtverhalten *physiologische Ursachen* zugrunde liegen. Diese Grundannahme ist ebenso wie die der Unheilbarkeit und der Einschätzung der Sucht als progressiv chronische Krankheit durch empirische Befunde in Zweifel gezogen worden. Alternative Konzepte, die in dem Sucht- bzw. Problemverhalten ein erlerntes Fehlverhalten (Lerntheorie) sehen, die seelische Struktur des Menschen als Ursprung betrachten (Psychoanalyse) oder soziale und sozioökonomische Bedingungen der konkreten Suchtentwicklung (Soziologie) in den Vordergrund stellen, haben jedoch bis heute nicht die Bedeutung des Krankheitskonzeptes erreicht, auf dessen Grundlage Sucht als behandlungsbedürftige Krankheit anerkannt wurde.

- Die Öffnung für eine Behandlung im Rahmen der allgemeinen Gesundheitsversorgung und die Übernahme der Kosten,
- das Aufzeigen eines Rahmens im Umgang mit sozialen und strafrechtlichen Begleiterscheinungen,
- das bessere Verständnis seitens der Betroffenen und ihrer Angehörigen,
- die Ich-Entlastung und Wertneutralität

zählen zu den *individuellen* und *sozialen Vorteilen des Modells.* Mitunter dient das Krankheitskonzept als brauchbare Metapher für einen gemeinhin beobachtbaren Prozeß (Shaffer, 1989) und der Krankheitsbegriff weniger der Erklärung als der Beschreibung des Phänomens (Moran, 1970 b).

Kritiker des Modells bezweifeln, daß sich die Gesamtheit der Spieler dichotom in soziale bzw. Gelegenheitsspieler und pathologische Spieler unterteilen läßt, wie es das Krankheitskonzept impliziert, und legen statt dessen ein Kontinuum von problemfreiem bis problembeherrschtem Spielverhalten zugrunde, das der Realität wohl eher gerecht wird. In dem sogenannten „problematischen Glücksspiel" sehen sie ein *Fehlverhalten,* dessen „Abgewöhnung" nicht notwendigerweise Abstinenz verlangt. Das Krankheitsmodell verhindere darüber hinaus die Übernahme von Selbstverantwortung und führe zu einer passiven Haltung in der Therapie (Rosecrane, 1988; Klepsch et al., 1989).

Es lassen sich Argumente für und gegen einzelne Modellvorstellungen anführen (Feuerlein, 1984; Brown, 1987 a), die disziplinspezifischen Ansichten und Theorien widerlegen einander nicht (Shaffer, 1989). Ihre Koexistenz ist vielmehr heuristisch sinnvoll und notwendig, sie liefert wertvolle Anregungen für die Forschung und Behandlung. So ist wahrscheinlich die Indikation zur Abstinenz nicht für jeden pathologischen Spieler zu stellen. Solange aber keine zuverlässigen Kriterien dafür vorliegen, wer zu dieser vermutlich eher kleinen Gruppe gehört, sollte sicherheitshalber eine dauerhafte Einhaltung der Abstinenz das Ziel sein. Es ist Aufgabe der Forschung, verläßliche Kriterien für eine derartige Gruppenzuweisung zu ermitteln.

Der Anteil von pathologischen Spielern in der Bevölkerung

Verläßliche Angaben zur Prävalenz, d.h. zum Auftreten des pathologischen Glücksspiels bezogen auf die Bevölkerung, gibt es für die Bundesrepublik Deutschland bislang nicht. Die vorliegenden Schätzungen der Anzahl betroffener Spieler differieren erheblich, beziehen sich mitunter nur auf bestimmte Glücksspielformen und sind mit anderen empirischen Daten nur schwer in Einklang zu bringen.

Von etwa 8000 „subjektiv belasteten Vielspielern" an Geldspielautomaten (Schwankungsbereich 3000–20000) gehen Bühringer (1992) sowie Bühringer & Konstanty (1989) aus. Dies entspricht etwa 25% der geschätzten ca. 30000

Vielspieler, die nach ihren Untersuchungen derartige Belastungen aufweisen. Eine Verlaufsstudie bei Automatenspielern in Spielhallen zeigt allerdings, daß zeitweise 15% der Spieler stark psychisch belastet waren (Herbst, 1993). Zweifel an der Zuverlässigkeit der Schätzung kommen zudem auf, wenn man die Therapienachfrage von Automatenspielern berücksichtigt. Ca. 4900 reine Geldautomatenspieler haben beispielsweise 1988 eine ambulante Beratungs- und Behandlungsstelle aufgesucht (Strobl, 1991), somit hätten sich mehr als 61% der Betroffenen in dem Jahr in ambulanter Therapie befunden. Zum Vergleich: 1991 sind ca. 79000 der geschätzten 2,4 Mio. Alkoholabhängigen in den ambulanten Einrichtungen behandelt worden – gleichzusetzen mit einer Therapienachfrage von 3,3% der Betroffenen.

Bis der Problemdruck bei exzessiven Spielern soweit ausgeprägt ist, daß sie eine Beratungsstelle aufsuchen, vergehen außerdem in der Regel mehrere Jahre. Für die sich zunächst entwickelnden finanziellen Probleme lassen sich immer wieder Lösungen finden, die die Inanspruchnahme von Hilfe hinauszögern. Psychosoziale Folgeschäden treten im Rahmen einer Spielerkarriere erst relativ spät auf. Die Akzeptanz der Behandlungsbedürftigkeit ist zudem aufgrund der allem Anschein nach fehlenden physiologischen Grundlage des süchtigen Spielverhaltens und kaum auftretender körperlicher Beeinträchtigungen geringer als beispielsweise bei Alkohol- oder Heroinabhängigen.

In den Jahresstatistiken 1990 und 1991 der ambulanten Beratungs- und Behandlungsstellen für Suchtkranke (EBIS) lag der Anteil der männlichen Klienten mit pathologischem Spielverhalten unter den Zugängen bei 4,3 bzw. 4,5%, der der weiblichen Klienten bei 0,7 bzw. 0,6%. Hochgerechnet auf die Gesamtzahl der Klienten in allen Suchtberatungsstellen in den alten Bundesländern haben sich jeweils ca. 4800 Glücksspieler dort in ambulante Behandlung begeben. Angaben zur stationären Behandlung von Spielern sind nur in bezug auf ausgewählte Einrichtungen (Meyer, 1992) und zur Teilnahme an Selbsthilfegruppen nur für 1987 verfügbar (ca. 3100 „Zocker" nahmen in dem Jahr an den Treffen der „Anonymen Spieler" teil; Meyer, 1989a, b).

Auf der Grundlage der Therapienachfrage und anhand von Vergleichen mit stoffgebundenen Abhängigkeiten kommt der Caritasverband zu einer Schätzung von ca. 160000 beratungs- und behandlungsbedürftigen Glücksspielern in der Bundesrepublik Deutschland (Mitteilung des Deutschen Caritasverbandes, Freiburger Sozialtherapiewoche 1989).

Einen vagen Hinweis auf die Größenordnung des Problems – bezogen auf Spielbanken – liefert die Anzahl der gesperrten Spieler. Nach Angaben der „Staatlichen Lotterieverwaltung" in Bayern sind beispielsweise in der Sperrkartei der Spielbank in Garmisch-Partenkirchen ca. 30000 Namen verzeichnet. Neben Kasinosperren schließt die Sperrliste auch Eigensperren von Spielern ein, die die Kontrolle über ihr Spielverhalten verloren haben und sich durch eine Sperre schützen wollen. Ihr Anteil soll „mehr als die Hälfte" betragen.

Epidemiologische Untersuchungen oder Schätzungen der Prävalenzraten liegen vor allem aus Ländern des angelsächsischen Sprachraums – mit einer traditionell hohen Verfügbarkeit von Glücksspielen – vor (Tabelle 4). Es sind zum Teil regionale Erhebungen, die Angaben sind abhängig von Ort, Glücksspielgelegenheiten und demographischen Daten der Population. Aber auch aus Spanien und Holland, wo erst seit einigen Jahren ein breites Angebot vorhanden ist, stammen erste epidemiologische Untersuchungen bzw. Zahlen zur Therapienachfrage von Spielern, die für Holland einen deutlichen Anstieg (um 78%) in 1991 auf 3883 Klienten in den Beratungsstellen ausweisen (Nederlandse Verenigung CAD's, 1992; vgl. Hermkens & Kok, 1990).

Tabelle 4. Prävalenzrate des pathologischen Glücksspiels in verschiedenen Ländern

Land	Prävalenzrate [%]	Autoren
USA [a]	0,1–3,4	Sommers, 1988; Volberg & Steadman, 1988, 1989; Culleton, 1989; Volberg, 1990
Canada [a]	1,2	Ladouceur, 1991
Australien [a]	0,25–1,73	Dickerson & Hinchy, 1988
Großbritannien [b]	1–4	Moody, 1972; Cornish, 1978; Dickerson, 1984
Spanien [a]	1–3	Cayuela & Guirao, 1990; Legarda, Babio & Abreu, 1992

[a] Epidemiologische Untersuchungen.
[b] Schätzung.

4 Unter welchen Bedingungen entsteht pathologisches Glücksspiel?

Die verschiedenen Erklärungsmodelle für die Entstehung pathologischen Glücksspiels stellen entsprechend der jeweiligen wissenschaftlichen Ausrichtung biologische, psychodynamische, lerntheoretische, kognitive oder soziale Faktoren in den Vordergrund. Sie enthalten jeweils interessante Aspekte der Entstehung dieser Erkrankung, die für sich genommen jedoch das *komplexe Phänomen* nicht hinreichend erklären. Eine Betrachtungsweise, die verschiedene Faktoren einbezieht, wird – wie bei stoffgebundenen Suchterkrankungen – den vielschichtigen Ursachen am ehesten gerecht. Die spezifischen Eigenschaften des Glücksspiels, des Individuums und des Sozialfeldes stehen miteinander in intensiver Wechselwirkung (Abb. 3). Die Bedingungen wirken sich im Einzelfall in unterschiedlichem Ausmaß und unterschiedlicher Kombination aus und können zu einem mehr oder weniger ausgeprägten pathologischen Spielverhalten führen. Diese Betrachtung sollte jedoch nicht darüber hinwegtäuschen, daß die Wissenschaft von einem umfassenden und widerspruchsfreien Erklärungsmodell noch weit entfernt ist.

Die Wirkung des Glücksspiels: „... wie in einem Rauschzustand"

Das Glücksspielen läßt sich als Prozeß mit unmittelbaren psychotropen Wirkungen beschreiben. Das Spiel beginnt mit dem Einsatz des Geldes. Die Möglichkeit, größere Summen zu gewinnen oder den Einsatz zu verlieren, kann mit der lustvoll-euphorischen Hoffnung auf den Gewinn und der Angst vor dem Verlust verbunden sein. Diese Komponenten des „*Nervenkitzels*" führen zu einer angenehm/unangenehm gefärbten inneren Anspannung. Die Stimulation ist sofort erlebbar und dauert solange an, wie Gewinnaussichten bestehen. Um den „prickelnden" Reiz der Ungewißheit noch zu steigern und länger aufrechtzuerhalten, verdecken Automatenspieler die rotierenden Walzen/Scheiben mit ihren Händen, verfolgen Roulettespieler den Lauf der Kugel im Kessel mit gespannter Aufmerksamkeit, verzögern Pokerspieler die Aufdeckung der letzten entscheidenden Karte. Kurz vor dem Ausgang des Spiels oder dem Zieleinlauf der Pferde erreicht die Anspannung ihren Höhepunkt. Das Plazieren der Jetons im letzten Moment – auch nach Ansage des Croupiers „rien ne va plus" – erleben beispielsweise Roulettespieler als besonders stimulierend. Das gleichzeitige Spielen an mehreren Roulettetischen oder Spielautomaten dient ebenfalls der Intensivierung von Erregung bzw. Stimulation (wie übrigens auch der hohe Koffein- und Nikotinkonsum von Spielern). In welchen Erregungszu-

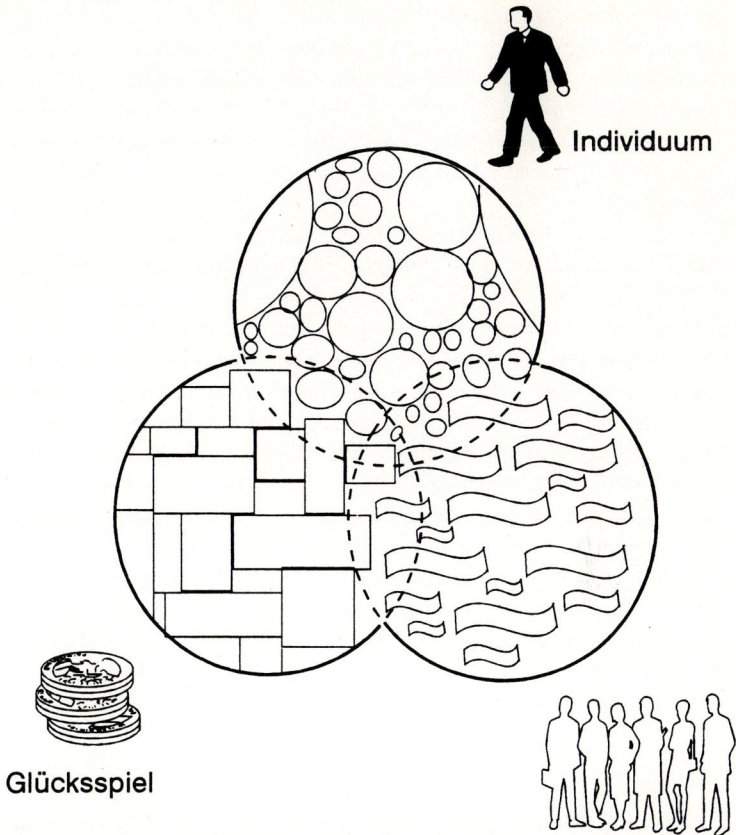

Abb. 3. Modell der Entstehung pathologischen Glücksspiels

Individuum

Glücksspiel

Sozialfeld

stand sich Menschen mit Hilfe des Glücksspiels versetzen können, läßt sich beispielsweise in Spielbanken beobachten. Mit hochrotem Kopf, schweißgebadet, gedankenverloren hetzen Spieler teilweise von einem Roulettetisch zum anderen und plazieren hektisch ihre Einsätze. Das Agieren des Spielers an sich führt also bereits zu einem positiven Effekt – unabhängig vom Spielausgang.

Gewinn

Ist das Spiel entschieden, hängt die hervorgerufene Stimmung von der Art des Ergebnisses ab: Gewinn oder Verlust. Ein Gewinn, oft auch unabhängig davon, wieviel zunächst verloren wurde, kann Wohlbefinden, ein gesteigertes Lebensgefühl, eine heitere, glückliche Stimmung – *Euphoriegefühle* – erzeugen. Gefühle von Macht und Ansehen, von Erfolg und Grenzüberschreitung werden bei höheren Geldbeträgen erlebt. Reale Gewinne und gedanklich vorweggenommene Gewinnmöglichkeiten öffnen das Tor in eine *Phantasiewelt,* in der sich der Spieler einflußreich und mächtig, erfolgreich und bestätigt fühlt; in der das Schicksal beherrschbar und die Entscheidung über Gewinn oder Verlust kontrollierbar wird; in der grandiose Pläne geschmiedet werden und alles Wünschenswerte realisierbar erscheint. Die Euphoriegefühle sind in dem Zeitraum zwischen Spielentscheidung und der sofortigen Gewinnauszahlung am intensivsten.

In gesteigertem Redefluß kommentieren Pferdewetter ihre richtige Vorhersage, jubelnd blicken sich Automatenspieler um und vermitteln so den anwesenden Spielern ihren Triumph über das Gerät. In Gewinnphasen erleben Spieler die Stimulation über längere Zeiträume auf einem höheren Niveau – eine Art Rauschzustand wie sie berichten. Die Glücksgefühle lassen sich über die Spielsituation hinaus „konservieren", immer wieder angeregt durch die gedankliche Beschäftigung mit dem positiven Spielausgang, dem gewonnenen Geld etc. Bereits die Vorwegnahme des Spielgeschehens und erzielter Gewinne löst schließlich die hedonistischen Gefühle aus. Die Konzeption von vermeintlichen Erfolgssystemen, die Information über die Form eines Pferdes, die Planung des nächsten Spielhallenbesuchs kann derartige Gefühle hervorrufen. Schon auf dem Weg in die Spielhalle verspüren „Zocker" ein Hochgefühl oder haben „Herzklopfen" beim Betreten des Kasinos. Die einschlägigen Einrichtungen können gar nicht schnell genug erreicht werden. Die Formalitäten vor dem Einlaß in die Spielbank stellen für viele eine Geduldsprobe dar, die sie kaum aushalten (Ausdruck der Vorfreude oder innerer Unruhe als entzugsähnliche Erscheinung).

Durch die lustbetonte Beschäftigung mit dem Glücksspiel in und außerhalb der Spielsituation können darüber hinaus problembehaftete Gedanken verdrängt und Spannungen (Streß, Angst) abgebaut werden. Das Glücksspiel ermöglicht ein völliges Abschalten von der Außenwelt, von der belastend erlebten Realität. Das Abtauchen in eine Phantasiewelt führt zu einer Entlastung und wird als entspannend empfunden. Das Glücksspiel hat somit neben der stimulierenden auch eine sedative Wirkung.

Die besondere Atmosphäre, in der Glücksspiele stattfinden, begünstigt den Verlust eines Bezuges zur Realität und verstärkt die stimulierende Wirkung. Die Licht- und Tonsignale der Spielautomaten, das prasselnde Geräusch ausgeworfener Münzen, das gedämpfte Licht in den Spielsälen, die allgemeine Hektik an den Wettschaltern, die Ansagen der Croupiers und das Klick-klack-Geräusch der springenden Kugel im Roulettekessel, das extravagante und luxuriöse Ambiente einer Spielbank, das halbseidene, verruchte Milieu illegalen Glücksspiels schaffen eine einzigartige Atmosphäre, in der das Weiterspielen vorprogrammiert ist.

Verlust

Die zweite Variante des Spielausgangs besteht in dem Verlust des Einsatzes. In der Anfangsphase einer Spielsequenz eher mit Gleichgültigkeit begleitet, verursachen Verluste später Mißstimmung: Enttäuschung, Niedergeschlagenheit, Verzweiflung, Minderwertigkeitsgefühle, bis hin zu Panikgefühlen, wenn dem Spieler bewußt wird, welchen Schaden er angerichtet hat. Das aufkommende Mißbehagen ist jedoch nur von kurzer Dauer und zeigt kaum Wirkung, wenn sofort der nächste Einsatz getätigt werden kann, der wiederum mit erneuter Stimulation verbunden ist.

Der angestrebte emotionale Zustand läßt sich beliebig oft herbeiführen, sofern die notwendigen Finanzen vorhanden sind. Das Geld ist in diesem Prozeß nur Mittel zum Zweck. Der Wert reduziert sich darauf, als Spielkapital für fortlaufende Action zu sorgen. Wenn die finanziellen Mittel im Rahmen einer Spielsequenz dem Ende zugehen, überwiegt teilweise die Angst zu verlieren, nicht weiterspielen zu können. „Zocker" spielen dann risikoärmer, um den Ausstieg hinauszuzögern.

Die für eine Stimulation notwendige Höhe der Einsätze und Gewinne hängt von individuellen Faktoren ab und steigt im Laufe einer Spielerkarriere aufgrund der Toleranzentwicklung. Im späteren Stadium werden intensive Glücksgefühle kaum noch erlebt.

Erlebnisschilderungen von pathologischen Spielern verdeutlichen noch einmal die psychotrope Wirkung von Glücksspielen.

Spieler berichten:

[Erleben während des Roulettespiels und vor dem Besuch der Spielbank:]

„. . . wie in einen Rauschzustand. (. . .) Also, manchmal hab' ich das Gefühl gehabt, man setzt nicht mehr bewußt, bei klarem Bewußtsein (. . .) Da hat man schon richtig feuchte Hände, das tropft schon bald von der Hand runter, und da kriegt man schon ganz schönes Herzklopfen und Angst dabei." [Nach einem Gewinn:] „. . . als ob 'ne Zentnerlast von einem runterfällt, richtig strahlend, da hätte man ein Liedchen pfeifen können und freut sich dann. Man fühlt sich wie ein großer Champ. (. . .) Ja, wenn ich gewonnen habe, denke ich, daß ich gut gespielt hab', daß ich das, was ich mir vorgenommen habe, eigentlich auch bewußt, ganz konkret eingehalten hab'. Es ist'n Glücksspiel, das weiß ich ja nun auch. Aber es war, als wenn ich das gesteuert oder beeinflußt hatte."

„Totale Konzentration auf das Spiel. Ich geh' nur von Tisch zu Tisch, wo ich gesetzt habe. Das einzige, was ich wahrnehme, sind die Ansagen der Croupiers oder ist die Zahl, die gefallen ist oder der Einsatz beziehungsweise die Plazierung. (. . .) Ich weiß gar nicht, ob ich wahrnehmen würde, namentlich, wenn jetzt jemand Thomas rufen würde. Ich weiß gar nicht, ob ich das wahrnehmen würde. (. . .) In schwierigen Situationen hat man ja auch so'n Gefühl, als wenn einem so Steine auf der Brust liegen, so'ne Anspannung ist das, so total nervlich fixiert ist man."

„Hat man gar nicht gewartet bis es 2, 3 [Uhr] is', sondern runter. (. . .) Wenn ich mit der Frau ausgemacht hab', daß wir uns am Mittag sehen oder treffen, bin ich trotzdem weg und runter. Hab' vielleicht Angst gehabt, daß die Frau mich zurückhalten könnte. (. . .) Ja, da bin ich rumgelaufen, zuerst zur Spielbank hin, geguckt, ob die noch da is' [lacht]. (. . .) Man möcht' die Zeit am liebsten zusammenschieben, daß man gleich reinkommt. Das Warten ist irgendwie 'ne Zeitverschwendung. (. . .) Man möcht' halt nur rein."

[Das Automatenspiel:]

„Aufregend wie 'ne Achterbahnfahrt. (. . .) Spannend ist es, aufregend ist es, nerven-aufreibend. Ja, wenn man mit 'ner Achterbahn fährt, dieses Looping zum Beispiel, wenn man das überstanden hat, so'n Gefühl ist das. Ich hab's geschafft, 'n Erfolgsge-fühl."

„(. . .) Also bei den Automaten hat es ja sehr viel mit Geschicklichkeit zu tun, fand ich immer. Also das war so'ne Herausforderung, die Geschicklichkeit eben, dieses Scheißding zu bezwingen, daß man von 40 Pfennig an, die der Automat dann eben einspielt, daß man trotzdem 100 Spiele kriegen kann. (. . .) Das Wichtigste war eigentlich das Hochdrücken nachher. (. . .) Das war spannend, das war aufregend, da ist man wirklich aufgeregt manchmal, vor allem, wenn man auf der 50 stand oder so, und man wußte, jetzt wechselt der Takt, jetzt mußt du den Takt mitkriegen, und dann gezögert hat. 4mal ging's weg, einmal hat man's geschafft, (. . .) 'n Triumph war das natürlich! Peng, klack, die anderen drehen sich um, oh, guck' mal, er hat schon wieder hochgedrückt, oder so. Da stand man dann irgendwie so da, das war super. Selbst wenn Geld rauskam, auf den Automaten habe ich gar nicht mehr geachtet, weil ich mich dann wieder mit anderen [Automaten] beschäftigt habe. Also da war es wirklich Geschicklichkeit und eben, weil andere zuguckten; das waren Bananen, die immer nur auf 2 oder 5 Spiele drückten."

„Auf der anderen Seite die gewisse Ruhe, die ich da hatte, dieses Abschalten. Von zu Haus' hab' ich ja immer gehört: Nun beweis mal, daß du was kannst. So und da an den Apparaten, ja, wenn ich nach oben gedrückt hab', hab' ich ja bewiesen, daß ich was kann. Obwohl ich ja auch vorher 'n Haufen Niederlagen eingesteckt hab', vielleicht 10- oder 15mal weggedrückt hab'. Insgesamt, wenn 'ne kleine Serie mit allem Drum und Dran kam, hab' ich mir dann doch eben selber bewiesen, so, du kannst ja doch was, du bist doch kein Versager, so wie von den anderen behauptet wird. Das ist so eigentlich eben der Hauptgrund, daß ich mir selber was beweisen wollte."

„Das Spielen bringt mich von allen Gedanken ab. Wenn ich in 'ner Spielhalle sitz', denk' ich an gar nichts. Dann denk' ich nur ans Spielen, und alles andere ist in weiter Ferne, jedes Problem, jede Sorge ist weg. (. . .) Man fühlt sich geborgen, (. . .) also in der Spielhalle. (. . .) Die Angst vorm Gefängnis und die Angst vorm Erwischtwer-den und die Angst vor der Polizei und so, die ist in der Spielhalle nicht. Da sind alleine die Kästen, da ist die Aufsicht, und also diese ganzen Probleme, die von außen kommen, sobald die Tür zu ist, sind die Probleme weg. Und wenn du da 2, 3 Stunden in der Daddelkoje sitzt, du vergißt ja auch alles um dich herum. Da kann draußen die Sonne scheinen, es kann regnen, das interessiert ja nicht. Du bist ja nur am Spielen, draußen kann sonstwas passieren."

„Also, ich leb' dann in einer ganz anderen Welt in dem Moment. Ich selber bin ich in dem Moment, glaub' ich, gar nicht mehr. Also, dann kann ruhig einer mit mir sprechen, das ist wie Durchzug. Dann kann auch einer zu mir sagen, du hast 'ne Frau und hast Kinder oder so. Das ist schlimm, es wird gezockt, bis nichts mehr da ist."

[Der einzige Besuch einer Spielbank:]

„War gutes Wetter draußen, alles toll, gut aufgewacht und so, auch 'n gutes Feeling gehabt. Ich hatte noch 'n Riesen, und dann siehst du ja immer gut aus, wenn du weißt, du kannst noch spielen. (. . .) Bin ich losgezogen und bin auch in die Spielo-thek rein. Dort hab' ich 'n bißchen gespielt, (. . .) und dann bin ich da raus und in den Jackpot [Automatenkasino] reingegangen."

[Dort gewann er 7500 DM.]

„Dann bin ich in ein Taxi gestiegen und wußte gar nicht genau, wo ich hinwollte. (. . .) Und da hab' ich gesagt, hier fahren Sie mich mal ins Spielkasino, eih. Das kam irgendwie instinktiv. (. . .) Da hatte ich auch voll das Hochgefühl, war ich voll oben, hatte die Energie und alles. Das war mein Tag, (. . .) mich konnte niemand stoppen, ich war der Größte, ich war voll der Oberkönig. (. . .) Mir konnte sozusagen keiner was. (. . .) Ich konnte nun ja nicht einfach nach Hause fahren und mich mit meiner Freundin über irgendwelchen Scheiß unterhalten, das hatte ja keinen Reiz für mich, klar."

[*In der Spielbank:*]
„Da fand ich das Oberfeeling, das war noch besser als in der Spielothek oder im Jackpot – die Atmosphäre da, überhaupt die ganzen Leute da. (. . .) Ich wollte ja schon immer zu den Größten gehören. (. . .) Dann hab' ich meine Geschichte erzählt, (. . .) 'n Piccolo geholt, so'n Zigarillo in der Hand, und hab' da voll mit den Leuten gelabert, als wenn ich voll der Oberbonze wär'. So ging ich da ab."

[*Nach dem Verlust des Geldes:*]
„Jedenfalls hab' ich alles verbraten, alles. (. . .) Dann war Ende gewesen. Da war ich wieder voll runter. (. . .) Vorher war ich die Energie und dann kam der Erschöpfungs-zustand. (. . .) Ich war total runter, keine Power mehr, keine Energie mehr, alles im A.... So'ne Scheiße, und dann hab' ich die alte Scheißkrawatte da hingeschmissen, (. . .) und hatte nicht mal Kohle für'n Taxi. Da bin ich zu Fuß durch den alten Scheißregen zu meiner Mieze gelatscht. So voll abgetörnt, voll runter, eih. Mein Anzug war naß, und alles, alles war am Ende. Ich hab' mich noch mit ihr gestritten, sie ist noch abgehauen, und da hab' ich mich hingelegt und war sofort weg. Ja, das war so der Tag."

[*Illegales Glücksspiel*]
„(. . .) Und dann den ganzen Weg schon aufgedreht, heute packst du es. Garantiert, muß ja gut gehen. (. . .) Irgendwie war ich richtig geil dadrauf, dahinzukommen. (. . .) Das war wie so'n Magnet, der mich angezogen hat. Ja, wenn ich reinkam, war ich erstmal eigentlich völlig ruhig. Und wie ich ins Spiel eingegriffen habe, ging es wie so'n Fieber los. Dann hat's mich gepackt, dann wollte ich einfach das durchziehen, was ich mir vorgenommen hab'. Das ich eben an dem Tag den großen Coup starte."

„In dem Augenblick, wo ich die Karten hochhebe, bin ich unheimlich nervös. Zeig' den anderen das aber nicht. (. . .) Mein Magen zieht sich zusammen, mein Mund ist trocken und unheimlich viel geraucht hab' ich. Irgendwie wie so'n Schauer ist das, heiß, kalt, wie so'n Wechselbad. Guckt man in die Karten, entweder hat man ein dummes Gefühl im Magen, schmeißt' die Karten weg, wenn man verloren hat, oder man hat so'n innerliches Grinsen, wenn man sieht, daß man gute Karten hat. Das war auch so extrem, so Himmel und Hölle gegeneinander. Einmal ganz oben. (. . .) Als ob man über sämtlichen Wolken schwebt."

„Das war also 'ne Zeit, ich stand eigentlich neben mir selber. So im nachhinein, ich hab' mir das im Knast mal so in Ruhe durch 'n Kopf gehen lassen, irgendwo war ich ja auch gar nicht mehr ich selber. Ich weiß nicht, wie ich das ausdrücken soll. Ganz am Anfang, wo ich angefangen hab', also an Geldspielgeräten, hab' ich das alles problemlos unter Kontrolle gehabt. Ich hab' mir gesagt, gut mein' Einsatz, den verspiel ich, bin auch mal 'n bißchen extremer geworden, wo ich 2-, 300 verspielt hab'. Aber so schlimm wie es beim Baccara war, da hat mich im Prinzip 'n 1000markschein nicht mehr interessiert. Aber das ging mir gar nicht so sehr um das Geld, das war überhaupt dieses Gefühl beim Spielen. Ich hab' da gesessen, klatsch-nasse Hände, was machen die nächsten Karten jetzt. Und wenn ich dann mal ver-

> loren hatte, hab' ich direkt hinterher gesetzt, weil, mal gucken, ob man beim näch-
> sten Zug Glück hat. Und das Geld spielte auch irgendwann keine Rolle mehr. Geld
> war immer nur Plastik. (...) Die Plastikjetons verkörperten zwar das Bargeld, aber
> ich hab' sie eben nicht als solches akzeptiert."

Eine objektive Erfassung der Erregung während des Glücksspiels über die Herzfrequenz (als einem physischen Korrelat) gelang in 2 empirischen Untersuchungen (Anderson & Brown, 1984; Leary & Dickerson, 1985).

> In einer Feldstudie maßen Anderson & Brown (1984) die Herzfrequenz von erfahre-
> nen Spielern (Mitglieder mindestens eines Spielkasinos) während des Black-Jack-
> Spiels. Zusätzlich registrierten sie die Höhe der Einsätze, für die kein Limit bestand.
> Das Glücksspiel führte zu einem Anstieg der Herzfrequenz um bis zu 58 Schläge/
> min, im Mittel um 23,1/min. Sie stieg signifikant mit der Höhe der Einsätze.
> Leary & Dickerson (1985) erfaßten die Herzfrequenz sowie subjektive Eindrücke der
> Erregung von Häufig- und Gelegenheitsspielern, die an einem gewöhnlichen Poker-
> automaten (Einsatz: 10 c, Höchstgewinn: 100 $ – vergleichbar mit Geldspielautoma-
> ten) mit ihrem eigenen Geld spielten. Das Automatenspiel führte zu einem Anstieg
> der Herzfrequenz in beiden Gruppen. Bei den Häufigspielern war jedoch eine signifi-
> kant größere Zunahme (bis zu 30,4/min und ein mittlerer Anstieg von 13,5/min) zu
> verzeichnen. Sie empfanden das Spiel außerdem erregender als die Gelegenheitsspie-
> ler. Den geringeren Anstieg – im Vergleich zu den Black-Jack-Spielern – begründen
> die Autoren mit der simulierten Glücksspielsituation und der niedrigeren Einsatz-
> höhe.

Hickey, Haertzen & Henningfield (1986) konnten darüber hinaus empirisch nachweisen, daß (simulierte) Gewinne bei Problemspielern Euphorie hervorrufen, die der Euphorie von Konsumenten psychoaktiver Drogen, besonders psychomotorischer Stimulanzien, sehr ähnlich ist. Das Glücksspiel wird daher als Verhaltensäquivalent zum Gebrauch stimulierender Drogen betrachtet.

Der *monetäre* Gewinn ist in dem Spielablauf insofern eher von zweitrangiger Bedeutung. Gleichwohl verleiht erst das Geld, das auf dem Spiel steht, dem Glücksspiel seine potente Wirkung, und so mancher Spieler verspricht sich von hohen Geldgewinnen, die er anstrebt, eine Lösung aller Probleme. Vordergründig lockt zwar das „schnelle Geld", entscheidend sind aber die Auswirkungen auf die psychische Verfassung.

Unterschiedliche Suchtgefahr bei Glücksspielen

Verschiedene Glücksspielformen lassen sich differenzieren, vor allem hinsichtlich des *Stimulations- und Gefahrenpotentials,* das von ihnen ausgeht. Sie liefern plausible Gründe dafür, daß überwiegend Automaten- und Roulettespieler die Behandlungseinrichtungen aufsuchen, aber kaum Lottospieler, obwohl das Zahlenlotto in der Bevölkerung mit Abstand am weitesten verbreitet ist.

Folgende Merkmale des Spielgeschehens dienen der Ableitung potentieller Gefahren (vgl. Weinstein & Deitsch, 1974; Cornish, 1978):

- *Ereignisfrequenz.* „Zocker" wählen vor allem Glücksspiele mit einer *raschen Spielabfolge.* Im Sekunden- oder Minutentakt können Automaten- bzw. Roulettespieler ihr Geld riskieren und die angestrebte Wirkung erzielen, die Ziehung der Lottozahlen erfolgt dagegen lediglich 3mal in der Woche. Pferdewetten lassen sich an einem Renntag oder besonders in Buchmachergeschäftsstellen ebenfalls in kürzeren Zeitabständen verwirklichen.

- *Auszahlungsintervall.* Eine *kurze Zeitspanne* zwischen Einsatz und Spielergebnis bzw. Gewinnauszahlung hat eine intensivere Wirkung als ein langgestreckter Spielablauf wie beim Lotto. Sie ermöglicht zudem eine umgehende Reinvestition des Geldes in den Glücksspielkreislauf.

- *Ausmaß der persönlichen Beteiligung und Kompetenzanteile.* Eine *aktive Einbeziehung des Spielers* in den Spielablauf beispielsweise über die Betätigung von Start-Stopp- und Risikotasten an Automaten oder das Spielen nach Systemen beim Roulette, fördert Erwartungen, das Spielergebnis beeinflussen zu können (vgl. Kap. „Kognitive Prozesse – Die Illusion der Kontrolle"). Verluste werden auf eigenes Versagen zurückgeführt und Versuche unternommen, die Fähigkeiten zu verbessern. Während hier Kompetenzanteile nur suggeriert werden, kann bei Sport- bzw. Pferdewetten die Einbeziehung bestimmter Informationen die Chancen tatsächlich verbessern, womit eine Steigerung des Gefahrenpotentials verbunden ist.

- *Variabilität der Einsätze und Gewinnchancen.* Ein *breites Spektrum* an Einsätzen und Gewinnchancen (Quoten) gewährleistet, daß durch höhere Einsätze erlittene Verluste in einem Spiel wieder ausgeglichen oder Gewinne vervielfacht werden können und der Spielanreiz steigt (beim Automatenspiel über das Risikospiel realisiert).

- *Die Wahrscheinlichkeit des Gewinnens und das Mischungsverhältnis der Ausschüttung.* Der Spielanreiz ist besonders ausgeprägt, wenn ein *optimales Verhältnis* zwischen der *Gewinnwahrscheinlichkeit* und dem *Mischungsverhältnis der Auszahlung* besteht, d. h. die Gewinne müssen groß genug sein, um als Glücksfall erlebt zu werden, gleichzeitig müssen aber noch reelle Gewinnchancen vorhanden sein. Gruppenspezifische oder individuelle Kriterien wie finanzielle Ressourcen bestimmen das optimale Niveau. Darüber hinaus können viele kleine Gewinne wie an Spielautomaten, die dann erst beim Risikospiel – beim Versuch sie zu vervielfachen – „abstürzen", die Tatsache permanenter Verluste aus dem Bewußtsein verdrängen.

- *Assoziation mit anderen Interessen.* Eine enge Verknüpfung mit *anderen Interessen,* wie sie beim Wetten von Sportereignissen gegeben ist, erhöht die Attraktivität des Glücksspiels.

- *Einsatzeinheiten. Kleine Einsatzeinheiten* (für Spielautomaten) oder die ersatzweise Verwendung von *Jetons* (bei Roulette) verschleiern das finanzielle Wertesystem und senken die Hemmschwelle für eine Teilnahme. Verluste werden geringer eingeschätzt, und es wird risikoreicher gespielt.

Diese Merkmale spielen eine wesentliche Rolle bei der Prägung von Erwartungen und der Befriedigung von emotionalen Bedürfnissen und bestimmen damit das Suchtpotential von Glücksspielen. Vor allem wenn immer wieder über einen längeren Zeitraum intensive Lustgefühle realisierbar sind oder ein längerfristiges Abtauchen aus der Alltagsrealität möglich ist, dann ist ein höheres Suchtpotential gegeben. Bezogen auf die in der Bundesrepublik Deutschland angebotenen Glücksspiele gilt dies für: Glücksspiele in den Spielbanken, Geldspielautomaten, Pferdewetten, illegales Glücksspiel (und Börsenspekulationen).

Auch Lotterieveranstalter wissen, wie sie die Attraktivität ihres Angebotes steigern können. So gibt es inzwischen beim Lotto mehrere Ziehungen pro Woche. Die Einführung einer Super-Zahl soll für gigantische Jackpots sorgen und auf diesem Weg Aufmerksamkeit erregen. Noch sind die angebotenen Lotterien einschließlich Fußballtoto und Rennquintett allerdings als weniger gefährlich einzustufen – nicht zuletzt aufgrund der geringen Ereignisfrequenz. Es sind jedoch auch Einzelfälle bekanntgeworden, in denen Spieler sehr hohe Summen beim Lotto verspielt und sich beispielsweise auf der Jagd nach vermeintlichen Erfolgssystemen vollkommen ruiniert haben. Lorenz (1990) vertritt die Ansicht, daß das Suchtpotential von Lotterien häufig unterschätzt wird, und Moran (1979) hebt die Gefahren der „instant-lotteries" (Rubbellotterien) hervor.

> Rubbellose bieten zwar eine rasche Spielabfolge und zudem viele „Fastgewinne", die triste, nicht auf Spielen ausgerichtete Atmosphäre in den Verkaufsstellen und das weitgehende Fehlen einer breiten Gewinnstreuung (hauptsächlich Freilose) dürften aber einem persistenten Spielverhalten entgegenwirken.

Der Spieler

Pathologisches Glücksspiel kann sich vor dem Hintergrund sehr unterschiedlicher individueller Bedingungen entwickeln:

- Persönlichkeitsstörungen und die besondere Ausprägung glücksspielnaher Persönlichkeitsmerkmale,
- affektive Störungen und Verstimmungen,
- eingeschränkte Fähigkeiten zur Bewältigung von Streßsituationen,
- möglicherweise neurobiologische Störungen

können die Basis für einen Mißbrauch des Glücksspiels bilden. Es finden sich aber auch ursprünglich psychisch weitgehend unauffällige Menschen, die erst im Laufe einer Spielerkarriere aufgrund der Eigendynamik des exzessiven Spielens auffällig werden (Meyer, 1988).

Die Persönlichkeit

Die Erfassung spezifischer Persönlichkeitseigenschaften bei pathologischen Spielern hatten zahlreiche empirische Untersuchungen zum Ziel. Es läßt sich jedoch nicht differenzieren, ob die festgestellten Merkmale Ursache des pathologischen Glücksspiels waren oder ob sie sich erst im Verlauf der „Spielerkarriere" entwickelt haben. Kausale Zusammenhänge über die Ursachen der Krankheitsentwicklung lassen sich nicht ableiten, auch wenn sie teilweise plausibel erscheinen, da es sich ausschließlich um Querschnittstudien handelt, die nach Ausbruch der Krankheit erfolgten. Längsschnittstudien über prämorbide Merkmale fehlen bisher.

In dem klinischen Testverfahren „Minnesota Multifasic Personality Inventory" (MMPI) zeigten sich typische Durchschnittsprofile mit erhöhten Werten auf den Skalen „Psychopathie" (Roston, 1961; Bolen, Caldwell & Boyd, 1975) und zusätzlich „Depression" (Moravec & Munley, 1983; Graham & Lowenfeld, 1986) – jedoch keine einheitlichen Profile.
Nach clusteranalytischen Auswertungen lassen sich unterscheidbare Persönlichkeitstypen (MMPI-Profile) beschreiben (Graham und Lowenfeld, 1986): *Typ I:* Grundlegendes Profil einer Persönlichkeitsstörung, *Typ II:* Paranoide Persönlichkeitsstörung, *Typ III:* Passiv-aggressive Persönlichkeit und *Typ IV:* Passiv-aggressive oder emotional labile Persönlichkeit.
In einer 3-Clusterlösung fand Glen (1979) ähnliche MMPI-Profiltypen: Typ I: Soziopathische Persönlichkeitsstörung, antisoziale Reaktion, Typ II: Psychoneurose, zwangsneurotische Reaktion und Typ III: Persönlichkeitsstörung, passiv-aggressive Persönlichkeit.
Erhöhte Neurotizismuswerte im „Eysenck Personality Inventory/Questionnaire" (EPI bzw. EPQ) fanden Moran (1970d), Seager (1970) sowie Blaszczynski, Buhrich & McConaghy (1985), für die Skala „Extraversion" ergaben sich keine signifikanten Abweichungen von der Normpopulation bzw. Kontrollgruppe. Über eine geringe Ichstärke, Selbstkontrolle und Sozialisation (Internalisierung von sozialen Werten und Normen) sowie narzißtische Persönlichkeitszüge berichten Taber, Russo, Adkins & McCormick (1986) sowie McCormick, Taber, Kruedelbach & Russo (1987) bzw. u.a. über erhöhte Narzißmuswerte Dell, Ruzicka & Palisi (1981). Derartige Befunde weisen auch Alkohol- und Drogenabhängige auf.
Einen Überblick über die Ausprägung weiterer Merkmale wie (hohe) Impulsivität, (geringe) Leistungsmotivation und (geringe) Selbstachtung, die sich in globalen Persönlichkeitstests als charakteristisch für pathologische Spieler erwiesen haben – mit teilweise allerdings inkonsistenten Ergebnissen – findet sich für den angelsächsischen Sprachraum bei Knapp & Lech (1987) sowie McCormick & Taber (1987).

Zusammenfassend skizzieren McCormick & Taber (1987) fünf wesentliche Persönlichkeits-/Verhaltensdimensionen zur Charakterisierung pathologischer Spieler. Entscheidend sind demnach die Einflußgrößen:

- *Zwangsneurose* (der Faktor reicht von geringer Vorbelastung außerhalb des Glücksspiels bis zu vielfältigen Zwängen),
- *Stimmung* (von Depressionen bis zu Hypomanie),
- *Traumatische und streßerzeugende Lebensereignisse* (von kürzlich erlittenen bis zu chronischen, lang zurückliegenden Belastungen und entsprechenden Auswirkungen auf die Persönlichkeit),

- *Sozialisation* (von günstiger Sozialisation bis zu antisozialer Persönlichkeitsstörung),
- *Substanzmißbrauch oder Mehrfachabhängigkeit* (von keiner weiteren Suchterkrankung bis zu vielfältigen Abhängigkeiten).

Hinsichtlich dieser Dimensionen, die jeweils ein Kontinuum darstellen, unterscheiden sich die pathologischen Spieler. Ausgehend von einer Überschneidung der Einflußgrößen an einem bestimmten gemeinsamen Punkt repräsentiert der Schnittpunkt den einzelnen Spieler, der sich dann anhand der spezifischen Ausprägungen auf den einzelnen Dimensionen charakterisieren läßt.

Untersuchungen mit dem „Freiburger Persönlichkeitsinventar" (FPI-R) an Mitgliedern von Selbsthilfegruppen („Anonyme Spieler") ergaben zahlreiche signifikante Abweichungen von der Normstichprobe (Meyer, 1989a, b). In allen vier Altersgruppen ließen die Spieler viele Probleme und Konflikte erkennen, waren mit ihren Lebensbedingungen oft unzufrieden, äußerten eine bedrückte Stimmung und negative Lebenseinstellung (Skala 1 und N). Sie fühlten sich im sozialen Umgang gehemmt (Skala 4), schilderten sich als leicht erregbar und reizbar (Skala 5) und nannten ein gestörtes körperliches Allgemeinbefinden (Skala 8, Altersgruppe bis 44 Jahren). Anzeichen für erlebte starke Anforderungen und Anspannungen wurden ebenso sichtbar (Skala 7, Altesgruppe bis 59 Jahren) wie ein hohes Maß an Selbstkritik (Skala 10).
Eine Klassifikation mittels Clusteranalyse (u.a. auf der Grundlage der FPI-R-Daten) führte zu fünf voneinander abgrenzbaren homogenen Subgruppen, wobei zwei Cluster durch folgende Persönlichkeitsauffälligkeiten zu charakterisieren sind: 1. eine emotional labile, depressiv-aggressive und 2. eine emotional labile, depressive Persönlichkeitsstruktur. Die übrigen drei Cluster wiesen eine unauffällige Persönlichkeitsstruktur auf (Meyer, 1991b).
Für eine Stichprobe ambulant behandelter Spieler berichten Klepsch et al. (1989) über keine von der FPI-R-Norm abweichende Ausprägung im Gruppenmittel. Einige angegebene Stanin-Mittelwerte weisen allerdings auf Normabweichungen hin, wie beispielsweise ein Wert von 2,5 auf der Skala 1, der eine negative Lebenseinstellung verdeutlicht.
Im „16 Persönlichkeitsfaktoren Test" fand Bachmann (1989) bei stationär behandelten Spielern Normabweichungen, die auf eine emotionale Störbarkeit und hohe Spontaneität hindeuten. Verschiedene Persönlichkeitsstörungen wie dissoziale, narzißtische, zyklothyme, dependente, schizoide und paranoide sowie Borderline bzw. nicht näher differenzierte Störungsbilder diagnostizierten Kröber (1991), Haustein & Schürgers (1987) sowie Bellaire & Caspari (1989) bei einer Subgruppe ihrer Patienten.
Die theoretisch begründbaren engeren Beziehungen zwischen Persönlichkeitsmerkmalen wie Risikobereitschaft, Sensationslust und Kontrollüberzeugungen führten weiterhin zu Hypothesen, daß pathologische Spieler hohe Ausprägungen auf diesen Dimensionen bzw. eine externale Kontrollüberzeugung aufweisen. Vorhandene Risiko- und Sensationsbedürfnisse lassen sich mit Hilfe des Glücksspiels befriedigen. Das Glücksspiel kommt Menschen entgegen, die für ihre Lebenssituation eher Kräfte und Einflüsse außerhalb ihrer selbst, wie Glück, Zufall, Schicksal oder andere Personen verantwortlich machen (externale Kontrollattribution) – im Gegensatz zu internal kontrollierten Menschen, die überzeugt sind, durch eigene Begabungen, Fähigkeiten und Anstrengungen ihr Leben gestalten zu können. Wiederum sind die empirischen Ergebnisse inkonsistent – vermutlich bedingt durch die Heterogenität der pathologischen Spieler (vgl. Moran, 1970d; Meyer, 1983; Kusysczyn & Rutter,

1985; Blaszczynski, Wilson & McConaghy, 1986; Malkin & Syme, 1985, 1986; Knapp & Lech, 1987; Kuley & Jacobs, 1988; Dickerson, Cunningham, Legg England & Hinchy, 1991).

Festzuhalten bleibt, daß es eine typische Spielerpersönlichkeit ebensowenig gibt wie die des Alkohol- oder Drogenabhängigen. Die Untersuchungen deuten auf persönlichkeitsbedingte Risikofaktoren hin, die im Einzelfall sehr unterschiedlich ausfallen. Sie können die Basis für einen Mißbrauch des Glücksspiels bilden, stellen aber keine notwendige Bedingung dar.

Affektive Störungen und Verstimmungen

Depressive Verstimmungen sind bei pathologischen Spielern weit verbreitet (Klepsch et al., 1989; von Törne & Konstanty, 1989). Hier stellt sich ebenfalls die Frage nach Ursache oder Folge: Ob das Glücksspiel von Anfang an als Antidepressivum fungierte oder sich die Depressionen erst infolge der negativen Konsequenzen des exzessiven Spielens entwickelten.

In einer Untersuchung von stationär behandelten Spielern (n = 44) fanden Taber, McCormick & Ramirez (1987) in der Lebensgeschichte von 23% der Patienten außergewöhnlich traumatische Erlebnisse, die in fast allen Fällen der Manifestation pathologischen Glücksspielens vorangingen. Tendenziell waren diese Patienten vergleichsweise depressiver, ängstlicher und neigten eher zu Vermeidungsverhalten sowie stoffgebundenen Suchtformen. Die Autoren nehmen daher an, daß eine Subgruppe von Spielern das anregende Glücksspiel im Sinne einer inadäquaten Coping-Strategie benutzt, um die Depressionen zu lindern – ebenso wie Angst und Spannungen zu reduzieren oder das Selbstwertgefühl zu steigern (vgl. Blaszczynski & McConaghy, 1988; Levy & Feinberg, 1991).

Sind die Fähigkeiten zur Bewältigung von Streßsituationen wie beruflicher Mißerfolg, Ehekonflikte, Geburt eines Kindes (Bolen & Boyd, 1968) eingeschränkt, steigt die Wahrscheinlichkeit, zu Suchtmitteln zu greifen. Auf der anderen Seite fördern die im Verlauf einer „Spielerkarriere" fast unvermeidlichen dysphorischen und depressiven Stimmungen derartige *Fluchttendenzen in die Phantasiewelt des Glücksspiels,* so daß sowohl zusätzlich als auch ausschließlich ein *eigendynamischer Prozeß* zum Tragen kommen kann. Letzteres dürfte für die Mehrzahl der depressiven Spieler zutreffen.

Über hypomanische Episoden, bipolare Störungen bzw. manisch-depressive Psychosen, Schizophrenie, Panikanfälle, Agoraphobien und hirnorganische Psychosyndrome bei einer insgesamt kleinen Subgruppe exzessiver Spieler wird in der Literatur ebenfalls berichtet (McCormick, Russo, Ramirez & Taber, 1984; Linden, Pope & Jonas, 1986; Bellaire & Caspari, 1989; Kröber, 1991).

In einer *manischen Phase* – gekennzeichnet durch gesteigerten Optimismus, Selbstüberschätzung, Angstfreiheit, Antriebsüberschuß und Enthemmung – können Glücksspiele für die Betroffenen besonders reizvoll sein und der Intensivierung und Verlängerung der Manie dienen. Glücksspielbedingte Probleme können zu einer Verschlechterung der psychischen Verfassung beitragen. Die Beziehungen zwischen dem exzessiven Spielverhalten und den genannten Grunderkrankungen bleiben aber weitgehend ungeklärt. Möglicherweise diente das Glücksspiel in einigen Fällen dazu, eine weitere psychotische Dekompensation zu verhindern (Greenberg & Schmidt, 1989) oder von krankheitsbedingten negativen Gefühlen Erleichterung zu erfahren.

Biologische Grundlagen

Einigen wissenschaftlichen Untersuchungen lag die Hypothese zugrunde, daß *physiologische Störungen* die Grundlage pathologischen Glücksspiels bilden. Verschiedene neurobiologische Parameter des noradrenergen und serotoninergen Systems sowie EEG-Wellen wurden von pathologischen Spielern und Kontrollpersonen erfaßt und die Daten miteinander verglichen. Die Ergebnisse – allerdings sehr kleiner Stichproben – geben zumindest Anhaltspunkte für biologische Grundlagen pathologischen Glücksspiels.

Roy et al. (1988) ermittelten bei pathologischen Spielern (n = 24) signifikant höhere Anteile von Norepinephrin im Urin sowie des Metaboliten 3-metoxy-4-hydroxyphenylglycol in cerebrospinaler Flüssigkeit als in der Kontrollgruppe. Dieses Ergebnis deutet auf eine funktionelle Störung des noradrenergen Systems hin, die als grundlegend für die Sensationslust und das pathologische Spielverhalten betrachtet wird. Aufgrund signifikant positiver Korrelationen zwischen Parametern des noradrenergen Systems und dem Persönlichkeitsmerkmal „Extraversion" nehmen Roy, De Jong & Linnoila (1989) an, daß sich die funktionale Störung teilweise auch in der Persönlichkeit widerspiegelt.
Moreno, Saiz-Ruiz & Lopez-Ibor (1991) fanden Hinweise auf eine Dysfunktion des serotoninergen Systems bei pathologischen Spielern (n = 8), die allgemein mit Störungen der Impulskontrolle in Verbindung gebracht wird.
Goldstein, Manowitz, Nora, Swartzburg & Carlton (1985) stellten fest, daß pathologische Spieler (n = 8) ein geringeres Niveau hemisphärischer Differenzierungen im EEG zeigten als die Kontrollgruppe. Die Muster ähnelten denen von Kindern mit einer Aufmerksamkeits-Defizit-Störung (ADD), die durch eine mangelhafte Impulskontrolle gekennzeichnet ist. Das Ergebnis wird bestätigt durch vergleichsweise signifikant höhere Werte von pathologischen Spielern (n = 14) in einem Testverfahren zur Erfassung der ADD (Carlton et al., 1987). Die Autoren vermuten in dieser Störung einen prädisponierenden Faktor.

Das soziale Umfeld des Spielers

Eine Reihe *soziokultureller* und *psychosozialer* Faktoren beeinflussen das Spielverhalten und begünstigen die Entwicklung einer psychischen Abhängigkeit vom Glücksspiel.

Klinische Studien aus den USA weisen auf eine Überrepräsentation ethnischer und religiöser Gruppen wie Italiener, Iren und Juden unter den Mitgliedern von „Gamblers Anonymous" und professionell behandelten Spielern hin, in Bevölkerungsstichproben waren dagegen spanischsprachige Personen, Asiaten und Farbige unter den pathologischen Spielern stärker vertreten, als es ihrem Bevölkerungsanteil entsprach (Lesieur & Custer, 1984; Lesieur & Rosenthal, 1991). Ob hier soziokulturelle Einflüsse zum Ausdruck kommen oder ob die Ergebnisse in den Erhebungen zu begründen sind, läßt sich nicht abschließend beantworten. Aus diversen Kulturen liegen Berichte zum Glücksspiel vor (beispielsweise France, 1975; Hayano, 1989), vergleichende ethnologische Untersuchungen – besonders zum pathologischen Glücksspiel – fehlen dagegen.

Positive Einstellung der Gesellschaft zum Glücksspiel

Von entscheidender Bedeutung ist die Einstellung der Gesellschaft zum Glücksspiel. Es gilt als ein allgemein akzeptiertes *Freizeitvergnügen*. Mit dem Glücksspiel verknüpftes Risikoverhalten hat als Motor für wirtschaftlichen Fortschritt und Erfolg in unserer Gesellschaft einen hohen Stellenwert – wie das Medium „Geld", das in einer vom Modus des Habens oder Habenwollens charakterisierten Gesellschaft, in der das Streben nach Geld, Ruhm und Macht das beherrschende Thema des Lebens, das Maß aller Dinge verkörpert. Diesen etablierten Normen und Werten kommt das Glücksspiel entgegen, gesellschaftliche Mißbilligung und Sanktionen sind kaum zu befürchten. Gleichzeitig stoßen extreme Erscheinungsformen wie „Haus und Hof verspielen" nicht immer auf totale Ablehnung, sondern häufig auf eine mehrdeutige Bewertung – eine *Mischung aus Faszination und Erschrecken*.

Verfügbarkeit

In der Bundesrepublik Deutschland sind Glücksspiele außerdem leicht verfügbar. Die ausgeprägte „Griffnähe" erhöht letztendlich auch die Auftrittswahrscheinlichkeit pathologischen Spielverhaltens bei entsprechend gefährdeten Personen. Ähnlich dürfte sich die massive Werbung für Glücksspiele auswirken, die vorhandene Hemmschwellen in der Bevölkerung abbaut.

Aktion als Alternative zum tristen Alltag

Das Glücksspiel bietet sich als Alternative an zu der Routine und Monotonie, dem „*Gefühlseinerlei*" des tristen Alltags, in einer modernen Industriegesellschaft. Die Suche nach Action, nach folgenreichen Handlungen mit ungewissem Ausgang, ist angesagt, eine in der Arbeits- und Lebenswelt kaum noch anzutreffende Ausdrucksform. Hinzu kommt die ständig wachsende Freizeit, deren Gestaltung vermehrt Probleme bereitet (Opaschowski, 1992). Wie läßt sich aufkommende *Langeweile* besser bekämpfen als mit dem Prototyp von Action – dem Glücksspiel? Ein probates Mittel zudem in einer Gesellschaft, die zunehmend auf eine unmittelbare und unpersönliche Befriedigung von Bedürfnissen ausgerichtet ist, statt auf persönlichen Einsatz beispielsweise bei der

Beseitigung von Unlustgefühlen zu setzen. Das Glücksspiel ist nur eines unter vielen Mitteln wie Alkohol, eine Vielzahl von Medikamenten etc., die unsere Gesellschaft für die kurzfristige Erleichterung von Ängsten, Unsicherheiten usw. bereitstellt. Dies hat zur Folge, daß eigene Bewältigungsstrategien für Streßsituationen nicht ausreichend entwickelt werden.

Ventilfunktion

Soziologische Analysen der Funktionalität des Glücksspielens betonen die *Ventilfunktion* für materielle und psychische *Deprivationen* (Bloch, 1951; Olmsted, 1962; Zola, 1967; Goffman, 1969; Newman, 1972) bzw. erlebte Widersprüche und Belastungen des sozialen Wertesystems (Devereux, 1968) und heben den *systemstabilisierenden Charakter* hervor. Frustrationen infolge von Arbeitslosigkeit oder Versagensängste aufgrund von Leistungsdruck steigern die Bereitschaft für kompensatorische Aktivitäten, die sinnentleert empfundene Lebenssituationen ausfüllen und Erfolge suggerieren. Gesellschaftliche Normen und Werte bleiben dabei unangetastet.

Als weitere Aspekte lassen sich anführen: Unzufriedenheit mit dem Beruf und Status (Tec, 1964; Downes, Davis, David & Stone 1976), Über- oder Unterforderung im Beruf, aber auch Besonderheiten wie eine freie berufliche Zeiteinteilung und Zwangspausen sowie Arbeits- und Freizeiten, die von denen der Allgemeinheit abweichen und einen Beitrag zur Isolation bzw. vermehrten Gelegenheit zum Glücksspiel (Newman, 1972) leisten.

Schichtzugehörigkeit

In bezug auf einzelne Glücksspielformen sind unterschiedliche soziodemographische Merkmale des „typischen" Spielers erkennbar. So befinden sich unter den Spielbankbesuchern („Großes Spiel") im Gegensatz zu anderen Spielarten häufiger Personen mit höherer Schulbildung. Mittlerer Mittelstand, Angestellte und Beamte sowie Selbständige bildeten – zumindest Mitte der 80er Jahre – den Hauptbesucherkreis, das Jahreseinkommen lag überwiegend zwischen 50000 und 100000 DM, das Alter zwischen 30 und 60 Jahren (Hübl et al., 1987). Nach einer jüngsten Veröffentlichung der Stiftung Warentest (1992) sollen Besucher von Spielbanken allerdings keiner bestimmten Schicht oder Altersklasse angehören. Automatenspieler in Spielhallen sind einer Emnid-Untersuchung zufolge (Rohwedder, 1987) hauptsächlich junge Menschen (im Alter von 18–30 Jahren) mit einem monatlichen Nettoeinkommen von bis zu 2000 DM. Der Anteil von Arbeitern ist im Vergleich zur Gesamtbevölkerung höher, ebenso der Bildungsstand.

Mit der Kompensation von Deprivationen wird die starke Beteiligung unterprivilegierter sozialer Schichten an Glücksspielen begründet, die Untersuchungen in Großbritannien aufzeigen (Newman, 1972; Downes et al., 1976; Cornish, 1978). Amerikanische Studien belegen jedoch eher eine universelle Verbreitung (Rosecrane, 1988). In diese Richtung weisen auch bundesdeutsche Studien (Stiftung Warentest, 1983; Rohwedder, 1987; Hübl et al., 1987).

Soziodemographische Daten von ambulant und stationär behandelten Spielern sowie von Mitgliedern aus Selbsthilfegruppen belegen eine eher höhere Schulbildung (Haustein & Schürgers, 1987; Meyer, 1989a, b; Schwarz & Lindner, 1990) bzw. einen kaum von der Gesamtbevölkerung abweichenden Bildungsstand (Klepsch et al., 1989) sowie der Bevölkerung entsprechende Berufsgruppen (Klepsch et al., 1989; Meyer, 1989a, b) und ein bevölkerungsgemäßes Nettoeinkommen (Meyer, 1989a, b). Die Arbeitslosenquote schwankt zwischen 9,2 und 22%, der Altersdurchschnitt zwischen 29 und 33 Jahren. Die weitaus größte Gruppe bilden die Spieler an Geldspielautomaten, gefolgt von denen aus den Automatenkasinos und Spielbanken. Die Automatenspieler lagen in einer klinischen Studie von Kröber (1991) in ihrer Schichtzugehörigkeit deutlich ungünstiger als die Verteilung in der Normalbevölkerung, während die Roulettespieler dieser entsprachen. Meyer (1989a, b) fand vergleichsweise eher höhere Berufsgruppen und Selbständige sowie ein höheres Nettoeinkommen und Lebensalter unter den Mitgliedern von Selbsthilfegruppen, die dem Spielbankbereich zuzurechnen sind.

Die Attraktivität von Glücksspielen wie Roulette für höhere soziale Schichten wird mit dem ausgeprägten Bedürfnis nach *auffallendem Konsum* (Li & Smith, 1976) sowie nach *Prestige* und *Anerkennung* (Hess & Diller, 1969) erklärt. Das Image des Roulette als „Spiel für reiche Leute" – bedingt durch die früher ausschließliche Ansiedlung von Spielbanken in Kurorten (für die wohlhabende Bevölkerung) – lockt heute die Normalbevölkerung in die Kasinos der bundesdeutschen Großstädte.

Familiäre Verhältnisse

Einen vielfältigen Einfluß haben darüber hinaus familiäre Strukturen. Die Familie ist neben der Peer-Group häufig nicht nur der Ort erster Erfahrungen mit – teilweise exzessivem – Glücksspiel und ständig präsenter Anregungen zum Glücksspiel, sondern beeinflußt auch die Einstellung gegenüber Suchtmitteln.

Innerhalb der Familienmatrix von behandelten Spielern fanden Ramirez, McCormick, Russo & Taber (1983) gehäuft Suchterkrankungen einschließlich „Spielsucht" bei Eltern und Geschwistern (oder im engeren Verwandtenkreis), die u. a. als Modelle oder Identifikationsobjekte fungieren (vgl. Lesieur, Blume & Zoppa, 1986). Belastungen des familiären Interaktionsfeldes durch das Fehlen eines Elternteils etc. gelten allgemein als psychosoziale Risikofaktoren und werden auch mit dem pathologischen Glücksspiel in Verbindung gebracht (Garry & Sangster, 1968; Moran, 1970c; Meyer, 1988; Kröber, 1991).

Die Beziehung zum Ehe-/Lebenspartner hat sich gleichfalls als bedeutungsvoll herausgestellt (Bolen & Boyd, 1968; Hand & Kaunisto, 1984). Partnerkonflikte, Kommunikations- und Sexualstörungen im Vorfeld des Glücksspiels und als dessen Begleiterscheinungen begünstigen die Entstehung und Aufrechterhaltung des Krankheitsbildes – Glücksspiel als Fluchtverhalten oder Provokation von Handlungskonsequenzen seitens des Partners.

Die Partnerinnen von pathologischen Spielern beschreibt Lorenz (1987) im Sinne einer Arbeitshypothese als passiv, abhängig, impulsiv, liebevoll, verantwortungsbewußt und gesetzestreu. Sie ordnet die Frauen im wesentlichen drei Kategorien zu: Die am weitesten verbreitete „*Märtyrerin*" leide zwar unter der Krankheit, unternehme aber kaum konstruktive Anstrengungen zur Veränderung der Situation, statt dessen beklage sie ihr Schicksal und stopfe die entstandenen finanziellen Löcher. Die „*Perfektionistin*" versuche, die Beziehung zu kontrollieren und verlange Vollkommenheit. Sie sei selbst oft narzißtisch und impulsiv und ärgere sich über die Aufmerksamkeit, die das Spielen erfahre. Die „*kindlich-naive Frau*" sei passiv und abhängig, fühle sich hilflos und frustriert und lebe in einer Phantasiewelt. Inwieweit es sich dabei um primäre oder sekundäre Eigenschaften handelt, bleibt in dieser vorläufigen Typisierung allerdings unklar.

Geschlecht

Das Geschlecht erwies sich in zahlreichen Untersuchungen als zuverlässiger Prädiktor für die Teilnahme an Glücksspielen (mit höherem Suchtpotential). Sie gelten als *Domäne des Mannes,* da sie eher mit der männlichen Geschlechtsrolle vereinbar sind (Goffman, 1969; Smith & Abt, 1984) bzw. typisch männliche Attribute wie Risikoverhalten und Machtstreben implizieren. Empirische Überprüfungen dieser These fielen jedoch wenig überzeugend aus (Lindgren, Youngs, McDonald, Klenow & Schiner, 1987; Wolfgang, 1988), nicht zuletzt weil sich traditionelle Unterschiede zwischen den Geschlechtsrollen in den letzten Jahren ständig verringert haben. Die vermehrte Berufstätigkeit und die *Emanzipation der Frauen* haben zu einer größeren finanziellen Unabhängigkeit und *Übernahme ähnlicher Konsuminteressen* geführt. Das gestiegene Angebot und speziell auf das weibliche Geschlecht ausgerichtete Marketingstrategien dürften ebenfalls die Anziehungskraft für Frauen erhöht haben.

Der Anteil behandelter Spielerinnen in ambulanten und stationären Einrichtungen sowie Selbsthilfegruppen liegt weltweit (noch) bei max. 10% (Custer, 1982; Dickerson, 1984; Wlazlo, Hand, Klepsch, Friederich & Fischer, 1987; Meyer, 1989 a, b; Bachmann, 1989). Möglicherweise ist der Frauenanteil an pathologischen Spielern jedoch höher und die geringe Therapienachfrage Ausdruck einer stärkeren *Stigmatisierung weiblicher Spieler.* Eine repräsentative Erfassung der Prävalenz in New York ergab, daß 36% der „problematischen und wahrscheinlich pathologischen" Spieler weiblichen Geschlechts waren, während es in den dortigen Therapieprogrammen nur 7% betraf (Volberg & Steadman, 1988). Mark & Lesieur (1992) verweisen auf die Notwendigkeit frauenspezifischer Glücksspielforschung.
In einer Studie über pathologische Spielerinnen in den USA (n = 50) haben Lesieur (1987a) sowie Lesieur & Blume (1991 a) festgestellt, daß sie Kartenspiele in Kasinos und Spielautomaten bevorzugten und weniger Glücksspiele, die in einem gewissen Rahmen persönliche Geschicklichkeit erfordern. Die Mehrzahl litt unter einem mangelnden Selbstwertgefühl und Einsamkeit. 24% waren zusätzlich abhängig von

Alkohol oder Drogen. Während Männer beim Glücksspiel eher Action und Nervenkitzel suchen, scheint bei Frauen das Fluchtverhalten vor negativen Kindheitserinnerungen, Einsamkeit und problematischen Partnerbeziehungen ausgeprägter zu sein.
Große Gewinne waren weniger wichtig als das Bedürfnis, andere Menschen zu beein-
drucken. Die Spielerkarriere der Frauen eskalierte vergleichsweise erst in einem
höheren Lebensalter, und sie wurden schneller vom Glücksspiel abhängig. Soziale
Kontakte im Umfeld des Glücksspiels wurden von ihnen gemieden.

Glücksspiele können zwar im Einzelfall auch der Entwicklung und Aufrechterhaltung sozialer Beziehungen dienen, in der Regel herrscht aber in der sozialen
Welt der Spieler eine *distanzierte Unverbindlichkeit,* und sie gehen nur oberflächliche Interaktionen ein. Die fortschreitende soziale Isolierung außerhalb
des Glücksspielbereiches rückt jedoch derartige Beziehungen immer mehr in
den Vordergrund, zumal sich die Spieler in dieser Welt vertraut und sicher
fühlen. Die Zugehörigkeit zur Szene schließt wiederum Abstinenz aus (ein
Aspekt des eigendynamischen Verlaufs).

Theorien zur Entstehung und Aufrechterhaltung des pathologischen Glücksspiels

Das Belohnungssystem im Gehirn

Die Entdeckung des Belohnungssystems im Gehirn, das mit seinen biochemischen Überträgersubstanzen Stimmungen und Verstimmungen – Euphorie
und Dysphorie – reguliert (Topel, 1991), erweitert auch die Grundlage zur
Erklärung pathologischen Glücksspiels.

   Es wurden körpereigene Substanzen (endogene Opioide) entdeckt, die wie
Opiate wirken: schmerzstillend, streß- und angstabbauend, euphorisierend.
Als potentester Überträger von Belohnung erwies sich *ß-Endorphin*. In einem
kleinen Kern des Hypothalamus produziert, durchwandert es die Nerven-
stränge hauptsächlich in die Strukturen des limbischen Systems, des Steue-
rungssystems von Emotionen. Zusammen mit Neurotransmittern – vor allem
Dopamin – freigesetzt und mit ihnen in Wechselbeziehung stehend, aktiviert
ß-Endorphin bei der Übermittlung von Signalen zwischen den Nervenzellen
die „qualitative", emotionale Komponente. Erworbene oder angeborene Defizite endogener Opioide können sich in zeitlich begrenzten oder permanenten
dysphorischen Stimmungen äußern und damit die Basis für eine Suchtentwicklung bilden. Die betroffenen Personen sind bestrebt, einen Stimmungsumschwung herbeizuführen, was sich durch eine erhöhte Freisetzung von Opioi-
den erreichen läßt. Diesem Zweck können verschiedene Handlungen dienen.
Als gesichert gilt, daß der Genuß süßer Speisen ß-Endorphin freisetzt und die
euphorisierende Wirkung des Alkoholkonsums auf einer erhöhten Ausschüttung dieser Substanz beruht (Topel, 1991). Die Vermutung liegt nahe, daß auch
die Euphoriegefühle beim Glücksspiel über ß-Endorphin vermittelt werden.

Eine erste empirische Überprüfung der Hypothese, daß die Aufrechterhaltung des Spielverhaltens mit der Freisetzung von β-Endorphin zusammenhängt, nahmen Blaszczynski, Winter & McConaghy (1986) vor. Sie ermittelten die Basiswerte des β-Endorphins im Blutplasma von Spielern an Pokerautomaten und Pferdewettern, die therapeutische Hilfe in Anspruch genommen hatten und den Kriterien des DSM-III für pathologisches Glücksspiel entsprachen (n = 39), sowie einer Kontrollgruppe. Die Subgruppe der Pferdewetter wurde instruiert, in einem Wettbüro eine Wette (Einsatz: 2–10 $) für ein Pferderennen abzuschließen. Anschließend konnten sie den Verlauf des Rennens im Radio verfolgen. Nach fünf Minuten wurde erneut der β-Endorphinwert im Blut bestimmt.

Hinsichtlich des β-Endorphin-Grundwertes ergaben sich keine Unterschiede zwischen den pathologischen Spielern (als Gesamtgruppe) und den Kontrollpersonen. Die „horse-race-addicts" wiesen allerdings einen signifikant niedrigeren Wert auf als die „poker-machine-addicts" und die Kontrollgruppe. Dieses Ergebnis ist nach Ansicht der Autoren ein Beleg für die notwendige *Differenzierung pathologischer Spieler nach bevorzugten Glücksspielformen*. Das komplexere und aktivierendere Wetten beim Pferderennen dient vermutlich eher der Behebung dysphorischer Stimmungen, während die Motivation der Automatenspieler eher mit Coping-Strategien zusammenhängt, Streßsituationen auszuweichen.

Entgegen der Hypothese stieg der β-Endorphinwert als Reaktion auf den Einsatz beim Pferderennen und die Verfolgung des Rennens im Radio jedoch nicht an. Als mögliche Erklärung dafür, daß eine Aktivierung der Endorphin-Ausschüttung nicht gelungen ist, führen die Autoren die relativ geringen Einsätze der Spieler – im Vergleich zu ihren gewöhnlichen Wetten – an, die keine höhere Stimulation erzeugen konnten.

Nach Milkman & Sunderwirth (1982, 1984) haben Endorphine ähnlich wie Opiate eher eine befriedigende und ruhigstellende Wirkung, indem sie u. a. die Neurotransmission hemmen. Sie sollen daher auch eher durch beruhigende Verhaltensweisen wie beispielsweise übermäßiges Essen freigesetzt werden. Riskantes, auf Erregung ausgerichtetes Verhalten beim Glücksspiel beschleunige dagegen – ähnlich wie stimulierende Drogen (Kokain und Amphetamine) – die Neurotransmission durch die erhöhte Ausschüttung erregender Neurotransmitter (Dopamin, Noradrenalin und Serotonin). Das erzeuge jenes Hochgefühl bei Menschen, die Stimulation brauchen, um sich wohlzufühlen. Da jedoch die biochemische Struktur eine langandauernde, selbst herbeigeführte Veränderung der Neurotransmission nicht zuläßt, gleicht der Körper sie durch Verringerung einiger Enzyme aus. Das verlangsamt die Neurotransmission (das Gefühl der Befriedigung läßt nach), obwohl das riskante Verhalten noch auf dem Eingangsniveau gehalten wird. Die Folge: Der Spieler muß – um Befriedigung zu erlangen – sein Spielverhalten steigern und produziert damit einen *Teufelskreis zunehmender Abhängigkeit*.

Psychoanalytische Konzepte

Psychoanalytische Erklärungsansätze verweisen auf *frühkindliche Störfaktoren der Entwicklung* und damit zusammenhängende unbewußte Motive pathologischen Glücksspiels. Die meisten Autoren legen das von Freud (1917/1977) entwickelte Phasenmodell zugrunde und führen pathologisches Glücksspiel (überwiegend als Sucht oder süchtiges Verhalten betrachtet) auf eine *gestörte Libidoentwicklung* zurück. Die psychodynamischen Deutungen gruppieren sich dabei um die Konstrukte des *Ödipuskomplexes* und des *Narzißmus*. Während in frühen Arbeiten ödipale oder anale Fixierungen beschrieben werden, finden sich in der neueren Literatur auch Hinweise auf präödipale oder multiple Konflikte. Die Unterschiedlichkeit psychodynamischer Erklärungen verweist auf die Komplexität des Untersuchungsgegenstandes sowie auf die verschiedenartigen Entstehungsbedingungen und Erscheinungsformen pathologischen Glücksspiels. Da auch in neueren Studien deutlich wird, daß exzessive Spieler je nach individueller Konfliktproblematik orale, anale und ödipale Wünsche und Phantasien entwickeln, ist davon auszugehen, daß es sich bei Beschreibungen der Psychodynamik und -pathologie des Spielers um *idealtypische Konstruktionen* handelt (einen Literaturüberblick bieten Halliday & Fuller, 1974; Schütte, 1985 und Rosenthal, 1987).

Die erste psychoanalytische Arbeit über pathologisches Glücksspiel wurde von Hattingberg (1914) vorgelegt, der anale bzw. anal-sadistische Persönlichkeitsstörungen bei Spielern konstatiert. Er sieht das entscheidende Spielmotiv im Erleben einer „sexuell getönten Angstlust" (Spannungslust), die er als Kombination aus Uretral- und Analerotik beschreibt. Ähnlich Laforgue (1930): In der beim Spielen beobachtbaren zwanghaften Wiederholung einer angstbetonten Vorlust und im Erleiden einer das Schuldbewußtsein neutralisierenden Endlust zeige sich der eigentliche Zweck und Gewinn der Spielleidenschaft: Die erotisierte Angstbildung (vgl. Simmel, 1920).

Ödipuskomplex

Freud (1928) beschreibt in seinem Aufsatz „Dostojewski und die Vatertötung" die Spielsucht des Literaten als Ausdruck eines ungelösten ödipalen Konfliktes, in dessen Folge die ambivalente Vater-Sohn-Beziehung mit gleichen Affekten zwischen den Instanzen Ich und Über-Ich reinszeniert wird. Infantiles inzestuöses Begehren gegenüber der Mutter sowie daraus resultierende Haß- und Todeswünsche gegen den Vater bleiben virulent und verursachen selbstzerstörerische Schuldgefühle, die als unbewußtes Strafbedürfnis das Spielen motivieren: Der Spieler spielt, um zu verlieren, Schuldgefühle werden in der „Schuldenlast" externalisiert. Die Spielsucht mit ihren „erfolglosen Abgewöhnungskämpfen und ihren Gelegenheiten zur Selbstbestrafung" stelle ein „Äquivalent des alten Onaniezwanges" dar.

Stekel (1924) zieht Parallelen zwischen Alkoholabhängigkeit und Spielsucht (vgl. Adler, 1966; Adler & Goleman, 1968) und ist der Ansicht, daß das Glücksspiel die Funktion eines Orakels habe: Der Spieler erhoffe sich über den Spielverlauf hinausgehende Prognosen über die Erfüllung respektive Versagung eigener Wünsche.

Infantile Allmachtsfiktion

Die differenzierteste psychoanalytische Theorie zur Psychodynamik des Glücksspiels stammt von Bergler (1936, 1943, 1958). In Erweiterung der oben ausgeführten Überlegungen sieht er in der *„infantilen Allmachtsfiktion"* das entscheidende Moment des Hasardierens, das exklusiv die Gelegenheit biete, „das Lustprinzip mit seiner Gedanken- und Wunschallmacht" nicht aufgeben zu müssen. Das Festhalten an infantilen Allmachtsfiktionen sei Ausdruck einer „posthume(n) Aggression gegen die maternale, resp. paternale Autorität, die dem Kind das Realitätsprinzip ‚einbläute'" (Bergler, 1936, S. 440). Diese unbewußte Aggressivität bilde zusammen mit der Gedankenallmacht und dem Erleben der sozial zulässigen, verdrängten Exhibition beim Spiel eine *„Lust-trias"*. Demgegenüber stehe die *„Straftrias"* mit unbewußtem Verlustwunsch, unbewußtem homosexuellem Überwältigungswunsch, gekoppelt mit dem Drang nach sozialer Diffamierung. Es entstehe ein circulus vitiosus: In jedem Spiel solle „Liebe mit einem unbewußten masochistischen Hintergedanken" erzwungen werden, weshalb der Spieler – dieser inneren Logik gehorchend – am Ende immer alles verliere.

Viele Autoren, wie Greenson (1947), Lindner (1950) und Galdstone (1951, 1960) versuchten, die Überlegungen Berglers zu modifizieren. Greenson (1947) beispielsweise, der pathologisches Glücksspiel als Abwehr gegen drohende Depressionen auffaßt, beobachtete bei seinen Patienten multiple Störungen in allen psychosexuellen Entwicklungsstufen, am häufigsten jedoch oral-rezeptive Fixierungen, die zu übermäßigen Omnipotenzwünschen führen. Der neurotische Spieler, der verliere, werde symbolisch auch von der nährenden Mutter verlassen. Verlieren sei also mehr mit Depressionen und weniger mit Schuld verbunden.

Weitere psychoanalytische Aspekte

Nach Bolen & Boyd (1968) aktiviert das Spiel durch seine indirekten Befriedigungsmöglichkeiten aggressiver und libidinöser Bedürfnisse *Schuldgefühle*, die durch die im Spiel garantierten *Selbstbestrafungsriten des Verlierens* neutralisiert werden. Indem das Glücksspiel Macht, Bedeutsamkeit und Kontrolle suggeriere, biete es dem Spieler Schutz vor Gefühlen von Minderwertigkeit, Nichtigkeit und innerlicher Leere. Auch Matussek (1953) sieht die Ursachen pathologischen Glücksspiels in einer *Störung der libidinösen Triebentwicklung* innerhalb der oralen Phase. Dem Spieler fehlten seit frühester Kindheit echte personale Beziehungen, weshalb er neurotische Allmachtsgefühle und starke Aggressionen gegen das elterliche Autoritätsprinzip ausgebildet habe. Seine wesentlichen Motive bestünden in dem Drang nach Besitz und Macht sowie der Flucht vor dem Alltag. Matussek (1953) betrachtet die beständigen Verluste von Spielern jedoch nicht als Folge eines unbewußten Strafbedürfnisses, sondern als „nicht erwünschte Konsequenz" des Spielens.

Bei Kind (1988) rückt die Rolle des präödipalen Vaters in den Vordergrund. Dessen mangelnde Verfügbarkeit vereitle die Versuche des Kindes, sich in der angstfreien Entfernung und Wiederannäherung an die Mutter zu erproben. Aufgrund dieser mangelhaften „frühen Triangulierung" komme es bei der späteren Organisation von Objektbeziehungen zu spezifischen Störungen: Annäherungen an das als ‚verschlingend' erlebte Objekt mobilisierten Verschmelzungsängste, weshalb das Subjekt sich wieder in einer ‚zentrifugalen Bewegung' entferne, wodurch gleichzeitig Angst erzeugt werde, das Objekt zu verlieren, so daß es zu ‚zentripedaler Bewegung' der Wiederannäherung komme. Pathologische Spieler haben nach Kind (1988) die symbiotische Stufe der Selbstorganisation nicht ausreichend überwunden und streben in der Folge nach kompensatorischem Ausgleich. Die Externalisierung dieser Dynamik werde von Spielautomaten in besonderer Weise begünstigt: Das dranghafte, durch Omnipotenzphantasien gestärkte Verlangen, durch stetige Risikosteigerung den Automaten zu überlisten, um am Ende immer wieder alles zu verlieren, sei Ausdruck der intrapsychischen Pendelbewegung zwischen zetrifugalen und zentripedalen Kräften.

Narzißmus

Narzißtische Persönlichkeitsstörungen pathologischer Spieler werden von fast allen psychoanalytischen Autoren angeführt, häufig jedoch nur in Form von Beschreibungen einzelner Symptome wie Allmachtsfiktionen oder Omnipotenzwünschen (Bergler, 1936; Fenichel, 1945; Livingston, 1974). Umfassender definiert Simon (1980) pathologisches Glücksspiel als narzißtischen Restitutionsversuch: Der Spieler, der infolge frühkindlicher emotionaler Deprivation außerstande sei, Liebesbeziehungen einzugehen, spiele, um zumindest *ersatzweise anerkannt und geliebt* zu werden. Um die kränkende Realität ertragen zu können, klammere er sich an die *Illusion eines Idealzustands,* des Gewinnens. Durch das Glücksspiel, das die Reaktivierung von Allmachts- und Größenphantasien begünstige, könne diese „narzißtische Anwartschaft" aufrechterhalten werden – allerdings nur solange das Ziel unerreichbar bleibe.

Rosenthal (1986) konstatiert aufgrund klinischer Erfahrungen bei der Mehrheit pathologischer Spieler narzißtische Persönlichkeitsstörungen, die mit einem gestörten Selbstwertgefühl, Identitätskonflikten, Abgrenzungsproblemen und unangemessenen Anspruchshaltungen einhergehen. Das Glücksspiel gaukle eine Ersatzwelt vor, in der sich der Spieler bedeutend, respektiert, mächtig und omnipotent fühlen könne. Mit primitiven Abwehrmechanismen wie Abspaltungen, Projektionen, Idealisierungen, Abwertungen und Verleugnungen werde diese illusionäre Wirklichkeit aufrechterhalten und stabilisiert.

Schütte (1985), der mit Hilfe einer erweiterten Narzißmustheorie einen übergreifenden Erklärungsansatz für pathologisches Glücksspiel zu entwickeln versucht, bezieht sich auf ein tiefenpsychologisches Suchtverständnis, das die Ursachen von Sucht in einem narzißtischen Defizit begründet sieht: Menschen mit spannungsvollen „broken home" Situationen, die in ihrer Kindheit nicht genügend Liebe und Sicherheit erfahren haben, sind demnach besonders suchtgefährdet. Sucht, auch pathologisches Glücksspiel, wird als Ausgleich für einen Defekt in der psychischen Struktur betrachtet und bekommt somit die Funktion eines narzißtischen Restitutionsversuches: „Das Glücksspiel ermöglicht die Befriedigung sämtlicher narzißtischer Defizite, d. h. es enthält Elemente der oralen, anal-sadistischen und auch der ödipalen Phase (. . .). Die Teilnahme am Glücksspiel versetzt den Spieler in jenes ‚ozeanische Gefühl', welches er in seiner frühen Kindheit nie erfahren hat" (Schütte, 1985, S. 114).

Wie schwierig es ist, dem komplexen Phänomen pathologischen Glücksspiels wissenschaftlich gerecht zu werden, wird in dieser kurzen Skizzierung psychoanalytischer Literatur deutlich. Oft unter Rückgriff auf Romane und Erzählungen sind in den Anfängen der psychoanalytischen Auseinandersetzung mit dem Glücksspiel biographisch inspirierte Einzelfallstudien entstanden, an denen psychodynamische und pathologische Aspekte modellhaft analysiert wurden. Gleichwohl derartige Studien zu sinnvollen Erkenntnissen führen können, sind die Ergebnisse nicht ohne weiteres generalisierbar, ein Umstand, den Schütte (1985, S. 78) in der Sekundärliteratur zu wenig berücksichtigt sieht: „Nicht selten findet man ausdrücklich als ‚Annahmen bzw. Vermutungen' deklarierte Äußerungen einzelner Analytiker in späteren Schriften anderer Autoren als ‚Theorien' wieder". Zudem müsse der Mangel an umfassenden Theorien, die die häufig nur „scheinbaren Diskrepanzen zwischen psychoanalytischen Deutungen" (Bolen & Boyd, 1968) integrieren könnten, bemängelt werden. Augenfällig ist, daß auch die neuere psychoanalytische Theoriebildung eng mit dem von Freud entwickelten Denkmodell des Ödipuskomplexes verwoben ist. Gesellschaftliche Wandlungsprozesse und mit ihnen auch die Auflösung tradierter Geschlechterrollen lassen jedoch Zweifel an der Tauglichkeit dieses Modells und der darauf basierenden Erklärungen pathologischen Spielens aufkommen. Um allgemeingültige Aussagen treffen zu können, sind fraglos weitere umfangreiche psychoanalytische Studien erforderlich, die pathologisches Glücksspiel nicht lediglich als individuelles, sondern auch als gesellschaftliches Phänomen mit einer multifaktoriellen Genese begreifen. Erweiterte Narzißmustheorien bieten sich hier als Rahmen für einen übergreifenden Erklärungsansatz an.

Lerntheorien

In lerntheoretischen Erklärungsmodellen wird exzessives (süchtiges) Glücksspiel als *erlerntes Verhalten* aufgefaßt, das entsprechend den allgemein gültigen Lernprozessen wie normales Verhalten *erworben, aufrechterhalten* und *modifiziert* wird. Neben den Prinzipien der klassischen und operanten Konditionierung berücksichtigen erweiterte Ansätze soziale, kognitive und affektive Aspekte der Lerngeschichte eines Individuums.

Die Gesetzmäßigkeiten des Modellernens dienen der Erklärung der anfänglichen Teilnahme am Glücksspiel. Die Beobachtung positiver Folgen bei Eltern oder Freunden führt zu ersten eigenen Spielerfahrungen.

Im Alkohol- und Drogenbereich wird die Bedeutung sozialer Phänomene – wie die *Verfügbarkeit der Stoffe* – für den initialen Konsum betont (Revenstorf

& Metsch, 1986). Der Suchtmittelgebrauch verschafft außerdem Zugang zu sozial attraktiven Gruppen (sekundäre Verstärkung).

Glücksspiele sind legal und fast uneingeschränkt verfügbar – die Griffnähe ist besonders ausgeprägt. Um potentielle Spieler in das Glücksspiel einzuführen bzw. einen „response-priming"-Effekt (Knapp, 1976) zu erzielen, verteilen Spielkasinos Gratis-Jetons und kostenlose Spielmarken für Automaten. Besonders auffällige Licht- und Tonsignale bei größeren Gewinnen an Spielautomaten lenken die Aufmerksamkeit der im Umfeld befindlichen Spieler auf mögliche Erfolge (stellvertretende Verstärkung). In den USA werden Gewinner in den Spielkasinos sogar per Lautsprecher ausgerufen, um einen größeren Kreis der Besucher zu erreichen und zum Spielen zu animieren (Hess & Diller 1969).

Nach den Prinzipien der operanten Konditionierung erhöht sich die Auftrittswahrscheinlichkeit eines Verhaltens, wenn es positiv verstärkt wird und/ oder negative Verstärker wegfallen. Beim Glücksspiel fungiert der Geldgewinn als *klassischer* (*generalisierter*) *Verstärker*. Glücksspiele bilden zudem Verstärkungspläne, bei denen das Verhältnis zwischen vestärktem (Gewinn) und unverstärktem (Verlust) Spielverhalten variabel ist, die Verstärkungsmengen variieren und die Verstärkung (Ergebnisrückmeldung) sofort erfolgt, was sich als besonders wirkungsvoll im Hinblick auf die Verfestigung eines Verhaltens erwiesen hat (Skinner, 1953; glücksspielspezifische experimentelle Befunde liefern Lewis & Duncan, 1956, 1957; Levitz, 1971).

> Wirken zwangsläufig auftretende Verluste nicht im Sinne einer Bestrafung als gegenteiliges Regulativ? Das Spiel am Roulettetisch oder an Spielautomaten besteht aus zahlreichen Einzelversuchen. Verluste erfolgen in jedem dieser Versuche zum einen nicht mit maximaler Stärke, zum anderen übersteigt die Häufigkeit selten 65% (Frank, 1979), so daß nur in etwas mehr als der Hälfte der Versuche Verluste eintreten. Da kaum ein Spieler glaubt, daß jeder Einzelversuch unabhängig von dem anderen ist bzw. viele Spieler annehmen, nach einer Serie von Verlusten müsse zwangsläufig ein Gewinn erfolgen (vgl. Kap. „Kognitive Prozesse – ‚Illusion der Kontrolle'"), werden Verluste zu einem Signal für das Erzielen eines Gewinnes. Vor diesem Hintergrund können Verluste das Spielverhalten fördern. Hohe Gewinne in der Anfangsphase einer Spielerkarriere, auf deren Bedeutung zahlreiche Autoren (Bolen & Boyd, 1968; Moran, 1970a; Dickerson, 1974; Knapp, 1976; Custer & Milt, 1985) hinweisen, können zudem als Ersatz für eine kontinuierliche Verstärkung gewertet werden.

In erweiterten lerntheoretischen Konzepten, wie der sozial-kognitiven Lerntheorie, werden neben den materiellen auch affektive Verstärker und soziale Kontingenzen einbezogen. Die spezifische Wirkung des Glücksspiels führt zu unmittelbaren *Veränderungen im Erleben* des Spielers. Glücksspiele können Stimulation vermitteln und Spannungen reduzieren – unabhängig vom Spielausgang. Euphoriegefühle und Machtphantasien, Erfolgserlebnisse (im Falle eines Gewinnes), lustbetonte Erregungs- und Entspannungszustände besitzen potente positive Verstärkerqualitäten. Die Minderung oder Vermeidung von Spannungen, depressiven Stimmungen, Unlust, Langeweile, Minderwertigkeitsgefühlen und entzugsähnlichen Symptomen wirken sich entlastend und damit ebenfalls belohnend aus (negative Verstärkung). Über Verstärkung durch soziale Zuwendung fördern Einstellungen und Erwartungen von Bezugspersonen und -gruppen, wie z. B. eine positive Bewertung des Glücksspiels, das Spielverhalten des einzelnen.

Wenn eine Stimulation oder Spannungsreduktion nicht mehr erreichbar ist, weil beispielsweise die finanziellen Mittel ausgegangen sind, löst diese primäre Gefühlsreaktion (A-Prozeß) nach der Theorie des gegenläufigen Prozesses von Solomon (1980) einen Affekt gegenteiliger hedonistischer Qualität (B-Prozeß) aus – es kommt zu dysphorischen Stimmungen, Anspannung. Solomon (1980) postuliert ein generelles affektives Regulationsprinzip im Nervensystem, das die Entwicklung von Suchtverhalten – einschließlich der Spielsucht (Orford, 1985, S. 203) – erklären kann. Bei zunehmendem Glücksspiel schwächt sich die primäre Gefühlsreaktion ab, der aversive gegenläufige Zustand wird stärker und kann durch Wiederherstellung des primären Zustandes beseitigt werden. Das Glücksspiel erwirbt neben der anfänglich positiven (Ablenkung von Alltagsproblemen, Entspannung) eine negative Verstärkerqualität (Erleichterung von entzugsähnlichen Erscheinungen). Die weitere Stärkung des aversiven Zustandes und die notwendige Steigerung der Spielintensität (Toleranzerwerb) formen einen Zyklus, der zu einer psychischen Abhängigkeit vom Glücksspiel führt.

Die wiederholte Verknüpfung von Glücksgefühlen etc. und Glücksspielen läßt nach den Prinzipien der klassischen Konditionierung erwarten, daß sich konditionierte Stimuli entwickeln, d. h. neutrale Reize werden wegen ihrer zeitlichen Kopplung mit dem Spielen selbst zu Auslösern des Spielverhaltens. Nicht nur Situationen, Personen und Handlungen, die eng mit dem Spielen verbunden sind, sondern auch vorangehende Gefühlszustände (wie unangenehme Empfindungen) und Kognitionen (Erwartungen, Glaubenssätze) werden so zu Hinweisreizen für Glücksspiele (Brown, 1987b, in Anlehnung an Wikler, 1973).

- Die spezifische Atmosphäre in einer Spielbank (Ansagen der Croupiers, kreisende Kugel im Roulettekessel), auf einer Rennbahn (Bekanntgabe der Quoten per Lautsprecher, Vorführung der Rennpferde) oder in einer Spielhalle (Licht- und Tonsignale der Automaten) signalisiert dem Spieler die Wahrscheinlichkeit einer Verstärkung nach dem Einsatz.
- Geld, mit dem wir tagtäglich in Berührung kommen, kann einen einflußreichen diskriminativen Reiz darstellen, da es an den Stimulationsprozeß gekoppelt ist. Es wird vom Spieler zunehmend nur noch als Spielkapital betrachtet, obwohl die Finanzierung des Lebensunterhaltes oder die Schuldentilgung erste Priorität haben müßte.
- Gelingt es, beispielsweise Partnerschaftsprobleme mit Hilfe des Glücksspiels auszublenden, werden sie als Hinweisreiz durch Beendigung der unangenehmen Empfindungen und das lustbetonte Erleben verstärkt – mit entsprechenden Konsequenzen für das Verhalten.
- Entzugsähnliche Erscheinungen wie innere Unruhe und Reizbarkeit stellen weitere diskriminative Stimuli dar. Die verhaltenssteuernde Wirkung der Entzugssymptome einer körperlichen Abhängigkeit, die bei einigen stoffgebundenen Suchtformen wie der Alkohol- und Heroinabhängigkeit auftre-

ten, mag ausgeprägter sein als die der psychischen Abstinenzerscheinungen beim Glücksspiel. Sie können jedoch – nach lerntheoretischer Betrachtung – ebenso das Verhalten in eine bestimmte Richtung (zum Glücksspiel) lenken, das wiederum durch die unmittelbare Beendigung der Symptome bekräftigt wird (Selbstmedikation).

● Den Einfluß von Erwartungseffekten auf die Suchtentwicklung bestätigen zahlreiche Untersuchungen im Alkoholbereich (Marlatt & Rohsenow, 1980). Auch für das Glücksspiel gilt: Die stimulierende Wirkung tritt bereits ein, wenn nur die Erwartung des Spieleinflusses besteht. Schon auf dem Weg in das Kasino verspüren Spieler ein Hochgefühl, in der Erwartung, daß das Spielen zu den erwünschten Konsequenzen wie Erfolg oder Distanzierung von Problemen führt. Die Konzeption von vermeintlichen Erfolgssystemen für Roulette oder die Einholung von Informationen über die Form der Pferde wird von Gewinnerwartung und lustbetonten Gefühlen begleitet.

Experimente zur Wirkung von Erwartungen und Alkohol auf den Alkoholkonsum zeigen zudem, daß es sich auch bei stoffgebundenen Suchtformen bei dem Kontrollverlust nicht um ein physiologisches Phänomen handeln kann. Ebenso fanden sich Hinweise, daß Suchtmittel assoziierte Reize, die Erwartung des Konsums (konditionierte) Entzugserscheinungen hervorrufen können (Revenstorf & Metsch, 1986).

● Die Erwartungen an Glücksspiele sind besonders dann sehr hoch, wenn sich der Spieler über längere Zeit in einer dysphorischen Gemütsverfassung (z. B. Minderwertigkeitsgefühle) befindet und alternative Bewältigungsstrategien bzw. Verstärkerquellen nicht zur Verfügung stehen. Ein Verstärkerdefizit kann auf individueller Ebene in unzulänglicher subjektiver Kompetenz, in mangelnden Ressourcen bestehen, mit Verstimmungen umzugehen (Revenstorf & Metsch, 1986), und auf sozialer Ebene auf einem fehlenden Angebot beruhen.

In Anlehnung an die lerntheoretische Erklärung stoffgebundener Abhängigkeiten von Revenstorf & Metsch (1986) läßt sich die Entwicklung einer psychischen Abhängigkeit vom Glücksspiel zusammenfassend wie folgt darstellen:

● Der Spieler erfährt die unmittelbare positive Verstärkerwirkung des Glücksspiels und benutzt es in Zukunft nur dann zunehmend häufiger, wenn ihm andere Verstärkerquellen mit vergleichbarer Wirkung nicht zur Verfügung stehen.
● Das lustvolle veränderte Erleben wird schließlich nicht nur vom Glücksspiel selbst (von dem Reiz des Risikos oder dem Gewinnen), sondern auch von den damit verbundenen Umständen ausgelöst.
● Durch das Glücksspiel werden dysphorische Stimmungen (gegenläufige Gefühle, entzugsähnliche Erscheinungen, Schuldgefühle) verursacht, die aufgrund fehlender, potenter Alternativen durch Weiterspielen behoben werden (Selbstmedikation).
● Als Folge gelernter kompensatorischer Reaktionen des Organismus muß die Spielintensität erhöht werden (Toleranzerwerb), um die gleiche hedoni-

stische Wirkung zu erzielen, bzw. es verringert sich der Effekt. Zugleich setzt sich der Zyklus von Selbstmedikation und dysphorischen Stimmungen fort.

Kognitive Prozesse – „Illusion der Kontrolle"

Auf die Bedeutung kognitiver Faktoren für die Suchtentwicklung ist bereits im letzten Kapitel hingewiesen worden. Kognitive Phänomene, die speziell bei Glücksspielen weit verbreitet sind und mit dafür verantwortlich gemacht werden, daß pathologische Spieler trotz hoher Verluste weiterspielen (Dickerson & Adcock, 1987; Griffith, 1990), sollen hier gesondert betrachtet werden: Illusionäre Kontrollüberzeugungen und die unrealistische, nicht an tatsächlichen Wahrscheinlichkeiten orientierte Gewinnerwartung.

Verzerrte Wahrnehmung der Realität

Obwohl Glücksspiele auf Zufallsereignissen basieren und sich der Kontrolle entziehen, schreiben Spieler häufig der eigenen Person die Fähigkeit zu, das Spielergebnis beeinflussen oder systematisch vorhersagen zu können:

- Die Auswertung von Roulette-Permanenzen und daraus abgeleitete Vorhersagen des nächsten Treffers im Kessel,
- die auf Einbeziehung der Licht- und Tonsignale ausgerichtete Spielstrategie an Automaten,
- das sanfte oder harte Würfeln für niedrige bzw. hohe Zahlen (Henslin, 1967)
- oder höhere Einsätze bei eigenem Würfeln (Strickland, Lewicki & Katz, 1966)

sind Ausdruck einer verzerrten Wahrnehmung der Realität, die Langer (1975) als „Illusion der Kontrolle" bezeichnet. In experimentellen Untersuchungen und Feldstudien ließen sich unter bestimmten Bedingungen, wie aktive Einbeziehung des Spielers in den Spielablauf, Auswahlmöglichkeiten, hoher Bekanntheitsgrad, unsicherer vs. kompetenter Gegenspieler und längere Zeitspanne für eine gedankliche Beschäftigung, Orientierungen an eigenen Fähigkeiten in Glücksspielen bzw. Zufallsituationen hervorrufen (Langer, 1975). Anfängliche Erfolge erhöhen im Gegensatz zu Mißerfolgen ebenfalls die Wahrscheinlichkeit, daß diese Erfolge persönlichen Fähigkeiten zugeschrieben werden (Langer & Roth, 1975; vgl. Frank & Smith, 1989).

> Verstärkungsmechanismen verfestigen illusionäre Kontrollüberzeugungen (abergläubische Konditionierung). Obwohl derartige Vorhersagen und Spielstrategien keinen praktischen Wert haben, führt ihr zufälliger Erfolg – die Verstärkung nach einem variablen Quotenplan – zur fortwährenden Anwendung. Bleibt der Erfolg auf Dauer aus, werden sie modifiziert und können erneut – rein zufällig – hohe Gewinne einbringen.

Unrealistische Gewinnerwartungen

Eine knapp verlorene Sportwette oder annähernd erreichte Gewinnkombination fördert eine optimistische Einschätzung zukünftiger Erfolge, die Gewinnerwartung und das Weiterspielen (Reid, 1986). Sind beispielsweise nur 5 von 6 notwendigen Gewinnsymbolen am Spielautomaten eingelaufen, ruft dies die Erwartung hervor, daß der Gewinn bald kommen muß, weil er ja schon fast erreicht worden ist.

Unter lerntheoretischen Gesichtspunkten besteht in der erregenden Wirkung eines solchen Ereignisses ein potenter Verstärker (kognitive Konditionierung durch sekundäre Verstärkung). „Fast-Gewinne" sind deshalb im computergesteuerten Programmablauf von Spielautomaten oder beim Rubbellotto besonders häufig vertreten. Da den Designern weiterhin bekannt ist, daß eine möglichst frühe, häufige und verlängerte Gewinnerwartung die Spielintensität erhöht (Strickland & Grote, 1967), werden auf den zuerst einlaufenden Walzen/Scheiben der Automaten mehr Gewinnsymbole dargeboten und in abgestufter Form reduziert.

> Analysen der Äußerungen von Automaten- und Roulettespielern während des Glücksspiels zeigen (Gaboury & Ladouceur, 1987, 1989; Ladouceur, Gaboury, Dumont & Rochette, 1988), daß es sich überwiegend um irrationale Erwartungen handelt (vgl. Walker, 1992a, b). Mit zunehmender Erregung steigt die Anzahl derartiger Aussagen. Regelmäßige Spieler äußern darüber hinaus mehr irrationale Erwartungen als Gelegenheitsspieler (Coulombe, Ladouceur, Desharnais & Jobin, 1992). Während die „Zocker" erfolgreiches Spielen auf eigene Fähigkeiten zurückführen („ich habe es gewußt, die 31 war überfällig, sie mußte kommen"), dienen externale Faktoren („Pechsträhne") der Erklärung von Verlusten. Gewinne werden als selbstverständlich betrachtet, Verluste dagegen ausgiebig diskutiert und erklärt (Gilovich, 1983). Gerade im Umgang mit Verlusten entwickeln Spieler spezifische Coping-Strategien, die nur ein Ziel verfolgen: Eine Rechtfertigung der weiteren Teilnahme am Glücksspiel – trotz der Verluste. Die Transformation von Verlusten in „Fast-Gewinne", die Schuldzuweisung an andere Spieler (beispielsweise bei Nichteinhaltung der Basisstrategie beim Black Jack) oder die Vorhersage zwangsläufiger Gewinne nach einer Verlustserie sind typische Coping-Strategien.

Teilweise liefern Spieler bereits vor einem Einsatz Begründungen für einen möglicherweise erfolglosen Ausgang des Spiels (Rosecrane, 1988). Die vorausschauende verstandesmäßige Einschätzung, daß ein Verlust zu erwarten ist, vermittelt (verstärkt) ebenso wie die anderen Erklärungsmuster die Überzeugung, das Spiel unter Kontrolle zu haben. Sie helfen dem Spieler, die gefährdete glücksspielbezogene Identität zu bewahren und verhindern eine realistische Einschätzung der Gewinnwahrscheinlichkeiten. Vermeintliche Geschicklichkeit und Optimismus interagieren (Dickerson, 1984), nähren die Hoffnung auf den großen Gewinn, mit dem sich beispielsweise Roulettespieler aller Probleme entledigen wollen.

Vermutlich ist diese Identität bei Spielern von Glücksspielen, bei denen die Einbeziehung relevanter Informationen einen tatsächlichen Einfluß auf das Spielergebnis haben kann, wie beim Pferderennen (und Börsenspekulationen), noch stärker ausgeprägt. Die richtige Vorhersage aufgrund intensiver Recherchen über die Form der Pferde, das Geläuf etc. dürfte besonders hoch eingeschätzt werden.

> Rosecrane (1988) postuliert sogar, daß gerade bei Pferdewettern „Schicksalsschläge", wie die nachträgliche Disqualifizierung eines erstplazierten Pferdes, auf das gesetzt worden war, oder das Abfangen eines mit großem Vorsprung führenden Pferdes kurz vor der Ziellinie, Ursachen für problematisches Glücksspiel darstellen können, da derartig unwahrscheinliche Situationen zu Verwirrungen führen und angemessene Coping-Strategien fehlen.

Soziologische und sozialpsychologische Theorien

Das soziale Umfeld von Glücksspielern und alle Spielertypen (nicht nur pathologische Spieler) stehen im Vordergrund soziologischer Betrachtungsweisen. Pathologisches Glücksspiel stellt vor diesem Hintergrund eher den *Endpunkt eines Kontinuums* – als einen Zustand – dar, das den Gelegenheitsspieler an dem einen Ende und den Spieler mit Selbstmordgedanken an dem anderen Ende einschließt (Rosecrane, 1988; Lesieur, 1989).

Das Kasino bietet eine *Bühne* für vielfältige *Selbstdarstellungen*. So ermöglichen Glücksspiele, persönliche Macht auszuüben bzw. darzustellen, sich stärker zu fühlen. Alles, was Machtstreben Bedeutung verleiht, fördert daher nach McClelland, Davies, Kalin & Wanner (1972) auch das Glücksspielen – ebenso wie den Alkoholkonsum, die Anhäufung von Prestigegütern und aggressive Impulse als weitere Varianten des Auslebens von Macht. Der Wunsch nach *Männlichkeit* („Machismo") wird in dem Zusammenhang besonders hervorgehoben (vgl. Livingston, 1974; Thompson, 1991). Das Image von Glücksspielern, beispielsweise als risikobereite und sorglose „Zocker", die sich häufig in einer erregenden Umgebung aufhalten, mag für manche Menschen erstrebenswert erscheinen. Die gewünschte Identität dürfte besonders dann verstärkt über das Glücksspiel sich selbst und anderen gegenüber präsentiert werden, wenn alternative – weniger schädliche – Möglichkeiten der Selbstdarstellung nicht verfügbar sind (Holtgraves, 1988).

Die Realisierung derartiger Bedürfnisse setzt allerdings ausreichende finanzielle Mittel voraus. Erst eine finanzielle Krise aufgrund mangelnder Ressourcen und des paradoxen Weiterspielens, um die Krise zu überwinden, führt nach Oldman (1978) dazu, daß Spieler therapeutische Hilfe suchen und das Label „zwanghaft bzw. süchtig" akzeptieren. Folglich sei dies nicht das Ergebnis von Persönlichkeitsdefiziten, sondern von einem gestörten Verhältnis zwischen Spielstrategie und Geldverwaltung.

Ein ungeschicktes Umgehen mit finanziellen Mitteln in dem Sinne, daß pathologische Spieler ihren Verlusten hinterherjagen, betont auch Lesieur (1977, 1979). Er beschreibt die „Spielerkarriere" als ein *selbstorganisiertes System,* das dem Spieler über eine immer enger werdende *Spirale von Optionen und Verpflichtungen* in den Ruin treibt. Nach anfänglichen Gewinnen und eintretenden Verlusten ist die Übernahme der „*Chase-Philosophie*" (die Aufholjagd, die Verluste durch höhere Einsätze wieder auszugleichen) als vermeintliches Erfolgsrezept anderer Spieler für die weitere Entwicklung von entscheidender Bedeutung. Die Eigendynamik wird verstärkt durch „sidebets", die der Spieler in relevanten Lebens- und Tätigkeitsbereichen eingeht, wie Kreditaufnahme, Verspielen familiären Eigentums, berufliche Verfehlungen, Abhängigkeit vom Buchmacher, Statuskonflikte gegenüber befreundeten Spielern und illegale Handlungen. Sie lassen sich – in den Augen des Spielers – nur durch eine Fortführung des Glücksspiels begleichen. Jede neue Option, die zur Finanzierung genutzt wird, ist mit neuen Verpflichtungen verbunden. Den ständig wachsenden Verpflichtungen stehen jedoch immer weniger Möglichkeiten gegenüber, die Probleme zu bewältigen. Veränderungen des Wertesystems und Selbstbildes des Spielers (vgl. Kap. „Die Beschaffungskriminalität") begleiten diesen Prozeß.

Verknüpfungen verschiedener Ansätze

Ein integratives generelles Suchtmodell mit dem pathologischen Spieler als Prototyp, das vor allem psychobiologische Aspekte verbindet, hat Jacobs (1989) entwickelt und empirisch überprüft. Er definiert Sucht als einen unabhängigen Zustand, der mit der Zeit von einer dafür anfälligen Person bei dem Versuch, chronische Streßbedingungen zu beheben, erworben wird. Zwei interagierende Faktoren liegen der *Suchtanfälligkeit* zugrunde:

- ein abnormer physiologischer Ruhezustand, der entweder durch chronisch verminderte Anspannung (Deprimiertheit) oder übermäßige Erregung gekennzeichnet ist,
- Erfahrungen aus der Kindheit, die ein tiefes Gefühl persönlicher Unzulänglichkeit und Ablehnung hervorgerufen haben.

Aufgrund ihrer biologischen Veranlagung sprechen Menschen nur auf bestimmte streßreduzierende, potentiell suchterzeugende Substanzen oder Verhaltensweisen an, die auf der einen Seite Stimulation und auf der anderen Seite Entspannung vermitteln sollen. Die zweite notwendige psychologische Bedingung eines geringen Selbstwertgefühls fördert das Bedürfnis nach einem allgemein von Süchtigen angestrebten veränderten Identitätszustand. Als Endprodukt eines dissoziativen Prozesses ist die *Änderung des Identitätszustandes* nach Jacobs (1989) für das Verständnis von Suchtverhalten von zentraler Bedeutung. Eine empirische Überprüfung ergab, daß pathologische Spieler, Alkoholiker und Patienten mit Eßstörungen signifikant häufiger über Trancezustände, die Annahme einer anderen Identität, ein vom Ich abgespaltetes Erleben der eigenen Handlungen und Erinnerungslücken während des Suchtmittelgebrauchs berichteten als normale Konsumenten.

Die Reversionstheorie von Apter (1982) sowie das Niveau der Erregung und dessen unterschiedliche hedonistische Qualität bilden die Grundlage eines allgemeinen Erklärungsansatzes der Suchtentwicklung von Anderson & Brown (1987) sowie Brown (1988). Apter (1982) unterscheidet zwischen einem sog. „telic state", in dem das Individuum zukunftsorientiert und voller Pläne das Vergnügen der Zielerwartung genießt und es vorzieht, in einem Zustand geringer Erregung zu bleiben (kognitiver Prozeß), sowie einem „paratelic state", in dem das Individuum gegenwartsbezogen und spontan sich der unmittelbaren Empfindungen erfreut und einen Zustand hoher Erregung bevorzugt (physiologischer Prozeß). Die beiden separaten meta-motivationalen Systeme haben jeweils ihr eigenes *optimales Erregungsniveau*. Das Individuum ist fähig, sehr schnell von dem einen in den anderen Zustand überzuwechseln und somit eine rasche Änderung der hedonistischen Qualität von Zeit zu Zeit in derselben Situation zu empfinden.

Die Beziehung zwischen Erregung und hedonistischer Qualität wird in der Reversionstheorie durch eine X-Kurve dargestellt (Abb. 4). Geringe Erregung, in dem angstvermeidenden „telic state" angenehm als Entspannung empfunden, wird rasch reinterpretiert und als Langeweile erlebt, wenn eine Umkehrung zu dem anregungsuchenden „paratelic state" stattfindet. Hohe Erregung, in dem angstvermeidenden „telic state" unangenehm als Angst empfunden, wird im Gegensatz dazu rasch reinterpretiert und als Anregung in dem anregungsuchenden „paratelic state" erlebt, wenn eine erneute Umkehrung geschieht.

Vor diesem Hintergrund erklären die Suchttheoretiker (Anderson & Brown, 1987; Brown, 1988) das Weiterspielen von pathologischen Spielern – trotz großer Ängste und finanzieller Probleme – als ein *erlerntes Phänomen*. Pathologische Spieler, die in einem unangenehmen „telic state" mit hoher Anspannung angefangen haben, spielen trotz der Verzweiflung weiter, weil sie gelernt haben, die hohe Erregung im „telic state" des Verlierens mit der Erwartung einer folgenden potenten Vestärkung in Form lustbetonter Erregung zu verknüpfen, die erlebt wird, wenn schließlich die hohe Anspannung nach einem Gewinn und einer Umkehr zum „paratelic state" reinterpretiert wird.

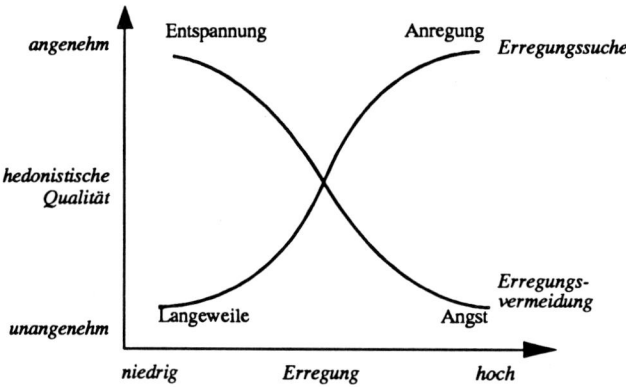

Abb. 4. Vermutete Beziehung zwischen Erregung und hedonistischer Qualität für angstvermeidende und anregungssuchende Systeme in der Revisionstheorie. (Apter, 1982)

Zusammenfassung

Der Entstehung und Aufrechterhaltung pathologischen Glücksspiels liegen vielfältige Ursachen zugrunde, die sich modellhaft über eine wechselseitige Beziehung zwischen Eigenschaften

– des Glücksspiels,
– des Spielers und
– seines sozialen Umfeldes

veranschaulichen lassen. Diese Einflußgrößen liefern zahlreiche, intern und übergreifend miteinander verknüpfte „Mosaiksteine", die im Einzelfall in unterschiedlicher Zusammensetzung und Ausprägung ein „Erklärungsbild" abgeben. Aber nicht nur von Spieler zu Spieler variiert die Bedeutung einzelner Komponenten, sie ändert sich auch im individuellen Lebensverlauf sowie in den Entwicklungsphasen der „Spielerkarriere".

● Die Verlockungen des Glücksspiels bestehen zunächst in dem möglichen Gewinn von Geld, dem Maß aller Dinge in unserer Gesellschaft. Es reizt die „schnelle Mark", statt durch Arbeit durch Glück den Wohlstand zu mehren.
● Auf Dauer sind beim Glücksspiel allerdings zwangsläufig Verluste zu beklagen. Daß die Gewinnchancen gegen den Spieler stehen, beziehen „Zocker" kaum in ihre Spielentscheidungen mit ein. Vielmehr bestimmen *irrationale Erwartungen* und *illusionäre Kontrollüberzeugungen* das Spielgeschehen. Glaubenssätze wie „nach Verlusten sind Gewinne vorprogrammiert" und „persönliche Fähigkeiten beeinflussen das Spielergebnis" veranlassen „Zocker", trotz hoher Verluste weiterzuspielen und die Einsätze zu erhöhen.
● Das Motiv, verlorenes Geld zurückzugewinnen, kann schließlich zur treibenden Kraft werden und den Spieler über ständig wachsende Verpflichtungen, die in seinen Augen nur durch eine Fortführung des Glücksspiels zu begleichen sind, in den Ruin führen.
● Glücksspiele können sich darüber hinaus *unmittelbar* auf die *physiologische, emotionale* und *mentale Verfassung* des Spielers auswirken. Der Einsatz von Geld, das Eingehen von Risiken und die Hoffnung auf bzw. tatsächliche Gewinne vermitteln Stimulation und Erregung, Wohlbefinden und Euphoriegefühle, Machtphantasien und Erfolgserlebnisse. Die lustbetonte Auseinandersetzung mit dem Glücksspiel verdrängt problembehaftete Gedanken, baut Spannungen ab, mindert oder vermeidet depressive Stimmungen, Angst- und Minderwertigkeitsgefühle, Unlust und Langeweile.
● Die größte Wirkung erzielen Spielformen mit einer *raschen Spielabfolge* (wie Roulette oder Spielautomaten), die erst eine längerfristige Veränderung des inneren Zustandes gewährleistet.
● Aufkommende Mißstimmungen infolge von Verlusten sind nur von kurzer Dauer, wenn sofort das nächste Spiel beginnt.
● Inwieweit sich das Spiel um Geld auf das Erleben und Verhalten des Einzelnen auswirkt, hängt von den Eigenschaften der Person ab. Sie bestimmen

den Umgang mit dem Suchtmittel, das sehr unterschiedliche Funktionen erfüllen kann.

- Aus der Disposition und Entwicklung lassen sich Risikofaktoren ableiten, nach denen einige Spieler eher als andere gefährdet erscheinen, „spielsüchtig" zu werden. Bereits die Betrachtung des Glücksspiels als *Einnahmequelle,* das *Fehlen alternativer Stimulationsquellen* oder *vorübergehende schwierige Lebenssituationen* können jedoch Grundlage der Suchtentwicklung sein.

- Zu der Gruppe gefährdeter Personen gehören sowohl Menschen, die eher risikobereit sind, Reize suchen, um sich wohlzufühlen (Sensationslust) oder für ihre Lebenssituation eher äußere Kräfte und Einflüsse verantwortlich machen (externale Kontrollüberzeugung) als auch diejenigen mit impulsiven, dissozialen oder narzißtischen Persönlichkeitszügen. Ihren speziellen Bedürfnissen kommt das Spiel um Geld entgegen.

- Stehen keine adäquaten Bewältigungsstrategien für Streßsituationen wie Lebenskrisen, Partnerkonflikte und Mißerfolgserlebnisse zur Verfügung, steigt ebenfalls die Wahrscheinlichkeit, verstärkt zum Glücksspiel zu greifen, das Entlastung verspricht.

- Depressive, ängstliche oder kontaktgestörte Menschen können das Glücksspiel benutzen, um Depressionen zu lindern, Ängste abzubauen oder Kontaktproblemen auszuweichen.

- In einzelnen Fällen tritt ein exzessives Spielverhalten auch im Rahmen *psychiatrischer Krankheitsbilder* wie Psychosen auf.

- Schließlich liegen Hinweise auf physiologische Abnormitäten wie Störungen des noradrenergen oder serotinonergen Systems als potentielle individuelle Grundbedingungen vor.

- Wie sich auf der Basis individueller Eigenschaften (Anlage und Persönlichkeit, Motive und Bedürfnisse, Denkgewohnheiten und Erwartungen) und glücksspielspezifischer Wirkungen ein Suchtverhalten manifestieren kann, versuchen verschiedene theoretische Ansätze zu erklären, die in der Regel allerdings nur Teilaspekte erfassen.

- Die Entdeckung des *Belohnungssystems im Gehirn,* das mit seinen biochemischen Überträgersubstanzen Stimmungen und Verstimmungen reguliert, führte zu der Annahme, daß sich mit Hilfe des Glücksspiels die Ausschüttung körpereigener, drogenähnlicher Substanzen aktivieren läßt. Besonders Menschen, die unter Mißstimmungen leiden, sind demnach bestrebt, einen *Stimmungsumschwung* durch eine erhöhte Aktivierung dieses Systems herbeizuführen.

- Negative Empfindungen können auf einem verminderten oder übermäßigen Erregungsniveau beruhen. Der bei einigen Menschen chronische, aversive Zustand erhöht – nach einem anderen Erklärungsansatz – neben traumatischen Kindheitserfahrungen, die zu einem geringen Selbstwertgefühl geführt haben, die Suchtanfälligkeit. *Stimulation, Entspannung und Änderung des Identitätszustandes* kennzeichnen Bedürfnisse der Betroffenen, die sich u. a. durch die Teilnahme am Glücksspiel befriedigen lassen.

- Hohe wie niedrige Erregung können aber mit angenehmen wie mit unangenehmen Gefühlen verbunden sein. Dies hängt von motivationalen Zuständen ab: Ist der Mensch eher zielorientiert (kognitiver Prozeß) oder eher auf das momentane Verhalten und Erleben ausgerichtet (physiologischer Prozeß)? Vermutlich kann der Spieler während des Glücksspiel rasch zwischen den Zuständen hin- und herwechseln, so daß in einer Verlustphase (verbunden mit Anspannung, Angst) die Zielerwartung eines Gewinnes dominieren kann und nach dessen Realisierung die Umkehr zu einem gegenwartsbezogenen Ausleben der Situation erfolgt (die hohe, unangenehme Anspannung wird so in lustvolle Erregung umgewandelt).

- Dem Weiterspielen trotz hoher Verluste, dem pathologischen Spielverhalten liegen nach psychoanalytischen Hypothesen *frühkindliche Störungen,* insbesondere der Libidoentwicklung, und damit zusammenhängende unbewußte Motive zugrunde. Ungelöste, vor allem ödipale Konflikte verursachen demnach selbstzerstörerische Schuldgefühle, die als unbewußtes Strafbedürfnis zum Spielen motivieren: Der „Zocker" spielt, um zu verlieren. Aber auch neurotische Allmachtsphantasien, der Drang nach Besitz und Macht, die Abwehr gegen Depressionen, der Schutz vor Gefühlen von Minderwertigkeit und innerer Leere, die zu Verlusten „als nicht erwünschte Konsequenz" führen, dienen der Erklärung. Vielfach sind *narzißtische Persönlichkeitsstörungen* oder einzelne Symptome Ausgangspunkt psychoanalytischer Deutungsversuche.

- Diese nur-individuelle Betrachtungsweise vernachlässigt jedoch, daß der Spieler in einem *sozialen Gefüge* lebt, das mit seinen Bedingungen in mannigfaltiger Weise die individuelle Entwicklung beeinflußt.

- Der hohe Stellenwert des Geldes, die Akzeptanz und Verfügbarkeit des Glücksspiels in unserer Leistungs- und Konsumgesellschaft, die auf sofortige und apersonale Befriedigung von Bedürfnissen setzt und soziale Konfliktlagen (Arbeitslosigkeit, Ausgrenzung) schafft, sind hier ebenso als Einflußgrößen zu nennen, wie die „Griffnähe" *des Glücksspiels* im Familien- und Freundeskreis, familiäre Belastungen durch „broken home" Situationen und Suchterkrankungen sowie konfliktbeladene Partnerbeziehungen.

- Erkennbare Geschlechtsunterschiede – überwiegend beteiligen sich (noch) Männer an Glücksspielen (mit höherem Suchtpotential) und gleiten in die „Spielsucht" ab – lassen sich, wenn auch nur ansatzweise, durch eine größere Vereinbarkeit des „Zockens" mit der männlichen Geschlechtsrolle erklären.

- Die sozial-kognitive Lerntheorie bezieht einige der aufgezeigten Aspekte mit ein. Sie erklärt die Entstehung des pathologischen Glücksspiels durch die *Prinzipien der Belohnung und Bestrafung.*

  - Das Spielen wird gefördert (verstärkt) durch finanzielle Gewinne und die Vermittlung lustbetonter Gefühle und Erwartungen sowie den Abbau von Spannungen. Der gegenteilige Effekt von Verlusten (als bestrafende Konsequenz) ist begrenzt, und sie können sogar das Spielverhalten fördern, wenn irrationale Erwartungen das Spiel bestimmen.

- Erfährt der Spieler nach anfänglicher Einführung durch Freunde/Familienmitglieder (die als Modelle fungieren) die positive Wirkung des Glücksspiels, benutzt er es in Zukunft nur dann zunehmend häufiger, wenn ihm andere Quellen der Belohnung mit vergleichbarer Wirkung (wie beispielsweise eine sinnerfüllte Lebensführung) nicht zur Verfügung stehen.
- Durch das Glücksspiel verursachte unangenehme Gefühle werden aufgrund fehlender Alternativen durch Weiterspielen behoben.
- Es formt sich ein Zyklus, der durch gelernte kompensatorische Reaktionen des Organismus, die eine Erhöhung der Spielintensität erfordern, um die gleiche Wirkung zu erzielen (Toleranzerwerb), verstärkt wird.

- Eine starke Gefühls-, Verhaltens- und kognitive Anbindung an das Glücksspiel kann sich somit auf der Basis mehr oder weniger ausgeprägter individueller Prädisposition – bei gefährdeten, mitunter aber auch psychisch weitgehend unauffälligen Spielern – entwickeln, vermittelt über diverse psychosoziale Funktionen glücksspielspezifischer Wirkungen in sozialen Verhältnissen mit einem mehr oder minder hohen Stellenwert des Glücksspiels. Trotz der Vielschichtigkeit der ursächlichen Bedingungen ist – wie bei stoffgebundenen Abhängigkeiten – ein gemeinsamer Verlauf, die eigendynamische Suchtentwicklung (vgl. „Ist pathologisches Glücksspiel eine Suchtkrankheit?"), erkennbar.

5 Individuelle und soziale Folgen

Psychische Belastungen und Verschuldung

Das exzessive Glücksspiel belastet den pathologischen Spieler vor allem in den Lebensbereichen:

- finanzielle Situation,
- Partnerschaft/Familienleben,
- seelisches Wohlbefinden/Lebensfreude.

Die körperliche Gesundheit wird dagegen seltener als beeinträchtigt erlebt (Meyer, 1989 a, b).

> Körperliche Reaktionen bleiben mitunter jedoch nicht aus, da der Organismus eines „Zockers" ständig in Action ist, zwischen Erregung und Niedergeschlagenheit hin- und herpendelt, nur kurze Ruhephasen kennt und die „Ernährung" primär aus Koffein und Nikotin besteht. Über eine Reihe von – streßbezogenen – psychosomatischen Begleiterkrankungen berichten Lorenz und Yaffee (1986).

Die empfundenen Belastungen führen häufig zu *depressiven Verstimmungen,* in deren Rahmen es zu *Suizidgedanken* und *Suizidhandlungen bzw. -versuchen* kommt.

> Es läßt sich eine ähnlich hohe Suizidgefährdung von pathologischen Spielern feststellen wie allgemein bei Suchtkranken (Moran, 1970 d; McCormick et al., 1984; Ciarrocchi & Richardson, 1989; Meyer, 1989 a, b; Schwarz & Lindner, 1990; Frank, Lester & Wexler, 1991).

Sie sehen keinen Sinn mehr in ihrem Leben, wenn ihnen bewußt wird, daß ihre persönliche Existenz und familiäre Beziehungen sowie berufliche und soziale Bindungen zerstört sind.

Spieler berichten:

„Sonnabend hab' ich die Nacht durchgespielt und bis Sonntagabend hatte ich noch Geld. Dann war das Geld alle, und da wußte ich nicht mehr, was ich machen sollte. Ja, da hab' ich dann so 'ne halbe Stunde an der Alster gestanden, hab' schon, als das Geld alle war, angefangen, darüber nachzudenken, was machste jetzt und so, und da bin ich eben reingesprungen in die Alster. Hab' ich gedacht, jetzt bringste dich um, dann haste das wenigstens hinter dir. (. . .) Da war so 'n Vorsprung, so 'n Meter tief, da bin ich da einfach runtergesprungen. (. . .) Ich konnt' nicht mehr zu Hause anrufen, wollt' ich nicht' mehr. Ich wußte überhaupt nichts mehr und bin einfach reingesprungen."

„(. . .) Jetzt haste wieder 500 Mark verspielt, haste dich auch noch gestritten, hab' ich gedacht (. . .). Da war ich wieder leer, keine Lebenslust mehr gehabt. Da hab' ich 10 Autos abgewartet (. . .), und beim 12. bin ich davorgesprungen, es hatte keinen Sinn mehr, nichts mehr. Ich hab' 'ne gute Lebensversicherung, und meine Eltern, die sind dann abgesichert, die brauchen die Schulden nicht zu bezahlen. (. . .) Das Auto hat mich nur so'n bißchen gestriffen (. . .). Morgens bin ich schließlich im Krankenhaus aufgewacht."

- Der suchtbedingte Verlust an Selbstachtung,
- der Zusammenbruch des Wertesystems,
- die Zerschlagung von Lebensentwürfen,
- die soziale Isolierung,
- die hohe Verschuldung,
- die anstehenden Strafverfahren

können Wegbereiter der Suizidalität von Spielern sein. Dem süchtigen und suizidalen Verhalten können allerdings auch gemeinsame ätiologische Bedingungen zugrunde liegen.

Als vermeintlichen Problemlöser setzen Spieler mitunter auch den Alkohol ein. Dieser Tatsache verdankt die Gemeinschaft der „Gamblers Anonymous" ihre Gründung. Der Initiator hatte aufgrund glücksspielbedingter Probleme übermäßig Alkohol konsumiert. Er fand Hilfe bei den „Anonymen Alkoholikern", lebte alkoholabstinent – spielte jedoch weiter. Daraufhin gründete er nach einigen fehlgeschlagenen Versuchen, das Glücksspiel aufzugeben, im Jahr 1957 in den USA die „Anonymen Spieler" (Gamblers Anonymous, 1984a).

Mit dem verfügbaren Einkommen ist ein exzessives Spielverhalten auf Dauer in der Regel nicht finanzierbar. Schulden bei Kreditinstituten, Angehörigen und „Zockern" aus der Szene lassen sich für pathologische Spieler daher kaum vermeiden, auch wenn sie im Laufe der Spielerkarriere eine ausgesprochene Kreativität in der Erschließung von Geldquellen entwickeln (Abb. 5). Sie befinden sich schließlich stets auf der Suche nach neuen Quellen, wobei ihnen die relativ unkomplizierte und reichliche Kreditvergabe der Banken, Sparkassen und privaten Kreditvermittler zunächst entgegenkommt. Ein ständiges Hin- und Herschieben finanzieller Mittel zwischen den verschiedenen Gläubigern

Abb. 5. „Geldbeschaffung eines Spielsüchtigen"

Tabelle 5. Spielschulden von stationär behandelten Glücksspielern ($n = 57$) und Mitgliedern von Selbsthilfegruppen ($n = 427$). (Meyer, 1989 a, b; Schwarz & Lindner, 1990)

Höhe der Spielschulden in DM	Stationär behandelte Spieler		Spieler aus Selbsthilfegruppen	
	n	[%]	*n*	[%]
Keine Schulden	6	10,5	56	13,3
< 10 000	13	22,8	139	32,8
10 000 – 50 000	23	40,4	166	38,4
50 000 – 100 000	10	17,5	44	10,3
> 100 000	5	8,8	22	5,2

zögert zwar die Zahlungsunfähigkeit hinaus und sorgt immer wieder für Spielkapital, läßt aber die Spielschulden insgesamt steigen. Die Spielschulden von stationär behandelten Spielern und Mitgliedern aus Selbsthilfegruppen (Tabelle 5) lagen bei Behandlungsbeginn im Durchschnitt bei 36 700 DM bzw. 28 000 DM.

Die angespannte finanzielle Situation – wie auch das exzessive Spielverhalten – bleibt der Familie teilweise über Jahre hinweg verborgen. Wird das wahre Ausmaß der Verschuldung dann bekannt, bricht für die Angehörigen oftmals eine Welt zusammen. Der jahrelang gehegte, aber verdrängte Verdacht, daß „etwas nicht stimmt", findet jähe Bestätigung. Mißtrauen macht sich breit, wenn es nicht schon vorher das Familienleben bestimmt hat, denn die Lüge gehört zum Leben des pathologischen Spielers. Ein Familienklima der Verunsicherung, Selbstzweifel und Enttäuschungen begleitet die ständigen Ausreden zur Erklärung der häufigen Abwesenheit und finanziellen Engpässe. Außerordentlich belastend für die Familie wirken sich außerdem die zunehmende *emotionale Distanzierung* des Spielers, die totale Vereinnahmung durch das Glücksspiel sowie die suchtimmanenten Persönlichkeitsveränderungen aus.

Custer & Milt (1985) beschreiben drei Phasen, die Familienmitglieder (in der Regel die Ehefrauen) von pathologischen Spielern durchlaufen: Die *Verleugnungs-, Belastungs- und Erschöpfungsphase.*

- *In der Verleugnungsphase* nehmen die Angehörigen beispielsweise die häufige Abwesenheit des Spielers mit Besorgnis wahr und äußern Verdachtsmomente, geben sich aber mit verharmlosenden Rationalisierungen zufrieden. Vorhaltungen, kurzfristige Besserungen des Spielverhaltens und Rückfälle in die alten Verhaltensmuster wechseln sich ab.
- Eine außergewöhnliche Krisensituation leitet die *Belastungsphase* ein. Die familiären Probleme infolge des Glücksspiels lassen sich nicht länger verleugnen. Trotzdem glauben die Angehörigen weiter den Versprechungen des Spielers, werden sich aber letztlich ihrer Unfähigkeit bewußt, sein Verhalten zu beeinflussen. Schuldgefühle und Gefühle der Hoffnungslosigkeit kommen auf. Eltern glücksspielabhängiger Kinder bringen vor allem ihr ver-

meintliches Versagen in der Erziehung zum Ausdruck – Schuldgefühle, die die Spieler ausnutzen, um Geld für das Glücksspiel zu erhalten (Heineman, 1989).

● In der *Erschöpfungsphase* können sie schließlich den Belastungen nicht mehr standhalten. Ehefrauen unternehmen verzweifelte Befreiungsversuche, greifen zu Alkohol oder Beruhigungstabletten. Schlafstörungen verstärken sich. Depressionen, Suizidgedanken und psychosomatische Erkrankungen treten auf (Lorenz & Yaffee, 1988). Gestörte Sexualbeziehungen werden in dieser Phase besonders deutlich (Lorenz & Yaffee, 1989).

Hinweise auf ungünstige Auswirkungen des pathologischen Glücksspiels auf die Kinder, die mit Fortlaufen, Drogengebrauch, Depressionen und anderen psychosozialen Verhaltensstörungen reagieren, liegen ebenfalls vor (Custer & Milt, 1985; Jacobs, 1987).

Der Grad des inneren Zusammenhaltes in Familien von pathologischen Spielern ist entsprechend – wie bei Alkoholikern – geringer als in der Normalbevölkerung (Ciarrocchi & Hohmann, 1989). Scheidungen/Trennungen der Ehe-/Lebenspartner als Schlußstrich unter eine sich jahrelang entwickelnde emotionale Abwendung und familiäre Desintegration sind häufiger zu registrieren (Meyer, 1989 a, b).

Die Beschaffungskriminalität

Die *illegale Beschaffung finanzieller Mittel* für das Glücksspiel ist sowohl nach dem DSM-III-R als auch nach dem ICD-10 ein *charakteristisches Merkmal* pathologischen Glücksspiels. In Untersuchungen pathologischer Spieler, die Behandlungseinrichtungen aufgesucht haben, zeigt sich eine hohe Quote delinquenter Verhaltensweisen.

So haben sich 56% der ambulant behandelten (Füchtenschnieder, 1991) und 51%, 67% bzw. 72% der stationär behandelten Spieler (Schwarz & Lindner, 1990; Kellermann & Sostmann, 1992; Bellaire & Caspari, 1989) sowie 55% der Mitglieder von Selbsthilfegruppen (Meyer, 1989a, b) nach eigenen Angaben Geld zum Spielen durch strafbare Handlungen beschafft. Aus dem Rahmen – auch international – fällt dagegen das von Hand (1992) vorgelegte Ergebnis, daß weniger als 5% der ratsuchenden Spieler derartige delinquente Handlungen angaben. In Studien aus dem angelsächsischen Sprachraum variiert der Anteil zwischen 21% und 82%, je nachdem, ob die Daten auf Selbstdarstellungen (Custer & Custer, 1978; Lesieur, 1983; Brown, 1987c) oder objektiven Kriterien – mit entsprechend niedrigeren Prozentsätzen – wie Inhaftierungen (Ciarrocchi & Richardson, 1989) oder registrierten Vorstrafen (Greenberg & Rankin, 1982) beruhen.
Diese Daten dienen zahlreichen Wissenschaftlern als Basis für die Ableitung eines kausalen Zusammenhangs zwischen delinquenten Verhaltensweisen und pathologischem Glücksspiel (vgl. u. a. Rasch, 1962, 1992; Custer & Milt, 1985; Lesieur, 1979, 1987b; Blaszczynski, McConaghy & Frankova, 1989; Rosenthal & Lorenz, 1992).

Straftaten von Spielern lassen sich unter besonderer Berücksichtigung der Eigendynamik pathologischen Glücksspiels wie folgt erklären:

- Infolge der *Steigerung der Spielintensität* wächst der finanzielle Aufwand, und mit der Entwicklung pathologischen Spielverhaltens erfolgt eine zunehmende *Wahrnehmungseinengung* auf die Beschaffung von Geldmitteln zur weiteren Teilnahme am Glücksspiel.
- Wenn die eigenen Ressourcen und legalen Wege zur Erlangung finanzieller Mittel erschöpft sind und aufgrund der totalen Vereinnahmung durch das Glücksspiel das Ziel der Geldbeschaffung beibehalten wird, wird der Handlungsdruck so hoch, daß die betreffenden Spieler immer höhere *moralische Hemmschwellen* überschreiten und schließlich Straftaten begehen, um die benötigten Geldmittel zu erlangen.
- Das Überschreiten einer moralischen Hemmschwelle ist dabei kein punktuelles Ereignis, sondern Ergebnis eines länger andauernden Prozesses, in dem Handlungsalternativen immer wieder gedanklich durchgespielt und verworfen werden. Schon beim Ausleihen finanzieller Mittel im Verwandtschaft- und Bekanntenkreis unter vorgetäuschten Vorwänden werden moralische Hemmschwellen überschritten, wobei diese im weiteren Verlauf immer leichter zu überwinden sind.
- Wenn die moralische Hemmschwelle im Verlaufe der Spielerkarriere sinkt, so läßt sich dies als ein Prozeß der Verwahrlosung auf einen Habituationseffekt zurückführen. Im Anfangsstadium treten verinnerlichte Normen und Werte noch nicht völlig in den Hintergrund. So versuchen delinquente Spieler häufig, sich die Möglichkeit offenzuhalten, den angerichteten Schaden wiedergutzumachen.

Es handelt sich – ähnlich wie bei Drogenabhängigen – um eine Form *indirekter Beschaffungskriminalität,* die auf eine Zuspitzung des Widerspruchs zwischen den für die Teilnahme am Glücksspiel benötigten und den legal verfügbaren Geldmitteln der Spieler zurückgeführt werden kann. *Suchtbedingte Persönlichkeitsveränderungen* wie

- die Entdifferenzierung der Persönlichkeit,
- der Verlust sozialer Verantwortlichkeit,
- die Verringerung des Selbstwertgefühls und der Selbstachtung

begünstigen den Verlauf (Meyer & Fabian, 1988). Lesieur (1979) hat diese Entwicklung im Rahmen der wachsenden Verschuldung von Spielern beschrieben. Indem der Spieler Verlusten hinterherjagt, gerät er in ein geschlossenes System, das zunehmenden Druck auf ihn ausübt, dem er sich durch Straftaten zu entziehen versucht.

Empirische Daten belegen, daß Spieler, die Beschaffungsdelikte einräumen, im Vergleich zu denjenigen, die dies verneinen, signifikant häufiger und länger gespielt haben. Die Einsätze und Verluste waren höher, ebenso die Spielschulden. Sie zeigen eine ausgeprägtere Symptomatik pathologischen Glücksspiels, und das Glücksspiel diente ihnen eher als Flucht aus dem Alltag. Außerdem haben sie eher einen finanziellen Gewinn angestrebt und das Glücksspiel intensiver erlebt. Belastendere finanzielle und psychosoziale Folgeerscheinungen sind erkennbar (Meyer, 1989a, b).

> Das delinquente Verhalten von pathologischen Spielern ist außerdem typischerweise *nicht gewalttätig* (APA, 1980). In der Regel begehen Spieler massive Eigentumsdelikte aus den Bereichen Diebstahl, Betrug und Unterschlagung (Mergen, 1981; Lesieur, 1987b; Blaszczynski et al., 1989). Brown (1987c) hat das Deliktmuster der allgemeinen Bevölkerung in Großbritannien mit dem einer bei den „Gamblers Anonymous" gewonnenen Stichprobe verglichen und ein abgrenzbares Muster von Eigentumsdelikten festgestellt. Betrug, Fälschung, Unterschlagung und Diebstahl seien die Delikte von Spielern par excellence. Nach seinen klinischen Erfahrungen erfolgten bei pathologischen Spielern fast ausnahmslos keine weiteren strafrechtlichen Verurteilungen mehr, sobald sich das Spielverhalten geändert hatte.

Neben der Eigendynamik pathologischen Glücksspiels sind aber sicherlich noch weitere Faktoren im Bedingungsgefüge der Entstehung delinquenten Verhaltens wirksam, wie:

- Persönlichkeit des pathologischen Spielers,
- vorangehende und begleitende Sozialisationsbedingungen bzw. -störungen,
- delinquente Vorerfahrungen,
- Alter und sozialer Kontext bei Beginn der Spielerkarriere,
- Eigendynamik der Abhängigkeit von dem Milieu der Spielerszene,
- verstärkende oder abschwächende Einflüsse glücksspielpolitischer Kontrollstrategien und Praktiken (in Anlehnung an Kreuzer, 1987).

Das Alter sowie Merkmale der Persönlichkeit und des pathologischen Glücksspiels bezogen Meyer & Fabian (1992) in die Auswertung ihrer Daten mit Hilfe der Pfadanalyse ein, um Kausalbeziehungen mit dem delinquenten Verhalten zu hinterfragen. Die Ergebnisse bestätigen das vorgegebene hypothetische Kausalmodell: Eine ausgeprägte Symptomatik pathologischen Glücksspiels und die damit in engem Zusammenhang stehende Nichteinhaltung finanzieller Verpflichtungen stellen Prädiktoren der Delinquenz dar (Abb. 6 und 7). Die deutliche Wechselbeziehung zwischen der Symptomatik und dem Verpflichtungsmißbrauch (Korrelationen von .44 bzw. .46) läßt sich mit dem zunehmenden Verantwortungsverlust und sozialen Rückzug pathologischer Spieler erklären. Die Höhe der Spielschulden hat keinen direkten Einfluß auf die Delinquenz, sondern nur mittelbar über die Nichteinhaltung finanzieller Verpflichtungen, die ebenso wie die Delinquenz negativ mit dem Alter korreliert. Während direkte Zusammenhänge zwischen dem Persönlichkeitsmerkmal „Aggressivität" und Delinquenz erkennbar sind, trifft dies nicht für das Merkmal „emotionale Labilität" als eine der möglichen Ursachen pathologischen Glücksspiels zu. Unter bestimmten Bedingungen läßt sich demnach das delinquente Verhalten von Spielern primär auf ihr pathologisches Spielverhalten zurückführen, in anderen Fällen dürften der Delinquenz und dem pathologischen Glücksspiel gemeinsame Ursachen zugrunde liegen. Interessanterweise zeigt das Pfaddiagramm mit der „Aggressivität" als unabhängige Variable keinen direkten Zusammenhang zwischen der Dauer der exzessiven Spielphase und der Delinquenz auf, während unter Einbeziehung der Variable „emotionale Labilität" ein derartiges Verhältnis besteht. Vermutlich begehen Spieler mit ausgeprägteren aggressiven Persönlichkeitsanteilen bereits nach kurzen exzessiven Phasen oder vor Ausbildung der Symptomatik Straftaten, während sich der „wahre" pathologische Spieler erst in einem späteren Stadium seiner Spielerkarriere auf illegale Weise Geld beschafft.

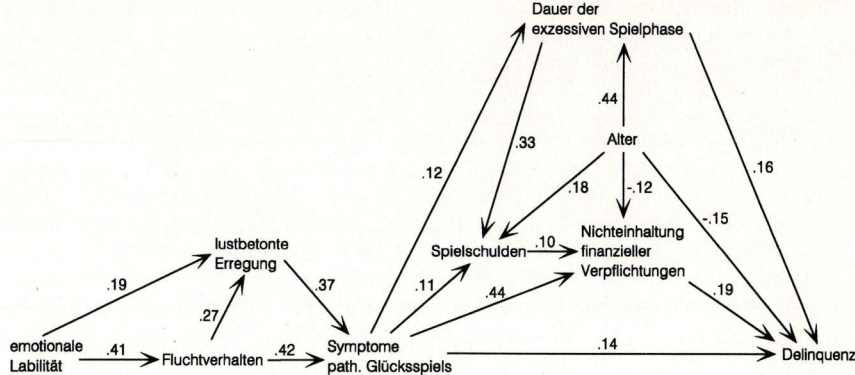

Abb. 6. Pfaddiagramm – Alter, Persönlichkeitsmerkmal „Emotionale Labilität", pathologisches Glücksspiel und Delinquenz

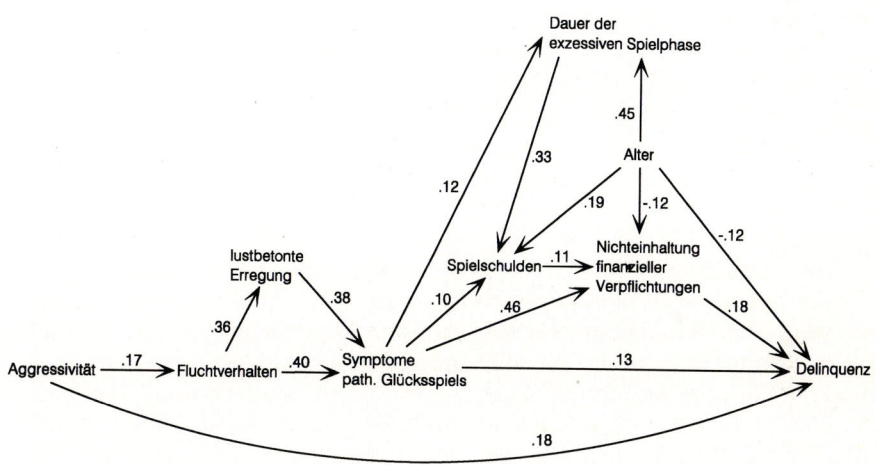

Abb. 7. Pfaddiagramm – Alter, Persönlichkeitsmerkmal „Aggressivität", pathologisches Glücksspiel und Delinquenz

Erhöhte Psychopathiewerte pathologischer Spieler (vgl. Kap. „Die Persönlichkeit") deuten ebenfalls auf eine Prädisposition hin, Straftaten zu begehen – unabhängig von dem Glücksspiel. Lesieur (1987 b) schließt aus diesen Daten sowie den Ergebnissen einer eigenen Untersuchung über Insassen aus Haftanstalten, nach denen 23,9% der als pathologische Spieler diagnostizierten Probanden ebenfalls den Kriterien des DSM-III für „antisoziale Persönlichkeitsstörungen" entsprachen, auf eine größere Überlappung zwischen Soziopathen und pathologischen Spielern.

In einer klinischen Studie von Blaszczynski et al. (1989) lag der Anteil von pathologischen Spielern (n = 109) mit einer „antisozialen Persönlichkeitsstörung" allerdings nur bei 14,6%. Spieler, die nur über glücksspielbezogene Delikte berichteten, zeigten einen signifikanten Anstieg antisozialer Eigenschaften nach der Adoleszenz. Die Autoren folgern daraus, daß zwar eine kleine Gruppe unter den pathologischen Spielern als „antisoziale Persönlichkeiten" klassifiziert werden kann, sich antisoziale Merkmale aber in der Mehrzahl der Fälle als Folge der „Spielsucht" entwickeln. Ähnlich Custer & Custer (1978), die nur 5 bis 7% ihrer Stichprobe (Mitglieder von „Gamblers Anonymous") als „criminal first and gamblers second" bezeichnen. In eine andere Richtung weist allerdings der Befund von Kröber (1991), daß von den ambulant und stationär behandelten Spielern (n = 27) zwar 64% straffällig geworden waren, davon jedoch nur 41% nach Beginn des exzessiven Spielens. Unter Hinzuziehung der forensischen Gutachtenfälle sank diese Quote sogar auf 29%.

Das Alter und der soziale Kontext spielen schon bei der Wahl des bevorzugten Glücksspiels eine Rolle. Während Geldspielgeräte in Spielhallen vorwiegend ein junges, einkommensschwaches Publikum mit niedrigerem Sozialstatus ansprechen, sind die Besucher der Spielbanken – im Vergleich – eher älter und kommen aus höheren sozioökonomischen Schichten (vgl. Kap. „Das soziale Umfeld des Spielers"). In der Delinquenzentwicklung und den Deliktmustern bestehen zwischen diesen beiden Gruppen Unterschiede.

Die Roulettespieler betrachten die illegal beschafften Mittel häufig als „vorübergehend geliehen". Sie träumen von einem großen Gewinn (der beim Roulette im Gegensatz zu Geldspielautomaten theoretisch realisierbar ist), mit dem sie den angerichteten Schaden wiedergutmachen wollen (Meyer, 1988). Ihre berufliche und soziale Situation bietet Gelegenheit zu „*halblegalen*" *Zwischenlösungen* wie Verkauf von persönlichem Eigentum und Kreditaufnahme sowie zu spezifischen Deliktmustern wie *Betrug* und *Unterschlagung*, die einen stufenweisen Abbau moralischer Hemmschwellen – wie oben beschrieben – erst ermöglichen.

Die jugendlichen Automatenspieler befinden sich dagegen im Einstiegsalter (in der Regel 16–20 Jahre) noch in der Phase der Persönlichkeits- und Sozialentwicklung – mit einer höheren Risiko- und Experimentierbereitschaft, stärkerer Orientierung an der Peer-Group und fehlender beruflicher, finanzieller und familiärer Absicherung (Kreuzer, 1987). Das Normen- und Wertesystem ist noch nicht voll ausgeprägt, was den Zugang zur illegalen Geldbeschaffung (bei jugendlichen Automatenspielern häufig über *Diebstähle*) erleichtert. Spielhallen haben sich inzwischen zu wichtigen Treffpunkten für junge Menschen – zu einer neuen Subkultur – herausgebildet. Über die räumliche Nähe zu harmlosen Unterhaltungsautomaten und die Bezugsgruppe der Gleichaltrigen werden die potentiellen Spieler an das Glücksspiel herangeführt. Wenn sie dann als Folge intensiven Glücksspiels unter finanziellen Druck geraten, sind sie empfänglich für „einfache" Problemlösungen, die ihnen Spieler aus der Szene anbieten, die bereits über delinquente Erfahrungen verfügen.

Die strafrechtliche Beurteilung

Illegale Handlungen, die mit einer psychischen Störung in Verbindung stehen, werfen die Frage nach der strafrechtlichen Beurteilung auf. Richter, Staatsanwälte, Strafverteidiger und forensische Gutachter sehen sich seit einigen Jahren zunehmend mit dieser Fragestellung konfrontiert, da immer häufiger Angeklagte ihre „Spielleidenschaft" oder „Spielsucht" als Motiv für begangene Straftaten angeben – dokumentiert auch durch die steigende Anzahl wissenschaftlicher Abhandlungen (Kröber, 1987; Weber, 1987; Jost 1988; Meyer, 1988; Müller & Laakmann, 1988; Meyer, Fabian & Wetzels, 1990; Hand, 1992; Rasch, 1992).

Wie ist deren Schuldfähigkeit zu beurteilen? Die §§ 20, 21 StGB definieren als schuldfähigkeitsausschließende bzw. -mindernde (psychische) Merkmale:

1. die krankhafte seelische Störung,
2. die tiefgreifende Bewußtseinsstörung,
3. den Schwachsinn und
4. die schwere andere seelische Abartigkeit.

Außerdem verlangt das Gesetz, daß bei Begehung der Tat infolge eines der Merkmale die Fähigkeit, das Unrecht der Tat einzusehen oder nach dieser Einsicht zu handeln, aufgehoben bzw. erheblich vermindert war.

Kriterien für eine schuldangemessene Beurteilung hat erstmalig im deutschsprachigen Raum Schumacher (1981) – in Anlehnung an Gieses (1962) Ausführungen zum süchtigen Sexualverhalten – herausgearbeitet. Er verweist zunächst auf *Parallelen zu stoffgebundenen Abhängigkeiten* und nennt fünf Merkmale, die auch bei nichtstoffgebundenen Formen (Spielleidenschaft, Fetischismen, Hörigkeiten) den Charakter einer Sucht begründen können:

1. Symptomcharakter des Verhaltens,
2. Wiederholungszwang,
3. Progredienz,
4. Entdifferenzierung der Persönlichkeit,
5. Auftreten von Entzugserscheinungen.

Unter forensischen Aspekten erscheint das Merkmal der Symptomwertigkeit, d.h., der Aufbau der Störung gleicht dem eines neurotischen Symptoms, von besonderem Gewicht. Die *Zwanghaftigkeit,* das „nicht-mehr-vom-Ich-beeinflußbare", die Eigengesetzlichkeit und Automatik, mit der das Geschehen abläuft, sowie die *Persönlichkeitsfremdheit* und *Abgespaltenheit* indizieren den Symptom- und damit den Suchtcharakter eines Verhaltens. Im ausgeprägten Falle sind die Freiräume des Handelns, die Fähigkeiten zum Widerstand und Entgegensteuern entsprechend eingeengt.

Folgende Merkmale erlauben nach Schumacher (1981) das Ausmaß der Einschränkung von Handlungsalternativen und damit der Schuldfähigkeit bei Glücksspielern abzuschätzen:

1. Es ist zu beurteilen, ob die inkriminierte (beschuldigte) Handlung vom Ich abgespalten oder hierin eingebunden ist (*Symptom- vs. Strukturcharakter des Verhaltens*). „Wenn z. B. das Spielen oder das Sich-unrechtmäßig-Geld-hierfür-Beschaffen Ausdruck einer allgemeinen Verwahrlosung ist, wenn sich – bezogen auf die Gesamtpersönlichkeit – die Handlungsweise als struktureingebunden und damit persönlichkeitstypisch darstellt, wird man nicht vom Symptomcharakter und damit auch nicht ohne weiteres von Steuerungsunfähigkeit oder -einschränkung sprechen können" (S. 370).
2. Weiterhin ist die *Unmittelbarkeit des Handelns* zu prüfen. Das innere Wägen, das „Wenn-und-aber-Denken", die Prüfung von Gefahr und Risiko, sind Zeichen einer ich-gesteuerten Handlungsweise. Das von Sucht und Zwanghaftigkeit bestimmte Verhalten läuft impulshaft, meist wider alle Vernunft und sofort ab.
3. Bei Beschaffungsdelikten besteht ein für die forensische Bewertung wichtiges Merkmal in der *Ausschließlichkeit der Geldverwertung*. Bei Abhängigen wird das Geld sofort und ausschließlich für die Betätigung der dranghaft angestrebten Handlung verwendet. Es fehlen alle sonstigen Bereicherungsmotive.

Unter Bezug auf den aufgezeigten typischen Verlauf der „kriminellen Karriere" pathologischer Glücksspieler ist außerdem auf die vorherige *Ausschöpfung der verfügbaren eigenen Ressourcen* und *legaler* sowie „*halblegaler*" *Möglichkeiten der Geldbeschaffung* hinzuweisen.

Hat das Glücksspiel für einen Betroffenen eine derartige Qualität angenommen, ist dem Verhalten nach Schumacher (1981) *Krankheitswert* zuzuerkennen. Gemäß der Definition der Vorschriften zur Schuldfähigkeit fällt das pathologische Glücksspiel unter den Rechtsbegriff „schwere andere seelische Abartigkeit", eine Kategorie, die im wesentlichen Neurosen, Persönlichkeitsstörungen und sexuelle Deviationen (sowie stoffgebundene Suchterkrankungen) umfaßt. Als Folge der psychopathologischen Entwicklung sind im allgemeinen ausschließlich Auswirkungen auf die Steuerungsfähigkeit anzunehmen – Fälle, in denen die Einsichtsfähigkeit betroffen war, sind bisher nicht bekannt geworden.

Während die American Psychiatric Association (1980) in der Version des DSM-III ähnlich wie Schumacher (1981) noch die antisoziale Persönlichkeit als Ausschlußkriterium für die Diagnose des pathologischen Glücksspielverhaltens anführte, entfällt dies in der revidierten Version (DSM-III-R). Empirische Untersuchungen zeigen, daß Merkmale des pathologischen Glücksspiels und der als antisoziale Persönlichkeit bezeichneten Verhaltensstörung bei Individuen gleichzeitig nachweisbar sind (Lesieur, 1987 b). Dies stimmt mit Forschungsergebnissen überein, nach denen die Diagnose „antisoziale Persönlichkeit" ein geeigneter Prädiktor für Suchtverhalten ist (Holden, 1988).
Die WHO spricht sich allerdings im Entwurf des ICD-10 für eine differentialdiagnostische Abgrenzung pathologischen Glücksspiels vom Glücksspiel soziopathischer Persönlichkeiten aus. Die Subgruppe der Spieler mit derartigem Störungsbild dürfte jedoch eher klein sein (vgl. Kap. „Die Beschaffungskriminalität").

Die Aufnahme des Ausschlußkriteriums „antisoziale Persönlichkeit" in den Kriterienkatalog des ICD-10 wurde möglicherweise durch das (idealtypische) Bild des beruflich erfolgreichen Spielers, der ein „Doppelleben" führt, bewirkt. Dieses Bild muß heute um das Bild des jugendlichen Automatenspielers, der aus problematischen familiären Verhältnissen stammt, bereits im frühen Alter Delikte begeht, arbeitslos ist und in den Spielhallen sein soziales Umfeld findet, erweitert werden. Ferner ist die zunehmende Verbreitung, aggressive Werbung und damit einhergehende Öffnung von Spielbanken für weniger vermögende Bevölkerungsschichten zu beachten. Es ist somit heute davon auszugehen, daß es kein einheitliches Persönlichkeitsbild des Spielers gibt und das pathologische Spielverhalten in unterschiedliche soziale Hintergründe eingebettet sein kann.

Entscheidend für die forensische Wertung dürfte also die *Zwanghaftigkeit der Delikthandlung sowie ihre Impulsivität und Ausrichtung auf das Spiel* sein, d. h. eine reduzierte oder sogar völlige Aufgehobenheit der Ich-Steuerung beim Vollzug der inkriminierten Handlung im Zusammenhang mit der psychischen Abhängigkeit. Die Diagnose „antisoziale Persönlichkeit" ist zwar nicht als Ausschlußkriterium für die Diagnose der Abhängigkeit vom Glücksspiel relevant, bei der forensischen Wertung ist jedoch darauf wieder Bezug zu nehmen. Nur in Ausnahmefällen werden bei gleichzeitigem Vorliegen der Diagnosen „pathologisches Glücksspiel" und „antisoziale Persönlichkeit" die infragestehenden Delikte als Beschaffungskriminalität mit entsprechenden Konsequenzen für die Beurteilung, ob die Voraussetzungen der §§ 20, 21 StGB vorliegen, zu bewerten sein. Allerdings ist in diesen Fällen zu prüfen, ob nicht eine Persönlichkeitsstörung vorliegt, die selbst eines der Merkmale der §§ 20, 21 StGB erfüllt.

Weiter ist vor allem bei Spielern, die auch schon vor ihrem pathologischen Spielverhalten durch illegale Handlungen auffällig wurden, eine *tatbedingende* gegenüber einer nur *tatbegleitenden Bedeutung* des exzessiven Glücksspiels zu unterscheiden. Entscheidend sind hier vor allem

- die motivationale Ausgangssituation vor Begehen der Tat,
- die prädeliktische Phase,
- die unmittelbare Planung der Tat,
- die zeitliche Nähe zum Spiel,
- die Geldverwertung.

Bei vorangeschrittener Suchtentwicklung ist allerdings zu berücksichtigen, daß meist das gesamte Alltagsleben auf die Sucht ausgerichtet ist und illegale Handlungen auch dann durch das Spiel motiviert sein können, wenn Teile des so erhaltenen Geldes zur Sicherung der Befriedigung primärer Bedürfnisse dienen, wie z. B. zum Kauf von Lebensmitteln.

Vorausgegangene Verurteilungen von Angeklagten stellen an sich noch kein Hindernis für die Bewertung von Delikten als abhängigkeitsbedingte Beschaffungsdelikte dar, da nicht selten – nach gutachterlichen Erfahrungen – auch diese bereits im Zusammenhang mit dem Spielverhalten standen und dieser Umstand entweder von den Tätern nicht dargelegt oder von den betreffenden Gerichten nicht berücksichtigt wurde.

Für eine Annahme verminderter Schuldfähigkeit bei pathologischem Glücksspiel ist nach einem Urteil des BGH (Strafverteidiger, 1989, S. 141) maßgebend, inwieweit das *gesamte Erscheinungsbild des Täters psychische Veränderungen der Persönlichkeit* aufweist, die, wenn sie nicht pathologisch bedingt sind, als schwere andere seelische Abartigkeit in ihrem Schweregrad den krankhaften seelischen Störungen gleichwertig sind. Anhaltspunkte können hier nach der Auffassung des BGH die im Hinblick auf Drogenabhängige entwickelten Kriterien der höchstrichterlichen Rechtsprechung bieten. Demnach sind die Voraussetzungen der §§ 20, 21 StGB nur ausnahmsweise gegeben, wenn beispielsweise die Drogensucht zu *schwersten Persönlichkeitsveränderungen* geführt hat oder aber der Täter bei Beschaffungsdelikten unter *starken Entzugserscheinungen* gelitten hat.

Wenn die Entzugssymptomatik bei einer psychischen Abhängigkeit (vom Glücksspiel) auch nicht so gravierend sein dürfte wie bei einer körperlichen Abhängigkeit, können die Symptome ebenfalls als starke Motivation fungieren, das Verhalten steuern und damit die Freiräume des Handelns einengen. Es sind gerade die *psychischen Entzugserscheinungen,* die auch stoffgebundene Abhängige immer wieder dazu bringen, erneut mit der Einnahme der Droge fortzufahren und mithin abhängig zu bleiben (Wanke & Täschner, 1985).

Rasch (1992) sieht in der Gewohnheitsbildung, dem Umbau der Lebensführung und dem Destruktiven sowie in der charakteristischen eindimensionalen Ausrichtung der Person auf das Glücksspiel die entscheidende psychopathologische Qualität dieser Symptomatik. Er nennt in einer dynamischen Betrachtung dieses Prozesses als relevante Kriterien für die Identifikation einer solchen Entwicklung als psychopathologisch

- ihre Progredienz,
- eine zentrale Stellung des Spielens in der Lebensführung,
- Verarmung in anderen Lebensbereichen,
- Stereotypisierung des Verhaltens,
- subjektives Gefühl des Gezwungenseins,
- Depravation,
- Häufung sozialer Konflikte,
- Verlust allgemeiner sozialer Kompetenz,
- Entzugserscheinungen,
- typisierende Umprägung.

Es handelt sich demnach um eine Entwicklung, im Laufe derer der Spieler sich aus der lebendigen Realität herausbegibt oder herausgetrtieben wird. Die steigende Bedeutung des Glücksspiels und die Zunahme des Glücksspielverhaltens ist unkreativ und bewirkt trotz des hohen energetischen Aufwandes nichts Produktives, sondern engt die Erlebnis- und Lebensmöglichkeiten des betroffenen Individuums ein.

Beurteilungskriterien für die Annahme von Persönlichkeitsveränderungen im Sinne eines Umbaus der Lebensführung können dabei in folgenden Dimensionen gefaßt werden:

- *Beschneidung/Verlust von Entwicklungsmöglichkeiten* als Bereich zentraler individueller Motive und Lebensziele (Zerstörung von Lebensentwürfen, Verlust langfristiger Perspektiven, Aufgabe von Zielen, berufliche Dequalifizierung und Entwicklungsstillstand);
- *Zerstörung der sozialen Person* als Bereich zentraler Umweltbeziehungen und sozialer Verankerung (generelle Verringerung sozialer Bezüge, Beeinträchtigung von Primärbeziehungen, Verringerung sozialer Verantwortlichkeit, Stereotypisierung sozialer Beziehungen in der Subkultur und Unverbindlichkeit in sozialer Interaktion) sowie
- *emotionale Befindlichkeit* als Bereich der Auswirkungen des Prozesses der Persönlichkeitsentdifferenzierung im Zuge einer „Spielerkarriere" auf das Gefühlsleben (Verlust von Selbstachtung, Verflachung von Gefühlsempfindungen und Antriebsverlust, Fabian & Wetzels, 1990).

Weitere Anhaltspunkte für die Krankheitswertigkeit stellen nach Saß & Wiegand (1990) das *Ausmaß der Kritikschwäche* und das *Zurücktreten hemmender Gegenvorstellungen im Motivationsgefüge* dar.

> Da sich die Diagnose in der Regel auf die Angaben des Angeklagten selbst stützen muß und sich nicht durch körperliche Befunde (wie bei stoffgebundenen Abhängigkeiten) sichern läßt, können im Zweifelsfall Aussagen von Spielbankbediensteten oder des Aufsichtspersonals der Stammspielhalle der Objektivierung zumindest der Spielintensität/-häufigkeit des Begutachteten dienen. Aussagekräftig sind auch die Besucherkarteien der Spielbanken, in denen die einzelnen Besuche der vergangenen Jahre registriert worden sind. Nur „gute" Kunden erhalten zudem eine Gäste- oder Ehrenkarte von der Spielbankdirektion.

Hierbei handelt es sich allerdings um Kriterien, die zunächst im Hinblick auf eine Behandlungsbedürftigkeit relevant sind, allein jedoch nicht als Kriterien für die Beantwortung forensischer Fragestellungen ausreichen. Bei der Schuldfähigkeitsbegutachtung ist die Diagnose „pathologisches Glücksspiel" durch psychosoziale Fehlentwicklungen im Rahmen eines oder mehrerer aus der Lebensbiographie und psychologischen Testverfahren ableitbarer Erklärungsansätze zu untermauern.

> Hier fließen die vielschichtigen Ursachen pathologischen Glücksspiels ein (vgl. Kap. „Zusammenfassung"), so daß eine derartige Diagnose als Grundlage forensischer Begutachtung – gegen die sich Kröber (1987) ausspricht – wie bei stoffgebundenen Abhängigkeiten in keiner Weise impliziert, den unterschiedlichen Kontext aus den Augen zu verlieren. Kritik an dem bereits von Meyer et al. (1990) dargestellten Vorgehen in der Begutachtung übt auch Hand (1992), dessen Anmerkungen aber auf einer simplifizierten Betrachtung und Wiedergabe basieren.

In diesem Zusammenhang stellt sich die auch bei anderen Störungen bedeutsame Frage des *Schweregrades der psychischen Beeinträchtigung.* Dabei ist unter Bezug auf die aufgezeigten Persönlichkeitsveränderungen infolge pathologischen Glücksspiels – neben der Feststellung vorangegangener Fehlentwicklungen – darauf einzugehen, inwieweit eine *krankheitswertige Störung* vorliegt. Ist eine Diagnose pathologischen Glücksspiels nach den Kriterien des

DSM-III-R gestellt und eine nachhaltige Veränderung der Gesamtpersönlichkeit zu erkennen – eine Zuordnung zur vierten Alternative des § 20 StGB somit gerechtfertigt –, ist die Frage nach den Auswirkungen des pathologischen Glücksspiels auf die *Steuerungsfähigkeit in der Tatsituation* zu stellen. Hier gilt es im Einzelfall die Dynamik eines Tatgeschehens im Detail zu rekonstruieren und zu ermitteln, wie die festgestellte Symptomatik in der konkreten Ausführung wirksam wurde. Wenn in der forensischen Wertung ein unmittelbarer Zusammenhang zwischen dem pathologischen Glücksspiel und den Taten festgestellt werden kann, so ist in der Regel davon auszugehen, daß die inkriminierten Delikthandlungen als indirekte Beschaffungskriminalität zu qualifizieren sind, deren Motivation durch die nicht mehr steuerbare Spielmotivation geleitet war. In diesen Fällen liegt eine erhebliche Einschränkung der Steuerungsfähigkeit vor.

Nur in seltenen Ausnahmefällen dürfte eine vollständige Aufhebung der Steuerungsfähigkeit gegeben sein. Dies wäre dann der Fall, wenn die Handlungsschritte nicht mehr sinnvoll aufeinander abgestimmt erfolgen, die Erinnerungsfähigkeit beeinträchtigt ist und der zeitliche Rahmen, d. h. die unmittelbare Nähe zur Spielhandlung, so eng ist, daß ein Entgegensteuern nicht mehr möglich ist.

Nach den Erfahrungen in der Begutachtung von mittlerweile über 60 Straftätern, die „Spielsucht" als Motiv für Straftaten anführten, folgten die Gerichte in ihrem Urteilsspruch überwiegend der gutachterlichen Beurteilung der Schuldfähigkeit, auch dann, wenn aus psychologischer Sicht das Vorliegen der Voraussetzung für die Annahme einer verminderten Schuldfähigkeit gemäß § 21 StGB als gegeben angesehen wurde (eine detaillierte Auswertung der Gutachtenfälle ist in Vorbereitung).

Falldarstellungen

Der Studienrat für Mathematik und das Roulette

Der zur Tatzeit 38jährige Herr R. war angeklagt, unter wahrheitswidrigen Angaben in zahlreichen Fällen Girokonten bei verschiedenen Banken und Sparkassen eröffnet und im Rahmen des eingeräumten Dispositionskredites belastet bzw. dieses versucht zu haben (Gesamtschaden: 110 000 DM). Wegen der gleichen Delikte wurde er bereits 1 Jahr zuvor 2mal zu Bewährungsstrafen verurteilt (vgl. Der Spiegel, 1993, 13, S. 101 – 110).

Herr R. war 7 Jahre alt, als sich seine Eltern trennten. Er wuchs mit seinem erheblich älteren Stiefbruder bei der Mutter auf, zu der eine enge Beziehung bestand, die jedoch als alleinerziehende, für den Unterhalt sorgende Frau übermäßig beansprucht wurde. Die familiäre Situation empfand er – überwiegend auf sich allein gestellt – als bedrückend und belastend. In den ersten Schuljahren zeigte er sehr gute Leistungen, war aktiv und vielseitig interessiert, fand aber nur oberflächliche Kontakte zu Gleichaltrigen. Zu einem Leistungsabfall und sozialen Auffälligkeiten wie die Entwendung kleinerer Geldbeträge, mit denen er sich die Anerkennung der Spielgefährten erkaufte, kam es im Alter von 13 Jahren. Nach dem Abgang von der Realschule und einer Lehre verfolgte er zielstrebig seine weitere berufliche Karriere, bis er schließlich das Studium der Mathematik und Biologie für das höhere Lehramt vorzeitig mit sehr gutem Examen abschloß und in den Schuldienst trat. Im letzten Studienjahr lernte Herr R. seine erste Frau kennen, die Ehe scheiterte nach 1 Jahr. Kurze Zeit später heiratete er erneut, da seine zweite Frau ein Kind erwartete.

Bereits im Kindesalter hatte Herr R. im Familienkreis Kontakt zum Spiel um Geld, das er äußerst lustvoll erlebte. Mit 18 Jahren begann eine ca. 6jährige intensivere Spielphase, in der er häufig „Skat", „17 und 4" und „Poker" im Freundeskreis um höhere Beträge spielte. 27jährig besuchte er zum ersten Mal eine Spielbank, die sich kurz zuvor in der Nähe seines Wohnortes etabliert hatte, und gewann. Innerhalb des ersten Jahres gewann er mit steigenden Einsätzen ca. 100 000 DM, die er zur Hälfte anlegte und zusammen mit seiner ersten Ehefrau für Konsumgüter ausgab. Der „Glückssträhne" folgten Verluste – nach einem halben Jahr war das finanzielle Polster aufgezehrt. Es entwickelte sich ein fast schon idealtypisches Erscheinungsbild pathologischen Glücksspiels. Mit „Gewalt" und „in äußerster Hektik" wollte er am Ende nur noch gewinnen. In einer Art „Fieberrausch" und „Trance" verfolgte er den Lauf der Kugel. Nach dem Verlust höherer Beträge lief er „verkniffen und hysterisch" durch das Kasino und versuchte, sich aus dieser „depressiven Phase" herauszuspielen. Die Zeit ohne Geld zu überbrücken, erlebte er als „größte Katastrophe aller Zeiten" („wenn man also wirklich in Brand ist und braucht Geld und will Geld haben, dann läuft man wirklich wie 'n angeschossenes Reh da 'rum"). Herr R. erhielt „Ehrenkarten" verschiedener Spielbanken und häufte Spielschulden in Höhe von 400 000 DM an. Noch heute ist er davon überzeugt, daß er gewonnen hätte, wenn er sich strikt an seine eigenen Vorsätze und Regeln gehalten hätte:

> „Es war vorher alles klar, es war alles durchdacht, und du bist da so durchdacht hingefahren. Und das wäre auch so gekommen, da hättest du auch die Erfolge gehabt. Warum machst du es denn nicht so? Warum wechselst du die Zahlen? Warum spielst du am anderen Tisch? Selbstvorwürfe, irgendwo! Und wenn man das so gesehen hat, daß das, was man sich vorgenommen hat, im Grundprinzip eingetroffen ist – man hätte zumindest gewonnen".

Das Glücksspiel unterstützte und verstärkte das Bestreben von Herrn R., Konflikte zu verdrängen, emotionale Beziehungen zu vermeiden und eigene Gefühle abzuspalten. Durch das Spiel war er emotional nicht mehr von anderen Menschen, sondern vom – offensichtlich weniger bedrohlich erlebten – Zufall abhängig, den er durch magisches Denken zu kontrollieren versuchte. Beziehungsstörungen stellen einen Mosaikstein des Bedingungsgefüges dar, familiäre Belastungen, Schuldgefühle, Identitätsprobleme und vor allem die Eigendynamik der Entwicklung (u. a. die „Aufholjagd" bei wachsenden Verpflichtungen und deutliche suchtbedingte Persönlichkeitsveränderungen) liefern weitere Erklärungsansätze für das pathologische Spielverhalten.

Als alle legalen Wege zur Finanzierung des Glücksspiels erschöpft waren, eröffnete Herr R. mit wachsendem Radius um seinen Wohnort unter Vorlage seiner Gehaltsabrechnung und dem Hinweis, er werde an das Gymnasium des Ortes versetzt, insgesamt über 100 Girokonten. Die erhaltenen Euroschecks, die Scheckkarte sowie den jeweils eingeräumten Dispositionskredit nutzte er voll aus. Das Geld wanderte umgehend und fast ausschließlich in die Spielbank oder wurde zur Umschichtung der Schulden verwandt. „Völlig unerwartet" wurde der nicht vorbestrafte Herr R. dann nach einer fast 10jährigen Spielerkarriere von einer der Banken wegen Kreditbetruges angezeigt. Obwohl durch diesen „Warnschuß" aufgerüttelt, änderte er sein Verhalten nicht:

> „Das war mit rationalen Gründen eigentlich nicht zu erklären. Eigentlich von meinem Intellekt her muß ich sagen, oder vom logischen Standpunkt her als Mathematiker, hätte man kühl, nüchtern sagen und sehen müssen: Hier ist der Punkt erreicht, das geht so nicht weiter. Aber er war einfach nicht da!"

Herr R. hoffte auf den „großen Gewinn", mit dem er das Geld zurückzahlen wollte. Hemmende Gegenvorstellungen wurden in den Hintergrund gedrängt, selbstkritische Beurteilungen des eigenen Handelns durch den „inneren Zwang" nach dem Glücksspiel überlagert:

> „Ich soll Kreditbetrug begangen haben! Das hat meine Anwältin mir auch immer vorgehalten, daß ich das nie erkannt oder gesehen hab'. Eigentlich hätte ich das erkennen müssen, ich hab's nicht erkannt (. . .) Ich bin aber nicht kriminell, nicht von meiner Motivation, von meiner Absicht her (. . .) Ich wollte das Geld ja zurückzahlen – nach dem Coup."

Unter Anwendung des § 21 StGB verurteilte das Gericht Herrn R. zu einer Haftstrafe von 1 Jahr und 6 Monate, die auf 4 Jahre zur Bewährung ausgesetzt wurde. Als Auflage nahm das Gericht in das Urteil mit auf, daß Herr R. eine bereits begonnene ambulante Gruppentherapie sowie eine in Aussicht genommene stationäre Behandlung nicht ohne Zustimmung der Therapeuten abbrechen darf.

Die Flucht in die Spielhalle

Herr M., der zur Zeit der Begutachtung 43 Jahre alt war, hatte Unterschlagungen bei seinem Arbeitgeber in Höhe von ca. 110 000 DM begangen. Er war zum ersten Mal strafrechtlich in Erscheinung getreten.

Als Nachkömmling einer Familie mit 7 Kindern lebte Herr M. in geordneten familiären Verhältnissen. Kindheitserinnerungen sind allerdings von dem Bild einer überforderten, allein-in-sich-hinein-weinenden Mutter geprägt. Angesichts der erlebten kindlichen Hilflosigkeit und Ohnmacht und eines familiären Milieus, in dem es „nicht üblich war, eigene Sorgen und Nöte zu thematisieren", begann er schon sehr früh, seine Probleme zu verdrängen und anderen gegenüber in die Rolle des starken Optimisten zu schlüpfen. Im Alter von

24 Jahren heiratete Herr M., der inzwischen als gelernter Kaufmann arbeitete, 6 Jahre später wurde eine Tochter geboren. Wachsende Unzufriedenheit in der Ehe wagte er nicht offen anzusprechen, weil sie seinen Idealvorstellungen von einer „harmonischen und glücklichen Familie" diametral entgegenstanden. Schließlich zog er unter erheblichen Gewissenskonflikten und Schuldgefühlen aus der gemeinsamen Wohnung aus. In dieser für ihn äußerst konflikthaften, ambivalenten Situation spielte er erstmals an Geldspielautomaten. Die Angespanntheit ließ sich durch das Glücksspiel an den Automaten lindern. Er spielte immer häufiger, wobei sich die Tatsache, daß er anfänglich „viel Glück" hatte, verstärkend auswirkte. Herr M. lernte dann seine zweite Ehefrau kennen, ein „Gefühl der Zerrissenheit" blieb („ich habe immer in diesem Spannungsverhältnis gelebt, und da hat mir die Spielerei die Ruhe gegeben und mich vergessen lassen . . ."). Er verlor zunehmend die Kontrolle über sein Spielverhalten, lieh sich „wahllos" Geld, nahm größere Kredite auf, vernachlässigte die berufliche Tätigkeit (im Außendienst) und erhielt die Kündigung. Nach familiären Auseinandersetzungen schloß er sich einer Selbsthilfegruppe an, begab sich in ambulante Behandlung bei einem „Nervenarzt" – ohne längerfristige Erfolge. Auch die zweite Ehe wurde geschieden. Herr M. besuchte fast täglich seine „Stammspielhalle" und bediente bis zu 12 Automaten gleichzeitig. Vor der Kriminalpolizei bestätigte eine Spielhallenaufsicht, daß Herr M. dort viel Geld verloren habe. Immer dann, wenn sein Geld zu Ende gegangen sei, habe er sie angesprochen und sich weitere Beträge zum Spielen ausgeliehen.

Nachdem Herr M. das Gehalt einer neuen Arbeitsstelle restlos verspielt hatte, beging er erste Unterschlagungen, die sich in der Folgezeit aufsummierten. Eine realistische Risikoabwägung fand nicht statt. Die Delikte mußten über kurz oder lang auf ihn zurückfallen. Bis zur Aufdeckung hegte er die irrationale Hoffnung, die Beträge zurückzahlen zu können, indem er Lotto spielte.

Das pathologische Spielverhalten von Herrn M. entwickelte sich vor dem Hintergrund ehelicher Spannungen, die er aufgrund seines Harmoniestrebens und der Unfähigkeit, Konflikte offen auszutragen, nicht adäquat bewältigen konnte. Statt sich konstruktiv mit negativen Lebensaspekten auseinanderzusetzen, flüchtete er in die Spielhalle. Die glücksspielbedingten, stetig anwachsenden Probleme haben dann ihrerseits dazu beigetragen, das Spielverhalten zu verstärken und zu verfestigen. Für eine süchtige Persönlichkeitsentwicklung sprachen die zunehmenden Konflikte, soziale Ausgliederung und berufliche Dequalifizierung (nach gesicherter Existenz verlor er mehrfach wegen des Spielens die Arbeitsstelle), Zerstörung des Lebensentwurfes von einer „glücklichen Familie", der Verlust an Selbstachtung, die Verflachung der Gefühlsempfindungen sowie die eingeengte Lebensführung.

In dem Urteil ging das Gericht von einer erheblichen Verminderung der Schuldfähigkeit aus und verurteilte Herrn M. – unter Berücksichtigung einer laufenden psychotherapeutischen Behandlung – zu einer Bewährungsstrafe.

Alkohol und Geldspielautomaten

Dem mehrfach vorbestraften 33jährigen Herrn S. wurde von der Staatsanwaltschaft vorgeworfen, mehrere Videorecorder entwendet zu haben. In der ersten Instanz war er zu einer 10monatigen Freiheitsstrafe ohne Bewährung verurteilt worden, wobei das Gericht (auch ohne Begutachtung) von einer verminderten Schuldfähigkeit ausgegangen war.

Wie sich in der Exploration herausstellte, hatte Herr S. schon sehr früh Geldspielautomaten ausprobiert, als er seine Eltern auf „Kneipentouren" begleitete und sie ihm Geld zum Spielen gaben, um ihn zu beschäftigen und abzulenken. Mit etwa 15 Jahren traf er sich häufiger mit seiner „Peer-Group" in einer „Pommesbude", in der sie gemeinsam Alkohol konsumierten und an Automaten spielten. Die notwendigen finanziellen Mittel organisierte er zunächst im familiären Umfeld, wenig später beging er auch Gelddiebstähle. Das weitere Leben wurde entscheidend durch die sich entwickelnden Abhängigkeiten vom Alkohol und vom Glücksspiel bestimmt. Phasenweise griff er auch zu illegalen Drogen. Drogenkonsum und Automatenspiele vertragen sich aber nicht: „Dieses totale Zumachen (. . .) das ging überhaupt nicht (. . .), ich mußte mich ja auf Automaten konzentrieren". Während des Spielens trank er deshalb auch nicht. Eine Lehre als Altenpfleger mußte er nach einem Diebstahl abbrechen. In den ersten Verurteilungen wurde sein „extremes Spielverhalten" zwar thematisiert, ohne daß jedoch notwendige Konsequenzen in Form therapeutischer Maßnahmen gezogen wurden. Wohl ließ sich Herr S. später auf mehrere Alkoholentzugsbehandlungen ein und schloß sich einer Spieler-Selbsthilfegruppe an, vor einer grundlegenden Änderung seines Suchtverhaltens wich er aber aus.

Herr S. stammte aus ungünstigen Familienverhältnissen. Der Vater neigte zu hohem Alkoholkonsum (und verlor viel Geld beim Kartenspielen), die Mutter zeichnete sich durch einen ambivalenten Erziehungsstil aus (Prügelstrafen und Überprotektion). Die Eltern lebten in ständigem Streit und trennten sich, als Herr S. 13 Jahre alt war. Wegen epileptischer Anfälle und immer wieder auftretenden Magengeschwüren wurde er jahrelang behandelt. In der Schulklasse war er der Außenseiter und bisweilen sogar der Prügelknabe.

Emotionale Labilität, Unsicherheit, Ängstlichkeit und Introvertiertheit kennzeichneten seine Persönlichkeit. Anerkennung und Aufmerksamkeit erfuhr er erstmals in der „Peer-Group", auch vermittelt über den Alkohol und das Glücksspiel. Ihre psychotropen Wirkungen trafen auf den „idealen" Nährboden einer (polyvalenten) Suchterkrankung.

Zur Zeit der Taten lebte Herr S. mit seiner medikamentenabhängigen Ehefrau, die er während einer Entziehungskur kennengelernt hatte, und der gemeinsamen Tochter von der Sozialhilfe. Die Eheleute tolerierten das Suchtverhalten des Partners, gingen gemeinsam zum Spielen, obwohl es infolge der finanziellen Engpässe häufig zu Auseinandersetzungen kam. Um Geld zu beschaffen, entwendete Herr S. – nachdem er sich jeweils Mut angetrunken hatte – nach und nach mehrere Videorecorder aus verschiedenen Supermärkten. Der Erlös wanderte größtenteils umgehend in die Automaten. Obwohl er zwischendurch von der Polizei vernommen worden war, fuhr er mit den Diebstählen fort: „Irgendwie war das Spielen wichtiger in dem Moment als das Erwischtwerden".

Das Gericht verwarf die Berufung. Der § 21 StGB kam zwar zur Anwendung, eine Strafaussetzung zur Bewährung erfolgte jedoch nicht. Als Begründung führte die Strafkammer an, daß Herr S. zur Tatzeit unter 4facher Bewährungspflicht stand und wieder einschlägig straffällig geworden war. Obwohl das Bewährungsversagen auf das exzessive Verlangen nach dem Glücksspiel zurückgeführt wurde, erschien eine in Aussicht gestellte Behandlung für eine günstige Sozialprognose nicht ausreichend, da mehrfache Versuche von Herrn S., durch Therapien und Gesprächsgruppen seine „Spielleidenschaft" in den Griff zu bekommen, gescheitert waren.

Die Kosten für die Allgemeinheit

Schätzungen der volkswirtschaftlichen Kosten des pathologischen Glücksspiels gibt es für die Bundesrepublik Deutschland bislang nicht. Zweifellos stehen den Einnahmen aus Glücksspielen aber *nicht unerhebliche Aufwendungen* für ambulante und stationäre Behandlungsmaßnahmen gegenüber. Kostenbelastungen entstehen weiterhin durch die Beschaffungskriminalität, Strafverfahren und den Strafvollzug, durch den Ausfall an Arbeitsleistungen, durch notwendige Hilfen zum Lebensunterhalt der Betroffenen sowie durch Forschungsförderung und präventive Maßnahmen. Wahrscheinlich reagiert der Staat erst dann auf die selbstbestimmte Expansionswelle mit restriktiven Regelungen, wenn derartige Kostenrechnungen auf dem Tisch liegen und das Glücksspiel den „Goldflöz-Charakter" verloren hat.

Für die USA legten Politzer, Morrow & Leavey (1981) eine Kostenschätzung vor, nach der allein durch den Produktivitätsausfall, die Strafverfolgung und Inhaftierung sowie die mißbräuchliche Verwendung des Geldes bei vermuteten 1,1 Mio. pathologischen Spielern jährliche Gesamtkosten (bezogen auf das Jahr 1975) in Höhe von mehr als 28 Mrd. Dollar anfallen. Die Autoren differenzierten dabei zwischen einem pathologischen Spieler, der sich in der Verzweiflungsphase befindet, und einem durchschnittlichen „Spielsüchtigen" in der Mitte der Verlustphase, die – sofern keine Behandlung erfolgt – eine gesellschaftliche Kostenbelastung in Höhe von 61 000 bzw. 25 000 Dollar pro Jahr und Person verursachen. In 1988 lag die errechnete Belastung bereits bei 80 Mrd. Dollar, unter Zugrundelegung von durchschnittlichen Kosten in Höhe von 30 000 Dollar pro Spieler und Jahr sowie vorsichtig geschätzten 1,5% oder 2,7 Mio. pathologischen Spielern (Politzer, Yesalis & Hudak, 1992).

6 Die Behandlung des pathologischen Glücksspiels

Therapiestudien

In der wissenschaftlichen Literatur findet sich inzwischen eine Reihe von Studien über Behandlungsformen und -ergebnisse pathologischen Glücksspiels. Waren es anfänglich überwiegend Einzelfalldarstellungen (häufig ohne Nachuntersuchungen), liegen mittlerweile Therapiestudien mit höheren Fallzahlen vor, die durch Katamnesen evaluiert worden sind. Die verschiedenen Behandlungsansätze sollen zunächst in einem Überblick dargestellt werden (Tabelle 6), bevor wir ausführlich auf Therapiekonzepte eingehen, die auf dem Suchtmodell basieren.

Bis in die 60er Jahre hinein wurden pathologische Spieler fast ausschließlich mittels *psychoanalytisch orientierter Therapien* behandelt (u. a. Matussek, 1953; Fink, 1961; Harris, 1964). Ihre Wirksamkeit überprüfte lediglich Bergler (1958) – allerdings ohne hinreichende Dokumentation. Er berichtet über eine erfolgreiche Behandlung bei den in der Therapie verbleibenden Spielern, wobei er zwischen der erfolgreichen Aufarbeitung der neurotischen Entwicklung und der Beendigung des Symptomverhaltens unterscheidet. Sind intrapsychische Konflikte bewußt gemacht und die Ursachen der Krankheitsentwicklung aufgearbeitet, erlischt die Spielsymptomatik nach den Vorstellungen der Psychoanalyse quasi automatisch – das Spielen selbst wird nur oberflächlich in die Behandlung einbezogen.

Im Mittelpunkt *verhaltenstherapeutischer Techniken* stand zunächst die *Aversionstherapie,* deren Wirkung darauf beruht, daß Verhaltensweisen seltener auftreten, wenn sie mit *negativen Reizen* gekoppelt werden und somit selbst negative Gefühle auslösen (beispielsweise schmerzhafte elektrische Reize während des Spielens). Nicht zuletzt aufgrund der insgesamt unbefriedigenden Ergebnisse – auch nach Ergänzung durch zusätzliche stützende Maßnahmen – kommen derartige Techniken heute kaum noch zur Anwendung. Als effektiver erwies sich in Therapie-Vergleichsstudien (McConaghy, Armstrong, Blaszczynski & Allcock, 1983; McConaghy, Blaszczynski & Frankova, 1991) die *imaginäre Desensibilisierung,* bei der sich die Spieler lustbetonte Reize des Glücksspiels vorstellen sollen, die dann mit gegenläufigen Vorstellungen beispielsweise von Langeweile verknüpft werden.

Der Einsatz von *Selbstkontrolltechniken* soll die Spieler befähigen, das Spielverhalten nach ihrer Wahl zu stoppen oder zu kontrollieren. Das Vorgehen beinhaltet vor allem die Kontrolle der finanziellen Mittel durch eine nahestehende Bezugsperson oder entsprechende Verträge „mit dem Therapeuten" sowie den Aufbau alternativer Verhaltensweisen zum Glücksspiel.

Tabelle 6. Behandlungsformen pathologischen Glücksspiels und Behandlungsergebnisse

Behandlungsform	Anzahl der behandelten Spieler n	Anzahl der nachbefragten Spieler	Behandlungsergebnis[a]		Autor
			n	Erfolgskriterium	
Psychoanalyse	60	45	30	Heilung	Bergler, 1958
			15	Symptomfreiheit	
Verhaltenstherapie					
– Aversionstherapie	26[b]	26	7	Abstinenz	Barker & Miller; Goorney, 1968; Koller, 1972; McConaghy et al., 1983
			5	kontrolliertes Spiel	
– und unterstützende Therapie	16	10	5	Abstinenz	Seager, 1970
			3	Besserung	
– Imaginäre Desensibilisierung	60	33	10	Abstinenz	McConaghy et al., 1991
			16	kontrolliertes Spiel	
– Selbstkontrolltechniken	28[b]	28	6	Kontrolliertes Spiel mit periodischen Rückfällen	Dickerson & Weeks, 1979; Rankin, 1982; Greenberg & Rankin, 1982
			8		
– Systemisch-strategische Verhaltenstherapie	112	79	52	Besserung im Symptomverhalten/ in anderen Lebensbereichen, davon ca. 50% spielabstinent	Klepsch et al., 1989
Kognitive Therapie					
– Rational Emotive Therapie	1	1	1	Abstinenz	Bannister, 1977
– Kognitive Verhaltenstherapie	2[b]	2	2	Besserung	Toneatto & Sobell, 1990; Sharpe & Tarrier, 1992
Paartherapie	9	8	5	Abstinenz	Boyd & Bolen, 1970
			3	Besserung	
– und Selbsthilfegruppe	20	10	9	Abstinenz	Tepperman, 1985

[a] Die Katamnesezeitpunkte variieren und liegen in der Regel zwischen 6 Monaten und 2 Jahren.

[b] Gesamtzahl der verschiedenen Studien.

Tabelle 6. (Fortsetzung)

Behandlungsform	Anzahl der behandelten Spieler n	Anzahl der nachbefragten Spieler	Behandlungsergebnis[a]		Autor
			n	Erfolgskriterium	
Medizinische Therapie					
– Lithium	3	2	2	Besserung	Moskowitz, 1980
– Clomipramine	1	1	1	Besserung	Hollander et al., 1992
Stationäre Suchttherapie (Kombination verschiedener Behandlungsformen)	124	60	33	Abstinenz	Russo et al., 1984
			13	Reduktion/periodische Abstinenz	
	66	57	32	Abstinenz	Taber et al., 1987
	119	72	46	Abstinenz	Lesieur & Blume, 1991 b
Selbsthilfegruppe	137	17	10	Abstinenz	Stewart & Brown, 1988

[a] Siehe S. 97.

Die Verwendung eines Ratgebers zur Selbsthilfe (Dickerson, Hinchy & Legg England, 1990) konnte lediglich eine Kurzzeitreduktion des Spielverhaltens bewirken.

Während die bisher skizzierten verhaltenstherapeutischen Verfahren individuelle und umweltbezogene Funktionalitäten des exzessiven Spielverhaltens weitgehend aus der Therapie ausklammern, besteht die Hauptaufgabe der *systemisch-strategischen Verhaltenstherapie* gerade in der Aufdeckung der auslösenden und *aufrechterhaltenden Bedingungen und Funktionen.* Wesentliche Therapieinhalte sind nach Klepsch et al. (1989):

- Aufdecken der nichtbewußten Spielintentionen unter Einbeziehung der persönlichen und beruflichen Lebensführung, individuelle Analyse und Therapie der Paarbeziehungen, Förderung sozialer Kompetenzen,
- Erlernen von Verarbeitungsmechanismen für private und berufliche Verlustsituationen,
- erneute Analyse nach Rückfällen (vgl. auch Schwickerath & Engelhardt, 1991).

Die Autoren verweisen auf eine Besserung im Symptomverhalten sowie in anderen Lebensbereichen bei 46,4% (bezogen auf die Gesamtgruppe) bzw. 65,8% (bezogen auf die nachbefragten Spieler) der Patienten. Sie schränken die Anwendung ihrer Methode allerdings auf Spieler ein, die noch keinen „sozio-ökonomischen Suizid" durch hohe Verschuldung begangen haben. Möglicherweise profitieren Spieler mit einem zwar problematischen, aber noch nicht süchtigen Spielverhalten eher von einem derartigen Therapieansatz, der auf ein ausdrückliches Abstinenzgebot verzichtet und die Ursachen des Spielens aufarbeitet (Kritik äußern u. a. Thomas, 1989a; Horodecki, 1992).

Kognitive Therapien versuchen, die Gedankenmuster und Glaubenssätze von Spielern zu modifizieren, die Entscheidungsfreiheit und Selbstverantwortung zu stärken, um sie zu befähigen, das Spielverhalten zu begrenzen oder einzustellen. Den irrationalen Kontrollüberzeugungen werden beispielsweise die Realitäten des Glücksspiels gegenübergestellt oder Coping-Strategien zur Rechtfertigung einer weiteren Teilnahme aufgezeigt (vgl. Harris, 1989; Walker, 1992). Bisher liegen lediglich Einzelfallstudien vor, wenngleich auch andere Behandlungsformen kognitive Lernprozesse vermitteln.

Auf gestörte Partnerbeziehungen als Begleit- oder ursächliches Problem ist die *Paartherapie* ausgerichtet, mit dem Ziel,

- das Mißtrauen des Partners abzubauen und ihm unterstützende Maßnahmen zu übertragen,
- die Kommunikation zu verbessern,
- die Funktionen des Spielens in der Ehe aufzuzeigen (vgl. Pokorny, 1970).

Vereinzelt erfolgte eine *medikamentöse Behandlung* von Spielern mit Lithium, das eine antriebssenkende Wirkung hat, sowie mit Clomipramine, das die Wirkung von Serotonin blockiert. Casson (1968) berichtet kritisch von einer gerichtlich verfügten Leukotomie (gehirnchirurgischer Eingriff) bei einem Spieler, der durch Diebstähle aufgefallen war.

Die ambulante und stationäre Suchttherapie integriert Elemente der verschiedenen Methoden, allerdings in einer eher eklektischen Weise – unter weitgehender Vernachlässigung der theoretischen Grundannahmen. Die jeweiligen Vorteile werden ebenso genutzt wie die Erfahrungen aus der Behandlung stoffgebundener Suchtformen. Einen Schwerpunkt des breit angelegten Therapiekonzeptes bildet die Gruppentherapie (vgl. Taber & Chaplin, 1988) – häufig gemeinsam mit anderen Suchtkranken (vgl. Kap. „Gemeinsame Therapie von Spielern und Alkoholikern"). Für den stationären Bereich nennen amerikanische Evaluationsstudien Abstinenzraten von 26,6–48,5% (bezogen auf die Gesamtgruppe) und 55–63,9% (bezogen auf die nachbefragten Patienten). Katamnesen zur ambulanten Suchttherapie stehen noch aus.

Im Rahmen der Suchttherapie wird – sofern es realistisch erscheint – der Besuch einer *Selbsthilfegruppe* der „Gamblers Anonymous" bzw. „Anonyme Spieler" angeregt, nicht nur um die Nachsorge zu gewährleisten, sondern auch um die direkten therapeutischen Funktionen zu nutzen. Die Gruppen stellen weltweit das am weitesten verbreitete und wohl auch am häufigsten frequentierte Hilfsangebot für süchtige Spieler dar. Die Drop-out-Quote ist allerdings hoch, eine Nachuntersuchung der Aussteiger von Brown (1987d) zeigt jedoch, daß sich die Lebensqualität bei allen erreichbaren und zur Kooperation bereiten Spielern (13% der Ausgangsstichprobe), die mindestens 2 Meetings besucht hatten, erheblich verbessert hatte. Außerdem sahen sie in GA eine Organisation, die einen großen Einfluß auf sie ausgeübt hatte, von nachhaltigem Nutzen war und auch nach ihrem Ausscheiden weiterhin hoch angesehen wurde.

Die wesentlichen Aspekte der Behandlung in einer Selbsthilfegruppe lassen sich wie folgt beschreiben: In einem Klima der gegenseitigen Zuneigung und Akzeptanz, Solidarität und Entlastung teilen die Spieler ihre Gefühle, Gedanken und Erfahrungen mit, der einzelne findet in den Schilderungen der anderen Gruppenmitglieder seine eigenen Probleme angesprochen, Lösungswege aufgezeigt und wird ermutigt, die Probleme und Konflikte zu bewältigen (Meyer, 1989a, b; vgl. Scodel, 1964, Livingston, 1974; Cromer, 1978; Preston & Smith, 1985; Brown, 1986; Brown, 1987e; Browne, 1991).

Weitere in der Literatur beschriebene Therapieansätze pathologischen Glücksspiels sind: *Paradoxe Intention* (Victor & Krug, 1967), *Individualpsychologie* (Aubry, 1975), *Stimulussättigung* (Peck & Ashcroft, 1972) und *Hypnose* (Griffiths, 1982).

7 Spieler in Selbsthilfegruppen

Die ersten psychologisch-therapeutischen Selbsthilfegruppen wurden in den Vereinigten Staaten gegründet (vgl. Moeller, 1978). Als Pioniere auf diesem Gebiet gelten die „*Anonymen Alkoholiker*" (AA), die sich im Mai 1935 zusammengeschlossen haben. Da sich der Alkoholismus zu einer bleibenden Volksseuche entwickelte, hat diese Organisation nach wie vor eine außerordentliche Verbreitung. Als Grundlage für die Bildung dieser Selbsthilfegruppe kann die Einsicht betrachtet werden, daß von *gemeinsamen Gesprächen* eine *therapeutische Kraft* ausgeht.

Im September 1957 fand das erste Treffen der „Gamblers Anonymous" (GA) in den Vereinigten Staaten statt (Meyer, 1989a), wobei versucht wurde, das Genesungsprogramm der AA auf die Spielsucht anzuwenden. In Anlehnung an die Angehörigengruppen der Anonymen Alkoholiker kam die Gründung von *Gam-Anon-Gruppen* (Al-Anon) hinzu, in denen Angehörige der Spieler die Möglichkeit haben, ihre persönlichen Probleme im Zusammenleben mit dem suchtkranken Spieler zu bewältigen.

Neben den Anonymen Spielern (AS; s. Anhang A) haben sich in Deutschland inzwischen zahlreiche andere Selbsthilfegruppen für suchtkranke Spieler etabliert. Sie sind in Anlehnung an Suchtberatungsstellen und andere von der AA unabhängige Alkoholikerselbsthilfeorganisationen entstanden (vgl. Arenz-Greiving, 1989). Daneben gibt es auch Beispiele dafür, daß Spieler Freundeskreise für Suchtkranke besuchen, in denen hauptsächlich stoffgebundene Suchtformen vertreten sind.

Das Programm von Gamblers Anonymous

Den Grundsätzen der AA entsprechend bilden die „12 Schritte" und „12 Traditionen" (s. Meyer, 1989a), mit geringfügigen Änderungen, das Genesungsprogramm der GA. Der suchtkranke Spieler soll sich in seinem täglichen Leben an diesen Schritten orientieren, um wieder ein neues Selbstwertgefühl zu entwickeln. Dabei sind die hier ausführlicher dargestellten „12 Schritte" nicht als Gebote gedacht, sondern als Empfehlungen und Anregungen. Im Laufe der Jahre haben sich viele verschiedene Interpretationen zu den einzelnen Schritten ergeben (vgl. Gamblers Anonymous, 1984b; Neuendorff & Schiel, 1982; Meyer, 1989a).

Schritt 1:

Wir gaben zu, daß wir dem Glücksspiel gegenüber machtlos sind – und unser Leben nicht mehr meistern konnten.

Im 1. Schritt soll der abhängige Spieler anerkennen, daß er dem Glücksspiel gegenüber machtlos ist und lernen, die Wahrheit über die Abhängigkeit vom Glücksspiel zu akzeptieren – daß es eine *unheilbare fortschreitende Krankheit* ist, die durch völlige Abstinenz vom Glücksspiel lediglich zum *Stillstand* gebracht werden kann. Das Eingeständnis der persönlichen Ohnmacht gegenüber dem Glücksspiel, das sein Leben bestimmte und seine finanzielle, familiäre, berufliche und soziale Lebensgrundlage zerstört hat, sowie das Wissen, so nicht weiterleben zu können und es alleine nicht zu schaffen, sollen dem Spieler die innere Kraft geben (ihn motivieren), Hilfe zu suchen, sie anzunehmen, Verantwortung zu übernehmen und für Lernprozesse Bereitschaft zu zeigen. Durch die *bedingungslose Kapitulation* sollen nicht länger Phantasien genährt werden, das Glücksspiel kontrollieren zu können.

Schritt 2:

Wir kamen zu dem Glauben, daß eine Macht, größer als wir selbst, uns unsere geistige Gesundheit wiedergeben kann.

Im 2. Schritt liegt die Intention, *Hoffnung* aufzubauen; das Konstrukt einer höheren Macht nimmt das Alleinsein und ermöglicht das Beschreiten eines neuen Weges. Bisher war das Glücksspiel die Macht, die den Spieler beherrschte und zerbrach. Der Spieler soll jetzt entscheiden, ob er eine „höhere Macht" annehmen will, die eine von außen kommende Quelle der Kraft darstellt und stärker als Willenskraft und Selbstbestimmung ist. Mit der „höheren Macht" muß nicht „Gott" gemeint sein, sondern es kann darunter auch die psychologische und emotionale Unterstützung durch die Gemeinschaft oder die Gruppe verstanden werden.

Schritt 3:

Wir faßten den Entschluß, unseren Willen und unser Leben dieser höheren Macht – wie wir sie verstanden – anzuvertrauen.

Wenn das GA-Mitglied erst einmal sein Leben der Obhut einer „höheren Macht" anvertraut hat, ist eine große Last von seinen Schultern genommen. Im Glauben an die „höhere Macht" festigt sich seine *Sicherheit* und das *Zutrauen in die Zukunft,* die tiefsitzende und unbegründete Furcht schwindet, ein Gefühl der Erleichterung und des Glücks tritt ein. Frei von den Beschränkungen des Ego soll der Spieler versuchen, nach den Idealen der Macht zu leben, die größer ist als er selbst. Glaube allein führt nicht zu einer normalen Lebensweise, aber Glaube verbunden mit dem positiven Entschluß, sich einer „höheren Macht" anzuvertrauen, bringt den Spieler auf den Weg der Genesung.

Schritt 4:

Wir machten eine gründliche und furchtlose moralische und finanzielle Inventur in unserem Inneren.

Der 4. Schritt soll zu einer umfassenden *Selbsterkenntnis* anleiten, mit dem Ziel, sich selbst kennenzulernen, das Selbstbild zu akzeptieren und auf dieser Basis anzufangen, sich zu ändern. Die moralische Bestandsaufnahme soll sich nicht nur auf negative Charaktereigenschaften wie Selbstsucht, Habgier, Neid, Selbstmitleid, Unehrlichkeit, Selbsttäuschung, Ungeduld und Intoleranz beschränken, sondern auch die positiven Seiten wie Freundlichkeit, Einfühlungsvermögen, Bescheidenheit, Güte, Würde, Toleranz und Ehrlichkeit aufdecken.

Dadurch, daß ältere Gruppenmitglieder in den Meetings über ihre eigenen augenblicklichen und früheren Probleme sprechen, helfen sie dem neuen Mitglied bei seinem Selbsterkenntnisprozeß.

Im Gegensatz zu AA weist GA ausdrücklich auf die Bedeutung einer *finanziellen Inventur* hin. Der Spieler soll eine Liste aller Schulden erstellen, die sich als Folge des Glücksspiels angehäuft haben. Außerdem soll er noch vorhandene Vermögenswerte und das Einkommen anführen. Die Auseinandersetzung mit der finanziellen Situation gilt als eine *wesentliche Voraussetzung* für eine *wirkliche Wesensänderung*.

Schritt 5:

Uns selbst und einem anderen Menschen gegenüber haben wir unsere Fehler eingestanden.

Nach der moralischen und finanziellen Bestandsaufnahme ist es nach Ansicht von GA erforderlich, daß der abhängige Spieler die Erkenntnis mit einem anderen Menschen – entweder einer Vertrauensperson oder auf Gruppenbasis – teilt. Indem er offen sein Fehlverhalten enthüllt, werden Druck und Angst von ihm genommen. Ein *bekennendes Gespräch* hat eine befreiende und erlösende Wirkung. Der Spieler praktiziert damit Bereitwilligkeit zur Verhaltensänderung und gewinnt neue Perspektiven.

Schritt 6:

Wir waren völlig bereit, all diese Charakterfehler beseitigen zu lassen.

Im 6. Schritt soll der pathologische Spieler seine Bereitschaft zu einer allmählichen *Veränderung seiner Eigenschaften* zeigen. Er wird ermutigt, dem Veränderungsprozeß aufgeschlossen entgegenzusehen und darauf zu vertrauen, daß ein neues und besseres Selbst zum Vorschein kommen wird. Eine völlige Beseitigung der Charakterfehler wird nicht erwartet.

Schritt 7:

Demütig baten wir Gott – so wie wir ihn verstanden – unsere Mängel von uns zu nehmen.

Der 7. Schritt empfiehlt, die erkannten Charakterfehler mit *Demut* aufzuarbeiten. Demut bedeutet Ablegen der Ichbezogenheit, Mut im Sinne von Bereitschaft und Aufgeschlossenheit. Durch Demut kann sich *aus Schwäche Kraft entwickeln*. Der Spieler braucht sich in dem fortwährenden Veränderungsprozeß nicht allein zu fühlen, wenn er sich der „höheren Macht" anvertraut. Sie kann ihm eine ständige Quelle der Kraft und Hoffnung sein.

Schritt 8:

Wir machten eine Liste aller Personen, denen wir Schaden zugefügt hatten, und wurden willig, ihn bei allen wiedergutzumachen.

Die meisten abhängigen Spieler sind sich bewußt, daß sie viele Menschen finanziell geschädigt haben, aber selten ist ihnen klar, wieviel psychisches Leid sie angerichtet haben. Auf der Liste sollen hinter den einzelnen Namen der geschädigten Personen die Verfehlungen aufgeführt werden und – soweit möglich – *Wiedergutmachung* erfolgen. Damit sollen die in der Vergangenheit gestörten zwischenmenschlichen Beziehungen neu geordnet, die Verdrängung von Schuldgefühlen ausgeschlossen und die Einsamkeit und Isolation aufgehoben werden.

Schritt 9:

Wir machten bei diesen Menschen alles wieder gut – wo immer es möglich war – es sei denn, wir hätten dadurch sie oder andere verletzt.

Das GA-Mitglied wird angehalten, den im vorangegangenen Schritt enthaltenen Vorsatz nach besten Kräften *auszuführen*. Durch Wiedergutmachung befreit sich der Spieler von der Last seiner Verfehlungen. Gleichgültig in welcher Form er sie leisten muß (um Verzeihung bitten, Schulden abtragen etc.), er soll darauf bedacht sein, seine eigene Leistungsfähigkeit nicht zu überschreiten. Er kann nicht alles auf einmal bewältigen, sondern nur langsam, wie im gesamten Programm: Schritt für Schritt. Manchmal ist eine Wiedergutmachung nicht möglich, weil sie anderen schaden würde oder beide Seiten unfähig sind, miteinander zu kommunizieren.

Schritt 10:

Wir setzten die Inventur bei uns fort, und wenn wir unrecht hatten, gaben wir es sofort zu.

Dem Spieler wird empfohlen, die *Selbsterforschung zur Gewohnheit* werden zu lassen und die *Selbsterkenntis zu erweitern*. Es soll eine *ständige Auseinandersetzung* mit den eigenen Reaktionen und den alltäglichen Problemen und Konflikten stattfinden. Das rechtzeitige Eingeständnis eines Fehlverhaltens führt zu einer Katharsis der Angst, Depression und des Gefühls der Verlassenheit, wie sie zuvor erlebt wurde. Die Ausführung des 10. Schrittes hilft, neue Lösungen für auftauchende Probleme zu finden, die Selbstbeherrschung zu entwickeln und für Handlungen Verantwortung zu übernehmen. Sie fördert damit das *Selbstwertgefühl* sowie allgemein die *emotionale Stabilität*.

Schritt 11:

Wir suchten durch Gebet und Besinnung die bewußte Verbindung zu Gott – wie wir ihn verstanden – zu verbessern und baten ihn nur, seinen Willen für uns erkennen zu lassen und um die Kraft, ihn auszuführen.

Der pathologische Spieler soll im Glauben an eine „höhere Macht" neue Kräfte schöpfen. Der Schritt wendet sich gegen die Haltung, die das Leben aus eigener Kraft meistern und kontrollieren will. Über Gebet und Besinnung soll der Spieler den Zugang zu Gott, von dem jeder sein eigenes Verständnis einbringen kann, finden. Beten bedeutet auch: Sich-öffnen, die Hand ausstrecken und In-Berührung-kommen – wichtige Eigenschaften, die für den Genesungsprozeß benötigt werden. Durch *Besinnung* oder *Meditation* – dem Zurückziehen in sich selbst – kann auf natürliche Weise die innere Unruhe abgebaut werden.

Schritt 12:

Nachdem wir durch diese Schritte ein neues Leben begonnen hatten, versuchten wir, diese Botschaft an andere süchtige Spieler weiterzugeben und unser tägliches Leben nach diesen Grundsätzen zu richten.

In diesem Schritt kommt das wichtigste Ziel der Gemeinschaft zum Ausdruck: mit dem Glücksspiel aufzuhören und anderen süchtigen Spielern zu helfen, es auch zu schaffen. Dem Spieler wird nahegelegt, ständig an sich weiterzuarbeiten und gleichzeitig mit seinen Erfahrungen anderen *Hilfe* und *Beistand* zu leisten. Etwas von sich zu geben, ohne damit die Erwartung zu verknüpfen, daß sofort eine Gegenleistung erfolgt, ist eine Erfahrung, die Spieler in ihrem bisherigen Leben, das durch „Nehmen" gekennzeichnet war, kaum erlebt haben. Um geben zu können, ist es nicht notwendig, daß alle vorhergehenden Schritte bereits vollständig vollzogen sind.

Die erste Selbsthilfegruppe der Anonymen Spieler in Deutschland gründete sich im Frühjahr 1982 in Tostedt bei Hamburg. Die AS richteten in Hamburg eine zentrale Kontaktstelle ein (s. Anhang A), die bis heute aktiv ist. Die Anonymen Spieler orientieren sich in ihrem Verständnis der Spielsucht und möglicher Verhaltensalternativen weitgehend an GA-Gedanken. Zusammenfassende Grundsätze der auf Erfahrungen beruhenden Sichtweise sind (vgl. Meyer, 1989 a, S. 35; Anonyme Spieler, 1984, 1986):

- Spielsucht ist eine fortschreitende Krankheit, die niemals geheilt, aber zum Stillstand gebracht werden kann,
- das Akzeptieren der Krankheit ist der erste Schritt auf dem Wege der Genesung,
- es ist nicht unbedingt erforderlich, die Ursachen der Spielsucht zu erkennen, um mit dem Glücksspiel aufhören zu können,
- als mögliche Ursachen werden Realitätsflucht, emotionale Unsicherheit, Allmachtsgefühle sowie das Verlangen nach unmittelbarer Bedürfnisbefriedigung ohne Anstrengung genannt.

Allen Mitgliedern der Anonymen Spieler wird empfohlen,

- die Meetings regelmäßig zu besuchen,
- zwischen den Meetings miteinander zu telefonieren, wenn der Drang zum Spielen verspürt wird,
- keine Vesuche zu unternehmen, sich selbst zu testen,
- jede Art von Glücksspiel und die Nähe von Spieleinrichtungen zu meiden.
- sich von Personen, die noch spielen, fernzuhalten,
- in kleinen Schritten vorzugehen (24-Stunden-Prinzip) und nicht alle Probleme auf einmal lösen zu wollen.

Meyer (1989 a, b) führte eine umfangreiche empirische Untersuchung in AS-Selbsthilfegruppen (437 Glücksspieler) durch. Dabei zeigte sich deutlich, daß 92% der untersuchten Spieler den diagnostischen Kriterien der Amerikanischen Psychiatrischen Gesellschaft für pathologisches Glücksspiel (DSM-III-R) entsprachen. Die Anzahl von Drop-outs ist nach dieser Untersuchung allerdings hoch. Von rund 3100 Spielern, die in einem Jahr die 54 untersuchten Gruppen aufsuchten, nahmen nur 430 Spieler (13,9%) regelmäßig an den Meetings teil. Hier wird deutlich, daß die Selbsthilfegruppen nur für einen Teil der hilfesuchenden Spieler das adäquate Behandlungsangebot darstellten.

Allgemeine Gesichtspunkte zur Arbeit in Spieler-Selbsthilfegruppen

Um die Arbeit in einer Selbsthilfegruppe effektiv zu gestalten, muß sich möglichst früh ein *stabiler Stamm von Besuchern* entwickeln, der *regelmäßig* an den Meetings teilnimmt und *Aufgaben der Organisation übernimmt*. Die Leitung der Gruppe und andere Aufgabengebiete (z. B. Kassenwart, Öffentlichkeitsarbeit) sind besser auf wechselnde Mitglieder zu übertragen, damit keine Hierar-

chieprobleme in der Gruppe entstehen und sich einzelne Mitglieder nicht über-
fordern.

Die Teilnehmer diskutieren aktuelle Probleme, die in der Bewältigung des
Alltagslebens entstanden sind. Erinnerungen an vergangenes zerstörerisches
Verhalten dienen der Katharsis, erneuern immer wieder die Wachsamkeit gegenüber rückfallgefährdenden Situationen und vermindern die Gefahr erneuten Leichtsinns.

Neu hinzukommende Spieler sollten nicht durch massive Konfrontation
vom weiteren Besuch abgeschreckt werden oder als Lückenbüßer für eine
fehlende Gesprächsthematik herhalten. Die Diskrepanz zwischen dem, der es
schon geschafft hat, und dem, der noch unter massiven Auswirkungen der
Sucht leidet, sollte besonders berücksichtigt werden.

Spieler, die kurzfristig eine Selbsthilfegruppe wieder verließen, fühlten sich
teilweise nicht angenommen, Gesprächsrituale befremdeten sie, und sie emp-
fanden ältere Gruppenmitglieder als selbstherrlich. Hier bietet sich möglicherweise, wie bei den AS zunächst eine „Sponsorenschaft", eine Art Patenschaft
an, durch die ein älterer Gruppenteilnehmer für das neue Mitglied zum persönlichen Ansprechpartner wird. Dabei sollte aber eine überbehütende Haltung
vermieden werden, damit es nicht zu einem neuen Abhängigkeitsverhältnis
kommt.

Des weiteren sollte darauf geachtet werden, daß „*Hilfe zur Selbsthilfe*" eine
wichtige Grundlage für die Abstinenzgruppe darstellt und auf Ratschläge,
moralisierende Bewertungen, Vorwürfe sowie Belehrungen in den Gesprächs-
situationen möglichst verzichtet werden sollte. Äußert ein Mitglied ein Problem, hat es sich als günstiger erwiesen, wenn nicht alle gleich mit Ratschlägen
reagieren, wie man es besser machen könnte und dann möglicherweise noch in
heftigen Streit darüber geraten, wer recht hat. Die Gruppenmitglieder sollten
eher darüber nachdenken, wie sie selbst eine ähnliche Situation bewältigt haben, von sich selbst berichten und es dem hilfesuchenden Mitglied überlassen,
welche Anregungen es dann annimmt.

Damit nicht lähmendes und quälendes Stillschweigen die Gruppenstunde
beherrscht, kann es durchaus günstig sei, *Gesprächsthemen* zu erarbeiten, die
dann angesprochen werden, wenn sich aktuell nichts ergibt oder auch die
Hemmungen sich zu äußern am Beginn der Stunde für einzelne Mitglieder zu
groß sind. Häufige Gesprächsthemen sind

- das exzessive Glücksspiel und seine Folgen,
- Alltagskonflikte,
- Freizeitgestaltung, d. h. Alternativen zum Spielverhalten,
- Partnerschaft,
- Sexualität,
- Eltern,
- Erziehung,
- Suchtverlagerung,
- Arbeitslosigkeit,
- Öffentlichkeitsarbeit,

- Selbsthilfegruppe,
- Zufriedenheit des einzelnen mit der Gruppe und nicht zuletzt
- Ehrlichkeit und Vertrauen.

Ausführlich geht Meyer (1989 a, S. 128) auf die Selbstdarstellung einer unabhängigen Spielerselbsthilfegruppe ein, die sich eigene Gruppenregeln und Leitsätze gegeben hat.

Levy, Knight, Padsett und Wollert (1977; Moeller, 1978, S. 147) untersuchten *hilfreiche* Verhaltensformen, die sich *in Selbsthilfegruppen* ganz allgemein herausgestellt haben; dabei waren die 10 häufigsten:

1. sich einfühlen, die Gefühle anderer verstehen und teilen,
2. sich wechselseitig achten und anerkennen,
3. etwas erläutern und erklären,
4. teilnehmen lassen am eigenen Erleben,
5. anderen Hoffnung machen, daß sie ihre Probleme eines Tages durcharbeiten werden,
6. sich selbst öffnen,
7. andere bestärken und ermuntern, wenn ihnen etwas gelungen ist,
8. sich selbst neue Ziele setzen,
9. Gefühle offen zum Ausdruck bringen,
10. andere ermutigen, Probleme ausführlicher darzulegen.

Am wenigsten wurden jedoch genannt:
1. andere bestrafen,
2. andere in fordernder oder gar bedrohlicher Weise konfrontieren,
3. Rückmeldung erbitten, wie andere einen erleben,
4. das gestörte Verhalten (psychodramatisch) der Gruppe vorführen,
5. Rückmeldung geben.

In den ersten 10 Verhaltensbeispielen wird im Vergleich zu den letzten 5 in keiner Weise streng oder fordernd verfahren. Die in professionellen Gruppen häufig angewandten Rückmeldungen oder „Feedback-Übungen" passen anscheinend weniger in eine spontane und offener strukturierte Selbsthilfegruppe (s. Moeller, 1978, S. 148).

Meyer (1989 a) untersuchte die *therapeutische Arbeitsweise* der Spielerselbsthilfegruppen. Nach Angaben der jeweiligen Gruppensprecher dokumentieren die nachfolgenden Items in der angegebenen Reihenfolge die *wichtigsten Aspekte* der Gruppenarbeit:

- Erkennen der eigenen Probleme in den Schilderungen der anderen,
- Mitteilung von Erfahrungen, Gedanken und Gefühlen,
- Entlastung durch Aussprache,
- Die Gruppe wird für die eigene Problembewältigung genutzt,
- Äußerung von Gefühlen, Verständnis der anderen,
- Gegenseitige Zuneigung und Solidarität,
- Ermutigung zur weiteren Problembewältigung.

Forderndes Auftreten und direktives, analytisches Vorgehen stoßen hingegen auch hier eher auf Ablehnung. Die *hohe Fluktuation* gaben die Untersuchungsteilnehmer als häufigstes Problem der Gruppen an. Weiterhin ist es ein Nachteil, wenn Gruppen *zu groß* werden und einzelne das Gefühl haben, nicht mehr zu Wort zu kommen. Eine zu hohe *Rückfälligkeit* in der Gruppe kann den Zusammenhalt erheblich beeinträchtigen, wie auch Spieler, die nur auf *äußeren Druck* hin erscheinen und keine ausreichende Motivation entwickeln. Alle Beteiligten betonen immer wieder, daß nur eine *regelmäßige Teilnahme* und *kontinuierliche Mitarbeit* in der Selbsthilfegruppe zum notwendigen Erfolg führt. Gegenseitige Wertschätzung und Zuneigung steigen mit der Dauer der Gruppenzugehörigkeit.

> Nach Moeller (1978, S. 192) sollen die Selbsthilfegruppen zu 5 Personengruppen *Außenbeziehungen* unterhalten und Kontakte pflegen: zu noch unbekannten anderen Betroffenen, die der Gruppe möglicherweise gerne beitreten würden; zu anderen Gruppen, die möglicherweise gerade heranwachsen; zu anderen Selbsthilfeorganisationen in der Region; zu Experten und Institutionen (Beratungsstelle, Klinik, Telefonseelsorge sowie Presse), mit denen die Gruppen zusammenarbeiten können.

Mit Patienten, die unter massiven psychischen (z. B. bei Angst- und Zwangssymptomen) oder psychiatrischen Störungen und Mehrfachabhängigkeiten leiden, fühlen sich Selbsthilfegruppen oft stark überfordert. Sie sollten den Hilfesuchenden zunächst an andere zuständige Stellen verweisen: Selbsthilfegruppen sollten generell Kontakte zu Beratungsstellen oder Ambulatorien halten und professionellen Rat in Anspruch nehmen, wenn es zu krisenhaften Situationen bei einzelnen Mitgliedern oder in der Gruppe insgesamt kommt. Spielern, die es mit Hilfe der Selbsthilfegruppe nicht schaffen, ihr Spielproblem zu lösen, müssen andere ambulante und stationäre Therapieformen zur Verfügung stehen.

Beobachtungen bei der Teilnahme an einer Selbsthilfegruppe

Cromer (1978) nahm als teilnehmender Beobachter an der ersten GA-Gruppe in Israel teil. Dabei stellte er fest, daß Geldschwierigkeiten nicht der entscheidende Grund für die Spieler waren, das Glücksspiel aufzugeben. Es war eher das diffuse Gefühl, daß etwas in ihrem Leben nicht mehr stimmte. Die Zeit rann ihnen durch die Finger. Andere litten unter den negativen Konsequenzen, die das Spielen für ihre Familien hatte oder für andere Beziehungen. Geld kann möglicherweise ersetzt werden, während die Folgen der *verlorenen Zeit* und *zerstörten Beziehungen* häufig irreparabel sind.

Jeder dieser Gründe kann zu dem Bewußtsein führen, daß das Spielen zwanghaft und infolgedessen problematisch geworden ist. Neue Mitglieder beschrieben sich oft als krank oder behandlungsbedürftig. Die einzige Bedingung für den Beitritt zur Gruppe war, den Wunsch zu haben, mit dem Spielen aufzuhören.

Der 1. Schritt zur Hilfe besteht darin, auch wenn dies zunächst paradox erscheint, sich die eigene Niederlage einzugestehen und daß man krank ist

(„ich bin spielsüchtig"). Dabei wird die Überzeugung vertreten, daß es nur in der Gruppe möglich ist, das Spielproblem zu bewältigen.

Es ist nicht nur notwendig, das Glücksspiel aufzugeben, sondern auch alle Kontakte zu Personen einzustellen, die weiter Verbindung dazu haben. Neue Gruppenmitglieder können sich mit schon abstinenten erfahrenen Mitgliedern identifizieren und Unterstützung bei der schwierigen Aufgabe erfahren, mit dem Spielen aufzuhören. Sympathie und einfühlendes Verständnis sind wichtige Voraussetzungen für den Identifikationsprozeß. Konkrete Möglichkeiten und Verhaltensschritte können aufgezeigt werden, wie das Spielverhalten gestoppt werden kann.

Cromer beobachtete weiter, daß die Therapie häufig *nicht* diesen idealen Verlauf nimmt. Die Einsicht, spielkrank zu sein und der Wunsch, das Spielverhalten zu stoppen, sind von Selbsttäuschungen, Zweifeln und Illusionen begleitet. Im Gespräch über Spielen und Spielstrategien wird sich plötzlich ereifert, Erregung entsteht und besonders gelungene „Schachzüge" werden bewundert. Zweifel treten auf, ob das Spielproblem wirklich schon so akut war, ob man die Entwicklung nicht doch zurückdrehen kann, um mit geringeren Einsätzen und einer besseren Taktik zu gewinnen. Gruppen werden auch besucht, um z. B. Angehörigen zu demonstrieren, daß man sich ja bemüht, etwas zu tun, sich ja redlich Mühe gibt, das Spielen einzustellen. Der Gruppenbesuch dient auch dazu, das eigene Gewissen zu beruhigen. Oft ist dann die nächste finanzielle Katastrophe oder ein langes nächtliches Fernbleiben der offensichtliche Beweis dafür, daß es dem Spieler noch nicht gelungen ist, sich zu ändern. Die Gruppe besucht er dann nicht mehr, weil Scham- und Schuldgefühle überwiegen, oder weil er annimmt, es diesmal doch allein zu schaffen.

Cromer kommt zu der Schlußfolgerung, daß GA nur einen Teil der hilfsbedürftigen Spieler anspricht. Alternative Behandlungsmethoden müssen ergänzend hinzutreten.

Zusammenfassung

Die Selbsthilfebewegung für süchtige Glücksspieler geht auf die „Gamblers Anonymous" (GA) in den USA zurück, die sich 1957 gründeten und stark an das Programm der Anonymen Alkoholiker (AA) anlehnten. Mit geringfügigen Änderungen bildeten parallel zur AA die „12 Schritte" und die „12 Traditionen" das Genesungsprogramm der GA. Auch die „Anonymen Spieler" (AS) in Deutschland orientieren sich weitestgehend an diesem Programm. Wichtige Grundsätze der AS sind, daß Spielsucht eine progressive Krankheit ist, die nicht geheilt, aber zum Stillstand gebracht werden kann. Die Akzeptanz der Krankheit ist der erste Schritt auf dem Weg zur Genesung und eine wichtige Voraussetzung für eine konsequente Abstinenz vom Glücksspielen.

Es hat sich gezeigt, daß der Besuch von Selbsthilfegruppen dann erfolgreich ist, wenn

- eine regelmäßige Teilnahme stattfindet,
- sich der Teilnehmer bemüht, in den Schilderungen der anderen eigene Probleme zu erkennen,
- die Spieler Erfahrungen, Gedanken und Gefühle austauschen,
- die Gruppe bei der Bewältigung von Problemen hilft,
- gegenseitiges Verständnis, Zuneigung und Solidarität gezeigt werden.

Direktives, analytisches und forderndes Verhalten scheint sich hingegen eher ungünstig auszuwirken. Die in professionellen Gruppen häufig angewandten Rückmeldungen oder „Feedback-Übungen" scheinen weniger zu einer offener strukturierten Selbsthilfegruppe zu passen.

Insbesondere die hohe Fluktuation in den Selbsthilfegruppen ist ein Indiz dafür, daß diese Maßnahme nicht für alle Ratsuchenden eine ausreichende Hilfe darstellt, die Spielsucht zu bewältigen. Bei zusätzlichen psychischen und psychiatrischen Komplikationen ist frühzeitig professioneller Rat in Anspruch zu nehmen.

Gespräche mit Mitarbeitern von Spielerberatungsstellen

Bevor wir Fragen der ersten Kontaktaufnahme des Spielers und der anschließenden Beratung vertiefen, werden Ausschnitte aus 2 Gesprächen mit Mitarbeitern von ambulanten Beratungsstellen über ihre Vorgehensweisen und Probleme in der Spielerbehandlung wiedergegeben. Es fehlen bisher Überblicke darüber, welche Gruppenformen (z. B. Spielergruppen, Paargruppen) bei welchen Indikationen zur Anwendung kommen. Ein Erfahrungsaustausch auf diesem Gebiet dürfte in der Zukunft wichtig sein. Die nachfolgenden Gespräche geben keinen repräsentativen Überblick, sondern können nur beispielhaft sein.

Gespräch mit J. Trümper und Ch. Müller,
Mitarbeiter der Spielerberatungsstelle, Unna

Ein Spieler ruft erstmalig an. Was geschieht dann?

Das ist eine falsche Vorstellung. Im Regelfall (80%) melden sich nicht die Spieler selbst, sondern *Partnerinnen, Angehörige, andere Einrichtungen, Krankenhäuser, Sozialstellen von Betrieben,* die Probleme mit einem Spieler haben. Spieler werden in Betrieben dadurch auffällig, daß sie verstärkt um Lohn- und Gehaltsvorschüsse nachsuchen. Bei ledigen Spielern melden sich vorrangig die besorgten *Mütter,* Väter waren so gut wie keine darunter, oder bei Verheirateten halt die Ehefrauen bzw. Lebenspartnerinnen.

Wie verläuft ein solches Telefongespräch dann weiter?

Ehefrauen entdecken Darlehensverträge, erfahren, daß der Mann größere Kredite aufgenommen hat oder daß er das Auto verspielte. Vermutungen, daß der Ehemann wegen andauernden Fernbleibens, häufiger Fehlzeiten und ständiger Geldnöte eine Geliebte hat, klären sich dann auf, und die Verstrickung in das Glücksspiel ist nicht länger zu verheimlichen. Eine andere Gruppe von Anrufern ist schon längere Zeit mit dem Suchtverhalten konfrontiert. Mütter wollen Probleme abladen, erzählen von ihrem Leiden unter dem Spielverhalten, wie der Sohn sie wieder bestohlen und enttäuscht hat. In Fällen, wo sich die Spieler selbst melden, ist häufig ebenfalls ein Angehöriger beteiligt, der aus dem Hintergrund zu vernehmen ist: „Du, sag die Wahrheit!" Eine kurz bevorstehende Revision im Sparclub oder andere ausweglose finanzielle Situationen sind häufig Anlaß für die Anrufe von Spielern.

Wenn der Angehörige anruft, wie kommt dann der Kontakt zum Spieler zustande?

Wir versuchen, die Spieler und ihre Angehörigen über die (Therapie-)*Schwelle* zu bekommen. Es wird ein Termin abgesprochen. Die Ehefrau schätzt ab, wann ihr Mann in den nächsten Tagen mit ihr gemeinsam kommen könnte. Dann bleibt es dem Spieler überlassen, ob er einwilligt oder nicht. Zeigt der Spieler keine Bereitschaft, den Termin wahrzunehmen, raten wir der Partnerin dringend, dann allein zu kommen.

Wir bieten den Angehörigen die Gruppen an, sagen ihnen, daß sie die *Therapieangebote* konsequent für sich nutzen sollen und dann feststellen werden, daß der Mann, der bisher auf dem Sofa lag und sagte, er habe keine Probleme mit dem Spielen, sondern nur ein teures Hobby, mitkommt. Die Angehörigen sind als *Co-Abhängige* (sich zu sorgen, zu behüten, zu bemuttern) in die Spielerkarriere mit eingebunden. Vielfältige Versprechen, mit dem Spielen aufzuhören, haben zu keiner Veränderung geführt, und der Spieler kann letztlich damit kalkulieren, daß alle Enttäuschungen keine nachhaltigen Konsequenzen haben. Erst dann, wenn der Angehörige, der den letzten Rest der sozialen Versorgung darstellt, die Miete zahlt, dafür sorgt, daß noch etwas im Kühlschrank ist, die notwendige Zuwendung gibt, *sich entzieht,* eine *konsequente Haltung* einnimmt, dann tritt eine Verunsicherung beim Spieler ein. Er bekommt Ängste und geht mit zur Therapie, um zumindest festzustellen, was da passiert.

Sind auch die Mütter dazu bereit, das Therapieangebot zunächst allein wahrzunehmen?

Von ca. 30 Kontakten mit Müttern kam es nur zu einem Erstgespräch mit der Mutter, die dann einen Termin für den Sohn machte, den dieser allerdings nicht einhielt. Mütter haben wohl größere Schwierigkeiten, den „Status quo" aufzugeben, trotz des Leids, das damit verbunden ist. Die Söhne dürfen manchmal gar nicht erfahren, daß die Mutter anrief. Mütter melden sich nach einigen Wochen wieder, klagen darüber, daß alles noch schlimmer geworden sei, sind aber nicht bereit, den entscheidenden Schritt aus ihrer Lebenssituation hinaus zu machen.

Wie verläuft ein Erstgespräch, z. B. mit einem Ehepaar?

Wir prüfen zunächst, ob wir die berufliche Kompetenz haben, da tätig zu werden. Äußert der Spieler *suizidale Tendenzen,* erklären wir uns für nicht zuständig und überlegen gemeinsam, welche alternativen Möglichkeiten es gibt. Es wird mit *Fachärzten* und mit *stationären Einrichtungen* enger Kontakt gehalten. Ist die Frage der Zuständigkeit positiv entschieden, prüfen wir, ob ein *aktueller Problemdruck* vorliegt: Hat die Familie den Räumungsbefehl in der Tasche, läuft der Strom oder das Gas noch und ähnliche Dinge mehr, die der Existenzsicherung dienen. Konkrete Maßnahmen, *Schuldnerberatung* etc. werden eingeleitet, die aktuelle Notsituation zu beheben. Als nächstes bieten wir die „*angeleiteten Gruppen*" für Paare an, wobei im Augenblick die große Schwierigkeit darin besteht, daß die drei vorhandenen Gruppen (zwei angeleitete Paar- und eine Selbsthilfegruppe) bereits überfüllt sind.

Gibt es Gründe dafür, weitere Einzelgespräche anzubieten?

Ein vorrangiger Grund ist im Augenblick, daß wir die Hilfesuchenden in den Gruppen nicht mehr unterbringen können. Die Versorgung in Einzelgesprächen ist allerdings sehr arbeitsaufwendig. Weitere Anlässe ergeben sich aus der Gruppenarbeit, indem wir feststellen, jemand kommt dort nicht weiter, „spielt falsch", d.h. ist *nicht ehrlich* oder kann die *Realität* noch *nicht ausreichend wahrnehmen.* Die Betroffenen melden zudem von sich aus das Bedürfnis nach Einzelgesprächen an, haben Probleme, sich in der Gruppe zu äußern und möchten ihr Anliegen zunächst in einer *vertrauteren Atmosphäre* reflektieren. Spieler können Schwierigkeiten haben, ihre *Anonymität* aufzugeben, sich einer Gruppe anzuschließen, wenn sie im öffentlichen Leben stehen, berufliche Konsequenzen befürchten, weil sie bei der Arbeit z. B. mit viel Geld umgehen müssen. Bei uns melden sich außerdem Spieler, die wegen *psychischer Auffälligkeiten* in fachärztlicher Behandlung sind. Hier haben wir das Gefühl, daß die Gruppe damit überfordert wäre.

Was ist mit Spielabstinenz? Gibt es da bestimmte Hilfen?

Wir verlangen keine Abstinenz als Voraussetzung für die Therapie, und bei uns führt der Rückfall nicht zum Behandlungsabbruch. Die Spieler, die einen regelrechten Zusammenbruch erleben, mit einem Mal ihre Schein- und Lügenwelt aufgeben können, fühlen sich oft erheblich erleichtert, und es fällt ihnen eher leicht, abstinent zu sein. Bei anderen währt die Suchtkarriere jahrelang, und der Spieler soll in der Gruppe angstfrei darüber berichten können, wenn er gespielt hat.

Gibt es das langfristige Ziel, abstinent vom Spielen zu sein?

Es ist für uns schwierig, hier Ratschläge zu geben, bestimmte Regeln zu empfehlen, nach denen dann die Abstinenz eintritt. Bestimmte Erfahrungswerte sind vorhanden, die wir den Angehörigen anraten, wenn sich die Notwendigkeit ergibt. Die Angehörigen übernehmen z. B. für einen absehbaren Zeitraum die *Verwaltung der finanziellen Mittel*, so daß die Verfügbarkeit des Geldes für den Spieler stark eingeschränkt ist. Außerdem können die Angehörigen mit dem Spieler Vereinbarungen treffen, daß bei unvorhergesehenem Fernbleiben in jedem Fall anzurufen ist. Bei Roulettespielern kommt die *Sperre* vom Spielcasino hinzu. Diese Maßnahmen nehmen dem Spieler jedoch nicht unbedingt den Spieldruck und die Spielgelegenheit, so daß das Spielen dann möglicherweise zunächst auf einem niedrigeren Level stattfindet.

Wie hoch ist etwa die Abstinenzrate in der Gruppe?

In der Gruppe, die wir etwa 9 Monate angeleitet und dann in die Selbsthilfe entlassen haben, waren insgesamt 22 Spieler, und es besteht noch Kontakt zu 16. Der harte Kern, der sich regelmäßig trifft, besteht aus 10 Spielern, von denen *8 spielfrei* sind und 2 ihr Spielverhalten gravierend verringert haben.

Welche unterschiedlichen Gruppenformen gibt es?

Insgesamt 3. 2 *Paargruppen,* die nicht von vornherein so geplant waren, sondern sich durch die Reihenfolge, in der sich die Menschen an uns wandten, entwickelt haben. Die 2 angeleiteten Gruppen haben inzwischen 20 bzw. 18 Mitglieder. Einige einzelne Spieler befinden sich ebenfalls in diesen Gruppen. Hinzu kommt die kürzlich in die *Selbsthilfe* entlassene Gruppe, die beschlossen hat, keine neuen Mitglieder aufzunehmen.

Ist es gut, einzelne Spieler in der Paargruppe unterzubringen?

Von den Gesprächsthemen her ist es wahrscheinlich besser, einzelne Spieler und Paare zu trennen. Spieler kommen aber manchmal nur anfangs allein in die Gruppe, weil noch Ängste da sind, sich vor dem Partner zu entblößen.

Welche Themen werden in den Paargruppen besprochen?

Zum Beispiel das *Mißtrauen* von seiten des Angehörigen, das beim Spieler mit dem Gefühl korrespondiert, Vertrauensverluste erlitten zu haben. Ehefrauen thematisieren die *mangelnde Aufmerksamkeit und Nähe* des Spielers gegenüber ihnen und den Kindern. Es kann allerdings mehrere Stunden dauern, bevor Angehörige ihre Scheu überwinden, sich in der Gruppe zu Wort zu melden. Je länger eine Gruppe zusammen ist, um so weniger steht das Spielen im Mittelpunkt der Gespräche. Nur anfänglich werden ausführliche *Spieleranekdoten* berichtet, und es wird sich ab und zu in *Spielerlegenden* gesuhlt. In späteren Sitzungen werden eher Themen aufgegriffen, die hinter dem Spiel stecken, *Probleme* beinhalten, die zum Spielen geführt haben. *Ängste* und *Gefühle* kommen zur Sprache, vor denen man flüchtete, und die Gruppe steigt dabei intensiv in die *Lebensgeschichte* des einzelnen ein. Noch später in der Gruppenentwicklung kommt Interesse auf, sich über die eigene Betroffenheit hinaus in der *Öffentlichkeit* zu betätigen, um anderen zu helfen, aufzuklären und zu informieren.

Haben die Gruppenstunden einen bestimmten Ablauf, eine bestimmte Struktur?

Zu Beginn des Abends behandeln wir die *Höhen und Tiefen der Woche.* Niemand wird gezwungen, nur wer will, sagt etwas. Häufig zeigt sich schon bei dieser ersten Runde ein *Problembereich* oder ein *persönlicher Konflikt,* der dann gemeinsam vertieft wird. Manchmal bespricht die Gruppe *vorbereitete Themen,* die in der Gruppenstunde zuvor angeregt wurden. Zum Abschluß kann jeder noch einmal seine Empfindungen mitteilen oder was ihm sonst wichtig ist. Diese Stellungnahmen bleiben dann unkommentiert. Sind neue Mitglieder da, gibt es eine kurze *Vorstellungsrunde,* ohne daß das neue Mitglied gezwungen ist, ausführlicher von sich zu erzählen.

Ist es Pflicht, an den Sitzungen teilzunehmen?

Es gibt die Regel der *Verbindlichkeit,* d. h., wer 2mal hintereinander unentschuldigt fehlt, darf nicht in die Gruppe zurückkehren.

Was wären Gründe, einen Spieler in einer stationären Therapie unterzubringen?

Der Spieler selbst äußerst stark diesen Wunsch, betont, daß er ambulant nicht weiterkommt, ihm dies alles bisher nichts gebracht hat. Geraten wir von unserer Kompetenz an Grenzen, suchen wir zunächst *fachärztliche Hilfe,* von wo aus dann weitere Maßnahmen zu veranlassen sind. Wenn sich in der Gruppe und in flankierenden Einzelgesprächen zeigt, daß der Spieler *tiefergehende psychische Probleme* hat und dringend *Abstand von seiner alltäglichen Umgebung* braucht, raten wir zu einer stationären Behandlung.

Was geschieht, wenn keine Besserung im Spielverhalten eintritt, sich Erfolglosigkeit in der Behandlung abzeichnet?

Wir haben die Erfahrung gemacht, daß diejenigen Leute, für die wir anscheinend nicht die adäquate Form der Hilfe darstellen, wegbleiben.

Haben wir in diesem Gespräch etwas Wichtiges vergessen?

Wichtig ist vielleicht noch, daß es unerwartete *Schwierigkeiten* gab, die angeleitete Gruppe abzunabeln, in die *Selbsthilfe* zu entlassen. Die Gruppe fühlte sich im Stich gelassen: „Der läßt uns jetzt alleine und setzt sich ab." Immer wieder machten sie den Versuch, uns wieder am Gruppenleben zu beteiligen.

In einem weiteren *Gespräch mit I. Füchtenschnieder, Diakonie, Herford* (vgl. auch Füchtenschnieder, 1992) schilderte die Suchtberaterin folgendes *Therapieangebot* in ihrer Spielerberatungsstelle:

- Psychosoziale Beratung in Einzel-, Paar- bzw. Familiengesprächen,
- zwei therapeutisch angeleitete Gruppen für Spielsüchtige, eine Angehörigengruppe,
- Betreuung von Klienten, die aufgrund von Beschaffungskriminalität inhaftiert sind,
- Betreuung von Haftentlassenen, die die gerichtliche Auflage haben, sich an eine Beratungsstelle zu wenden,
- Beratung und Vorbereitung von stationären Therapiemaßnahmen.

Sie legt Wert darauf, daß sich die Spieler selbst um einen Gesprächstermin bemühen und dies nicht von Angehörigen erledigen lassen. Nach ihren Erfahrungen schaffen etwa ein Drittel der Spieler den Ausstieg beim ersten Anlauf, ein zweites Drittel nach mehreren, teilweise massiven Rückfällen und das letzte Drittel schafft ihn nicht. Als Gruppenregeln sind vereinbart:

1. Der Spieler muß glaubhaft vertreten, daß er den wirklichen Wunsch hat, mit dem Spielen aufzuhören.
2. Der Spieler muß regelmäßig an den Gruppenstunden teilnehmen. (Es wird von vornherein vereinbart, daß er zu einem Abschlußgespräch kommt, wenn er aufhören will.)
3. Der Spieler entscheidet, wieviel er von sich erzählt. Aber was er erzählt, soll der Wahrheit entsprechen.
4. Was in der Gruppe besprochen wird, bleibt in der Gruppe.
5. Rückfälle werden besprochen.

Die Gruppengröße soll 12 Personen nicht überschreiten. Als ein Hauptproblem in der Spielerberatung bezeichnet sie die Belastungen in den Gesprächsgruppen durch stark *fremdmotivierte Klienten,* die z. B. *gesetzliche Auflagen* zum Besuch der Beratungsstelle erhalten haben. Gruppenprozesse seien dadurch erheblich beeinträchtigt, und sie schlägt vor, nach etwa 10 Gruppenstunden jeweils Bilanz zu ziehen und Klienten, die dann immer noch keine Eigenmotivation zeigen, d. h., Hilfe aus eigenem Bedürfnis zu akzeptieren und das Spielen von sich aus aufgeben zu wollen, von der weiteren Gruppenbehandlung auszuschließen. In Einzelgesprächen findet dann eine weitere Motivklärung statt.

Formen und Aufgaben der Spielerberatung

Teilweise lassen sich Formen der Selbsthilfe und die Organisation von Spielergruppen in ambulanten Beratungsstellen nicht leicht voneinander trennen. Insbesondere in der Aufbausituation kann es notwendig sein, intendierte Selbsthilfegruppen von Experten zu unterstützen. Die professionellen Helfer haben teilweise einen erheblichen Erfahrungsschatz in der Arbeit mit stofflich

Suchtkranken erworben und verfügen deshalb über die notwendigen Voraussetzungen für die therapeutische Arbeit mit pathologischen Glücksspielern.

Nach Meyer (1991a) suchten 1990 in der Bundesrepublik etwa 4300 Automatenglücksspieler und ca. 1000 klassische Glücksspieler eine der rund 600 Suchtberatungsstellen auf. Dabei gibt es in Großstädten erhebliche Schwerpunktbereiche des Auftretens pathologischer Glücksspieler. Nicht alle Regionen in Deutschland scheinen gleichmäßig betroffen, was durchaus von der unterschiedlichen Verfügbarkeit von Spielstätten und auch vom Vorhandensein besonderer sozialer Brennpunkte abhängig sein kann.

Obwohl genaueres Zahlenmaterial noch fehlt, ist davon auszugehen, daß im Bereich der Suchtberatungsstellen *expertengeleitete Spielertherapiegruppen,* lediglich *an diese Institution* (z. B. räumlich) *angelehnte Selbsthilfegruppen* und *Mischformen* davon existieren, die sogenannten *expertengestützten Selbsthilfegruppen.* Außerdem ist festzustellen, daß im ambulanten Bereich auch Einzelbehandlungen stattfinden, da bei dieser Klientel bisher nicht in allen Bereichen eine Gruppenstärke erreicht werden dürfte. Darüber hinaus wird berichtet, daß Spieler in *Alkoholikergruppen* integriert werden, zumal dann, wenn außer der Spielproblematik eine stoffliche Abhängigkeit vorliegt.

In Anlehnung an die Behandlung von substanzgebundenen Suchterkrankungen (Feuerlein, 1989) hat der *ambulante Versorgungsbereich* in der Behandlung von pathologischen Glücksspielern folgende Aufgaben:

- Erste Kontaktaufnahme mit den Patienten, Erfassung und Diagnosestellung. Dabei sollte insbesondere auf *Mehrfachabhängigkeit* geachtet werden. In die Erfassung des Patienten werden die Angehörigen, soziale Dienste der Betriebe, Selbsthilfeorganisationen sowie überweisende Ärzte und Sozialarbeiter einbezogen. Unterstützung bei der Schuldenerfassung und -regulierung bzw. Vermittlung des Klienten an kompetente Beratungseinrichtungen.
- Ambulante Entwöhnungsbehandlung ohne Einschaltung einer stationären Behandlungsphase.
- Vorbereitung der stationären Behandlung. Informationen über das Krankheitsbild des pathologischen Glücksspielers, die sozialen und kriminogenen Folgen. Förderung der Motivation zu einer umfassenden Behandlung.
- Betreuung während der stationären Behandlung. Hilfe bei der Wiedereingliederung und Nachsorge nach Entlassung aus der stationären Behandlung.

Wie bei substanzgebundenen Abhängigkeitsformen haben ambulante Behandlungen gegenüber stationären beträchtliche *Vorzüge* (vgl. Feuerlein, 1989; Tasseit, 1992):

- Der Patient verbleibt in seinem sozialen Umfeld, kann, was besonders bei jungen Spielern wichtig ist, eine begonnene Ausbildung weiterführen, einer Berufstätigkeit nachgehen und in seiner Familie integriert bleiben,
- suchtfördernde oder auslösende Faktoren des alltäglichen Lebens, die zu einer Rückfallgefährdung beitragen, gehen unmittelbar in die Therapie ein,

und die Beratungsstelle kann z. B. familientherapeutische Maßnahmen effektiver planen und durchführen,

- die in der Therapie gewonnenen Einsichten und Verhaltensweisen sind ohne zeitliche Verzögerung umsetzbar, und ihre Bewährung findet dabei unter realistischen Umweltbedingungen statt,
- Probleme der Wiedereingliederung in die Primär- und Sekundärgruppen entfallen, wie dies nach stationären Aufenthalten der Fall ist, ebenso die Schwierigkeit der Ablösung aus stationären Einrichtungen,
- insbesondere berufliche und familiäre Umstände können ausschlaggebend dafür sein, daß ein stationärer Aufenthalt zunächst nicht in Betracht kommt.

Ambulante Beratungs- und Behandlungsstellen sind personell sehr unterschiedlich besetzt, so daß im Einzelfall beurteilt wird, inwieweit eine Einrichtung die hier beschriebenen Aufgaben übernehmen kann. Zum Teil bestehen die Teams aus Ärzten, Sozialarbeitern und Psychologen, wobei bestimmte Berufsgruppen nur in Teilzeitarbeit beschäftigt sind oder nur beratend zur Verfügung stehen.

Kontaktaufnahme

Begleitumstände der Kontaktaufnahme

Neben den örtlichen Selbsthilfegruppen sind die *Suchtberatungsstellen* häufig erste Ansprechpartner für ratsuchende Betroffene und Angehörige. Ob nun die Beratungsstellen selbst schon Entwöhnungsprogramme durchführen, eine enge Kooperation mit Selbsthilfegruppen besteht oder ein stationärer Aufenthalt in Betracht gezogen werden muß – die schwierige *erste Kontaktphase* fällt häufig in ihren Bereich. Wie bei anderen Suchtkranken können von dem ersten Herantasten bis zu konkreten Behandlungsschritten Tage, Wochen, wenn nicht Jahre, vergehen. Zunächst sind es oft Angehörige, die sich informieren wollen, unter einem erheblichen *Leidensdruck* stehen, in starken *finanziellen Nöten* stecken und häufig nicht wissen, wie sie den nächsten Engpaß überbrücken sollen.

Es melden sich auch verzweifelte Eltern, deren heranwachsende Jugendliche mit dem *Gesetz* in Konflikt gekommen sind, die unter starken *innerfamiliären Spannungen* leiden, weil sich *Diebstähle* im engeren Angehörigenkreis ereignet haben, und sie ein massives *soziales Abgleiten* des Spielers befürchten. Teilweise hat die Familie dann schon Ersparnisse aufgebraucht, Kredite aufgenommen, um z. B. drohende Strafanzeigen zu vereiteln. Wegen der oft verzweifelten Versuche, den Spieler zu überwachen, Geldgeschäfte zu kontrollieren, um weiteres Spielen auf jeden Fall zu verhindern, sind die Angehörigen mit ihren Kräften häufig völlig am Ende und haben sich nicht selten schon selbst wegen psychischer Belastungen in ärztliche Behandlung begeben.

Dennoch wenden sich Angehörige meistens erst recht spät an zuständige Stellen und haben lange versucht, nach außen hin das Bild von der „intakten" Familie aufrechtzuerhalten.

Die immer wieder überzeugend vorgetragenen *Versprechungen* der Spieler, nun endlich aufhören zu wollen, gehören zum Krankheitsbild des pathologischen Glücksspielers und haben ihr übriges dazu beigetragen, daß sich konkrete Schritte einer Behandlung immer wieder verzögert haben. Ein oft über Jahre dauerndes Wechselspiel aus Hoffnung und Enttäuschung haben das gegenseitige Vertrauen in der Familie stark erschüttert, wobei es bei pathologischem Glücksspiel zunächst schwieriger festzustellen ist, ob der Betroffene wieder rückfällig ist, als bei substanzgebundenen Suchtformen. Erst weitere finanzielle Engpässe geben letzte Gewißheit darüber, daß es wieder so weit ist.

Düffort (1989), der in der Bundesrepublik Deutschland eine der ersten Therapiegruppen im ambulanten Bereich für Spieler gründete, stellte fest, daß sich Angehörige häufig erst nach einem längeren Zeitraum bewußt sind, in welche Situation sich die Spieler gebracht haben.

Zu Beginn der Krankheitsentwicklung ist das Symptomverhalten eher *psychosozial unauffällig*. Spieler berichten anfangs teilweise noch von erfolgreichen Spielabläufen, bis stärker abweichende Verhaltensweisen, wie häufiges Verlassen der Spielstätte mit leeren Taschen, erste Schuldgefühle entstehen lassen, und sie das Gesprächsthema Spielen meiden. Vernachlässigung schulischer und beruflicher Belange wegen des häufigen Spielens, erstes Geldleihen und Schulden machen treiben den Spieler immer stärker in die Heimlichkeit. Diese Symptome haben zur Folge, daß die erste Kontaktaufnahme oft erst in einem *fortgeschrittenen Krankheitsstadium* erfolgt. *Mangelndes Wissen* über diese Form der Suchterkrankung in weiten Teilen der Bevölkerung ist mit ein Grund dafür, daß die Hilfsmaßnahmen nicht früher eintreten. Grundsätzlich gilt für pathologisches Glücksspiel wie für andere Erkrankungen: Je früher der Krankheitsverlauf zu unterbrechen ist, um so günstiger können die Erfolgsaussichten der Therapie beurteilt werden.

Beweggründe und Motivation für eine Therapie

Die Motivation des pathologischen Glücksspielers kann nicht als ein statischer Zustand angesehen werden. So ist die Bereitschaft oder der Wunsch, mit dem Spielen aufhören zu wollen, zunächst ausreichend für ein Behandlungsangebot. Doch vor allem in der ersten Kontaktphase können Rückfälle nicht ausgeschlossen werden, und die Enttäuschung bei den Angehörigen („Er hat ja doch wieder gespielt.") und auch beim Betroffenen selbst ist groß.

Rückschläge sind aber zu erwarten, und es ist daher vorteilhaft, wenn Spieler und Bezugspersonen nicht auf den schnellen Behandlungserfolg eingestellt sind, sondern die Therapeuten von Anfang an darauf vorbereiten, daß mit einem *schwierigen* und *längerfristigen Behandlungsprozeß* gerechnet werden muß.

Motivationshemmende Faktoren, wie starke *Scham- und Schuldgefühle,* können in ersten Kontaktgesprächen reflektiert und durch den Spieler erstmalig in einer angstfreien Situation zur Sprache kommen, was schon mit einer gewissen *Erleichterung* von oft über lange Zeit angewachsenen psychischen Belastungen einhergeht.

Für den Spieler sind es häufig zunächst die massiven *finanziellen Probleme,* die als Gründe für seine Bereitschaft vorhanden sind, mit dem Spielen aufhören zu wollen.

Es bedarf daher eines erfahrenen und geschulten Therapeuten, um in dieser kritischen Anfangsphase eine *tragfähige Beziehung* zum Klienten aufzubauen. Die starke *soziale Isolation,* in der sich der pathologische Glücksspieler befindet, muß ganz allmählich abgebaut werden, und es ist ein schwieriger Lernprozeß für ihn, offen über das wahre Spielverhalten, das Ausmaß der Schulden und die sozialen und beruflichen Beeinträchtigungen zu sprechen. Gespräche in einem therapeutischen Rahmen – im Vergleich zu vorausgegangenen innerfamiliären Auseinandersetzungen, die oft von einer verzweifelten Stimmung geprägt waren – ermöglichen dem Klienten in einer einfühlenden und verstehenden, d.h. auch vorwurfsfreien Atmosphäre sein eigenes Verhalten ohne Selbstbetrug wahrzunehmen und mitzuteilen.

Während in der Zeit zuvor allmählich das Glücksspielen allein die Funktion der psychischen Entlastung übernommen hatte, macht der Spieler nun die wichtige Erfahrung im Beratungs- und Therapiegespräch, daß er mit seinen Problemen nicht allein dasteht und Gespräche an sich den Leidensdruck schon beträchtlich mindern.

Feuerlein (1989, S. 177) beschreibt 6 verschiedene Stufen des Motivationsprozesses bei substanzgebundenen Süchten, die wir in Anlehnung daran auf pathologisches Glücksspiel übertragen:

1. Erkennen, daß sich etwas an der gegenwärtigen Situation ändern muß: „So geht es mit mir nicht mehr weiter."
2. Eingeständnis der eigenen Hilfsbedürftigkeit: „Ich schaffe es nicht mehr allein, ich brauche Hilfe."
3. Akzeptieren der angebotenen Hilfe: „Nachdem ich mich ausreichend informiert habe, nehme ich die Hilfe an, lasse ich mir helfen."
4. Akzeptanz der Spielsucht: „Es ist wichtig für mich, daß ich akzeptieren lerne, spielsüchtig zu sein."
5. Anerkennung des Abstinenzzieles: „Ich möchte auf alle Spiele um Geld verzichten und auch auf Spiele mit ähnlichen Wirkungsmustern, die einen Rückfall provozieren können."
6. Anerkennung des Zieles der grundsätzlichen Verhaltensänderung: „Ich muß mein Leben anders gestalten, um abstinent zu bleiben."

Diese Motivationsziele reichen weit über die erste Kontaktphase hinaus und bieten eine *wichtige Grundlage* für den gesamten Entwöhnungsverlauf.

Es ist zu erwarten, daß es in den einzelnen Punkten immer wieder zu Schwierigkeiten kommt. Negative Konsequenzen des Spielens geraten leicht in Vergessenheit. So entsteht wiederum das Gefühl, daß es möglicherweise „noch gar nicht so schlimm" war. Die jahrelang gehegte Hoffnung, daß man doch allein mit den Problemen fertig werden könne, kann immer mal wieder aufkeimen. Auch an der Effektivität des Hilfsangebots können Zweifel auftreten: „Versteht der Therapeut wirklich etwas von Spielsucht?" Befremden den Spieler psychotherapeutische Methoden, auf die er nicht vorbereitet ist? Verhindert eine dem Patienten unverständliche Fachsprache eine ausreichende Vertrauensbasis?

Die Akzeptanz spielsüchtig zu sein, mit der Konsequenz einer lebenslangen Abstinenz, ist in vielen Fällen ein äußerst schwieriger kognitiver Prozeß, der mit starken emotionalen Problemen verbunden sein kann: „Wie reagieren andere darauf? Bin ich nun abgestempelt?" Diese und ähnliche Fragen, die in starkem Maße das Selbstwertgefühl des Klienten betreffen, müssen behandelt werden. Es kann Wochen und auch Monate dauern, bis sich hier Einsichten gefestigt haben und sich der Abstinenzwunsch stabilisiert.

Aus der Arbeit mit substanzgebundenen Abhängigkeitskranken weiß man, daß es in der *ersten Kontaktphase* zu erheblichen *Abbruchraten* kommt. Die Erfahrungen mit Spielern unterstützen diese Erkenntnisse teilweise dramatisch. So führt häufig nur ein kleinerer Teil von Erstkontakten zu konkreten längerfristigen Behandlungen.

Nicht nur Selbsthilfegruppen, sondern auch Beratungsstellen, klagen über eine *hohe Fluktuation* in ihren Behandlungsangeboten. Erste Ansätze, um diese Entwicklung einzugrenzen, können sein (vgl. Baekeland, Lundwall, Kissin und Shanahan, 1971):

● feste, absehbare Termine zu Erstgesprächen,
● gründliche Informationen über Zielsetzung und Therapieablauf,
● möglichst baldige Kontaktaufnahme zu Bezugspersonen und deren Einbeziehung in die Behandlung.

Brenk-Schulte, Feuerlein und Pfeiffer (1992) entwickelten für den ambulanten Bereich der substanzgebundenen Abhängigkeiten einige grundsätzliche *Leitlinien für die Motivationsarbeit,* die im Einzel- wie im Gruppentherapieverfahren angewandt werden können und für pathologisches Glücksspiel *uneingeschränkt* Gültigkeit besitzen:

● Die Motivation des Patienten ist ein dynamischer Prozeß, d.h., er kann erheblichen Veränderungen unterliegen: Ein Patient sollte *nie* wegen fehlender oder nicht ausreichender Motivation abgelehnt werden.
● Der Therapeut sollte den Patienten dort abholen, wo dieser steht – Motivierung ist ein Interaktionsprozeß zwischen Therapeut und Patient.
● Wenn dem Patienten negative Seiten rückgemeldet werden, sollten ihm gleichzeitig erreichbare Wege für eine Veränderung aufgezeigt werden.
● Vorstellungen des Patienten über seine Krankheit und seine Behandlungserwartungen müssen ernst genommen und in der Motivationsarbeit berücksichtigt werden.
● In einer akzeptierenden Atmosphäre sollte sich der Therapeut die notwendige Zeit nehmen, um eine vertrauensvolle Beziehung aufzubauen.

- Frühere Therapieerfahrungen sollten besprochen werden, auch Gedanken und Ängste der Behandlung gegenüber müssen ausgesprochen werden.
- 1. Ziel ist die Bereitschaft zu weiteren Gesprächen. Das Erstgespräch soll so verlaufen, daß für den Patienten Unsicherheit reduziert wird und das Wiederkommen attraktiver wird als das Fortbleiben.
Als 2. und 3. Schritt können die Motivierung zur Abstinenz und zur weiteren Veränderung Zielsetzungen sein.

Weiterer Behandlungsablauf

Im Gegensatz zur stationären Behandlung kann es in der ambulanten Therapie zunächst erheblich schwieriger sein, *Spielabstinenz* zu erreichen. Der Spieler leidet sowohl unter dem Spielverhalten, als auch unter der Vorstellung, es aufgeben zu müssen (vgl. Miller, 1986). Während im stationären Bereich die äußeren Rahmenbedingungen den Patienten zunächst am Weiterspielen hindern, sind im ambulanten Bereich Methoden der *Selbstkontrolle* zu entwickeln, die den Suchtablauf zum Stillstand bringen.

Sicher ist es zunächst notwendig, aktuelle, drückende finanzielle Probleme zu beseitigen. Es gibt spezielle Beratungsstellen und Institutionen, die bei der *Schuldenregulierung* behilflich sind und an die sich der Patient selbst wenden kann. Es ist nicht notwendig, dem Klienten alle Schritte abzunehmen, sondern er soll lernen, *selbständig* zu handeln und *Verantwortung* für die Regelung seiner Belange zu übernehmen. Ein Problem besteht darin, daß es Spielern am Beginn einer Behandlung oft noch erheblich schwer fällt, ihre finanzielle Situation zu ordnen und sich einen genauen Überblick zu verschaffen. Bei GA gibt es dann spezielle „pressure-group-meetings", die dazu dienen sollen, den Druck, der wegen ungelöster Probleme auf dem Spieler lastet, zu vermindern. Den Spielern wird nahegelegt, sorgfältig und gewissenhaft eine Liste über Schulden, unbezahlte Rechnungen, die notwendigen finanziellen Mittel für den Lebensunterhalt und das verfügbare Einkommen zu erstellen. Insbesondere drückende finanzielle Belastungen führen dazu, daß der Spieler wieder in seine Traumwelt flüchtet, mit einem großen Gewinn alle Sorgen los zu sein. Wird für den Spieler nach einer genauen Bilanz deutlich, daß sich seine finanzielle Misere auf sehr lange Zeit hin nicht wesentlich beheben läßt, können erhebliche Störungen in der Behandlungsmotivation auftreten. Fragen werden aufgeworfen, ob es sich denn dann noch lohne zu arbeiten, und was man sich denn dann noch leisten könne. Aus ihrer Phantasiewelt, mit wenig Einsatz einen möglichst großen Gewinn zu erzielen, erwacht, finden sich hoch verschuldete Spieler häufig nur schwer damit ab, daß sie sich nun mit einem *Existenzminimum* zu begnügen haben.

Im Laufe der Spielerkarriere hat das Geld immer stärker die Funktion von *Spielgeld* bekommen und größere Beträge lösen durchaus einen erheblichen Spielanreiz aus. So stellt sich im Einzelfall die Frage, ob kurzfristig eine Einschränkung des zur Verfügung stehenden Geldes ratsam ist, so daß der Spieler nur etwa den täglichen Bedarf mitführt.

Düffort (1986, 1989) schlägt für das weitere Vorgehen in der Behandlung vor, zunächst eine genaue *Anamnese des Spielverhaltens* vorzunehmen. Dann gilt es zu ermitteln, wann der Klient mit Spielen begonnen hat, wie sich sein Spielverhalten über den Tag, die Woche verteilt:

● Gibt es Phasen, in denen er intensiver oder weniger intensiv spielt?
● Gibt es Umstände, unter denen er z. B. leichter auf Spielen verzichten kann?

Möglicherweise gab es frühere Versuche, bei denen es schon einmal eine Zeitlang gelungen war, das Spielen einzustellen, und es läßt sich nun daran anknüpfen.

Es ist festzustellen, inwieweit der Spieler vielleicht schon selbst über Möglichkeiten verfügt, das Spielerverhalten zu stoppen. Meistens sind es *wiederkehrende Abläufe,* die zu Spielsituationen führen. Diese Zusammenhänge werden in der Therapie bewußtgemacht und durch *alternative Verhaltensweisen* ersetzt. Unter Spielabstinenz entsteht anfangs häufig eine beträchtliche „innere Leere". Da im Verlauf der Krankheitsentwicklung eine *Interessenabsorption* stattgefunden hat, d. h., der Spieler hat frühere Interessen, Hobbys und Freunde aufgegeben, ist es von großer Bedeutung, *alternative Verhaltensweisen* zum Spielen aufzubauen, die den Klienten dazu befähigen sollen, psychische Spannungen anders als durch Spielen abzubauen, ihm *geistige Anregungen* vermitteln und eine *sinnvolle Freizeitgestaltung* ermöglichen. Bei all diesen Faktoren gibt es jedoch beträchtliche *individuelle Unterschiede,* die in einer sorgfältigen Anamnese aufgedeckt werden sollten.

Rückfälle müssen sorgfältig analysiert und aufgearbeitet werden, zumal die Spieler in diesen Situationen häufig mit depressiven Verstimmungen reagieren und die Gefahr groß ist, daß sie in den alten Teufelskreis der Abhängigkeit zwischen psychischer Belastung durch Spielen und Flucht in die Spielsituation zurückkehren, der sich quasi selbst aufrechterhält (s. Kap. „Rückfallprävention").

Die Frage nach dem Warum – die Ursachen

Die bisherige Darstellung der Spielerbehandlung macht deutlich, daß zunächst das Symptom (Spielverhalten) und dessen unmittelbare Folgen (z. B. finanzielle Probleme) im Vordergrund der therapeutischen Aufmerksamkeit stehen. Im Idealfall sollte zunächst Symptomabstinenz eintreten, bevor die Hintergründe der Krankheitsentwicklung aufgearbeitet werden. Spieler können sich nur unzureichend auf Therapiesituationen konzentrieren, wenn sie rückfällig sind und nur partiell mit dem Spielen aufgehört haben. Unter diesen Umständen muß das Symptomverhalten im Mittelpunkt der Behandlung stehen und nach konkreten Auswegen aus dieser Situation gesucht werden. Für die *langfristige Stabilisierung* der Abstinenz und Gesundung der Persönlichkeit ist es dann im nächsten Schritt notwendig, die Störungen aufzuarbeiten, die der Krankheitsentwicklung zugrunde liegen.

Bei Düffort (1989) sind dazu in einer Befragung von Spielern 4 verschiedene Problemfelder genannt worden, die unterschiedlich stark betroffen sind (Mehrfachnennungen waren möglich):

- Kommunikation/Partnerschaft 74,2%,
- Schule/Beruf 42,7%,
- Eltern-/Kindkonflikte 27,5%,
- Depressionen/Angst 27%.

Dabei ist es jedoch schwer festzustellen, ob diese Problemfelder eine Antwort auf die Frage nach dem *Warum* der Krankheitsentwicklung sein können, oder ob sie gänzlich oder teilweise *Folgeerscheinungen* des pathologischen Glücksspiels sind. Trotz dieser Unklarheit sollten diese Problembereiche Beachtung bei der Ursachenforschung finden.

Bühringer (1992) stellte fest, daß es eine Teilgruppe von Personen gibt, die bereits vor Beginn des Spielens deutliche *Kontaktstörungen* hatten, die unbewußt den Besuch von Automatenhallen und das Spielen als eine völlig ungeeignete Form für die Lösung ihrer Probleme mit anderen Menschen wählten. Die therapeutische Arbeit gibt Hinweise darauf, daß sich vorhandene psychische Belastungen durch das aufkommende Suchtverhalten eher verstärken. Wie auch immer diese Störungen entstanden sind, sie werden mit dem Absetzen des Spielens nicht einfach verschwinden.

Nach einer Aufstellung von Düffort (1989) verteilte sich die Klientel 1988 wie folgt auf das therapeutische Angebot der Beratungsstelle:

- Gruppen 64,3%,
- Beratung 27,9%,
- Information 10%,
- Familientherapie 3,7% (Mehrfachnennungen waren möglich).

Tasseit (1992, 10) warnt im Zusammenhang mit ambulanter Suchtbehandlung vor Hinweisen auf „feste Programme", da es letztlich um ein Konzept gehe, das auf ein bestimmtes Individuum zugeschnitten sein sollte, und vor der Einnahme dogmatischer Positionen: „Die Therapie darf nicht primär Programm sein, sondern ist eine Frage der Indikation, je nach (Krankheits-) Stadium, Einsicht oder Motivation . . ." (Kryspin-Exner, 1990, S. 185, zitiert nach Tasseit, 1992, S. 10).

Obwohl genauere Untersuchungen dazu nicht vorliegen, orientieren sich die ambulanten Beratungsstellen in der Spielertherapie überwiegend am *Suchtmodell.* Dies bedeutet

- Abstinenz als Therapieziel anzustreben,
- das Symptomverhalten dementsprechend in die Behandlung einzubeziehen,
- Leitgedanken der GA in die Therapie aufzunehmen,
- je nach individuellem Störungsbild Ursachen der Suchtentwicklung und psychosoziale Folgen der Erkrankung aufzuarbeiten.

Ebenso wie Mitarbeiter im stationären Bereich sind auch die Mitarbeiter in den Beratungsstellen in Hinsicht auf Ausbildung und Weiterbildung an unterschiedlichen psychotherapeutischen Methoden orientiert. Im Suchtbereich haben sich insbesondere Methoden bewährt, die sich an der *klientenzentrierten Gesprächspsychotherapie* orientieren (vgl. Feuerlein, 1989; Rogers, 1973, zitiert nach Tausch & Tausch, 1979, S. 16f.). Dabei lassen sich die Grundprinzipien sowohl in der Einzel- als auch in der Gruppentherapie anwenden. Entscheidend für die Haltung des Therapeuten ist

- das einfühlende, nicht wertende Verstehen,
- die Achtung und Wärme,
- das Echtsein des Helfers.

Hierdurch wird beim Klienten ein Prozeß der *Selbstöffnung* und *Selbstauseinandersetzung* gefördert. Innerhalb der Gruppe erleichtert dies den Ausdruck von belastenden Gefühlen und Gedanken. In einem psychologischen Klima der *Sicherheit* und des gegenseitigen *Vertrauens* kann der Spieler die suchtspezifische Abwehr, z. B. Verleugnung und Bagatellisierung des Suchtverhaltens, abbauen und die Äußerung von positiven und negativen Empfindungen erproben. Er kann mangelnde Fähigkeiten im Kommunikations- und Kontaktbereich beheben und Einsichten in innerpsychische und zwischenmenschliche Konflikte gewinnen.

Gruppenarbeit

Für die Bildung von Gruppen im ambulanten Bereich sollten mindestens 4 interessierte Spieler vorhanden sein (vgl. Düffort, 1989; Beckemeyer-Schweer, 1986; Reuter, 1989). Die Gruppe bietet im Gegensatz zum Einzelgespräch vielfältige *Identifikationsmöglichkeiten* mit anderen Spielern. Auch wenn der öfter zu hörende Slogan: „Nur ein Spieler versteht einen Spieler" sicherlich übertrieben ist, so ist doch das gegenseitige Verstehen und Einfühlungsvermögen von ganz entscheidender Bedeutung für eine dauerhafte Stabilisierung des Klienten.

Grundsätzlich sollten Spieler gemeinsam in Gruppen mit anderen Spielern bzw. Suchtkranken behandelt werden. In der Gruppe verliert der Spieler das Gefühl, ein isoliertes Einzelschicksal zu sein. Er erkennt, daß sich die Krankheitssymptome in unglaublicher Weise ähneln, ob es sich dabei um Symptome des Spielverhaltens, der Geldbeschaffung, innerfamiliäre Auseinandersetzungen oder um den „Katzenjammer" nach dem Spielexzeß handelt. Dabei kann der *Austausch von Erfahrungen* erheblich angstreduzierend wirken, depressive Verstimmungen mindern und Verletzungen des eigenen Selbstwertgefühls reduzieren helfen. Unter Aufgabe des Stolzes und der eigenen sozialen Normen und Werte hat der Spieler häufig die für die Spielsucht notwendigen Geldmittel beschafft, und es sind im abstinenten Zustand erhebliche Scham- und Schuldgefühle zu verarbeiten, die er zum Teil abwehrt und verleugnet. Andere Suchtkranke geben Hilfestellung, sich zu öffnen und negative Gefühle auszusprechen.

Vorbildfunktionen sind dabei von ganz entscheidender Bedeutung, d. h., es kommt weniger darauf an, andere damit zu konfrontieren, daß sie noch wichtige Erfahrungen zurückhalten. Es ist vielmehr das eigene Sich-öffnen und Auseinandersetzen, das den noch nicht so weit fortgeschrittenen Gruppenmitgliedern die wichtige Hilfestellung gibt. Schon längerfristig abstinente Glücksspieler geben wichtige Hinweise darüber, wie sie *Selbstkontrollmechanismen* entwickelt, rückfallgefährdende Situationen bewältigt und alternative Verhaltensweisen zum Spielen aufgebaut haben. Die gemeinsame Identifikation mit der Krankheit und die daraus folgende Konsequenz der Spielabstinenz ist möglicherweise der wichtigste therapeutische Faktor in der Gruppenarbeit.

Negative Konsequenzen eines süchtigen Verhaltens sind oft schnell vergessen (vgl. de Jong-Meyer, Brodd, Schiereck, Schlimm und Skaletz, 1989), der Leidensdruck läßt im abstinenten Zustand rasch nach und die Wachsamkeit vermindert sich. Es gibt plötzlich keinen Grund mehr dafür, warum man nicht doch ein Spiel riskieren sollte. Nur im ersten Augenblick ist es widersinnig, daß sich jemand mit einem Krankheitsbild identifizieren soll, dessen unmittelbare Symptome zum Stillstand gekommen sind. Die Identifikation mit der Krankheit ist die Voraussetzung dafür, daß der Spieler die Motivation zur Abstinenz und eine Wachsamkeit gegenüber spielanreizenden Situationen aufrecht erhält. Das bedeutet jedoch keineswegs, daß sich die gesamte Persönlichkeit auf das Selbstbild des Abhängigkeitskranken reduziert oder das Konzept vom Kontrollverlust auf andere Bereiche der Persönlichkeit zu übertragen ist.

Nachdem kritische Situationen des Behandlungseintritts und des Therapieprozesses überwunden sind, befaßt sich der Klient wieder mit anderen Fragen der Lebensgestaltung und nur vereinzelt wird ein großer Teil der Lebensenergie weiterhin der Suchterkrankung, bzw. der Arbeit in Selbsthilfegruppen gewidmet.

Probleme des Therapieeinstiegs und der Gruppenfluktuation

Beratungsstellen berichten fast einhellig davon, daß eine hohe Fluktuation die Gruppenprozesse in der Behandlung pathologischer Glücksspieler stört.

Teilweise ist zu beobachten, daß sich über mehrere Jahre hinweg keine feste Gruppe etablieren konnte. Thomas (1992) beschreibt die Bildung zweier Arten von Spielergruppen, von denen er eine eher *geschlossen* und die andere *offener* konzipierte. Obwohl in der weniger strukturierten Gruppenform ebenfalls eine regelmäßige Teilnahme erwünscht ist, wird Fernbleiben nicht so streng thematisiert oder bearbeitet wie in der geschlossenen Gruppenform. Da für die offene Gruppe der zeitliche Rahmen weiter gesteckt ist, müssen die Patienten nicht pünktlich sein und treffen zu der ihnen möglichen Zeit ein. Ziel ist, den *Einstieg* in die ambulante Therapie zu erleichtern und ein Beisammensein in einer aufgelockerten Atmosphäre zu gewährleisten. Dabei sollten Getränke gereicht und auch belanglose Gespräche ermöglicht werden. Durch kleinere Rollenspiele und sonstige Anstöße setzt der Gruppenleiter die punktuell intensivere „Therapie" in Gang. Thomas führt weiter aus, daß gerade ein nicht klar umgrenztes zeitliches und thematisches „setting" einen besonders guten Anklang findet und wenige Abbrüche und ein geringes Angstniveau zu verzeichnen sind. Die Teilnahme erstreckt sich meist über mehrere Monate, bevor der Patient eine feste Therapiegruppe findet.

Die Einrichtung von *Motivations- oder Vorbereitungsgruppen* hat den Vorteil

- die eigentlichen Therapiegruppen vor allzu starker Fluktuation zu schützen,
- die Schwellenängste bezüglich einer ambulanten Therapie abzubauen und
- in der weniger angstbesetzten Atmosphäre einer offenen Gruppenstruktur die Fluktuation insgesamt zu verringern.

Patienten, die beispielsweise durch einen Rückfall längere Zeit aus der Therapiegruppe fernbleiben, wird so der Wiedereinstieg in die Behandlung erleichtert.

Auch *Einzelgespräche* können die Funktion der Motivklärung und Vorbereitung auf die Therapiegruppe oder Selbsthilfegruppe übernehmen. Allerdings darf dem Suchtkranken nicht über allzu lange Zeit die Möglichkeit genommen sein, gerade in der ersten schwierigen Zeit des Ausstiegs aus dem Spielverhalten, Erfahrungen mit anderen Spielern auszutauschen.

> Wohl tatsächlich beispiellos ist in der Frage der Senkung der Schwellenangst und der Kontaktaufnahme das „Café Beispiellos", das in Berlin von Düffort (1989) und seinen Mitarbeitern eigens für pathologische Glücksspieler gegründet wurde, ein Projekt der Beratungsstelle Jugend–Drogen–Süchte. Das Café wird inzwischen von den Spielern stark frequentiert, und dient als Anlaufstelle für Krisensituationen, auch dann, wenn der Spieler gerade wieder alles verspielt hat, um Gefühlen der Vereinzelung entgegenzuwirken. Hemmschwellen gegenüber professionellen Therapieangeboten sinken und Räumlichkeiten für Gruppentreffen auch außerhalb der offiziellen Zeiten sind vorhanden.

Insgesamt besteht noch ein Mangel an Erfahrungsberichten und an wissenschaftlicher Literatur im Bereich ambulanter Therapie von pathologischen Glücksspielern.

Ein Spieler berichtet:

[Stefan, 24 Jahre, verlobt, 2 Kinder, seit 10 Jahren Spieler, 40 000,– DM Schulden, Alkoholprobleme, berichtet über die Zeit seiner *Kontaktaufnahme,* und erfolgreichen Teilnahme an einer *expertengestützten ambulanten Selbsthilfegruppe für Paare.* Er ist seit 10 Wochen spielabstinent und besucht die Gruppe weiterhin regelmäßig. Bevor er den ersten Kontakt mit der Beratungsstelle aufnahm, hatte sich die familiäre Situation erheblich verschlechtert:]

„Diese Wochen und Monate waren eine schlimme Zeit für uns beide, weil ich ja nicht zugeben wollte, daß ich das Geld verspielt hatte. Also mußte ich lügen, lügen und nochmal lügen. Sei es, um zu erklären, warum ich schon wieder zu spät nach Hause kam, warum ich nicht arbeiten war oder wo das ganze Geld geblieben ist. Hinterher hat meine Verlobte es dann doch rausgekriegt, und es gab ein Riesentheater. Klar, der Streit machte mir ganz schön zu schaffen, aber in diesem Moment war ich doch froh, daß sie es endlich wußte. Als der Streit vorüber war, habe ich ihr natürlich versprochen, nie wieder zu spielen. Doch dieses Versprechen hielt vielleicht eine Woche und dann habe ich wieder 200,– DM verspielt. Das Geld war weg, und ich war wieder 3 Stunden von zu Hause fort, obwohl ich nur kurz in die Stadt gehen wollte. Also ging die ganze Lügerei wieder von vorne los, doch sie wußte jetzt, daß ich log. Anstatt jetzt aufzuhören, wurde es eher noch schlimmer.

Dann, eines Tages im September 1992, sagte meine Verlobte zu mir, sie hätte bei der [angeleiteten] *Spielerselbsthilfegruppe angerufen* und dort für den nächsten Tag einen Termin ausgemacht. Sie verlangte, daß wir zusammen dort hingehen, ansonsten könnte ich meine Koffer packen, denn sie könnte das einfach nicht mehr aushalten. Diese ewigen Enttäuschungen und Ängste, die sie immer auszuhalten hätte, wenn ich nicht nach Hause komme. Ich habe dann diesem Termin zugestimmt, weniger um mir helfen zu lassen, sondern mehr um sie zu beruhigen. Klar, ich wollte auch von dieser verfluchten Sucht des Zockens runterkommen, aber ich war immer noch der Überzeugung, daß ich es allein schaffen könnte. Na ja, wir sind dann am nächsten Tag zu diesem Termin hingegangen, wo wir uns mit einem Sozialarbeiter unterhielten.

Das Gespräch dauerte über eine Stunde. In dieser Zeit hat mir der Mitarbeiter der Beratungsstelle so viel von mir widergespiegelt, über meine Ängste, meine Gefühle, was ich so beim Zocken alles durchmache, daß ich mir gedacht habe, der Mann weiß wovon er spricht. Am Ende sagte er dann, daß er demnächst eine neue Paargruppe gründet und sich freuen würde, wenn wir daran teilnehmen. Als meine Verlobte und ich dann zu Hause waren, sind wir das Gespräch noch mal in aller Ruhe durchgegangen und haben beschlossen, besser gesagt meine Verlobte hat dann beschlossen, zu diesem ersten Termin hinzugehen.

An einem Mittwoch war es soweit, mit gemischten Gefühlen gingen wir zu diesem Termin. Es gingen mir allerlei Gedanken durch den Kopf, was sind das wohl für Leute und was soll ich dort sagen, vor allen Dingen die eine Frage, was soll ich da. Es war schon ein unbehagliches Gefühl, da zu sitzen und zu wissen, daß das alles auch Zocker sind, aber ich schätze, so ging es jedem an diesem Abend. Der Mitarbeiter der Beratungsstelle stellte sich noch mal vor und sagte uns, daß wir es auch tun sollten. Der erste Abend verlief dann so mit belanglosen Gesprächen, was ja eigentlich verständlich ist, weil man sich ja erst beschnuppern muß und keinem fremden Menschen seine persönlichen Dinge erzählt. Auf jeden Fall war der erste Abend dann beendet und ich habe gemerkt, daß es ja gar nicht so schlimm war, wie ich gedacht hatte und daß es mir ja ganz gut gefallen hat.

Jetzt sind wir schon über 4 Monate in dieser Gruppe, und ich fühle mich wohl, weil ich mittlerweile gemerkt habe, daß ich nicht alleine dastehe mit meinem Problem. Das Gute an dieser Gruppe ist, daß ich über alles reden kann, was mich bedrückt und mir Schwierigkeiten bereitet, und wenn man mal nichts sagen will, so geht das auch. Mittlerweile freue ich mich auf jeden neuen Abend. In der Gruppe kann ich meinen Gedanken und Gefühlen freien Lauf lassen, ohne daß mich jemand auslacht oder mir Vorwürfe macht, wie man nur so viel Geld verspielen kann. Ich finde es gut, daß eigentlich nie über das Zocken selber gesprochen wird, sondern über das „Warum". Das wichtige an diesen Gesprächen ist, zu ergründen, warum man spielt, denn kein Mensch ist zum Spielen geboren. In der Gruppe kann man mit Gesprächen dieses „Warum" klären, und man hilft sich gegenseitig dabei. Klar, die Gruppe ist kein Allheilmittel, wo man hingeht und spielt nicht mehr. Ich persönlich habe in den ersten 2 Monaten noch genauso weitergespielt wie zuvor. Doch mittlerweile habe ich jetzt seit 10 Wochen keinen Automaten mehr angefaßt und darüber bin ich und meine Verlobte sehr froh. Ab und zu kribbelt es immer noch in den Fingern, aber bis jetzt konnte ich es überwinden. Wenn dieses Gefühl mal wieder da ist, bringe ich das in der Gruppe zur Sprache, und wir setzen uns damit auseinander. Diese Gespräche haben mir sehr viel geholfen, mit mir selbst besser klar zu kommen. Das Verhältnis zu meiner Verlobten und zu meinen Kindern ist intensiver geworden. Ich nehme meine Familie und die Umwelt viel mehr wahr als sonst und merke erst jetzt, wie sehr ich meine Familie im Stich gelassen habe. Auch meine persönlichen Probleme, die ich durch das Zocken verdrängt habe, sind allmählich zum Vorschein gekommen. So langsam komme ich hinter dieses „Warum", und dabei haben mir die Gespräche in der Gruppe sehr geholfen und helfen mir noch. Ich kann nur jedem raten, der mit dem Zocken aufhören will, sich einer Gruppe anzuschließen, denn Spielen ist eine Sucht, und kein Süchtiger kann ohne fremde Hilfe davon loskommen."

Es ist abschließend festzustellen, daß *ambulante Behandlungen* erhebliche Vorteile haben, die insbesondere darin liegen, daß sich der Patient in seiner realen Umgebung von der Spielsucht entwöhnen, neue Lebensstrategien entwickeln und direkt erproben kann. Eine teilweise extrem hohe Fluktuation und Therapieabbrüche zeigen jedoch, daß es Spieler gibt, denen es in ihrer momentanen Situation mit der Unterstützung einer ambulanten Therapie nicht gelingt, das selbstzerstörerische Spielverhalten einzustellen.

Scheitern alle ambulanten Bemühungen, das Suchtverhalten des pathologischen Glücksspielers zu stoppen und grundlegende Änderungen zu erzielen, ist eine *stationäre Entwöhnungsbehandlung* unvermeidlich.

Zur Beantragung der Kosten für stationäre Therapien fertigen Beratungsstellen *Sozialberichte* an, die sie häufig noch durch ärztliche Gutachten ergänzen. Die ins Auge gefaßte stationäre Behandlungsstätte erhält eine Durchschrift, um die Behandlungsindikation zu klären und für das möglicherweise notwendige Vorstellungsgespräch vorab informiert zu sein. Hierzu Ausschnitte aus einem Sozialbericht, wie er sich oft darstellt:

Im Sozialbericht begründet eine Suchtberatungsstelle die Notwendigkeit einer stationären Spielerentwöhnungsbehandlung:

Suchtmitteldosis und -häufigkeit: Mit 15 Jahren erste Kontakte zum Alkohol und Spielautomaten. Der Alkoholkonsum steigerte sich, und es entwickelte sich in den folgenden Jahren eine ausgeprägte Spielsucht. Nach einer 1. Entwöhnungsbehandlung für ca. 10 Monate abstinent – dann wieder „Spielversuche", massiv steigernd bis heute. Ca. 4–5 Stunden tägliches Spielen mit Einsätzen pro Tag von mehreren 100 DM.

Seelisch geistige Veränderungen: Erlebt Kontrollverlust; kann sich immer weniger steuern; Aggressionen; starke Ängste, Furcht, kriminell zu werden; Depressionen und psychosomatische Beschwerden.

Körperlicher Zustand: Untergewichtig.

Zusammenfassend/Motivation: Die augenblickliche Situation (gescheiterte Ehe/Partnerschaft, Verlust des Bekannten- und Freundeskreises, hohe Schulden und lange Arbeitslosigkeit) verschafft ihm einen großen Leidensdruck. Herr ... fühlt sich körperlich, seelisch und sozial am Ende. Seine Stimmung ist niedergeschlagen – wenig Selbstvertrauen und Zuversicht bei starken somatischen, insbesondere psychosomatischen Krankheitssymptomen. Er zeigt eine gute Motivation, Veränderungen einzuleiten und sich auf eine stationäre Therapie einzulassen.

Zusammenfassung

Die Berichte von Mitarbeitern zweier Beratungsstellen über ihre Vorgehensweise und Probleme in der Spielerberatung zeigen, daß neben den Selbsthilfegruppen ambulante Sucht- und Familienberatungsstellen häufig erste Ansprechpartner für pathologische Glücksspieler und ihre Angehörigen sind. Beratungsstellen haben Pionierarbeit dabei geleistet, (expertengestützte) Selbsthilfegruppen aufzubauen. Es entstanden erste expertengeleitete Therapiegruppen, die vorwiegend nach dem Suchtmodell arbeiten und teilweise Angehörige einbeziehen. Von der ersten, oft schwierigen Kontaktaufnahme bis hin zur umfassenden Entwöhnungsbehandlung decken die Beratungsstellen in Zusammenarbeit mit den Selbsthilfegruppen wohl den größten Behandlungsbedarf ab. Dabei gehört es zu den *schwierigsten Aufgaben* der ambulanten Beratungsstellen, den Patienten nach der ersten Kontaktaufnahme zu einer *umfassenden Therapie zu motivieren* und ihn *zu unterstützen, Symptomabstinenz zu verwirklichen.* Auch wenn der Spieler einen erheblichen Leidensdruck verspürt, sind alternative Verhaltensweisen noch kaum vorhanden, anders als durch Glücksspielen psychische Belastungen und Spannungen zu ertragen.

Der Vorteil der ambulanten Behandlung besteht darin, daß der Spieler in seinem sozialen Umfeld bleibt und dort notwendige Verhaltensänderungen lebensnah entwickeln und erproben kann. Gleichzeitig ist es allerdings unter diesen Umständen erheblich schwieriger, Glücksspielabstinenz zu erreichen, da die spielauslösenden Situationen und Anreize weiterhin massiv wirksam sind.

Die Spielerbehandlung findet möglichst in Gruppen statt. Nur so können die Patienten wichtige *Erfahrungen* austauschen:

- wie Spielabstinenz zu erreichen ist,
- welche Empfindungen dabei zu verarbeiten sind,
- welche Alternativen sie zum Spielen entwickeln,
- wie sie die Krankheitseinsicht und Akzeptanz fördern und den Abstinenzwunsch festigen können.

Fortgeschrittene Patienten haben für neue Gruppenmitglieder wichtige *Vorbildfunktionen,* sich offen und ohne Vorbehalte über die Suchtproblematik auseinanderzusetzen und Scham- und Schuldgefühle zu bewältigen. Die Gruppe hilft dem Spieler, seine soziale Isolation aufzugeben und unterstützt ihn, sich rückhaltlos Klarheit über seine finanzielle Situation und notwendige Schuldenregulierungen zu verschaffen. Sowohl die Gruppe als auch zusätzliche Einzel- und Familientherapie bieten viele Möglichkeiten, Ursachen der Krankheitsentwicklung einzusehen und notwendige Änderungen in Einstellungen, im Verhalten und in der sozialen Kompetenz einzuleiten, um eine dauerhafte Stabilisierung des Patienten zu erreichen. Zusätzliche Gruppenangebote, die einen eher offenen, weniger zeitlich und therapeutisch strukturierten Rahmen bieten, wirken dem Problem der ersten Hemmschwelle, der starken Fluktuation und des schwierigen Wiedereinstiegs nach einer längeren Rückfälligkeit erfolgreich entgegen.

Wenn alle ambulanten Therapieversuche scheitern, starke psychische und psychiatrische Probleme vorhanden sind, irreparable soziale und existentielle Schäden drohen, hat die Beratungsstelle die wichtige Aufgabe, den Spieler in eine stationäre Therapie zu vermitteln, ihn in dieser Zeit zu begleiten und bei der notwendigen Reintegration und Nachsorge tätig zu sein.

Es ist keine Frage, daß eine Krankheit immer mit dem möglichst geringsten persönlichen und ökonomischen Aufwand behandelt werden sollte. Dieser allgemeine Grundsatz macht jedoch die Entscheidung für Betroffene und Behandelnde nicht einfacher, welche Therapieform die individuell richtige ist. Dabei stellt eine mittelfristige oder Langzeitentwöhnungsbehandlung, wie sie vornehmlich Fachkliniken für Suchtkranke (s. Anhang B) durchführen und die von ca. 8 Wochen bis zu 4 Monaten dauert, den tiefsten Eingriff in die Persönlichkeit und in das soziale Netz des Patienten dar. Inzwischen gibt es etwa ½ Dutzend Kliniken in Deutschland, die spezielle Konzepte für die Therapie von pathologischen Glücksspielern entwickelt haben.

> Nach einer Statistik von Meyer (1991 a) haben 4 ausgewählte stationäre Versorgungseinrichtungen 1990 von 22 bis zu 53 pathologische Glücksspieler zur Behandlung aufgenommen. Neuere Auszählungen (vgl. z. B. Kellermann & Sostmann, 1992) lassen erkennen, daß in diesen Kliniken der Anteil der pathologischen Glücksspieler bereits bis zu 20% erreicht hat; dabei wurden hier erst Anfang bis Mitte der achtziger Jahre die ersten (Automaten-) Glücksspieler gezählt.

Welche *Kriterien* können nun ausschlaggebend dafür sein, daß eine *stationäre Behandlung* angezeigt ist? Es reicht noch nicht aus, daß auf der Grundlage der Diagnosekriterien des DSM III (R) oder ICD 10 eine Behandlungsbedürftigkeit festgestellt wurde. Wird ein Hausarzt, eine Suchtberatungsstelle oder eine andere sozialpsychologische Einrichtung mit einem Spieler konfrontiert, so besteht neben der üblichen Erfassung und akuten Hilfe die oft gar nicht leichte Aufgabe, eine örtliche oder zumindest gemeindenahe Behandlungseinrichtung oder Selbsthilfegruppe ausfindig zu machen, die die spezielle Spielerbehandlung übernimmt. Für die frühzeitige Kontaktaufnahme mit einer stationären Einrichtung spricht:

1. der Umstand, daß dringend therapeutische Hilfe indiziert ist, aber örtlich keine ambulanten Behandlungsmöglichkeiten gegeben sind,
2. daß alle ambulanten Versuche gescheitert sind, den Krankheitsverlauf zu stoppen,
3. daß starke psychische Schwierigkeiten, z. B. Suizidversuche, ausgeprägte neurotische Symptome wie Ängste, depressive Verstimmungen sowie starke soziale Notlagen, drohende Delinquenz, eine frühzeitige Einbeziehung einer stationären Einrichtung notwendig machen.

In akuten Krisensituationen, wie Suizidversuchen, werden Spieler zunächst in psychiatrischen Einrichtungen untergebracht. Es ist in vielen Fällen ein erheblicher Zeitaufwand nötig, bis die notwendigen formellen Voraussetzungen für die Aufnahme in einer speziellen Suchtklinik, die meistens auch längere Wartezeiten hat, geklärt sind.

Eine besondere Problematik besteht darin, daß einige Kostenträger, trotz eines ersten positiven Sozialgerichtsurteils (vgl. Meyer, 1992), das pathologische Glücksspiel nicht als Suchtkrankheit akzeptieren und es deshalb öfter ein besonderes „Glücksspiel" ist, die Kostenbewilligung für die gewünschte Klinik zu erhalten.

Bei dem Vorliegen einer *zusätzlichen substanzgebundenen Abhängigkeit hat* es derartige Schwierigkeiten bisher nicht gegeben. Die hier genannten Hinweise für die Indikation einer stationären Spielerbehandlung sind nur als *grobe Leitlinien* aufzufassen. Es bleibt in der Verantwortung der ambulant tätigen Therapeuten, in jedem Einzelfall die individuell richtige Entscheidung zu treffen. Von den speziellen Suchtkliniken werden zumeist *Informations-* und *Vorstellungsgespräche* durchgeführt, so daß hier eine weitere Abklärung der Behandlungsmöglichkeiten erfolgt.

Auch Windgassen und Leygraf (1991) vertreten die Ansicht, daß es Spieler gibt, die die Möglichkeit einer stärkeren (Behandlungs-) Strukturierung oder Distanzierung vom gewohnten sozialen Umfeld benötigen. Dabei bleibt nach ihrer Ansicht abzuwarten, ob diese Patienten tatsächlich von Behandlungskonzepten profitieren, die insbesondere für Alkoholkranke entwickelt wurden. Nach Kellermann und Sostmann (1992) zeigt die klinische Realität in Hamburg eindeutig, daß ein ausschließlich ambulantes Therapieangebot nur für einen Teil der pathologischen Glücksspieler eine ausreichende Hilfe darstellt und daß – wie bei anderen Suchtkranken – ein *stationäres Hilfsangebot* notwendig ist, das sich nach den bisher vorliegenden Erfahrungen in Suchtkliniken durchführen läßt.

Erste stationäre Behandlungen von pathologischen Glücksspielern in separaten Gruppen

Etwa 10 Jahre früher, Anfang der 70er Jahre, wurden in den USA erste stationäre Therapiekonzepte für Spielergruppen angeboten. Pionierarbeit hat dabei der amerikanische Psychiater Custer geleistet (vgl. Custer & Milt, 1985), Direktor des Alkoholbehandlungsprogramms des Veterans Administration Hospital in Becksville. Damals wurde Custer von Mitgliedern der GA angesprochen, weil große Probleme bei der Behandlung einiger Mitglieder entstanden waren, die mit Suizidversuchen und gesetzlichen Schwierigkeiten zu tun hatten. Für Custer war entscheidend, daß es sich bei dem pathologischen Spielverhalten um ein *Suchtverhalten* (vgl. DSM III (R), 1989, S. 155) handelt und daß dies der Ausgangspunkt für seine konzeptionellen Überlegungen sein sollte. Was ihn zunächst sehr beeindruckte, war die starke Ähnlichkeit zwischen pathologischen Glücksspielern und Alkoholikern, sowohl was die Persönlichkeit als auch das Krankheitsbild anging. Es war für ihn sehr überraschend, daß es so viele Gemeinsamkeiten zwischen einer Abhängigkeit von einer Droge und einem Verhaltensproblem, dem süchtigen Glücksspiel, gab. Nach ersten Untersuchungen der Krankheitsberichte der neuen Klienten begann sich ein *Krankheitsbild* zu entwickeln, das viele *Parallelen zum* progressiven Verlauf des *Alkoholismus* aufwies.

> Beide Verhaltensweisen, Alkoholismus und pathologisches Glücksspiel, beginnen meistens mit einem harmlosen Symptomverhalten, das sich langsam, aber progressiv, destruktiv gegenüber dem Betroffenen selbst und der Familie entwickelt. Besitz geht verloren und die finanzielle Existenzgrundlage wird gefährdet und zerstört. Physisch erschöpft und psychisch zerschlagen, geht der Spieler häufig den Weg des Suizids. Ähnlich wie beim Alkoholismus, kommt es beim pathologischen Glücksspiel zum Kontrollverlust bis zu dem Punkt, wo das Verhalten selbstzerstörerisch wirkt.

Ähnlichkeiten sah Custer außerdem auf der *Persönlichkeitsebene.* In beiden Symptomgruppen sah Custer die Tendenz der *Realitätsflucht*, vor allem wenn Spannungen auftreten, Anforderungen oder Krisen entstehen, von denen der Betroffene annimmt, daß er sie nicht bewältigen kann. Beim Alkoholiker dient der Alkohol zur „Lösung" dieser Probleme, während es beim pathologischen Spieler das Glücksspiel ist.

Custer formulierte folgende Therapieziele:

1. Den Spieler dazu befähigen, das pathologische Glücksspiel zu stoppen.
2. Das Selbstvertrauen und Selbstwertgefühl stärken, so daß der Patient pathologisches Glücksspiel nicht mehr dazu einsetzen muß, vor den realen Lebensproblemen zu flüchten und in eine Welt von Illusionen auszuweichen.
3. Hilfestellung dabei geben, andere Möglichkeiten der Befriedigung, des Vergnügens und der Selbsterfüllung zu entwickeln, die das Vakuum füllen, das bei Wegfall des Spielverhaltens entstanden ist.
4. Dem Patienten bei dem Bedürfnis helfen, entstandenes Unrecht wiedergutzumachen, und dies auf realistische Weise.
5. Für die Zeit nach der Entlassung aus der 4wöchigen stationären Behandlung soll eine ausreichende ambulante Nachsorge geplant sein.

Um diese Therapieziele zu erreichen, entwickelte er folgendes Therapieprogramm, das auch der Notwendigkeit Rechnung trägt, die Angehörigen mit einzubeziehen:

1. Gruppentherapie mit den Spielern, gefolgt von
2. Individualtherapie, danach
3. Individualtherapie für Ehefrauen/Partner, anschließend
4. gemeinsame Paartherapie plus
5. Entspannungstherapie und Beschäftigungstherapie sowie
6. GA für die Spieler und Gam-Anon für die Partner.

Das gesamte Therapieprogramm orientierte sich stark an der Alkoholismustherapie. Die Spieler erhielten zunächst individuelle Beratung, um ihnen Unterstützung zu geben, das Glückspielverhalten einzustellen, Eheprobleme, Schulden und finanzielle Haushaltsplanungen anzusprechen und Änderungen einzuleiten. In Ergänzung dazu fand Gruppentherapie statt, in der die Spieler darüber sprachen, wie ihr Weg in die Spielproblematik ausgesehen hatte, und welche Probleme dadurch entstanden waren. Hier konnten sie ihre Gefühle der Hilflosigkeit ausdrücken und was sie glaubten, an ihrer Persönlichkeit verändern zu müssen. Während in der Einzelberatung in erster Linie Fakten zu regeln waren, diente die Gruppentherapie eher dazu, die Gefühle der Spieler anzusprechen, um ihnen die Möglichkeit zu geben, sich von psychischen Spannungen zu befreien und ihre Einsicht in ihr fehlangepaßtes Verhalten zu vertiefen. Es wurde Totalabstinenz angestrebt, wobei es ihnen aber erlaubt war, konkurrierende Spiele (z. B. Schach) ohne Einsatz zu spielen.

Custer stellte starke *Entzugsphänomene* fest: Die Patienten reagierten äußerst unruhig, nervös, rastlos, ängstlich und depressiv verstimmt. Im weiteren Verlauf der Behandlung zeigte sich, daß das Spielen starke *negative Eigenschaften und Verhaltensweisen* hervorgebracht hatte. Sie waren unsensibel gegenüber anderen Personen geworden, hatten andere getäuscht und waren unehrlich, um sich das nötige Geld für den Spieleinsatz zu verschaffen. Diese Eigenschaften hatten vor der Entwicklung des pathologischen Glücksspiels nicht bestanden.

Custer stellte des weiteren fest, daß es teilweise zu erheblichen Auseinandersetzungen mit dem therapeutischen Team kam. Die Spieler provozierten und manipulierten, nicht etwa um Geld zu erhalten, sondern um spezielle Privilegien und Vorteile zu erlangen, um das Behandlungsregime zu lockern. Obwohl die Spieler erhebliche Anstrengungen unternommen hatten, einen Behandlungsplatz zu bekommen, sträubten sie sich gegenüber Behandlungsmaßnahmen, lehnten psychologische Interpretationen ihres Verhaltens ab und sahen sich nicht als krank oder süchtig. Es wurde deutlich, daß diese *Abwehrhaltung* als ein *integrierter Bestandteil des pathologischen Glücksspielverhaltens* angesehen und in die therapeutische Arbeit einbezogen werden muß. Außerdem zeigten die Patienten erhebliche Schwierigkeiten dabei, alltägliche Probleme zu bewältigen, finanzielle Belange zu klären, Schulden zu regulieren, sich mit gesetzlichen Schwierigkeiten auseinanderzusetzen, Pläne zu machen und Entscheidungen zu treffen. Das Behandlungsteam um Custer kam weiterhin zu der Überzeugung, daß es nicht ausreichend ist, das pathologische Spielverhalten zu stoppen, sondern es sind außerdem Persönlichkeitsstörungen und fehlangepaßtes Verhalten aufzuarbeiten, damit der Patient nicht in sein Suchtverhalten zurückfällt. Im Mittelpunkt der therapeutischen Bemühungen stand die Gruppentherapie, in der auch eine offene Konfrontation stattfand, die weniger vom Therapeuten ausging als vielmehr von den Patienten selber.

Bis 1987 hatten sich in den USA schon etwa 16 spezielle Therapieprogramme für pathologische Glücksspieler entwickelt (Franklin & Ciarrocchi, 1987). Sie strebten häufig einen engen gegenseitigen *Erfahrungsaustausch* zwischen professionellen Behandlungsteams und Gamblers Anonymous an. Es wurden erste genesene *ehemalige Glücksspieler-Patienten* in den stationären Einrichtungen *beschäftigt*, die 3–5 Jahre abstinent waren, regelmäßig bei den

GA mitgearbeitet und erfolgreich ein professionell geleitetes Seminar absolviert hatten, wie dies häufig auch in Alkoholismustherapien üblich ist. Das Behandlungskonzept sah eine gewisse *Arbeitsteilung* vor, wobei sich die professionellen Teammitglieder eher für die psychotherapeutischen Belange und die peers (ehemalige Glücksspieler) eher beratend, beim Aufdecken der tatsächlichen finanziellen Lage, Schuldenregulierung, Haushaltsplanung, gesetzlichen Schwierigkeiten und suchtspezifischen Abwehrhaltungen gegenüber der Therapie einsetzten. Wie dies auch in der Selbsthilfegruppe der Fall ist, haben die abstinenten ehemaligen Glücksspieler eine wichtige *Vorbildfunktion*. Sie sind der „lebende Beweis" dafür, daß es tatsächlich möglich ist, das Glücksspielverhalten aufzugeben, schwierige soziale und psychische Folgeprobleme zu überwinden und ein zufriedenes Leben ohne Suchtmittel zu führen.

Gemeinsame Therapie von Spielern und Alkoholikern

Lesieur und Blume (1991) bewerteten ein stationäres Therapieprogramm in den USA, in dem pathologische Glücksspieler gemeinsam mit anderen Suchtkranken behandelt wurden, wie dies auch in Deutschland überwiegend der Fall ist. In einer Nachuntersuchung erfaßten sie dazu 72 ehemalige Patienten. Zum Vergleich zogen sie in erster Linie 2 Untersuchungen (Russo, Taber, Mc Cormick und Ramirez, 1984; Taber, Mc Cormick, Russo, Adkins und Ramirez, 1987) heran, die ebenfalls multimodale Behandlungsprogramme unter Einbeziehung von Gruppentherapie bewerteten, dies aber für separate Spielerbehandlungen. In einem Zeitraum von 6 Monaten bis zu 1 Jahr wurde eine Totalabstinenzrate von 55 bis 56% in diesen zum Vergleich herangezogenen Studien gemessen. Dabei ist jedoch zu berücksichtigen, daß z. T. nur etwa die Hälfte der angeschriebenen Patienten an der Nachuntersuchung teilnahm. Das von Lesieur und Blume (1991 b) beschriebene *Therapieprogramm* besteht u. a. aus

- Individualtherapie,
- Gruppengesprächen,
- Information,
- Filmen,
- Psychodrama, wobei auch das 12-Schritte-Programm der Gamblers Anonymous in die Behandlung einbezogen ist.

Außerdem sind Familientherapie und Berufs- und Rechtsberatung im Angebot enthalten. Der Nachsorge kommt eine besondere Bedeutung zu und die Selbsthilfegruppe ist frühzeitig in das Therapiekonzept integriert. Insgesamt sind vom Rahmenprogramm her kaum Unterschiede zu deutschen Fachkliniken und Abteilungen für Suchtkranke festzustellen.

Die von Lesieur und Blume durchgeführte Untersuchung gliederte sich in 3 Phasen. In der *1. Phase* wurden alle aufgenommenen Patienten (auch anderer Suchtformen) mit dem SOGS (South Oaks Gambling Screen) auf pathologisches Glücksspiel hin untersucht. Bei entsprechend hohen Werten, über 5 Punkten, wurden diese Patienten gebeten, an einer Nachuntersuchung teilzunehmen. Innerhalb der *2. Phase* wurden diese Patienten von einem Therapeuten interviewt, der dazu den ASI (Addiction Severity Index) verwandte, der zur Bewertung der Effektivität von Alkohol- und Drogenprogrammen eingesetzt wird. Es werden mit diesem Instrument ganz unterschiedliche Informationen erhoben, wie der medizinische Befund, berufliche Beschäftigung, Alkoholkonsum, Medikamenteneinnahme, Delinquenz, familiäre und soziale Beziehungen und psychiatrischer Befund. Hinzu kamen acht Dimensionen zur Messung des Spielverhaltens, die sich stark an denen des Alkoholismus orientierten. Als *3.* wurden die Patienten telefonisch (94%) und persönlich (6%) zwischen 6 und 14 Monaten nach Verlassen der Klinik nachuntersucht.

Von den nachuntersuchten Patienten waren *63,9% abstinent vom Spielen* (vgl. auch Schwarz & Lindner, 1990). Bedeutende positive Veränderungen stellten sie außerdem in den Problemfeldern (ASI) Delinquenz, familiäre, soziale und psychologische Dimensionen fest. Keine bedeutenden Verbesserungen ergaben sich in den Bereichen medizinischer Befund und berufliche Beschäftigung. Das Ergebnis dieser Untersuchung zeigt, daß dieser Therapieansatz einer separaten Spielerbehandlung zumindest ebenbürtig ist.

Probleme der Aufnahme

Von etwa Mitte der 80er Jahre an erschienen erste Erfahrungsberichte über die stationäre Behandlung von pathologischen Glücksspielern in Deutschland aus Suchtkliniken, psychiatrischen Versorgungseinrichtungen und psychosomatischen Abteilungen, in denen Spieler in erster Linie in gemeinsamen Gruppen mit Alkoholikern behandelt wurden (vgl. Kellermann, 1987; Mazur 1988; Bachmann, 1989; Jahrreiss, 1989; Bellaire & Caspari, 1989; Schuhler, 1989; Schwarz & Lindner, 1990). Die theoretische Diskussion war dabei stark von Problemen bestimmt, die mit der *Klassifikation* des pathologischen Glücksspiels als *Sucht* oder als *Neurose* zusammenhängen (vgl. Kap. „Ist pathologisches Glücksspiel eine Suchtkrankheit?").

> Staatliche Versicherungsträger, die in erster Linie für die Finanzierung stationärer Suchtbehandlungen in Frage kommen, machten sich dabei nicht ausreichend empirisch gesicherte wissenschaftliche Argumentationen zu eigen, daß es sich bei dieser Erkrankung nicht um eine herkömmlich „substanzgebundene" körperliche Abhängigkeit handele und durch den Wegfall dieses Aspekts keine Ansprüche auf eine Entwöhnungsbehandlung im klassischen Sinne bestünden. Trotz der gravierenden psychischen und sozialen Auswirkungen des symptomatischen Spielverhaltens wurden Therapieansätze, die das pathologische Glücksspielverhalten in ihre Konzeption einschlossen, wie dies auch bei Custer und Milt (1985) verdeutlicht wurde, als nicht zielgerichtet bezeichnet (vgl. Grigoleit, Wenig und Ziegler, 1990).

Bachmann (1989) und Windgassen und Leygraf (1991) unterscheiden zwischen einem *problematischen und einem süchtigen Glücksspielverhalten*. Beim problematischen Spielverhalten können unter Verzicht auf ein ausdrückliches Abstinenzgebot die Funktionalitäten oder Beweggründe bearbeitet werden, die Ursachen des Spiels sind, wie dies auch bei Neurosen der Fall ist. Bei süchtigen Spielern ist dagegen Abstinenz zunächst vorrangiges Behandlungsziel, weil die Gefahr besteht, daß weiteres Spielen zu irreparablen psychosozialen und existentiellen Schäden führt.

Wie schon von Custer und Milt (1985) dargelegt, ist die Aufarbeitung der Ursachen der Krankheitsentwicklung dann ein weiterer Schritt in der Behandlungskonzeption des Suchtkranken. Eine Schlußfolgerung aus dieser Argumentation lautet, daß, wenn süchtiges Spielen vorliegt, bei entsprechender individueller Indikation ein stationäres Konzept zum Tragen kommen sollte, das sich am Suchtmodell orientiert, wobei eine spezifische therapeutische Konzeption erforderlich ist. Jahrreiss (1989) weist darauf hin, daß auch bei den behandelten Patienten in ihrer Klinik, bei denen sich das Spielverhalten noch nicht im Sinne einer Sucht verselbständigt hat, bisher *nicht* der Wunsch nach Weiterführung des Glückspielens aufgetreten sei. Die Behandlung dieser Spieler findet dann allerdings in der psychosomatischen, nicht in der Suchtabteilung der Klinik statt.

Behandlungsablauf

In der Regel verfügen spezielle Einrichtungen für Suchtkranke in Deutschland über ein breit gefächertes *multimodales Behandlungsprogramm* aus

- medizinischer Therapie,
- Gruppentherapie,
- Individualtherapie,
- Familientherapie,
- Beschäftigungstherapie bzw. Kreatives Gestalten,
- Physikalische Anwendungen,
- Sport und Gymnastik,
- Entspannungstraining,
- Informationsstunden zu Fragen der Abhängigkeit und allgemeinen Gesundheitsfragen.

Soweit dies bekannt ist, bieten alle Fachkliniken, die spezielle Therapiekonzepte für Spielsüchtige entwickelt haben, außer den gemeinsamen Gruppengesprächen mit Patienten anderer Suchtformen und dem sogenannten Basisangebot, eine spezielle Gruppentherapiestunde nur für Spieler an.

Dieses breit gefächerte Behandlungsangebot wollen wir nun auf pathologische Glücksspieler bezogen näher erläutern.

Vorgespräche – Kontraindikationen

In einigen Kliniken finden vor der Aufnahme Informationsgespräche statt, die die Behandlungsindikation klären und den Patienten auf den Aufenthalt vorbereiten.

> Taber (1985) beschreibt diese erste Kontaktaufnahme mit dem Patienten detailliert und weist dabei auf Schwierigkeiten hin. Bei 253 erfolgten Aufnahmen hatte er 101 Kontaktaufnahmen zu verzeichnen, bei denen es nicht zu einem Klinikeintritt kam. Von diesen 101 Patienten lehnten 77 selbst die Behandlung ab, bei den übrigen erwies sich die Klinik bzw. das Behandlungsprogramm als kontraindiziert. Von seiten der Behandlungsstätte ergab sich im Vergleich zu den tatsächlichen Aufnahmen eine Rate von ca. 10% Patienten, bei denen eine Kontraindikation vorlag. In der Regel wurden die Gespräche telefonisch durchgeführt (95%) und dauerten oft bis zu 1 Stunde. Taber spricht sich dabei ausdrücklich gegen Notaufnahmen z. B. bei Suizidverhalten aus, da hierzu, wie dies auch in den meisten Suchtkliniken in Deutschland der Fall ist, keine ausreichende psychiatrische und pflegerische Versorgung vorhanden ist. Insbesondere dann, wenn längerfristige Wartezeiten für einen Aufnahmetermin vorhanden sind, üben die Betroffenen und verzweifelte Angehörige teilweise einen erheblichen Druck auf die Klinik aus, vorzeitig ein Bett zur Verfügung zu stellen. Die übereilte und oft zu wenig vorbereitete Aufnahme führt nicht selten zu einem ebenso spontanen Behandlungsabbruch. Taber (1985) S. 25 dazu: . . .„there is no impulsive cure for a disorder of impulse control."

Der recht hohe Anteil von Patienten, die nach einem Informationsgespräch von sich aus eine Behandlungsaufnahme ablehnen, zeigt die *Wichtigkeit der Vorabinformation*, ohne die mit einer erheblichen Zahl von Therapieabbrüchen zu rechnen gewesen wäre. Die Gesprächshaltung muß in jedem Fall *therapeutisch* und *unterstützend* sein. Der Therapeut vermittelt wichtige Informationen über die *Behandlungsdauer* und das *Therapiekonzept*. Die Frage sollte nicht lauten, ob der Patient für eine bestimmte Klinik oder Therapie geeignet ist, sondern ob die Klinik oder das vorhandene Therapiekonzept das geeignete Mittel darstellen, dem Patienten zu helfen.

Für die Patienten bedeutet das Gespräch meistens eine große psychische Belastung, da andere ambulante Behandlungsversuche häufig schon gescheitert sind und ein hoher Erwartungsdruck, z. B. von seiten der Angehörigen oder der Arbeitsstätte auf ihnen lastet. Es ist in diesem Augenblick noch nicht zu erwarten, daß sich der Spieler schon voll öffnen kann und dazu in der Lage ist, seine suchtspezifischen Abwehrhaltungen (Bagatellisierung, Verleugnung) ganz aufzugeben. Kritik, Zurechtweisungen und Verurteilungen sind zu vermeiden, statt dessen sollten die Grenzen einer stationären Behandlung aufgezeigt werden. Obwohl der Therapeut Hoffnungen vermittelt, daß die stationäre Therapie ein wichtiger Schritt zur Genesung sein kann, sollte er doch keine falschen Erwartungen einer schnellen Besserung wecken.

Es ist selbstverständlich, daß bei diesen ersten telefonischen oder persönlichen Kontakten wichtige *Routineinformationen* (Adresse, Telefonnummer, Geburtsdatum, Beratungsstelle, potentieller Kostenträger etc.) festgehalten werden. Häufig findet der erste Kontakt über eine Beratungsstelle, Selbsthilfegruppe oder den Hausarzt statt. Falls dies nicht der Fall ist, sollte der Bewerber diese Kontakte zunächst knüpfen, um vorhandene ambulante Therapiemöglichkeiten auszuschöpfen. Taber erhebt des weiteren folgende Informationen:

- *Berufstätigkeit*: Hat es häufige Wechsel gegeben?
- *Partnerschaftliche Entwicklung*: Befürwortet der Partner die Therapie? Übt er Druck aus?
- *Beziehung zu den Kindern*
- *Entstehungsgeschichte des pathologischen Glücksspiels* unter Berücksichtigung der *diagnostischen Kriterien*: Abstinenzunfähigkeit, Kontrollverlust, Progression des Spieleinsatzes, Kreditaufwand/Verschuldung etc. (vgl. Kap. „Diagnose")
- Teilnahme an *Selbsthilfegruppen (Beratungsstellenkontakte)*
- bisherige *Behandlungsversuche*
- *psychiatrische Krankheitsgeschichte*
- *allgemeine Krankheitsgeschichte* (Herz-, Kreislaufprobleme, Diabetes, Übergewicht, Alkoholismus, Drogenabhängigkeit etc.)
- *Medikationen* mit genauer Anwendung.

Diese Informationen können wichtige Aufschlüsse darüber geben, ob eine entsprechende Weiterbehandlung in der Klinik gewährleistet und ob der Patient physisch und psychisch dazu in der Lage ist, das Therapieprogramm voll für sich auszunutzen. Konflikte mit dem Gesetz geben öfter den Anstoß dafür, eine Klinikaufnahme anzustreben. Dabei treten auch panische Reaktionen und beträchtliche depressive Verstimmungen auf. Dennoch muß der Therapeut deutlich machen, daß der stationäre Aufenthalt nicht vor einer weiteren Strafverfolgung schützt. Es stellt sich das Problem, daß drohende gerichtliche Verfahren oder zu erwartende Hafturteile die Behandlungsmotivation und das Konzentrationsvermögen auf das Therapiegeschehen entscheidend stören können. Schon frühzeitig ist die *Frage des Kostenträgers* zu klären – auf vorhandene Schwierigkeiten wurde schon hingewiesen.

Dem Patienten kann im Anschluß an dieses Erstgespräch weiteres vorhandenes *Informationsmaterial* über die Klinik und das Therapiekonzept zur Verfügung gestellt werden.

Erhebliche psychische Belastungen können auf seiten der beteiligten Therapeuten auftreten, wenn sie auf lange Wartezeiten vorbereiten oder eine Behandlungsaufnahme ablehnen müssen. In letzterem Fall hat der Therapeut die Verpflichtung, auf andere Behandlungsmöglichkeiten hinzuweisen und bei der Kontaktfindung behilflich zu sein.

Generell sollte die Aufnahme dann unterlassen werden, wenn ein anderes Gesundheitsproblem zunächst der Behandlung bedarf. Taber gibt weiter folgende Gründe für *Ablehnungen* an:

- soziopathischer Lebensstil,
- die Weigerung, eine Drogeneinnahme aufzugeben,
- offene Psychose,
- bei Weigerung flüchtiger Straftäter, die Behörden zu informieren,

- starke gesundheitliche Beeinträchtigungen,
- die Ablehnung, GA in die Behandlung einzubeziehen,
- es ist kein pathologisches Glücksspiel zu diagnostizieren,
- Uneinigkeit über ein konkretes Aufnahmedatum,
- Uneinigkeit über die Länge der Behandlungszeit.

Abschließend dazu Taber (1985, S. 34): „Es ist nie leicht, einen Bewerber abzuweisen, aber es ist ein Fehler, jedermanns Probleme lösen zu wollen, wenn man nicht dazu in der Lage ist."

Wenn es nicht in jedem Einzelfall zu einem so ausführlichen persönlichen Gespräch kommen kann, sollten diese Informationen schriftlich oder in Zusammenarbeit mit der zuständigen Suchtberatungsstelle geklärt werden.

Aufnahmephase

In Fachkliniken für Suchtkranke ist es üblich, alle Patienten zunächst gründlich medizinisch zu untersuchen. Hinzu kommt die psychologische Diagnose, die aus einer Reihe von Testverfahren besteht.

Häufig angewandte Tests sind der FPI-R (Freiburger Persönlichkeitsinventar – Fahrenberg, Hampel und Selg, 1984; vgl. Meyer, 1989a), der 16 PF (16-Persönlichkeits-Faktoren-Test – Schneewind, Schröder und Cattell, 1986) sowie Skalierungen zur Erfassung von Angst als klinischer Erkrankungsform wie z.B. SAS (Selbstbeurteilungs-Angst-Skala, vgl. CIPS, 1986) oder Skalen zur Messung von depressiven Stimmungen SDS (Selbstbeurteilungs-Depressions-Skala, vgl. CIPS, 1986) oder BDI (Beck-Depressions-Inventar – Beck, Rush, Shaw und Emery, 1981).

Eine gründliche *Krankheitsanamnese* und *psychologische Diagnostik* ist unverzichtbar, um die notwendigen sozialen und psychotherapeutischen Interventionen zu bestimmen.

Die folgenden soziographischen und krankheitsanamnestischen Daten stützen sich auf Untersuchungen von Schwarz und Lindner (1990) und Bachmann und Banze (1992). Durch ungelöste Fragen der Kostenbewilligung, wodurch der Zugang zu einer stationären Behandlung für Spieler nicht eindeutig geregelt ist, können Verzerrungen in der Stichprobe aufgetreten sein.

Die nachfolgenden testdiagnostischen Ergebnisse (16 PF, SAS, SDS, MWT-B) beziehen sich auf eine Stichprobe von 116 Patienten (vgl. Bachmann & Banze, 1992). Die Stichprobengrößen variieren bei den einzelnen Tests, weil Tests z.T. nicht vollständig ausgefüllt oder Testverfahren im Laufe der Jahre ausgewechselt wurden. Erhebungszeitraum war die 1–2wöchige Aufnahmezeit.

Der 16 PF (s. Abb. 8) ist ein objektiver Test zur mehrdimensionalen Persönlichkeitsdiagnostik im Erwachsenenalter. Er enthält in der jetzigen deutschen Fassung 16 Skalen mit je 12 Items. Mit diesen Skalen werden 16 Primärdimensionen der Persönlichkeit erfaßt (vgl. Schneewind et al., 1986).

Aufgrund dieser Testergebnisse zeigen pathologische Glücksspieler eine *erhöhte emotionale Störbarkeit* (C). Sie sind leichter zu beunruhigen, ärgern sich leichter über

FAKTOR	ROHWERT	STENWERT	Faktorbezeichnung [niedrige Werte]	Sten-Skala (Wert)	Faktorbezeichnung [hohe Werte]
A			Sachorientierung	(5.6)	Kontaktorientierung
B			Konkretes Denken	(5.3)	Abstraktes Denken
C			Emotionale Störbarkeit	(2.5)	Emotionale Widerstandsfähigkeit
E			Soziale Anpassung	(5.6)	Selbstbehauptung
F			Besonnenheit	(6.3)	Begeisterungsfähigkeit
G			Flexibilität	(4.4)	Pflichtbewußtsein
H			Zurückhaltung	(4.4)	Selbstsicherheit
I			Robustheit	(6.7)	Sensibilität
L			Vertrauensbereitschaft	(5.7)	Skeptische Haltung
M			Pragmatismus	(6.0)	Unkonventionalität
N			Unbefangenheit	(4.9)	Überlegtheit
O			Selbstvertrauen	(7.5)	Besorgtheit
Q_1			Sicherheitsinteresse	(5.4)	Veränderungsbereitschaft
Q_2			Gruppenverbundenheit	(4.5)	Eigenständigkeit
Q_3			Spontaneität	(2.9)	Selbstkontrolle
Q_4			Innere Ruhe	(6.4)	Innere Gespanntheit

Abb. 8. Mittelwerte der 16 Persönlichkeitsfaktoren (n = 91). (Auswertungsbogen des 16PF). (Vgl. Bachmann & Banze, 1992)

alltägliche Schwierigkeiten, bewältigen Enttäuschungen weniger rasch, empfinden Störungen bei der Arbeit stärker und neigen eher dazu, in kritischen Situationen aufzugeben.

Glücksspieler sind im Durchschnitt *spontaner* (Q3), lassen sich eher von momentanen Einfällen leiten, richten ihr Verhalten weniger an langfristigen Zielen aus, lassen sich leichter von einer Sache abbringen, geben bei Schwierigkeiten schneller auf, bereiten sich weniger sorgfältig auf Arbeiten vor und vergessen unter Belastungen eher, was sie eigentlich wollten.

Die Werte der Tabelle 9 zeigen, daß ein hoher Anteil der Spieler *Angst- und Depressionswerte* aufweist, die Krankheitswert haben.

Taber und McCormick (1987) weisen darauf hin, daß es mit Zustimmung der Patienten nützlich sein kann, Testergebnisse in der Gruppenstunde zu besprechen, was allerdings eine sehr vertrauensvolle und gute therapeutische Atmosphäre voraussetzt. So erfaßte Daten erbringen zudem wichtige Informationen für die weitere wissenschaftliche Erforschung des pathologischen Glücksspiels.

Tabelle 7. Soziographische Daten

		Bachmann und Banze (1992)	Schwarz und Lindner (1990)
Patienten insgesamt		116	58 [b]
Geschlecht:	männlich	114	58 [b]
	weiblich	2 [b]	
Altersdurchschnitt		29	32 Jahre
Familienstand:	ledig	60	48%
	verheiratet	24	33%
	geschieden	16	19%
Staatsangehörigkeit:	Ausländer	n.e. [a]	14%
Schulausbildung:	Abitur und mittlere Reife	25	21%
	Hauptschule	59	67%
	ohne Abschluß	16	12%
Beruf:	Beamte/höherer Abschluß	12	5%
	Kaufmännischer Angestellter und Facharbeiter	48	53%
	ohne	40	41%

[a] Nicht erfaßt.
[b] Anzahl der Patienten.

Tabelle 8. Krankheitsverlauf

	Bachmann und Banze (1992)	Schwarz und Lindner (1990)
Spielart:		
Geldspielautomaten	n.e. [a]	83%
Geldspielautomaten, Roulette und Glücksspielautomaten		12%
Roulette		3%
Illegales Glücksspiel		2%
Spieldauer in Jahren, durchschnittlich	8	10
exzessiv in Jahren, durchschnittlich	n.e. [a]	6
Alter bei Spielbeginn, durchschnittlich	21	n.e. [a]
Monatliche Spieleinsätze, durchschnittlich	n.e. [a]	1 400,– DM
Insgesamt Spieleinsätze, durchschnittlich (exzessive Phase)	n.e. [a]	118 000,– DM
Schuldenlast bei Aufnahme, durchschnittlich	29 000,–	36 700,– DM

[a] Nicht erfaßt.

Tabelle 8. (Fortsetzung)

	Bachmann und Banze (1992)	Schwarz und Lindner (1990)
Ausschließlich pathologische Glücksspieler	46	36%
Zusätzl. Alkoholmißbrauch bzw. Abhängigkeit	42	50%
Mehrfachabhängigkeit	12	14%
Suizidversuche	32	38%
Beschaffungskriminalität:		
Illegale Geldbeschaffung	n.e.[a]	51%
Verurteilungen	27	35%
Zusätzliche psychiatrische Diagnosen	8%	n.e.[a]
Vorhandensein aktueller Beziehungskonflikte:		
Partner	13[b]	n.e.[a]
Eltern	11[b]	
Besonders ausgesprochen zum Vater	46[b]	
Besonders ausgesprochen zur Mutter	9[b]	
Abhängigkeit der Eltern	40%	n.e.[a]
Abhängigkeit der Väter	35%	
Abhängigkeit der Mütter	10%	

[a] Nicht erfaßt.
[b] Anzahl der Patienten.

Tabelle 9. Angst-, Depressions- und Intelligenzwerte. (Vgl. Bachmann & Banze, 1992)

Angstsyndrom: ($n=68$)	60% 40%	nicht vorhanden vorhanden	(SAS, Zung, 1971)
Depression: ($n=80$)	48% 25% 21% 6%	nicht vorhanden leicht mäßig schwer schwer	(SDS, Zung, 1965)
Intelligenz: ($n=86$)	45% 45% 10%	kleiner 90 90–110 größer 110	(MWT-B, Merz, Lehrl, Galster und Erzigkeit, 1975)

Um festzustellen, ob zusätzlich eine Alkoholgefährdung oder Alkoholabhängigkeit vorhanden ist, kommt der MALT (Münchner Alkoholismustest – Feuerlein, Küfner, Ringer und Antons, 1979) oder ein anderer Alkoholismustest zur Anwendung.

Da die Aufnahmephase je nach Behandlungskonzeption ca. eine Woche dauert, finden in dieser Zeit spezielle Aufnahmegruppen statt, die eher einen informativen Charakter haben. Informationen zum Krankheitsbild, zum kommenden Therapieprogramm, Einführungen in die Gruppenarbeit und Erläuterungen zur Hausordnung werden vermittelt. Der Tagesablauf in einer Fachklinik oder Fachabteilung für Suchtkranke ist oft stark strukturiert, und es wird eine regelmäßige und *aktive Teilnahme* an den Therapieangeboten erwartet. In einer ganzheitlichen therapeutischen Atmosphäre ist der Patient für eine recht lange Zeit an ein intensives zwischenmenschliches Zusammenleben gebunden, das eine gewisse Fähigkeit zur *sozialen Anpassung* und *Integration* erfordert.

Damit schon zu Beginn der Behandlung ein umfassendes psychosoziales Bild von der *Krankengeschichte* des Patienten entsteht, wird möglichst früh eine ausführliche *Sozial- und Suchtanamnese* erstellt, die dem behandelnden Arzt und dem gesamten therapeutischen Team zur Verfügung stehen muß. Hierzu ein Fallbeispiel (Jäcksch, 1992), dessen Informationsaufbau in etwa dem Fragenkatalog von Taber entspricht.

Der Patient (25 Jahre, männlich, Automatenspieler, Hauptschule mit mittlerer Reife, handwerkliche Lehre abgeschlossen) wurde 1991 zur längerfristigen Entwöhnungsbehandlung aufgenommen.

Sozial- und Suchtanamnese

Für Herrn . . . geb. am . . .
wohnhaft: . . .
Vertrauensperson: . . .
Beratungsstelle: . . .
Hausarzt: . . .

Zur Situation

Herr . . . kam am . . . 1991 in Begleitung seines Vaters und seines Schwagers zu einer ersten, freiwilligen, längerfristigen Suchtmittelentwöhnungsbehandlung in unser Fachkrankenhaus. Herr . . . ist spielsüchtig. Von Januar bis Juni 1991 besuchte er die ambulante Spielergruppe in . . . Anschließend ging er zur Beratungsstelle des Caritas-Verbandes in . . ., nahm dort 3 Einzelgespräche bei Herrn . . . und besuchte 2mal die dortige Spielergruppe.

Eigenanamnese

Frühkindliche Entwicklung – Primärfamilie: Herr . . . ist als 2. Kind geboren worden, seine Schwester ist 2 Jahre älter und mittlerweile verheiratet. Die Mutter habe während der Schwangerschaft an einer schweren Lungenentzündung gelitten, sie habe ihn aber unbedingt gewollt, obwohl es für die Mutter riskant gewesen sei, ihn zu bekommen. Er sei in einer Mietwohnung aufgewachsen und könne sich an die ersten Jahre seiner Kindheit nicht erinnern. Man habe ihm aber erzählt, daß er ein sehr braves Kind gewesen sei, immer korrekt angezogen – ein Vorbild für die ganze Verwandtschaft. Mit der Schwester habe er sich sehr gut verstanden, es sei eine richtige Geschwisterliebe vorhanden gewesen. Auch sei er ein guter Schüler gewesen, worauf er und seine Eltern stolz gewesen seien. In den ersten Jahren sei es so gewesen, wie es sich seine Eltern vorgestellt hätten. Schon als Kind sei er sehr nervös gewesen, wie heute noch immer. Von der Art und Weise komme er ganz auf die Mutter heraus. Die Mutter sei ebenfalls nervös, verdränge ihre eigenen Gedanken und Gefühle, schlucke alles hinunter und könne niemanden verletzen. Sie denke dabei kaum an sich. Seine Mutter habe anfangs noch im erzieherischen Bereich gearbeitet, sich aber später aus dem Beruf zurückgezogen, um ganz für die Kinder da zu sein. Die Mutter sei für ihn die Anlaufstation gewesen, jemand der ihn verstanden habe und zärtlich gewesen sei. Diese Liebe und Zuneigung habe aufgehört, als er im 6. oder 7. Schuljahr gewesen sei. Da sei er des öfteren weggewesen, mit Freunden. Erst in den letzten 2 Jahren sei die Mutter öfters aus sich herausgegangen, habe ihm auch die Meinung gesagt, weil er mit seiner Spielsucht viele Probleme in die Familie gebracht habe.

Seinen Vater beschreibt der Patient als machtgierig, der sein und das Leben der Mutter bestimmt hätte. Bis zu ihrem Auszug mit 18 Jahren habe er auch das Leben der Schwester bestimmt. Er habe immer ein Druckmittel gehabt, um das zu erreichen, was er wollte. Dabei sei er stark von sich überzeugt, der Vater, und glaube immer, das Richtige zu tun. Er habe viel gearbeitet und sich alles selbst aufgebaut und wolle, daß es seinem Sohn besser ginge. Der Vater habe immer gewollt, daß er so werde wie er. Ein Gespräch zwischen beiden habe nie existiert, kein Austausch und keine Gemeinsamkeiten. In den ersten Jahren, in denen er zur Schule gegangen sei, habe der Vater selbst eine Ausbildung gemacht und somit keine Zeit für die Familie gehabt. Seit 9 Jahren habe er einen guten Freund, der ein Stück Ersatz für ihn sei. Dieser habe ihn aufgeklärt, und mit ihm könne er sich wirklich unterhalten und austauschen. Sexualität sei in der Familie tabuisiert gewesen. Er habe seinen Vater und seine Mutter nie nackt gesehen – die Türen seien immer abgeschlossen gewesen. Auch sei er häufig von seinem Vater geschlagen worden, teilweise zu recht, aber auch zu unrecht. Anfangs habe er etwas auf den Hintern bekommen, später, als er größer gewesen sei, auf den Kopf. Auch sei mit Gegenständen nach ihm geworfen worden.

Die Ehe seiner Eltern sei bis auf die letzten Jahre recht gut verlaufen. Dann hätten beide angefangen, sich häufig zu streiten. Die Mutter habe ihm helfen wollen, der Vater sei dagegen gewesen.

Der Vater habe sehr früh begonnen, sein Geld zu verwalten, und auch ansonsten habe er ihm viele Vorschriften gemacht. Nach einer schweren Krankheit, 1987, habe er sich ernsthaft Gedanken gemacht und sein Leben mehr nach eigenen Wünschen gestalten wollen. Dies sei aber nicht gegangen, weil der Vater wieder Druck auf ihn ausgeübt habe. Er habe die ganze Zeit zu Hause gewohnt, bis auf zwischenzeitlich etwa 1 Jahr. Da habe er bei einer erheblich älteren Freundin gelebt. Oft habe er sich Gedanken darüber gemacht, von zu Hause wegzulaufen, habe sich aber zu abhängig gefühlt. Er sei oft ins Spielen geflüchtet, da er die Gespräche seines Vaters nicht habe ertragen können.

Herr . . . gibt an, seinen Vater und seine Mutter mit in die Therapie einbeziehen zu wollen. Nach Beendigung der Therapie müsse er von Zuhause ausziehen.

Berufliche Entwicklung

Herr . . . gibt an, nach dem Besuch des Kindergartens und der Grundschule, für 2 Jahre das Gymnasium besucht zu haben, er sei dann auf die Hauptschule gewechselt, die er dann nach der 10. Klasse mit der mittleren Reife abgeschlossen habe. Danach habe er eine Lehre begonnen und diese auch abgeschlossen. 4 Jahre habe er danach als Geselle gearbeitet, sei dann kurze Zeit arbeitslos gewesen und zur Bundeswehr gegangen. Er habe sich für längere Zeit verpflichten wollen, habe dann aber aufgrund seiner Spielsucht und einer Verletzung aufhören müssen. Seitdem sei er nun arbeitslos. Er wolle sich umschulen lassen.

Sozialverhalten – Partnerschaft – Ehe

Im Sozialbereich sei er ein Mensch, der die Gemeinschaft sucht, aber auch Ruhe zum Abschalten brauche. Er habe Schwierigkeiten, in Kontakt zu kommen, aber wenn er erst angefangen habe zu reden, ginge es ihm gut dabei. Bei Enttäuschungen neige er dazu, dies in sich hineinzufressen, und es zu anderen Gelegenheiten heimzuzahlen. Er habe Probleme, anderen Menschen seine Meinung zu sagen und sich durchzusetzen. Besonders vor Leuten, die ihm körperlich überlegen seien, habe er Angst und Respekt.

Mit 17 Jahren habe er angefangen, sich für Frauen zu interessieren. Die erste längere Freundin habe er mit 23 Jahren gehabt. Sie sei erheblich älter gewesen, habe zwei Kinder gehabt und in Scheidung gelebt. Etwa 3 Monate nach dem Kennenlernen sei er zu ihr gezogen. Bei dieser Beziehung sei er nicht selbst aktiv geworden, sondern die Freundin sei auf ihn zugekommen und habe die Beziehung gesteuert. Er habe sich Frauen gegenüber immer unterlegen gefühlt – er sei auch nie richtig aufgeklärt worden. Die Beziehung sei auseinandergegangen, weil die Frau sich einen älteren Mann gesucht habe. Im nachhinein habe sich dann herausgestellt, daß sie bereits seit längerer Zeit ein Verhältnis mit ihm gehabt habe. Dies habe ihn sehr verletzt, er habe sich ausgenutzt gefühlt. Auch habe sie ihm anschließend vorgeworfen, daß er in ihr nur einen Mutterersatz gesucht habe. In der Zeit der Beziehung habe er nur 2mal gespielt, einmal, als sie eine Verabredung nicht eingehalten habe und einmal, als sie sich mit ihrem Exmann getroffen habe.

Zur Zeit bestehe keine Beziehung.

Suchtverlauf

Mit ca. 15½ Jahren habe er zum ersten Mal gespielt. Nach der Schule sei er mit Freunden zum Billardspielen gegangen und habe einmal probiert, 5,– DM in den Automaten zu stecken und habe 130,– DM gewonnen. Dies sei ein gutes Gefühl gewesen. Die ersten 5- bis 6mal habe er nur gewonnen. Über längere Zeit habe er sich eingebildet, das Spielen habe etwas mit Können zu tun und dies sei etwas, worin er gut sei. Nach 3 Monaten Spielen habe sein Vater davon Wind bekommen, da er immer viel Geld bei sich gehabt habe. Der Vater habe sich sehr darüber geärgert und probiert, ihm das Spielen auszureden, was ihm aber egal gewesen sei. Er habe weiter gespielt, und bald darauf habe der Vater sein Konto verwaltet. Hierzu habe er das Druckmittel benutzt, „entweder du unterschreibst, oder du ziehst aus". In den darauffolgenden Jahren habe er ihm ab und an wieder größere Mengen Geld überlassen, die er dann aber aus Trotz verspielt habe. Auch habe er keine Möglichkeit gehabt, die Bankvollmacht wieder zurückzuziehen, da die Bankangestellten sich immer bei seinem Vater rückversichert hätten.

Regelmäßig spiele er seit seinem 20. Lebensjahr. Er habe immer 10,– DM am Tag von seinem Vater bekommen. Häufig habe er Verabredungen nicht eingehalten und dann auch bis zur letzten Mark gespielt. Dann habe er angefangen, bei einer Frau Schulden zu machen, die 3 Jahre älter gewesen sei als er und die etwas von ihm gewollt habe. Sie habe ihn kaufen wollen, dafür habe er sie gelegentlich in den Arm genommen und mal einen Kuß gegeben. Für das geborgte Geld habe er Schuldscheine unterschrieben, die der Vater von seinem Geld (des Patienten) zurückgezahlt habe.

Zu Beginn der Behandlung habe sein Vater bereits begonnen, seinen Therapieplan zu gestalten und einzuteilen, wer ihn besuchen solle und wer nicht. Hier habe er es geschafft, seinem Vater mitzuteilen, daß er dies in Zukunft nicht mehr wolle.

Auch erinnere er sich noch daran, daß er von seinem Vater einmal in der Spielhalle geschlagen worden sei. An dem Tag habe er vergessen, zu einer Beerdigung zu kommen, da er noch Spiele gehabt habe. Beim Spielen habe er sich bestätigt gefühlt, habe Glücksgefühle gehabt und seine Aggressionen abbauen können, auch sei er für sich allein gewesen.

Selbstdarstellung

Herr . . . beschreibt sich als einen Menschen, mit dem eigentlich jeder gut auskommen könne. Er sei locker und lustig und für jeden Spaß zu haben. Wenn er erst einmal in Kontakt mit Leuten komme, käme er auch gut mit ihnen klar. Er sei zurückhaltend und überlege erst, bevor er etwas sage. Dabei könne er sich schnell in andere hineinversetzen und habe nie Schlägereien gehabt.

Besonderheiten im sozialen und beruflichen Umfeld

Da Herr . . . keine Arbeit hat, muß er sich schon während der Therapie um einen Arbeits- oder Ausbildungsplatz bemühen, um dem Wunsch nach mehr Selbständigkeit nachgehen zu können. Des weiteren muß er sich von hier aus um eine Wohnmöglichkeit bemühen.

Zusammenfassung

Während des Anamnesegesprächs zeigt sich Herr . . . aufgeschlossen und offen. Er berichtet ausführlich über den Konflikt mit seinem Vater, und es wird deutlich, wie sehr er unter dieser Beziehung gelitten hat. Auf unterschiedlichen Persönlichkeitsebenen hatte er keine ausreichende Möglichkeit zur selbständigen und freien Entwicklung bekommen. So hat er große Defizite in jeglicher Art von sozialer Beziehung und Abgrenzung, besonders im partnerschaftlichen Bereich, da er sich auch auf sexueller Ebene sehr unsicher fühlt.

Er hat für sich erkannt, daß eine Ursache für seine Suchterkrankung in seiner Primärfamilie liegt, darum strebt er an, seinen Vater und seine Mutter in die Therapie mit einzubeziehen.

Des weiteren muß er die Möglichkeit haben, in Einzel- und Gruppengesprächen eine realistische Lebensperspektive zu entwickeln.

An die ausführliche Sozial- und Suchtanamnese sollten sich Gespräche über die augenblickliche *finanzielle Situation* und konkrete Schritte zu ihrer Regulierung sowie bei Bedarf die Planung außerhäuslicher Schuldenberatung durch entsprechende Institutionen und Experten anschließen. In gemeinsamen therapeutischen Teamgesprächen werden die ersten Konturen einer *individuellen Therapieplanung* gesetzt (Individualtherapie, Einbeziehen der Angehörigen, besondere Indikation für die Sport-, Arbeits- und Beschäftigungstherapeuten etc.).

Gruppentherapie als zentraler Bestandteil eines multimodalen Therapiekonzepts

Im weiteren Verlauf der Behandlung teilt das therapeutische Team die Patienten dann einer *Therapiegruppe* zu, die aus etwa 10 Mitgliedern besteht. Dabei handelt es sich zumeist um „offene" Gruppen, d. h., daß eine ständige Fluktuation von neu aufgenommenen und gerade die Therapie beendenden Patienten stattfindet. Während der gesamten Behandlungszeit gehören sie nun dieser

Gemeinschaft aus pathologischen Glücksspielern und zumeist Alkoholikern an, wobei nicht nur die Gruppentherapiestunden, sondern häufig auch alle anderen Therapien des fest strukturierten Tagesplans (z. B. Sport, Kreatives Gestalten, Arbeits- und Beschäftigungstherapie, Entspannungstraining etc.) in diesem Gruppenverbund stattfinden.

Durch den fortlaufenden Wechsel in der Gruppe ist der Patient gefordert, sich immer wieder auf neue Beziehungen einzulassen: er wird mit neuen Patienten konfrontiert, die noch ganz am Anfang stehen und muß schon während der Behandlung von vertraut gewordenen Gruppenmitgliedern Abschied nehmen. In hohem Maße kann er dabei Kontakt- und Beziehungsprobleme einsehen und verändern lernen. Diese Therapiegruppen sind häufig noch in größere Klinik- oder Stationseinheiten integriert, so daß auf dieser Ebene Kommunikation und Information in Form von Stations- oder Großgruppen stattfindet. Im Rahmen dieser Einheiten erfolgen oft kurze Patientenvorstellungen, -verabschiedungen und organisatorische Gespräche, die Fragen des gemeinsamen Zusammenlebens betreffen.

> Aus in erster Linie ökonomischen und planungstechnischen Gründen sind die meisten Kliniken davon abgegangen, in der Aufnahmezeit feste Therapiegruppen zusammenzustellen, die sich über den weiteren Therapiezeitraum dann nicht mehr verändern. Durch Schwierigkeiten bei der kontinuierlichen Aufnahme und Zusammenstellung dieser Gruppen, durch vorzeitige Therapieabbrüche und -beendigungen wurde dann überwiegend zu offenen Gruppen übergegangen.

Nach bisherigen Erfahrungsberichten waren pathologische Glücksspieler gut in Gruppen mit Alkoholikern (oder auch Medikamentenabhängigen) zu integrieren. Dazu Kellermann und Sostmann (1992, S. 173): „Sucht ist Sucht, das Suchtmittel des einzelnen in der Gruppe ist von eher sekundärer Bedeutung." Damit Spieler sich keine falschen Vorstellungen darüber machen, was sie in einer Klinik erwartet, sollten auch diese Sachverhalte durch Vorinformationen geklärt werden. Der Gruppenzusammenhalt hat sich durch die gemeinsame Behandlung der unterschiedlichen Suchtformen eher verstärkt, die Therapiegruppen werden lebhafter und dynamischer. Die im Durchschnitt etwa 10 Jahre jüngeren Spieler fördern die Gesprächsbereitschaft in der Gruppe und geben oft wichtige Anregungen für die Gesprächsinhalte.

Zielsetzungen der Gruppenstunden

Die Frage, ob pathologisches Glücksspiel als *Suchtkrankheit* aufzufassen ist, folgt nicht nur einer theoretischen Problemstellung, sondern führt auch zu praktisch-therapeutischen Schlußfolgerungen. Kellermann und Sostmann (1992, S. 173) meinen dazu grundsätzlich: „Bei einer Suchtkrankheit zielt die therapeutische Arbeit nicht nur auf die zugrundeliegenden psychischen Probleme bzw. Defizite, sondern auch auf die Sucht selber, nämlich die süchtige psychische Fehlentwicklung mit ihrer typischen, eigenständigen Symptomatik, welche eine spezifische Therapie erfordert." Wir gehen davon aus, daß es sinnvoll ist, die Therapieziele in einer bestimmten *Reihenfolge* (vgl. Feuerlein, 1979, S. 133) anzustreben.

Im Gegensatz zur ambulanten Therapie wird das *Suchtverhalten* in der Klinik oft *rigoros gestoppt.* Der Spieler, der sich mit seiner freiwilligen Aufnahme gleichzeitig dazu verpflichtet, die hausinternen Regeln einzuhalten, erhält zunächst durch Ausgangsbeschränkungen (teilweise bis zu 5 Wochen) keine Gelegenheit, sein ursprüngliches Suchtverhalten, wie z. B. das Automatenspiel, auszuüben. Das stationäre Therapiekonzept hat sich auch bei pathologischen Glücksspielern dazu bewährt, kurzfristig *Symptomabstinenz* zu gewährleisten. Dies kann unter massiven „Entzugssymptomen", wie Nervosität, Unruhe, Ängsten, depressiven Verstimmungen, Schweißausbrüchen und Herzrasen geschehen. Die massive Eigendynamik des Suchtverhaltens ist unterbrochen und die selbstzerstörerischen ökonomischen, psychischen und sozialen Folgeerscheinungen des süchtigen Spielverhaltens kommen zunächst zum Stillstand.

Ein Spieler berichtet

[30 Jahre, männlich, Automatenspieler, ledig, Realschulabschluß, 2 abgebrochene kaufmännische Lehren]

„Die ersten 5, 6 Tage waren für mich total deprimierend. Ich habe sogar mit dem Gedanken gespielt abzubrechen. Zum Glück habe ich es nicht getan. Jetzt genieße ich die Zeit hier eigentlich. Als der erste Bann gebrochen war, bin ich unheimlich gut motiviert worden, über mich zu sprechen. Als ich gemerkt habe, die erste Hürde ist übersprungen, da kam erst mal alles raus. Ich hatte auch Herzklopfen und Angstgefühle dabei, vor mehreren zu sprechen und mir Gedanken gemacht: Was denken die anderen jetzt von dir? Dann habe ich die positiven Reaktionen der anderen mitgekriegt. Wie dann einer sagte, daß es bei ihm so ähnlich gewesen ist, wurde ich immer offener, und es machte mir Spaß. Diese Hürde zu überwinden, war der erste wichtige Schritt."

Obwohl es im stationären Bereich durch das wesentlich höhere Maß an Fremdkontrolle leichter sein dürfte als im ambulanten Bereich, das Suchtverhalten einzustellen, treten auch hier wesentliche *Probleme der Motivation und Krankheitseinsicht* auf. Die anschließend erläuterten Therapieziele (vgl. Bachmann, 1989) sind grob in drei Bereiche eingeteilt (s. Abb. 9):

- Förderung der Motivation (1),
- Vertiefung der Krankheitseinsicht (2),
- Therapie der Ursachen der Krankheitsentwicklung, Entwicklung von Verhaltensalternativen zum Glücksspiel (3).

Diese Zielsetzungen wurden parallel zur Alkoholismustherapie entworfen, so daß bei entsprechenden Diskussionen in der Gruppe tatsächlich Sucht gleich Sucht ist, wobei die *Bezeichnung des Suchtmittels austauschbar* ist. In den auf dieser Konzeption beruhenden Gruppenstunden werden diese Therapieschritte mit den dazugehörigen Fragestellungen (s. Anhang C) ausführlich

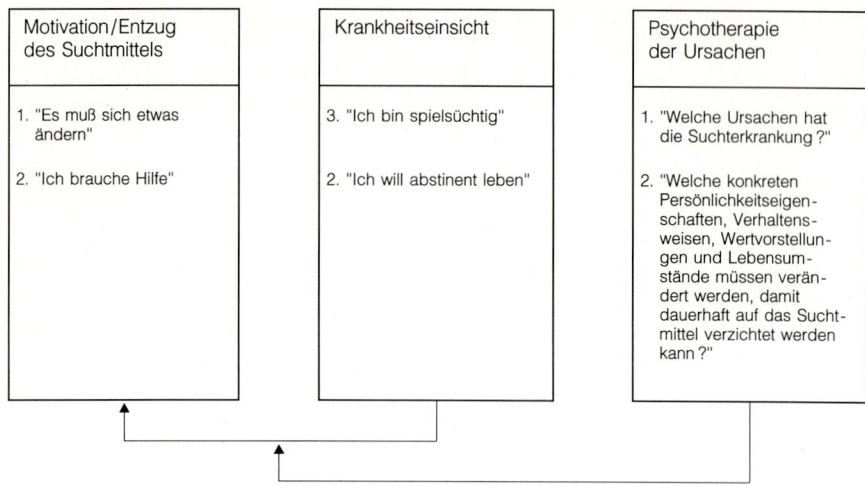

Abb. 9. Therapieschritte. (Vgl. Bachmann, 1989)

besprochen und der Therapiefortschritt des einzelnen Patienten immer wieder an diesen Fragestellungen überprüft.

Aus ambulanten Therapieerfahrungen bringen die Patienten ganz ähnliche Konzeptionen und Begriffe mit in die stationäre Einrichtung. Dabei ist es durchaus nicht nur der Therapeut, der diese Therapieziele und Fragestellungen thematisiert. Der Therapierahmen soll den Patienten die Möglichkeit bieten, eigene Zielsetzungen zu strukturieren und sich gegenseitig Rückmeldung zu geben (Abb. 9). Dabei bringen die Patienten bei den einzelnen Therapieschritten *individuell unterschiedliche Voraussetzungen* mit. Dennoch scheint die Überprüfung der Therapiefortschritte in einer *bestimmten Reihenfolge* angebracht. So kann es ineffektiv sein, bei einem Suchtkranken intensiv an den Hintergründen und Ursachen der Krankheitsentwicklung zu arbeiten, wenn nicht gleichzeitig die Bereitschaft zur Abstinenz erhöht wird. Die vollständige Wiederaufnahme des Suchtverhaltens macht psychotherapeutische Fortschritte auf diesem Gebiet in kürzester Zeit wieder zunichte. Es ist schwierig, an der Krankheitseinsicht („ich bin spielsüchtig") zu arbeiten, wenn sich jemand auf starken Druck hin zur stationären Behandlung entschlossen hat und Hilfe nicht ausreichend akzeptiert bzw. noch nicht einsieht, daß sich etwas ändern muß. Die einzelnen Therapieziele müssen dabei immer wieder überprüft und vertieft werden (s. untere Pfeile Abb. 9). Der Therapieablauf ist kein einmaliger Vorgang, sondern ein dynamischer Prozeß.

Motivation im stationären Bereich

Es gibt nur wenig Literatur (vgl. Hänsel, 1980; Petry, 1991 a) über den so schwierigen Bereich der Motivation bei Suchtkranken. Ähnlich, wie sich dies für den ambulanten Bereich darstellt, ist auch für den stationären Bereich zunächst der Wunsch des pathologischen Glücksspielers, das Suchtverhalten einstellen zu wollen, als hinreichende Voraussetzung für die Aufnahme einer Behandlung anzusehen. Petry (1991 a) ist der Überzeugung, daß es sich bei der Motivation nicht um eine stabile Disposition handelt. Bachmann (1989) weist auf die *ambivalenten Gefühle* von Suchtkranken hin, einerseits mit dem selbstzerstörerischen Suchtverhalten aufhören zu wollen und anderseits ein mehr oder weniger starkes Verlangen danach zu verspüren, was sich auch von Situation zu Situation verändern kann.

Ein Spieler berichtet:

[32 Jahre, männlich, polyvalent abhängig (Roulette, Automaten etc., Alkohol), ledig, Realschulabschluß, u. a. Bankkaufmann und Croupier]

„Warum habe ich mir während der Behandlung Bücher über Lotto und Roulette ausgeliehen?

Im Nachhinein gibt es nur eine sinnvolle Erklärung dafür. Ich wollte ohne Geld, Karten o. ä. Hilfsmittel spielen, oder besser, ich suchte wieder einmal eine Widerlegung oder Bestätigung der von mir ausgeklügelten Theorien über das Lotto bzw. Roulettespiel. Oft muß ich mich zwingen, die Gedanken an eine Karriere als Systemspieler zu verdrängen. Es klingt total verrückt, daß ich mich überhaupt noch gelegentlich damit auseinandersetze. Dieses Thema hatte ich vor Jahren bereits abgehakt, weil es für einen Spieler unmöglich ist, diszipliniert nach einem festgesetzten Schema zu setzen. Trotzdem denke ich gerade hier in der letzten Zeit oft daran, daß es eine Möglichkeit gibt, kontrolliert zu spielen. Absurd, doch in 3 Wochen fängt für mich ein vollkommen neues Leben an: ohne Alkohol, neuer Arbeitsplatz, eine neue Umgebung. Meistens denke ich voller Zuversicht an die auf mich wartenden Herausforderungen, doch manchmal überkommt mich eine eigentlich unbegründete Panik, und ich zweifle an mir und bilde mir ein, daß ich nicht fähig sein werde, alle Schwierigkeiten zu überwinden. Schulden, die Angst davor, im neuen Beruf zu versagen, Einsamkeit und meine neue Rolle als seriöser „nüchterner" Neuanfänger versetzen mich in Angst. Dann kommt's wieder: du könntest ja noch . . . Es ist momentan die bequemste Lösung aller Probleme. Doch im nächsten Gedanken wird mir klar, daß eine solche Entscheidung das sichere Ende für mich bedeuten würde. Immer wieder habe ich diese Möglichkeit durchgedacht und dabei meine ganzen negativen Erfahrungen und die Tatsache, daß ich nicht mehr kontrolliert spielen kann, in Betracht gezogen. Es ist wie ein Teufelskreis, in dem ich mich befinde. Sobald ich draußen meine mir gesteckten Ziele und meine Pläne in Angriff nehmen kann und sich die ersten Erfolge einstellen, werde ich bestimmt den Spielteufel in mir besiegen können, oder? Bisher wollte ich das Roulette nur als Mittel zur Geldbeschaffung und nicht als Suchtmittel wie andere Spiele für mich erkennen. Es ist ein Vorwand, der mir die letzte „Chance", aus logischen Gründen zu zocken, offengehalten hat."

Petry stellt dar, daß der Suchtkranke *Gründe für den Ausstieg* aus einem Suchtverhalten *und den* (Wieder-) *Einstieg* in gewisser Weise gegeneinander *aufrechnet* (Motivbilanz). Statistiken über Behandlungsabbrüche im stationären Bereich zeigen, daß vor allem in der ersten Zeit der Aufnahme die Abbruchquoten am höchsten sind. Neben dem Wunsch, das Suchtverhalten einstellen zu wollen, ist in der stationären Einrichtung ein weiterer Vorsatz besonders wichtig, die Behandlung *durchzuhalten.* Der Abbruch aus einer stationären Therapie hat weitreichende Konsequenzen. Er ist zunächst *endgültig,* und der Spieler kann nicht mit einer kurzfristigen Wiederaufnahme rechnen. Aber nicht nur formell, sondern auch psychisch sind schwerwiegende Folgen vorhanden. Starke Versagensgefühle, es wieder nicht geschafft zu haben, sind mitverantwortlich dafür, daß nach dem Abbruch häufig der Rückfall folgt.

Ein wesentlicher Faktor, ob es gelingt, den Aufenthalt des Patienten in der ersten Zeit zu stabilisieren, ist das Vorhandensein eines guten *therapeutischen Klimas.* Es muß sich eine *Vertrauensbasis* zu den Mitpatienten und Gruppentherapeuten einstellen. Der Patient muß das Gefühl entwickeln, daß er auf Verständnis trifft und in Krisensituationen, die durch familiäre Schwierigkeiten und Heimweh hervorgerufen werden können, einen Ansprechpartner hat. Ganz entscheidend für ein gutes therapeutisches Klima ist die Atmosphäre innerhalb der therapeutischen Teams und der Klinik insgesamt. Hohe Abbruchquoten, Rückfälle und nicht zuletzt das Problem der zeitweise „leeren Betten" können zu erheblichen atmosphärischen Störungen führen und haben immer Auswirkungen auf die psychische Situation des Patienten. Gegenseitiges Vertrauen entsteht nur dann, wenn Verabredungen und Termine verbindlich und verläßlich sind.

Erhebliche Störungen in der Patientengruppe treten dadurch auf, daß einzelne Patienten versuchen, eine stark dominante Rolle einzunehmen, sich sozial wenig verantwortlich zeigen und ein destruktives Klima erzeugen. Therapeutische Auseinandersetzungen reduzieren sich dann häufig auf äußere Rahmenbedingungen des Konzepts (z. B. Hausordnung). Ein zu konfrontatives Gruppenklima kann dazu führen, daß sich psychisch schwächere Patienten unterdrückt, stark verängstigt oder in die Rolle von „Sündenböcken" gedrängt fühlen. Ein hoher Aggressions- und damit oft verbundener hoher Angstpegel in der Gruppe hat zur Folge, daß sich neu aufgenommene Patienten nicht mehr ausreichend in die Gruppe integrieren. Abbrüche und Rückfälle sind zwangsläufig die Folge.

Das therapeutische Team ist für ein gutes Klima in der Gruppe verantwortlich, auch wenn dies nur in einem gemeinsamen Bemühen aller Beteiligten herzustellen ist. Um Störungen frühzeitig zu erkennen und aufzuarbeiten, sollte der Therapeut die *Atmosphäre in der Gruppe selbst öfter zum Gesprächsthema* in der Gruppenstunde machen. Der Behandlungsbeginn darf nicht durch unnötig schwierige *Aufnahmerituale* belastet sein, denen sich der Patient möglicherweise noch nicht gewachsen fühlt. Hierzu können verhörähnliche Vorstellungsgespräche in Großgruppen gehören, die schon Tage zuvor Gesprächsstoff bei den neuaufgenommenen Patienten sind, erhebliche Ängste auslösen und vergleichsweise einen geringen Nutzen haben. Es sollte berücksichtigt werden, daß die Patienten oft aus Berufen und sozialen Verhältnissen stammen, in denen sie mit dem Sprechen vor größeren Gruppen, und das über privateste Dinge, kaum vertraut waren, und daß das Klinikmilieu ihnen zunächst völlig fremd sein kann. In der Motivbilanz (vgl. Petry, 1991 a) stellt die Erwartung des Patienten, *ob er sich* subjektiv *den zu erwartenden Behandlungsanforderungen gewachsen* fühlt, einen wichtigen Faktor dar.

Bis der Patient in die Behandlung eingewilligt und von sich aus den Entschluß gefaßt hat, „*es muß sich etwas ändern*", sind manchmal Monate, wenn nicht Jahre massiver innerfamiliärer Auseinandersetzungen vorausgegangen, Hoffnungen einer ambulanten Therapie gescheitert.

Ein Spieler berichtet:

[30 Jahre, männlich, Automatenspieler, ledig, Hauptschulabschluß, Elektroinstallateur]

„Dann vor einigen Monaten, nach so einer Spielhallentour, als ich mal wieder vor einem Scherbenhaufen stand, dachte ich: Irgendwas mußt du ändern! In der letzten Zeit habe ich erheblich an Gewicht verloren, wog bei einer Größe von 176 cm zeitweise nur noch 53 kg, weil ich keine Nahrungsmittel mehr kaufen konnte. Ich habe es nicht mehr geschafft, mit dem Geld zunächst einzukaufen und dann in die Spielhalle zu gehen. So war aber nichts mehr da zum Einkaufen. Zum Schluß vor der Therapie hungerte ich öfter bis zu 2 Tagen. Den Hunger verdrängte ich durch viel Rauchen, und ich besuchte Leute, um mich da „durchzuschnorren". Trotzdem arbeitete ich noch voll, war aber geistig nicht immer dabei. Obwohl ich mir schon 1000mal gesagt hatte, ich könne es allein schaffen, es aber nie mehr als eine Woche aushielt, habe ich mir dann selbst die Pistole auf die Brust gesetzt, meine Schwestern angerufen und ihnen alles erzählt. Sie rieten mir dringend, den Hausarzt aufzusuchen und fragten jeden Tag nach, ob ich es schon getan hätte. Nach 14 Tagen habe ich es tatsächlich geschafft, den Hausarzt aufzusuchen. Zwischendurch spielte ich weiter. Der Arzt schickte mich dann zu einem Psychologen und dieser leitete erste Schritte zu einer stationären Therapie ein."

Häufig war es erst die angedrohte Scheidung, der drohende Verlust des Arbeitsplatzes, die Ankündigung der Angehörigen, daß andernfalls die elterliche Wohnung zu verlassen sei, oder eine drohende Anzeige wegen illegaler Geldbeschaffung, bis endlich der Anstoß zur Einwilligung in die Therapie gegeben war. Aus diesen Konflikten heraus können beim Patienten psychische Verletzungen und erhebliche Kränkungen des Stolzes und des eigenen Selbstwertgefühls fortbestehen. Sie müssen ebenso wie das Gefühl, möglicherweise doch ungerecht und zu hart behandelt worden zu sein, in den Therapieprozeß aufgenommen werden. In einer therapeutischen Bearbeitung dieser psychischen Belastungen kann der Patient die schwierige Situation der Angehörigen und sonstigen Kontaktpersonen verstehen lernen und erkennen, daß ihm Angehörige und Bezugspersonen emotionale Verletzungen aus Gefühlen der eigenen Hilflosigkeit gegenüber dem Suchtverhalten zufügten.

Während der akuten Phasen des pathologischen Glücksspiels waren die negativen Konsequenzen des Spielverhaltens stark verdrängt. Das wahre Ausmaß des Spielens, der Geldverluste und des psychischen Drucks, der auf allen Beteiligten lastet, wird bagatellisiert und geleugnet. Diese Symptome sind krankheitsinhärent. Sie stehen oft völlig konträr zu den ethischen Normen und Moralvorstellungen der Persönlichkeit des pathologischen Glücksspielers. Es entsteht daraus ein *innerer Zwiespalt*, der einen beträchtlichen Leidensdruck ausübt. Dennoch fällt es den Spielern meistens schwer, darüber zu sprechen, eher berichten sie über positive Spielerlebnisse oder klagen über verpaßte Spielchancen. Es ist daher eine therapeutische Zielsetzung, die Aufmerksamkeit und Wahrnehmung auf die negativen Konsequenzen des Spielverhaltens (vgl. de Jong-Meyer et al., 1989) zu lenken, die die Spieler möglicherweise leichter vergessen, die aber einen wichtigen Faktor für die weitere Behandlungsmotivation darstellen und die Bereitschaft dazu fördern, Hilfe insgesamt zu akzeptieren.

Eine konfrontative oder gar vorwurfsvolle Haltung führt jedoch häufig eher dazu, Abwehrhaltungen zu verstärken und negative Konsequenzen zu leugnen. Die Erkenntnis, daß es bei den anderen Patienten ähnlich verlaufen ist, kann erheblich entlasten, zur Aufgabe der Abwehrhaltung und zu einer Öffnung und Gesprächsbereitschaft beitragen.

Krankheitseinsicht

Die Krankheitseinsicht „ich bin spielsüchtig" und die daraus abgeleitete Konsequenz der lebenslangen Abstinenz, ist die zentrale therapeutische Zielsetzung in der vom Suchtmodell ausgehenden Spielerbehandlung und wohl zugleich die kontroverseste.

Insbesondere aus verhaltenstherapeutischer Sicht (vgl. Hand, 1988; Marlatt, 1980, 85; Brengelmann u. Waadt, 1985) wird dazu kritisch angemerkt, daß dem Patienten hier ein negatives Selbstbild vermittelt würde, daß man ihm damit suggeriere, keine Verantwortung für sein Verhalten zu übernehmen, daß das Konzept vom Kontrollverlust und dem damit verbundenen negativen Selbstbild sich auch fatal auf Rückfallsituationen auswirke. Der Patient sei lebenslang etikettiert und abgestempelt, da eine Sucht nicht heilbar sei, sondern lediglich zum Stillstand komme. In diesem Zusammenhang wird immer wieder die Idee ins Spiel gebracht, daß es möglicherweise doch eine Rückkehr zum kontrollierten oder sozial unauffälligen (Glücks-) Spielverhalten gebe. Diese Hoffnung wird von der lerntheoretischen Überlegung getragen, daß Glücksspielverhalten ein gelerntes Verhalten ist, das auch wieder zu verlernen sei. Im Suchtbereich fehlen dazu bisher auch bei substanzgebundenen Abhängigkeiten die schlüssigen Beweise (vgl. Feuerlein, 1989, S. 173).

Erfahrungen der Spieler, die sie über viele leidvolle Jahre hinweg gebildet haben, zeigen, daß trotz guter Vorsätze und intensiver Versuche der Eingrenzung die Kontrolle über das Glücksspielverhalten nicht wiederzuerlangen war. Teilweise mit Unterstützung von Angehörigen und Bekannten haben sie verzweifelte Versuche unternommen, die Geldausgabe und damit den Spieleinsatz zu begrenzen, den Tageslauf und die Spielmöglichkeiten zu kontrollieren, oft nur mit kurzfristigen oder gar keinen Effekten.

Ein Spieler berichtet:

[30 Jahre, männlich, Automatenspieler, ledig, Realschulabschluß, zwei abgebrochene kaufmännische Lehren]

„In der Zeit vor der Behandlung habe ich oft genug den Gedanken gehabt, mir etwas anzutun, habe am Bahngleis gestanden, dann aber die Züge vorbeirattern lassen, weil ich nicht den Mut dazu hatte. Am Schluß bin ich dann 3 Tage durch die Gegend gelaufen, habe im Wald geschlafen. Meine Eltern und Geschwister suchten mich, aber ich wollte nicht gefunden werden. Dabei habe ich nichts gegessen, kaum getrunken und sogar auf das Rauchen verzichtet. Ich wollte mir Klarheit über mich selbst verschaffen – die Zeit hat mir gut getan. Es war dann noch sehr schwierig und hat längere Zeit gedauert, bis ich einen Therapieplatz bekommen habe.

Nachdem die Spieler in der stationären Suchttherapie Abstand von ihrem Suchtverhalten gewonnen und sich intensiv mit den sozialen und psychischen Folgen bis hin zum Suizidversuch auseinandergesetzt haben, wird der Gedanke von den Spielern und Angehörigen als völlig abwegig und makaber empfunden, sich wieder als Glücksspieler zu betätigen. Gerade dann, wenn ein Genesungsprozeß erfolgreich eingeleitet ist und Verhaltensalternativen zum Glücksspielen entstanden sind, gewährleistet die weiter vorhandene Akzeptanz der Abhängigkeit die notwendige Wachsamkeit, nicht wieder mit dem Spielen zu beginnen.

Die Krankheitsakzeptanz oder -einsicht ist wie die Motivation kein statischer Zustand. Erste Ahnungen des Spielers, daß mit seinem Glücksspielverhalten etwas nicht stimmt, liegen teilweise Jahre zurück. Immer wieder hat er Möglichkeiten und Ausreden gefunden, diese Einsicht wieder zu verdrängen. Nicht zuletzt war das Spielen selbst ein probates Mittel dazu, eigene Bedenken zu zerstreuen.

Der Patient erlebt es als große *Erleichterung*, wenn er diesen inneren Kampf aufgeben und sich zu seiner Abhängigkeit bekennen kann. Verschiedenste Einflüsse führen jedoch dazu, daß die Einsicht immer wieder bröckelt oder verloren geht. In der vergangenen Spielerkarriere hat es teilweise abstinente Phasen gegeben, bis die Hoffnung wieder aufflammte, es doch noch einmal mit einem kleinen Betrag zu versuchen. Es scheint das Verhängnis der Suchtkrankheit zu sein, daß schon nach recht kurzer Zeit der Abstinenz keine unmittelbaren Krankheitssymptome mehr zu spüren sind, kein Leidensdruck mehr vorhanden ist, und dadurch die Krankheitsakzeptanz verloren geht, somit auch kein Grund mehr vorhanden ist, ganz auf das Suchtmittel zu verzichten. Der langfristige Besuch von *Selbsthilfegruppen* steuert dieser Entwicklung am ehesten entgegen. Voraussetzung dafür ist aber, daß in der stationären Behandlung Therapiekonzepte bestehen, die mit denen in der Selbsthilfegruppe annähernd in Einklang zu bringen sind.

Die Argumente der Verhaltenstherapeuten sind nicht ganz von der Hand zu weisen, daß der *Suchtbegriff negative Assoziationen* hervorrufen kann. Diese Faktoren sollten in den Therapieprozeß einbezogen werden. Es ist für die therapeutischen Zielsetzungen wichtig, deutlich zu machen, daß sich der *Be-*

griff des Kontrollverlustes nur auf das Spielen um Geld bezieht und *nicht auf andere Bereiche der Persönlichkeit.* Sich mit der Abhängigkeitserkrankung zu identifizieren und sie zu akzeptieren, heißt keinesfalls, daß dies nun den wichtigsten Teil des Selbstbildes bestimmen soll. Durch die erfolgreiche Abstinenz und weiterreichende Genesung des Patienten kann sich im Gegenteil die Persönlichkeit wieder frei entfalten, Identifikationen als Vater, Ehemann und z. B. in beruflicher Hinsicht sind wieder möglich und bestimmen den weitaus wichtigeren Teil des Selbstbildes. Nur ein geringer Trost für den Betroffenen mag sein, daß es auch andere somatische und psychiatrische Erkrankungen gibt, die nicht vollständig heilbar sind und ebenfalls mit erheblichen Stigmatisierungen verbunden sein können.

Das Konzept der Krankheitseinsicht oder Akzeptanz ist weitgehend aus dem Genesungsprogramm der Gamblers Anonymous (vgl. Meyer, 1989a) adaptiert. Es entspricht damit ebenfalls den Auffassungen der Anonymen Alkoholiker, wodurch im stationären Bereich eine wichtige *gemeinsame Plattform* gegeben ist.

Abstinenz vom Glücksspiel

Zum Teil hat es in Suchtkliniken schon vor der Behandlung von pathologischen Glücksspielern Hausordnungen gegeben, in denen Spiele um Geld untersagt waren, wodurch eine wichtige Voraussetzung für die Abstinenz gegeben war. In der praktischen therapeutischen Arbeit zeigte sich, daß z. B. Automatenspieler großes Interesse an Karten- oder Würfelspielen entwickelten und ihre gesamte Freizeit in der Klinik damit verbrachten, sozusagen nur über Gesellschaftsspiele mit anderen kommunizierten. Diese Form der Kommunikation entsprach in etwa der während des süchtigen Spielverhaltens, und es kam vereinzelt vor, daß sich plötzlich doch kleinere Geldeinsätze in die Spiele einschlichen und Schwierigkeiten der Kontrolle auftraten. Erste Heimlichkeiten traten auf, und einzelne Spieler steigerten sich so in ihr altes Verhalten hinein, daß sie letztlich dann am Automaten rückfällig wurden. Außerdem wurde festgestellt, daß andere Patienten zwar nicht mitspielten, aber äußerst angeregt und fasziniert zuschauten (kibitzten). In ihrer aktiven Spielphase hatten Patienten dies teilweise getan, wenn z. B. das Geld ausgegangen und der Drang zu spielen noch nicht befriedigt war. Sie hatten dann versucht, „im Geiste" mitzuspielen, und waren überglücklich, wenn sie Ratschläge geben oder selbst einmal „hochdrücken" durften.

Mit den Spielern gemeinsam konzipierten wir einen Vertrag (s. Anhang D), der für den Klinikaufenthalt, d. h. für die wichtige Zeit der Entwöhnung von Glücksspielen und der Entwicklung alternativer Verhaltensweisen, festlegte, zusätzlich auf Gesellschaftsspiele ohne Geldeinsatz wie Würfel- und Kartenspiele zu verzichten. Entsprechende Spiele sind von der gesamten Station verbannt, zumal mittlerweile einzelne pathologische Spieler aufgenommen wurden, die primär von Kartenspielen (wie Bakkarat) abhängig geworden waren. Damit aber die Abstinenzdefinition nicht zu ungenau geriet, waren Verstöße gegen die zuletzt aufgestellten Vereinbarungen als Regelwidrigkeit, nicht als Rückfall, zu werten. In den gemeinsamen Gruppengesprächen über diese Vereinbarung machten die Spieler allerdings deutlich, daß die Abgrenzungen noch nicht voll befriedigend und bei der Komplexität des Spielens im allgemeinen möglicherweise nicht klarer zu fassen sind. Es zeigen sich hier durchaus Widersprüche in der Literatur (vgl. Custer u. Milt, 1985; Kellermann, 1988 b). Die *Arbeitsdefinition für Abstinenz* und die *Zusatzregeln* lauten:

- Der Spieler verzichtet auf alle Geld- und Automatenglücksspiele (z. B. auch Pokerautomaten um Punkte),
- für die schwierige Zeit der Entwöhnung verzichtet er außerdem auf alle Glücksspiele mit ähnlichen Wirkungsmustern, um keinen Rückfall in altes Verhalten zu provozieren.

Mit steigender Behandlungsmotivation lassen Fragen nach, ob man z. B. mit den eigenen Kindern noch „Mensch, ärgere dich nicht" spielen könne, weil der Spieler selbst eine Sensibilität dafür entwickelt, wo Rückfallgefährdungen entstehen, und er sich selbst beobachten muß, um Gefahrenpunkte zu erkennen. Obwohl wir hier noch keine endgültig befriedigenden Formulierungen gefunden haben, sollte dieses Problem nicht ausgeklammert werden, und es müssen weitere Diskussionen darüber stattfinden. Es ist keinesfalls von Nachteil, in der Literatur die Schwierigkeiten in der Behandlung von pathologischen Glücksspielern offen anzusprechen und Erfahrungen auszutauschen.

Eine weitere Voraussetzung für die gemeinsame Behandlung von Alkoholikern und Glücksspielern ist die, daß die Spieler während der Behandlung, und das gilt ebenso für Heimaturlaube, Ausgänge etc., auf den Konsum von Alkohol, Drogen und nicht verordneter Medikamente verzichten, auch wenn dies „nicht ihr Problem" war. Ansonsten würde nicht nur der eigene, sondern auch der Entwöhnungsprozeß der anderen Suchtkranken empfindlich gestört. In diesem Zusammenhang ist ganz besonders auf die *Gefahr des Umsteigens von einem Suchtmittel zum anderen* hinzuweisen. Es hat schon eine Reihe von Patienten gegeben, die als trockene Alkoholiker auf das Spielen umgestiegen sind, und Spieler, die nach der Abstinenz vom Spielen eine Alkoholabhängigkeit entwickelt haben.

Psychotherapie der Ursachen und Entwicklung alternativer Verhaltensweisen

Während der Krankheitsentwicklung hat das Spielverhalten immer stärker eine Eigendynamik entwickelt, die von Entzugserscheinungen und einer veränderten Realitätswahrnehmung aufrechterhalten wurde und phänomenologisch gut als innerer Zwang oder unwiderstehliches Verlangen zu beschreiben ist. Ursprüngliche ätiologische Bedingungen stehen möglicherweise nicht mehr in einem kausalen Zusammenhang mit dem Glücksspielen (z. B. Spielen als Mittel zur Lösung von Kontaktproblemen).

Die ursprünglichen Schwierigkeiten können sich durch das Spielen noch massiv verschlimmert haben (z. B. weitere Isolation durch Schulden), und das

Spielen trägt keineswegs mehr zu ihrer Lösung bei. Verstärkt treten Folge- und Begleiterscheinungen des Suchtverhaltens in den Vordergrund der Krankheitssymptomatik (vgl. Bachmann, 1989).

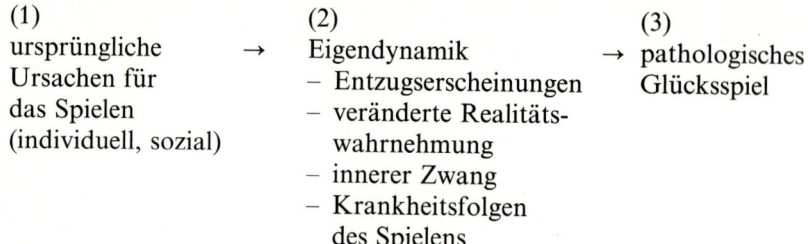

(1)
ursprüngliche → Eigendynamik → pathologisches
Ursachen für   – Entzugserscheinungen   Glücksspiel
das Spielen   – veränderte Realitäts-
(individuell, sozial)   wahrnehmung
                            – innerer Zwang
                            – Krankheitsfolgen
                              des Spielens

Im Suchtmodell wird die These vertreten, daß es nicht ausreicht, die Behandlung lediglich auf die ursprünglichen Ursachen (1) des entstandenen Suchtproblems (3) auszurichten. Statt dessen wird postuliert, daß zunächst die Eigendynamik des Suchtverhaltens (2) gestoppt werden muß.

Krankheitseinsicht und Akzeptanz tragen dazu bei, daß sich das Abstinenzverhalten zunächst stabilisiert:

(2)
Eigendynamik wird gestoppt   → Abstinenz einleiten und
– Unterstützung bei der Überwindung   stabilisieren
  der Entzugsphänomene
– Krankheiteinsicht und Akzeptanz

Dies entspricht den Grundgedanken der Anonymen Spieler, wonach der Spieler dazu in der Lage ist, das Suchtverhalten einzustellen, ohne daß schon ursprüngliche Ursachen der Krankheitsentwicklung aufgearbeitet sind. Es entspricht aber auch dem „natürlichen" Therapieablauf in der Klinik, wo der Patient durch die Aufnahme und die damit verbundene mangelnde Spielmöglichkeit das Suchtverhalten aufgeben muß, ohne daß bereits Krankheitsursachen erarbeitet wären.

Damit der Spieler jedoch nicht an den Ausgangspunkt des Spielens zurückkehrt und sich somit eine neue Krankheitsdynamik entwickelt, besteht der nächste Schritt darin, Krankheitsfolgen (2) und die weiterhin vorhandenen ursprünglichen individuellen und sozialen Faktoren (1) der Krankheitsentwicklung psychotherapeutisch zu behandeln.

(2)   (1)
– Krankheitsfolgen des Spielens   → ursprüngliche Ursachen für
  (z. B. drückende Verschuldung)   das Spielen

Bei diesem Vorgehen wird der Krankheitsprozeß in umgekehrter Reihenfolge aufgearbeitet, d. h. die zuletzt aufgetretenen Symptome sind als erstes in die Behandlung einzubeziehen.

Häufig sind dem Suchtkranken die ursprünglichen Spielanlässe und auslösenden Faktoren nur noch wenig bewußt, so sehr hat sich das Suchtverhalten verselbständigt und ist selbst zum Problem oder Krankheitssymptom geworden, unter dem er letztlich gelitten hat. Erst ein *Abklingen der unmittelbaren Suchtsymptomatik* macht ihn aufnahmefähig für die Auseinandersetzung mit tieferliegenden psychischen und sozialen Problemen (1). Es ist durchaus denkbar, daß ursprüngliche Spielursachen und Anlässe nicht mehr existieren, sich z. B. soziale Umstände im Verlauf der Suchtentwicklung stark verändert haben. Eine Folge (2) des oft über Jahre hin andauernden Spielverhaltens ist häufig, daß keine anderen „Ventile" mehr zum Abbau psychischer Spannungen existiert haben als das Suchtverhalten. Es gehört deshalb zu den ersten Behandlungsschritten, über diesen Zustand zu sprechen, wobei den Spielern zum Teil nicht bewußt ist, woher ihre starke Unruhe, teilweise auch aggressiven oder depressiven Verstimmungen, nach Absetzen des Spielens kommen.

In der ersten Zeit scheint es keine Verhaltensweisen zu geben, die die Spieler in ähnlicher Weise in Anspruch nehmen und ausfüllen könnten wie das Spielen. Vor der Gruppenstunde gehen sie oft schon unruhig auf und ab: „Wann geht es denn endlich los?" In der Gruppenstunde sind ihnen die Gespräche zu wenig anregend, der vergangene „Nervenkitzel" des Spielens scheint generell zu fehlen. Ein gut strukturiertes und vielfältiges therapeutisches Angebot kann hier echte Hilfestellung leisten, wobei insbesondere Gespräche, ob einzeln, in der Gruppe oder außerhalb der offiziellen Termine allmählich eine wichtige Funktion bei dem psychischen Spannungsabbau übernehmen müssen. Da die Spieler aber teilweise schon vor dem Einsetzen ihrer Spielproblematik erhebliche Kontaktschwierigkeiten hatten, ist dies oft mit einem langfristigen *Lernprozeß* verbunden. Keine andere Patientengruppe hat bisher einen solchen Bedarf an Einzelgesprächen angemeldet, und in keiner anderen Gruppe waren derartig viele Kriseninterventionen notwendig, die mit starken Stimmungsschwankungen, Ängsten und Depressionen zusammenhingen.

Ein Spieler berichtet:

[23 Jahre, männlich, Automatenspieler, ledig, Abitur, abgebrochenes BWL-Studium, abgebrochene Lehre]

„Irgendwann im Verlaufe meiner Kindheit muß ich einmal entschieden haben, daß es in Streßsituationen besser ist, abzuschalten, als sie auszuhalten oder sie bis zum Ende durchzustehen. Wird mein Ego durch irgendeinen Umwelteinfluß zu stark belastet (und die Belastungsgrenze ist sehr gering), macht es in meinem Verstand „klick", und er schaltet einfach ab. Dazu habe ich 2 voneinander stark abhängige Mechanismen entwickelt. Einmal die Lüge und Gefühlsbetrug und zum anderen den Rückzug aus der Wirklichkeit mit Hilfe von Phantastereien. Lüge und Betrug benutze ich als Abwehrwaffe meiner Umwelt gegenüber, so in Elternhaus, Schule – Arbeitgeber, Freundeskreis. Die übermäßige Flucht in die Phantasie brauche ich vor allem für mich selbst. In den Phantasien ist immer alles zum besten geregelt, geht alles gut für mich aus, ein ewiges Happy End. Die Situationen, bei denen ich abschalte, sind zum Beispiel bei Fehlern, die ich mache, oder Niederlagen, die ich einstecken muß, zu suchen. Ich habe nie gelernt, Rückschläge zu verarbeiten und zu verkraften. Ich leugne sie einfach. So habe ich früher z. B. (ich war ungefähr 10 Jahre alt), schlechte Arbeiten versteckt, nicht nur vor meinen Eltern, sondern auch vor mir selbst! Ich habe so getan, als wäre nichts geschehen, habe aus einer 5 nicht gelernt und mich nicht darum bemüht, meinen Wissensmangel zu beheben. Das führte dann schließlich so weit, daß ich überhaupt nichts mehr für die Schule tat, bis hin zum Abitur. . . . Bei all diesen Situationen unterdrücke ich natürlich meine Gefühle nach außen hin. Innen arbeiten sie jedoch weiter. Ich putsche sie noch künstlich auf, sie summieren sich dann bis zur Unerträglichkeit. Früher, bevor ich süchtig war, habe ich sie in meinen Phantasien entladen. Die Sucht machte es mir leichter, die inneren Spannungen abzubauen. Je nachdem, wieviel ich angestaut hatte, wurden daraus manchmal tagelange Exzesse. Nachdem der Rausch erst einmal verflogen war, stand ich natürlich wieder einem ganzen Haufen von Situationen gegenüber, die unangenehm waren. Die Lügen und das Schamgefühl legten schon den Grundstein zum nächsten Exzeß. Für mich ist es vor allem wichtig, daß ich nicht in mein „vorsüchtiges" Verhalten zurückfalle, also mich in meine Phantasien zurückziehe. Ich muß lernen, mich mit unangenehmen Situationen und Niederlagen auseinanderzusetzen und nicht einfach abzuschalten, sonst ist mein Rückfall vorprogrammiert."

Im Vergleich zu der über 10 Jahre älteren Alkoholikerpopulation sind bei den Spielern in erheblich stärkerem Maße aktuelle *Beziehungskonflikte* vorhanden, die nach dem Absetzen des Suchtmittels wieder einen starken Leidensdruck hervorrufen. In vielen Fällen hängen diese Konflikte mit Ablösungsproblemen gegenüber den Eltern zusammen und haben ihren Ursprung teilweise in *traumatischen Kindheitserlebnissen*. Hier ergeben sich Unterschiede zu der wesentlich älteren amerikanischen Spielerpopulation. Gefühle der Trauer oder Wut gegenüber einzelnen Elternteilen oder beiden Eltern führen zum Teil zu übereilten Reaktionen, keinen Kontakt mehr zu ihnen aufnehmen zu wollen, oder auch zu starken Bedürfnissen nach gemeinsamen Familiengesprächen. Die Jahre des Suchtverhaltens scheinen diese innerpsychischen und zwischenmenschlichen Konflikte lediglich betäubt oder gar konserviert zu haben. Es sind teilweise aktuelle Konflikte und Ablösungsprozesse durchzustehen, die möglicherweise schon in erheblich früheren Jahren hätten geschehen müssen.

Die gemeinsame Gruppentherapie mit den Alkoholikern ist nach bisherigen Erfahrungen eine wirksame Behandlungsmethode, die hier angeführten *Therapieziele*

- Motivation,
- Krankheitseinsicht bzw. Akzeptanz, Abstinenz,
- Psychotherapie der Ursachen,
- Entwicklung von Verhaltensalternativen

zu erreichen. Die vorgestellten Therapieziele sollten in der therapeutischen Arbeit von Zeit zu Zeit angesprochen und diskutiert werden. Der individuelle Therapieplan erfährt so eine gewisse *Strukturierung.* Gruppen- oder Einzeltherapiearbeit mit dem Suchtkranken sollte nicht planlos sein. Der Therapeut muß verfolgen, ob jemand

- noch Schwierigkeiten mit der Behandlungsmotivation hat,
- sich nicht als spielsüchtig akzeptiert,

- noch nicht in ausreichendem Maße in seinem Abstinenzwunsch stabilisiert ist,
- z. B. durch massive Beziehungskonflikte daran gehindert wird, sich hinreichend auf den weiteren Therapieablauf zu konzentrieren.

Es kann psychotherapeutisch ein Fehler sein, von Beginn der Behandlung an zu sehr die Krankheitsursachen in den Vordergrund der Aufmerksamkeit zu stellen, während es dem Patienten vielleicht noch an Krankheitsakzeptanz mangelt, er sich innerlich noch gegen die Behandlung sträubt und Hilfe noch nicht akzeptiert.

Um spezielle Fragen und Themen der Spielsucht zu besprechen und zu vertiefen, haben alle bisher bekannten stationären Facheinrichtungen für Spielsüchtige eine zusätzliche wöchentliche Gruppenstunde nur für Spieler eingerichtet.

Zusätzliche wöchentliche Spieler-Gruppenstunde

Die Gruppenstunde nur für Spieler dient dazu, spielerspezifische Themen und Probleme anzusprechen, die in den gemeinsamen Gruppenstunden mit Alkoholikern nicht ausreichend zu vertiefen sind.

Ein Spieler berichtet:

[30 Jahre, männlich, Automatenspieler, ledig, Hauptschulabschluß, Elektroinstallateur]

„Schon beim Betreten der Spielhalle verspürte ich ein leichtes Kribbeln in den Fingern. Irgendwo juckt das, das Portemonnaie schon in der Hand, so daß ich nur noch aufklappen mußte, Geldschein raus und wechseln. Mit einem Apparat anfangen, steigern, bis 2, 3 oder sogar 4 Automaten gleichzeitig laufen. Wachsendes Kribbeln und Nervenkitzeln und die Erwartung, daß ich doch nicht immer verlieren kann, doch auch mal gewinnen muß. Und immer wieder die Hoffnung, wenn du jetzt noch einmal 5 Mark reinwirfst, hast du vielleicht Glück. Allmählich mündet das Kribbeln in pure Nervosität, so richtig hektisch, so daß ich mal mehrere Zigaretten gleichzeitig anmachte. Große Mengen Kaffee dazu. Irgendwie weggetreten, gar nicht da. Zwar da sitzend, aber geistig ganz woanders. Nicht mehr in der realen Welt, sondern irgendwo in Träumen versunken, wenn es jetzt etwas bringt, sich einigen Luxus leisten und die Schulden bezahlen.

[Etwas später:] Anfangs habe ich bei dem Apparat vielleicht mal Ersatz gesucht für Freunde. Dieses Gefühl, so ganz allein zu Hause zu sein, die Einsamkeit, habe ich nicht ausgehalten. In der Spielhalle ist da z. B. der Automat, da konnte ich mich an den halten, so lange ich den gefüttert habe, ist der für mich gelaufen, hat der für mich die Scheibchen gedreht."

Taber und McCormick (1987) weisen zutreffend darauf hin, daß durch das Suchtverhalten eine Reihe von irrationalen Kognitionen entstanden sind. Diese Gedankenwelt dient nach Taber dazu, das Suchtverhalten aufrechtzuerhalten. Zu diesen suchtspezifischen Abwehrhaltungen gehört der Glaube: „Ich muß spielen, um meine Verluste wieder hereinzuholen." Der eigentliche Spielantrieb, die Stimmung auszugleichen, gerät so ins Unbewußte, der Spieler hat aber eine (wenn auch irrationale) Erklärung für sein Verhalten. Die wohl entscheidenste irrationale Kognition ist die Annahme des pathologischen Glücksspielers, die Gesetze der Wahrscheinlichkeit außer Kraft zu setzen, das Zufallsspiel durch eigene Kraft zu überlisten. Diese Gedanken halten sich oft recht hartnäckig, da es wohl allgemeinsten menschlichen Empfindungen und Denkweisen zu widersprechen scheint, daß man nicht zum Experten wird, wenn man eine Sache so intensiv und ausdauernd, ja bis zur Erschöpfung, betrieben hat. Nicht selten sind es auch bestimmte Glücksspiele (Roulette, Black Jack), bei denen einzelne Spieler weiterhin die Hoffnung hegen, eine besondere Gewinnchance zu besitzen. In der Spieler-Gruppenstunde kommt es darüber oft zu heftigen Kontroversen. Es ist zum Teil äußerst schwierig, bestimmte Gedanken und Hoffnungen aufzugeben, z. B. ein bestimmtes Glücksspiel noch einmal mit limitiertem Einsatz auszuprobieren, um hohe Schuldenberge abzutragen.

Walker (1992 a) nennt eine Reihe von irrationalen Ideen, mit denen (Automaten-) Spieler ihre Gewinnchancen zu erhöhen versuchen. Jeder Spieler entwickelt ganz spezielle Vorstellungen davon, wie das Spielgerät zu überlisten ist. Solche abergläubischen Vorgehensweisen sind:

- einen besonderen Platz in der Spielhalle einzunehmen, der gewinnversprechend ist,
- ein spezielles Gerät zu wählen, das einem besonders liegt,
- Rituale, die mit dem Spielen verbunden sind,
- andere nicht an den Apparat lassen, bevor man fertig ist,
- spezielle Spielmethoden (besondere Formen des Drückens, der Geldeingabe etc.),
- die Fähigkeit, große Gewinne vorauszusehen.

Im nachhinein wundern sich die Spieler über ihr *abergläubisches Verhalten*, dennoch dauert es manchmal lange bis sich *irrationale Überzeugungen* ändern. Die Spieler benötigen Zeit, sich von irrationalen Gedanken zu trennen. In der Therapie muß sich für sie die Möglichkeit bieten, ihre Vorstellungen und Phantasien offen auszusprechen. Der Disput darüber darf nicht verletzend sein. Vielmehr ist es wichtig, sich in den Spieler einzufühlen:

- „Sie können sich von diesen Ideen noch nicht lösen, das richtige System zu finden?
- Warum können Sie diese Gedanken noch nicht aufgeben?
- Ist das Spielen insgesamt noch so wichtig für Sie?
- Haben Sie noch keine Alternativen zum Glücksspiel entwickelt?
- Was würde Sie sonst interessieren?
- Wie können konkrete Schritte aussehen, sich mit anderen Dingen zu beschäftigen?"

Das abergläubische Verhalten und die Frage nach der Funktion oder dem Stellenwert, den es im Augenblick noch hat, ist immer wieder Thema in der

Spielergruppe. Es sollte verdeutlicht werden, daß es *kein System oder spezielle Rituale* gibt, das Glücksspiel zu beeinflussen.

Die Methode der rational emotiven Therapie (vgl. Ellis & Harper, 1975; Beck & Emery, 1977) bietet eine gute *theoretische Grundlage* für eine therapeutische Auseinandersetzung mit diesen irrationalen Vorstellungen und eine allmähliche kognitive Umstrukturierung. Nachdem das Spielen zu einem derartig wichtigen Lebensinhalt beim Abhängigkeitskranken geworden ist, ist die Einsicht, daß es sich oft um triviale, stupide, zum größten Teil *vorprogrammierte Spielabläufe* handelt, teilweise schwer zu vermitteln. Wie früh eine „Spielerkarriere" begonnen und wie lange sie gedauert hat, scheinen ganz entscheidende Faktoren dafür zu sein, ob der pathologische Glücksspieler seine irrationale Gedankenwelt leichter oder schwerer aufgeben kann. In der speziellen Spielergruppe wird nicht nur über Spielabläufe diskutiert. Fragen der Geldbeschaffung, der Delinquenz, *des heutigen Umgangs mit Geld* und auch des zukünftigen abstinenten Verhaltens sollten angesprochen werden. Was ist mit Videospielen, exzessivem Fernsehen (Videofilme) und ähnlichem?

Das Genesungsprogramm der Anonymen Spieler regt zu Gesprächsthemen an und stellt gleichzeitig eine gute Vorbereitung auf den zukünftigen Besuch einer Spielerselbsthilfegruppe dar. Schwarz und Lindner (1990) stellen einen ganzen Katalog von Fragen und Gesprächsthemen für diese Gruppe vor.

Beispiele für diese Fragestellungen, die sich nach dem Bezug zur Vergangenheit, Gegenwart und Zukunft gliedern lassen, sind:

- Wie bin ich zum Spieler geworden?
- Welche vergeblichen Versuche habe ich unternommen, das Spielen einzuschränken oder aufzugeben?
- Welche Folgen hatte das Spielen für mich und meine Umwelt?
- Habe ich durch Schuldzuweisungen gegenüber anderen versucht, mein Spielverhalten zu rechtfertigen?
- Wie weit bin ich in Gedanken und Taten gegangen, um das Spielen zu finanzieren?
- Was bedeutet es für mich, Spieler zu sein?
- Was kann ich noch spielen, was nicht?
- Welche Alternativen gibt es?
- Wie gehe ich heute mit Geld um?
- Wieviel Geld trage ich mit mir herum?
- Setze ich mich bewußt riskanten Situationen aus?
- Was tun, wenn ein Rückfall passiert ist?
- Will ich nach der Therapie eine Selbsthilfegruppe besuchen?

Allgemeine Prinzipien der Gruppenarbeit in der Spielertherapie

Die Therapiegruppen stellen einen *sozialen Mikrokosmos* dar (vgl. Grawe & Fiedler, 1982), in dem soziale Beziehungsstörungen diagnostiziert und verändert werden können. Dabei besteht die Annahme, daß sich Schwierigkeiten im

Umgang mit anderen Menschen früher oder später im Gruppenverhalten zeigen und daß andere Gruppenmitglieder möglicherweise ähnlich reagieren wie es die Mitmenschen draußen tun würden. *Gegenseitige Verhaltensreflektionen* führen dazu, daß der Spieler ungünstiges Verhalten bewußter kontrolliert und so Veränderungen einleitet.

Ein Spieler berichtet:

[23 Jahre, männlich, Automatenspieler, ledig, Abitur, abgebrochenes BWL-Studium, abgebrochene Lehre]

„*Das Feedback durch die Gruppe* führte zu dem von mir eigentlich schon vermuteten Resultat: Sie hielten mich für redegewandt, überzeugend bis dominant, manchmal andere überfahrend. Meine Geschicklichkeit in der Rhetorik wird teilweise bewundert, wenn auch zum ersten Mal hinterfragt, der einzige Gegensatz zu früher. Und daß die Leute hier zugeben, daß sie bei mir oft nicht wissen, wie sie mich einschätzen sollen. Früher hätte mich so ein Feedback mit purem Stolz erfüllt, Wasser auf meine Mühlen. Ich wäre in meiner fast schon arroganten Haltung bestärkt worden. Diesmal war ich aber ziemlich enttäuscht. Ich dachte, jeder müsse die Veränderungen, die ich hier in den letzten 1 ½ Monaten durchzumachen geglaubt habe, sehen können. Ich habe eine meiner Verhaltensweisen, die es abzubauen gilt, fleißig weiterbetrieben: Mit Hilfe meiner ‚Laberei‘ schaffe ich ein Feld der Distanz zwischen mir und den anderen Patienten. Noch konkreter: Ich schulmeistere, analysiere und kritisiere andere Gruppenmitglieder, um von meinen eigenen Fehlern und Verletzlichkeiten abzulenken. Diese Methode habe ich mir schon so anerzogen und verinnerlicht, daß auch sie, wie vieles andere, automatisch abläuft. Oft merke ich viel zu spät, daß ich mich schon wieder vergaloppiert und mich in ein Thema verrannt habe, das für mich selbst eigentlich völlig uninteressant ist. Ich steigere mich auch deshalb in manche Sachen so hinein, um von mir selbst, von meinen ureigensten Problemen abzulenken. Jetzt, wo ich im Moment auch wieder Ehrlichkeit mir selbst gegenüber walten lasse, muß ich zu meinem eigenen Bedauern feststellen, daß ich bisher schnell dabei war, anderen beim Analysieren ihrer Probleme zu helfen, selbst aber mit der Sprache selten herauskomme, und wenn, dann versuche ich die Sache oft schnell wieder zu verharmlosen (z. B. gespielte Gleichgültigkeit, vorgetäuschter Optimismus usw.). Mittlerweile aber kotzt es mich schon an, immer nur Bewunderung über meine Selbstsicherheit zu hören. Ich will, daß ich mich dazu in die Lage bringen kann, meine Schutzschilder zu öffnen. Das wird eine harte Nuß werden.“

Nach Bühringer (1992), und nach Beobachtungen in der Praxis, spricht einiges dafür, daß pathologische Glücksspieler schon *vor* dem Einsetzen der Spielproblematik *Kontakt- und Beziehungsstörungen* hatten. Aber auch die Krankheitssymptomatik des süchtigen Spielers selbst führt zu erheblichen Konflikten im zwischenmenschlichen Bereich und hat oft eine starke Isolation zur Folge. Gegenseitiges Mißtrauen und sogar Feindseligkeit haben vorhandene Beziehungsstrukturen immer mehr bestimmt, und es ist für den Behandlungserfolg von ganz entscheidender Bedeutung, daß sich der Patient *ausreichend in die Therapiegruppe und das soziale Gefüge der Klinik integriert.* Aber nicht nur zwischenmenschliche Verhaltensstörungen, sondern auch innerpsychische Konflikte sind in der Therapiegruppe zu behandeln, wobei häufig durch selbst-

exploratives Verhalten modellhafter Mitpatienten Anstöße erfolgen, eigene
Konflikte aufzudecken und zu bearbeiten. Weiter fortgeschrittene Patienten
haben hier eine ganz wichtige *Vorbildfunktion*, die weniger dadurch zum Tragen kommt, daß sie das Verhalten anderer analysieren, beurteilen und mit
passenden Ratschlägen versehen, sondern vielmehr durch Verbalisierung eigener emotionaler Erlebnisinhalte diesen Prozeß auch beim Mitpatienten fördern.

Ein günstiger Gruppenprozeß zeichnet sich dadurch aus, daß viele Mitglieder ein Thema oder einen Gedanken aufnehmen, bei sich selbst überprüfen,
welche emotionalen und kognitiven Reaktionen sie damit verbinden, und dies
laut aussprechen. Dazu gehört, den anderen auf Schwachstellen („blinde Flek-
ken") hinzuweisen, die dieser selbst nicht sieht, wobei jedoch darauf geachtet
werden sollte, daß dies nicht in verletzender Weise geschieht und sich dadurch
Abwehrhaltungen verstärken.
Es ist teilweise mit einem schwierigen und auch langfristigen Lernprozeß in
der Gruppe verbunden, sich in einer konstruktiven Weise auseinanderzusetzen
und mit Kritik an der eigenen Person umzugehen.

Probleme der Gesprächsführung

Der Therapeut darf Gruppenprozesse, die einen *destruktiven Verlauf* nehmen,
nicht sich selbst überlassen. Es kann zu *aggressiver Form von Kritik* am Verhalten des anderen kommen. Dabei passiert es, daß ein großer Teil der Gruppe in
diesen Ton einfällt und *Rivalität* und *Feindschaft* entsteht. Eine solche Entwicklung muß auf jeden Fall unterbunden werden. Oft reicht es aus, aggressi-
ves Verhalten zurückzuspiegeln oder die Auseinandersetzung abzubrechen, als
weiteres Thema die Art und Weise des Umgangs miteinander zu besprechen,
die Frage nach dem therapeutischen Nutzen derartiger Auseinandersetzungen
zu stellen, um eine Änderung herbeizuführen. Es ist kein Therapieziel, daß
jemand ohne Rücksicht auf andere unkontrolliert seine Gefühle äußert und
psychische Belastungen dadurch abbaut, daß er andere angreift.
Insbesondere dann, wenn in unangemessener Weise Kritik geübt wird, ist es
die Pflicht des Therapeuten, korrigierend einzugreifen. Dies kann aber auch
dann erforderlich werden, wenn jemand in Selbstmitleid zergeht, sich selbst
immer massiver in eine depressive Stimmung hineinredet („Es ist ja doch alles
sinnlos."), und die gesamte Gruppe betroffen und hilflos reagiert.

Strukturierung der Gruppenstunde

Eine Therapiegruppe sollte möglichst *nicht* mit einem vorgeplanten Thema
beginnen. Das heißt jedoch nicht, daß der Therapeut nicht einen aktuellen
Konflikt oder ein Problem in die Gruppe einbringen kann. Auf jeden Fall sollte
dem Patienten zunächst die Möglichkeit gegeben werden, von sich aus drük-

kende Schwierigkeiten und akute psychische Belastungen anzusprechen. Dies
geht so vor sich, daß der Therapeut in etwa äußert:

- „Möchte jemand etwas in die Gruppe einbringen?
- Hat jemand ein Problem, das er gerne in der Gruppe ansprechen möchte?"

Bei Bedarf weist der Therapeut darauf hin, daß ihm selbst noch daran gelegen
ist, eine Sache zu behandeln. Oftmals berichten einzelne oder mehrere Patienten von aktuellen Konflikten oder Auseinandersetzungen, die sie gerade in der
Klinik oder im Zusammenhang mit Heimaturlauben erlebt haben. Dabei kann
zum Vorschein kommen, daß jemand abbruch- oder rückfallgefährdet ist. Die
Gruppentherapiestunde stellt eine wichtige Plattform dar, um sich eine Rückmeldung und gegenseitige Information darüber zu verschaffen, wie es dem
einzelnen im Augenblick geht, wie er in der Therapie zurechtkommt, und wie
sich die Beziehungen außerhalb der Klinik gestalten. Der Therapeut muß nach
den ersten Äußerungen prüfen, ob sich daraus ein Thema für die Gruppenstunde ergibt.

Es ist durchaus nicht sinnvoll, jede spontane Äußerung zum Thema für die
ganze Gruppenstunde zu machen, in der dieser Patient dann im Mittelpunkt
steht. Die Patienten haben öfter das Bedürfnis, von akuten Erlebnissen zu
berichten, eine Erfahrung mitzuteilen, ohne daß sie im Augenblick eine intensivere Auseinandersetzung darüber wünschen. Geschieht es dann öfter, daß
Themen sprichwörtlich breitgetreten und für die Gruppe ausgeschlachtet werden, gehen diese spontanen Rückmeldungen und Äußerungen immer weiter
zurück.

Durch starke Neuzugänge in der Gruppe zum Beispiel ergeben sich Phasen,
in denen es nur schwer zu einem konstruktiven Gespräch kommt. Durch
langes Schweigen entstehen erhebliche Ängste und Unsicherheiten. In der
Arbeit mit Suchtkranken kann man nicht davon ausgehen, daß durch Verunsi-
cherungen, die das Ergebnis einer mangelnden Gesprächsstrukturierung sind,
immer positive psychische Prozesse beim einzelnen oder in der Gruppe ablau-
fen. Vielmehr kann es zu erheblichen Aggressionen kommen, einer Ablehnung
gegenüber dem therapeutischen Vorgehen, die die unzufriedenden Patienten
nicht selten an schwächeren oder neuen Gruppenmitgliedern abreagieren, indem sie diese dann unter Druck setzen, sich doch endlich zu beteiligen, und
aufrechnen, wer bisher wieviel in die Gruppe eingebracht hat. So verstärken
sich noch die Schwierigkeiten der eher gehemmten und weniger sprachgewand-
ten Mitglieder in der Gruppe, die sich nun in einer solchen Situation erst recht
nicht öffnen.

Es gibt kein Patentrezept, wie weit ein Therapeut Gespräche und Themen
in der Gruppe anregen soll. In schwierigen Situationen gibt es der Gruppe
Sicherheit, wenn die Mitglieder ein Papier mit Fragen oder Thesen in der Hand
haben, die Anregungen für das Gruppengespräch beinhalten. Erstaunlicher-
weise ist es dann häufig so, daß ganz aktuelle Konflikte mit in das Gespräch
einfließen, die auszusprechen jemand in der unstrukturierenden Anfangsphase
der Stunde vielleicht noch keinen Mut hatte, oder die ihm noch nicht ein-
gefallen waren. Der *Fragenkatalog zu den Therapiezielen* bei pathologischen

Glücksspielern (s. Anhang C) kann die Funktion erfüllen, für längere Zeit als mögliches Thema zur Verfügung zu stehen, wenn sich aus der anfangs unstrukturierten Gesprächsphase kein Thema für die Gruppenarbeit ergibt. Vielfältige andere *Themen*, z. B. über

- die Auswirkungen des pathologischen Glücksspiels auf die Familie,
- Co-Abhängigkeit,
- Erziehungsstile,
- alternative Verhaltensweisen zum Suchtverhalten,
- Zukunftsperspektiven etc.

stehen zur Gesprächsförderung zur Verfügung, die der Therapeut bei Bedarf in die Gruppe einbringt. Dabei sollte bedacht werden, daß Suchtkranke zum Teil erheblich ängstlicher reagieren als zum Beispiel gesunde Teilnehmer an Selbsterfahrungs- oder Encountergruppen, wo der Gruppenleiter Verunsicherung und anfängliches Schweigen zum Teil bewußt einsetzt, um Gruppenprozesse in Gang zu bringen.

Für Suchtkranke ist es oft ein langer Lernprozeß, diese Ängste adäquat zu verbalisieren, eher reagieren sie dann mit Ablehnung, Ärger und depressiver Verstimmtheit: „Das hat alles sowieso keinen Zweck, diese Gespräche bringen mir nichts." Es kann für den Patienten zunächst schwer sein, außer der Suchtproblematik, die sehr stark im Zentrum seiner Aufmerksamkeit gestanden hat, weitere psychische Probleme zu sehen, die z. B. mit den Hintergründen seiner Krankheitsentwicklung zusammenhängen. Nachdem er das Suchtverhalten und die erste schwierige Zeit des Entzuges überwunden hat, tritt zunächst eine erhebliche Erleichterung ein, und es ist dem Patienten nicht unmittelbar einsichtig, daß es möglicherweise noch wesentlich mehr Probleme aufzuarbeiten gibt.

Gesprächsthemen sollen jedoch nicht zu oberflächlichen Diskussionen anregen. Gefragt ist die ganz persönliche Einstellung und Erfahrung, die die einzelnen Patienten damit verbinden. Der Therapeut muß die Selbstexploration bei möglichst vielen Gruppenmitgliedern fördern und Bezüge zu aktuellen Konflikten und Stimmungen herstellen.

Gruppenatmosphäre und Zusammenarbeit

Ein wichtiger Faktor für eine günstige therapeutische Atmosphäre ist die Entwicklung *gemeinsamer Zielsetzungen* durch die Gruppenmitglieder. In der Arbeit mit pathologischen Glücksspielern bietet der Therapeut hier entscheidende Hilfestellungen an, indem er seine generellen Vorstellungen vom Therapieablauf (s. Therapieziele und Fragestellungen; s. Anhang C) plausibel darstellt.

Es gibt vielfältige *Einflußfaktoren*, die eine günstige Gruppenatmosphäre beeinträchtigen. Durch eine personelle Veränderung in der Gruppenzusammensetzung kann zunächst eine Situation entstehen, in der wieder neues Vertrauen wachsen und das *Kennenlernen* gefördert werden muß. Der Therapeut hat die wichtige Aufgabe, der Gruppe diese Schwierigkeiten zu reflektieren. Er muß auf die möglichen Ursachen dafür hinweisen, daß sich die Gruppe zunächst erst wieder finden muß, und daß dieser *Erneuerungsprozeß* schon oft stattgefunden hat. Neu hinzugekommene Patienten sollten durch einfühlende Fragen zur Mitarbeit ermuntert werden, und oft ist schon nach einigen Wortmeldungen der Bann gebrochen, die neue Situation zu bewältigen.

In der Suchtklinik beschränkt sich das Zusammenleben der pathologischen Glücksspieler nicht nur auf die offiziellen Therapieangebote, sondern es erstreckt sich mehr oder weniger über 24 Stunden, was dazu führt, daß auch intensivere Gefühle der *Sympathie* und leider auch der *Abneigung oder Feindschaft* entstehen (vgl. Yalom, 1989). Gruppenprozesse können dadurch stark gehemmt sein, daß unterschwellig Antipathien entstanden sind, die eine offene Aussprache stark beeinträchtigen. Auch wenn Feindseligkeit offen zum Ausdruck kommt, führt dies bei längerer Dauer dazu, daß sich Gesprächsinhalte immer wieder auf Auseinandersetzungen zwischen bestimmten Gruppenmitgliedern polarisieren. Eine Zuspitzung der negativen Gruppenatmosphäre findet dann statt, wenn sich zwei oder mehrere Untergruppen bilden, die sich eher ablehnend und rivalisierend gegenüber stehen.

Der Therapeut kann diese negative Entwicklung beeinflussen, indem er die Aufmerksamkeit gezielt darauf richtet, daß sich eine bewußte Kontrolle von allen Beteiligten darüber entwickelt und alle sich bemühen, immer wiederkehrende Polarisierungen im Gesprächsablauf zu vermeiden.

Die *konstruktive Bearbeitung von Konflikten*, die aus dem engen alltäglichen Zusammenleben in der Klinik entstehen, stellt einen wichtigen Bestandteil der therapeutischen Gruppenarbeit dar, ist aber nur dann effektiv, wenn dabei *keine übermäßigen Aggressionen* auftreten. Nur dann macht der Patient die wichtige Erfahrung, daß er Kritik von anderen bewältigt und einen Angriff übersteht. Derjenige, der seinem Ärger Luft macht, stellt fest, daß dies keine destruktiven, die Beziehung zerstörenden Konsequenzen haben muß. Hier hat der Therapeut die oft schwere Aufgabe, eine für beide Seiten *günstige Balance* im Gespräch aufrechtzuerhalten, damit einerseits belastende Gefühle verbalisiert und andererseits aber keine nachhaltigen psychischen Verletzungen auftreten. Mitpatienten, die nicht direkt an einer Auseinandersetzung beteiligt sind, schätzen oft intensiv ab, ob sie einem solchen Konflikt wohl gewachsen wären, und ihre weitere Behandlungsbereitschaft ist nicht unbeeinflußt von dem Resultat ihrer Schlußfolgerung. Die Interaktionen in der Gruppe haben immer auch emotionale und kognitive Konsequenzen für die Mitglieder, die nicht direkt daran beteiligt sind.

Nach Yalom (1989, S. 81) ist Gruppenkohäsion als Anziehungskraft zu definieren, durch die sich der einzelne in die Gruppe eingebunden fühlt. Dazu gehört, daß sich die Gruppenmitglieder akzeptieren, sich unterstützen und Beziehungen eingehen. In einer guten Atmosphäre ist der Patient eher bereit, sich zu öffnen, sich in Frage zu stellen, einmal etwas zu riskieren und in sozialen Konfliktsituationen großzügiger zu sein.

Der Gruppenzusammenhalt ist zum Beispiel dadurch stark beeinträchtigt, daß der Rückfall eines Mitpatienten beobachtet, aber gedeckt und nicht offengelegt wird, oder Teile der Gruppe ein Geheimnis hüten, das mit dem Verstoß gegen Regeln der Hausordnung zusammenhängt. Dadurch schwindet allmählich die Vertrauensbasis und ein beträchtlicher Teil der Aufmerksamkeit wird davon in Anspruch genommen. Alte Verhaltensweisen aus der Zeit des aktiven Glücksspielens reaktivieren sich dann, wie z. B. Rückzug in die Heimlichkeit und Isolation. Zunehmende Ängste vor der Aufdeckung des Geheimnisses tun ein übriges, den therapeutischen Prozeß vollständig zu lähmen. Wenn auffällige Hemmnisse in der Gesprächsbereitschaft und Offenheit festzustellen sind, muß der Therapeut die Gruppenatmosphäre, den Zusammenhalt und auch Störungen der Vertrauensbasis selbst zum Thema machen.

Therapeutische Faktoren

Yalom (1989; vgl. auch Grawe & Fiedler, 1982) unterscheidet 12 „therapeutische Faktoren", die je nach Art des Vorgehens in der Gruppentherapie zur Wirkung kommen. Von ausgewählten Patienten, die an psychodynamisch-interaktionell orientierten Gruppentherapien teilnahmen, wurden die Faktoren nach ihrer Bedeutung eingeschätzt, und es ergab sich dann folgende Reihenfolge:

1. Interpersonelles Lernen – die Patienten geben sich Rückmeldung darüber, welche Wirkung man mit seinem eigenen Verhalten bei anderen hervorruft

Durch das intensive Zusammenleben im Stationsalltag gibt es in der Gruppenstunde vielfältige Anlässe, sich gegenseitig Verhaltenseindrücke zu reflektieren. Patienten, die stark gestörte Verhaltensweisen im sozialen Umgang aufweisen, geraten dabei leicht in den Mittelpunkt der Aufmerksamkeit der Gruppe. Themen werden behandelt, die von den Tischsitten bis hin zum Umgangston und der Kritikfähigkeit des einzelnen reichen. Leicht geraten die angesprochenen Patienten dann in eine Position, sich rechtfertigen und verteidigen zu müssen. Eine daraus resultierende Abwehrhaltung bewirkt dann oft, daß der Patient Verhaltensrückmeldungen als unberechtigt zurückweist und keine neuen Einsichten daraus gewinnt. Es ist Aufgabe des Therapeuten, bei auftretenden Konflikten zu vermitteln und Anregungen zu geben, Kritik so zu äußern, daß sie leichter zu akzeptieren ist, man sich nicht völlig in Frage gestellt fühlt und sich nicht augenblicklich rechtfertigen muß. Es kann günstig sein, bei einer Verhaltensrückmeldung deutlich zu machen, daß es sich nicht um eine objektive Verhaltensbeurteilung handelt, sondern der andere von seinen ganz subjektiven Gefühlen und Eindrücken ausgeht. So kann jemand vorwurfsvoll äußern, daß ein anderes Gruppenmitglied sich zu dominant und aggressiv verhält, oder er berichtet statt dessen von den eigenen Gefühlen, Ängsten und Befürchtungen, wenn ein solches Verhalten auftritt.

Letzteres ist leichter zu akzeptieren, und es können alternative Verhaltensweisen diskutiert werden, ohne daß es zu Abwehrreaktionen kommt. Es gibt aber nicht nur negative Verhaltensrückmeldungen. Für den einzelnen Patienten kann es ein seit langer Zeit nicht mehr erfahrenes Erlebnis sein, einmal eine positive Reaktion auf sein Verhalten zu erhalten, was insbesondere dann seine Wirkung zeigt, wenn ein Gruppenmitglied äußert, daß das Verhalten eines Mitpatienten ihm bei der Bewältigung eines Problems oder einer schwierigen Situation geholfen hat.

2. Offene Äußerung von Gefühlen in der Gruppe

Gespräche mit Angehörigen von pathologischen Glücksspielern bestätigen oft den Eindruck, daß es den Patienten im Verlauf ihrer Krankheitsentwicklung immer weniger möglich war, über psychische Belastungen zu sprechen. Häufig haben Störungen in der Herkunftsfamilie schon vor Entstehung der Spielproblematik dazu geführt, daß der *gegenseitige Austausch von Gefühlszuständen* nicht ausreichend gelernt wurde. Auch die Spieler äußern häufig, daß sie in der Vergangenheit belastende Gefühle in sich „hineingefressen" oder „hinunterge-schluckt" hätten, so daß ihnen ein wichtiges Ventil gefehlt habe, mit Belastungen fertig zu werden. Scham- und Schuldgefühle, die als Folge- oder Begleiterscheinungen des pathologischen Glücksspiels auftraten, haben den Prozeß der Isolation und Vereinsamung zusätzlich gefördert. Es ist für die Patienten oft ein ganz neues Erlebnis, sich anderen zu öffnen, sich dabei befreit und erleichtert zu fühlen.

3. Gefühle der Zusammengehörigkeit in der Gruppe – Gruppenkohäsion

In der stationären Suchtbehandlung hat der Patient selbst nur wenig Einfluß darauf, welcher Therapiegruppe er zugeteilt wird. Die im Durchschnitt älteren Alkoholiker tragen in der gemeinsamen Behandlung mit pathologischen Glücksspielern oft erheblich dazu bei, daß ein guter Zusammenhalt und eine stabilere Gruppenstruktur entsteht. In dieser altersmäßig ausgeglicheneren Gruppenzusammensetzung ist die Gefahr geringer, daß sich dissoziale Verhaltensweisen durchsetzen oder intensiv mit den äußeren Rahmenbedingungen der Behandlung, wie z. B. der Hausordnung, „gespielt" wird und sich die Therapiegespräche auf oberflächliche Auseinandersetzungen konzentrieren, sich Vorteile bei Ausgängen, Heimaturlauben etc. zu verschaffen. Zahlreiche Unternehmungen im Gruppenverband, die im Rahmen des Therapieprogramms durchgeführt werden, gemeinsame Ausflüge, Radtouren, Wanderungen und andere Aktivitäten können erheblich zur Identifikation mit der eigenen Therapiegruppe beitragen. Ein guter Gruppenzusammenhalt ist die beste Voraussetzung dafür, daß Heimwehgefühle aufgefangen werden können und sich die Patienten in Krisensituationen gegenseitig beistehen. Nicht zuletzt eine gewisse *Identifikation mit dem therapeutischen Personal* und dem gesamten therapeutischen „Setting" trägt zum inneren Zusammenhalt der Gruppe erheblich bei. Die Patienten dürfen auf keinen Fall das Gefühl haben, daß sie gegeneinander ausgespielt werden, so daß eine Atmosphäre des Mißtrauens entsteht. Der Gruppentherapeut muß Rücksicht darauf nehmen, daß die Gruppenmitglieder auch außerhalb der offiziellen Gesprächsstunden intensiv miteinander kommunizieren und sich offen ausgebrochene Konflikte außerhalb der Gruppentherapie fortsetzen und vertiefen können. Es kann deshalb wichtig sein, am Ende der Sitzung ein Resümee zu ziehen und von den Mitgliedern eine Stellungnahme zu ihrem weiteren Verhalten zu verlangen.

4. Einsicht und Akzeptanz des eigenen seelischen Funktionierens – Selbstverständnis

Yalom (1989) unterstreicht die Wichtigkeit der *intellektuellen Komponente* im Therapieprozeß. Hier geht es um die *Bewußtmachung von Verdrängungen* sowie um das *intellektuelle Verstehen der Beziehung zwischen Vergangenheit und Gegenwart.* Dabei können unbekannte und nicht angenommene eigene Persönlichkeitseigenschaften entdeckt und akzeptiert werden. So kann ein Patient in der Vergangenheit unter einem sehr autoritären Vater gelitten haben, und er reagiert in bestimmten Situationen auch heute noch ängstlich oder auch aggressiv, wenn er ähnliche Verhaltenssignale wahrnimmt oder wahrzunehmen glaubt. Möglicherweise ist es dadurch schon früher zu kritischen Auseinandersetzungen und Mißverständnissen gekommen, ohne daß der Patient die Zusammenhänge mit seinen Kindheitserfahrungen und seine besondere Sensibilität auf diesem Gebiet erkannt hätte. Maslow (zitiert nach Yalom, 1989, S. 94) sieht psychische Krankheit als eine Erkenntnismangelkrankheit an: „Wo unser Wissen geschlossen und vollständig ist, folgt das geeignete Handeln automatisch und wie ein Reflex." Dies unterstreicht die Bedeutung des *kognitiven Durcharbeitens von Konflikten,* wodurch jedoch verhaltenstherapeutische Aspekte nicht ausgeschlossen werden sollen. Auch das Einüben von Verhaltensweisen, zum Beispiel bei Kontaktproblemen, kann wichtig sein. Einsicht und Akzeptanz eines fehlangepaßten Verhaltens sind eine wichtige Voraussetzung für die effektive Einübung neuen Verhaltens.

5. Interpersonelles Lernen – Möglichkeit in der Gruppe, neues zwischenmenschliches Verhalten zu lernen und zu erproben

Dabei kommt es darauf an, das Verhalten des anderen so *spontan* und *ehrlich* wie möglich zu erleben und sich gegenseitig diese Erfahrungen mitzuteilen. Im Gegensatz zur Alltagswelt kann in der therapeutischen Gemeinschaft ein Verhalten ohne direkte Konsequenz eingeübt, d.h. auch einmal etwas riskiert werden. So kann es ein wichtiger Lernprozeß sein, nicht immer Recht haben zu wollen, unterschiedliche Standpunkte zu akzeptieren und so auf eine erheblich bessere soziale Resonanz zu stoßen. Es kann wichtig sein, daß die Gruppe toleriert, wenn ein Mitglied eine erhebliche Zeit benötigt, um Fehlverhalten zu erkennen und Veränderungen einzuleiten.

Patienten, deren Hauptproblem in auffälligem fehlangepaßten Sozialverhalten liegt, haben es oft schwerer, von der Gruppe den nötigen Rückhalt und Freiraum für Verhaltensänderungen zu bekommen. In ihrer sozialen Biographie kann dies durch häufigen Berufs-, Stellen- oder Partnerwechsel zum Ausdruck gekommen sein. Die Gruppe reagiert oft mit mehr Verständnis, wenn ihr die Hintergründe dieses auffälligen Verhaltens bekannt sind und daraus ein gewisses Verständnis abgeleitet werden kann. Zu diesen problematischen Störungen gehören aggressive, dominante oder auch stark narzißtische Verhaltensweisen, die das Zusammenleben erheblich beeinträchtigen.

6. Existentielle Faktoren

Yalom (1989) betont, daß existentielle Faktoren in der Therapie eine wichtige, aber oft unerkannte Rolle spielen. Der existenzielle Ansatz geht davon aus, daß der wichtigste Kampf des Menschen sich um die unabdingbaren und letzten Dinge des Lebens dreht, wie Tod, Isolierung, Sinnlosigkeit – und Freiheit und daß man im Leben letztlich allein verantwortlich ist, daß das Leben manchmal unfair und ungerecht ist. Ein großer Teil der jungen Spieler, bei Kellermann und Sostmann (1992) sind es z. B. 58,3%, die wegen des Spielens Selbstmordgedanken hatten, ist schon in massiver Weise mit ganz existenziellen Fragen seines Lebens konfrontiert worden.

Die *Eigendynamik*, die das Spielen in immer stärkerem Ausmaß bekommen hat, hat letztlich zu einem Zustand geführt, in dem der Spieler selbst und seine Umgebung immer stärker unter dem Suchtverhalten litten, der Zwang aber eher größer wurde, es auszuüben. Stark *depressive Phasen* folgten dann dem Spielrausch und dem Verlust des Geldes und wurden immer auswegloser, je mehr sich auch die soziale und ökonomische Situation verschlimmerte. Der Spieler sah nur den einen Weg, dieser psychisch äußerst belastenden Situation zu entfliehen, sich wiederum auf irgendeine erdenkliche Weise Geld zu beschaffen und weiterzuspielen. Er besaß weiterhin die Illusion, die ganze Misere durch ein glückliches Spiel zu überwinden oder zumindest für kurze Zeit zu vergessen.

Hoffnung und Verzweiflung lösen sich ab, und es ist oft ein schwieriger innerer Kampf notwendig, die Sinnlosigkeit dieses Handelns zu durchschauen und zu akzeptieren. Gespräche über irrationale Gedanken, sich durch einen großen Gewinn aus allen Schwierigkeiten zu befreien, und über gleichzeitig auftretende Gefühle der Sinnlosigkeit, der inneren Leere und Verzweiflung, sind wichtige Themen in den Gruppenstunden mit pathologischen Glücksspielern.

7. Erkenntnis, daß man mit seinem Leiden nicht allein dasteht

Mehr als in einer Einzeltherapie erfährt der Patient in der Gesprächsgruppe von Suchtkranken Erleichterung indem er feststellt, daß die beschriebenen Krankheitssymptome mit denen der Mitpatienten übereinstimmen. Für die mit pathologischen Glücksspielern tätigen Therapeuten ist es überraschend, wie *uniform* sich das Krankheitsbild darstellt, sich *Symptome der Geldbeschaffung, Verheimlichung, Verleugnung, Bagatellisierung und die negativen psychischen und sozialen Konsequenzen des Spielens* gleichen. Der Spieler erlebt es als eine erhebliche *Entlastung von Schuld- und Schamgefühlen*, wenn er feststellt, daß die sozialschädigenden Begleiterscheinungen krankheitsinhärent sind und die Mitpatienten in ähnlicher Weise unter dem Zwiespalt gelitten haben, Dinge zu tun, die sie unter normalen Umständen ethisch und moralisch ablehnen würden. Diese Entlastung ist vor allem dann gegeben, wenn nach Absetzen des Suchtverhaltens gemeinsame Gefühle der Reue und Trauer über geschehenes Fehlverhalten und Unrecht ausgetauscht werden. Bei kaum einer anderen Krankheit ist der Genesungsprozeß so entscheidend von der Gemeinsamkeit und Solidarität der Mitpatienten beeinflußt wie bei der Suchtkrankheit. Hinzu kommt, daß eine dauerhafte Stabilisierung des Patienten nach der stationären Behandlung durch den regelmäßigen und langfristigen Besuch einer Selbsthilfegruppe entscheidend mitbeeinflußt wird.

8. Hoffnung schöpfen durch die Beobachtung, wie andere ihre Probleme allmählich bewältigen

In den offenen Therapiegruppen der stationären Einrichtungen befinden sich zwangsläufig neu aufgenommene und fortgeschrittene Patienten, die einen ganz *unterschiedlichen therapeutischen Entwicklungsstand* aufweisen. Es ist für die neu hinzukommenden Patienten sehr wichtig zu sehen, daß andere anfänglich schwierige Entzugs- und Entwöhnungsphänomene bereits überwunden haben. Die Neuankömmlinge erleben auch vom ersten Tag an mit, daß die länger verweilenden Spieler bereits Ausgänge und Heimaturlaube bewältigen, sich dabei zum Teil sehr wohl fühlen und einen erheblichen Abstand zum pathologischen Glücksspiel gewonnen haben.

9. Das Erlebnis, anderen helfen zu können und für sie wichtig zu sein

Häufig äußern Mitpatienten, daß es für sie wichtig und hilfreich gewesen sei, wenn jemand in der Gruppe über seine Schwierigkeiten gesprochen habe und dabei erhebliche Ähnlichkeiten zu eigenem Erleben festgestellt wurden. Als sehr wichtig wird es empfunden, außerhalb der Gruppenstunden Mitpatienten als Ansprechpartner für Probleme zu haben oder die ersten Schritte außerhalb der Klinik zunächst in Begleitung von vertrauten Mitpatienten zu tun. Gerade letzteres kann einer Rückfallgefährdung entgegenwirken, falls nach einer mehrwöchigen Entwöhnungszeit in der Klinik das Spielverlangen noch groß ist. Es ist schon eine große Hilfe, einem Mitpatienten in einer Krisensituation den Schritt zu erleichtern, zum Therapeuten zu gehen und sein Problem dort anzusprechen. Das Erlebnis, anderen zu helfen, kann erheblich zur Stärkung des Selbstvertrauens beitragen.

10. Das Wiederbeleben von Beziehungs- und Familiensituationen, wie sie früher bestanden

In der stationären Einrichtung ist der Patient für eine lange Zeit mit den unterschiedlichsten Beziehungen konfrontiert, die zum Teil starke Assoziationen zu früheren familiären Beziehungsstörungen hervorrufen. Die Mitglieder des therapeutischen Teams lösen durch ihre ganz individuelle Persönlichkeit, unterschiedliches Geschlecht, Alter und Bildung und ihre Therapiestile die verschiedensten Übertragungseffekte aus. Patienten reagieren oft sehr erleichtert darauf, wenn sie Zusammenhänge zwischen früheren familiären Situationen, der Lebensgeschichte und dem heutigen Verhalten erkennen. Das eigene Verhalten erscheint ihnen dann verständlicher und dadurch besser kontrollierbar. Pathologische Glücksspieler haben häufig Kontaktprobleme gegenüber Frauen; Beziehungsstörungen den Müttern gegenüber können dazu beigetragen haben. Diese Problematik kann sich dann im Verhältnis zu den Mitpatientinnen und weiblichen Therapeuten besonders manifestieren. Durch das offene und lebensnahe Zutagetreten dieser Beziehungsstörungen kann der Spieler in realitätsnaher Weise Einsicht in die Entstehung der Konflikte gewinnen und alternatives Verhalten erproben. Therapeuten und Mitpatienten können als Trainingspartner dafür zur Verfügung stehen, da sie die Probleme des Patienten durchschauen und bis zu einem gewissen Grad tolerieren, ohne mit den in der realen Welt üblichen negativen Sanktionen auf sozial unangepaßtes Verhalten zu reagieren.

11. Ratschläge und Anleitungen, die von anderen Patienten und Therapeuten gegeben werden

Eine langjährige Suchterkrankung hat häufig zur Folge gehabt, daß Eltern und andere Bezugspersonen in ihrer Hilflosigkeit dem Krankheitsverlauf gegenüber zu massiven Drohungen, Belehrungen und zum Teil auch körperlichen Bestrafungen gegriffen haben, um das Spielverhalten zu stoppen. Alle Ratschläge und Belehrungen haben nicht die geringste Wirkung gezeigt, und die Patienten sind gegenüber diesen Einflußversuchen abgestumpft. Ratschläge und Anleitungen sind deshalb mit Vorsicht zu betrachten, statt dessen soll die Eigenverantwortung und Entscheidungsfreiheit hervorgehoben und statt direktiv eher fragend interveniert werden. Hat der Patient die Empfindung, daß allzu viele Dinge von oben angeordnet sind, kommt dies durchaus seinem Bedürfnis nach Abhängigkeit und Behütung entgegen, ebenso wird er sich seiner persönlichen Verantwortung entziehen, wie er dies schon in der Vergangenheit getan hat.

12. Identifizierung – die Möglichkeit, sich mit anderen Gruppenmitgliedern gleichzusetzen und durch Nachahmung von ihnen zu lernen

Gegenüber Suchtkranken bestehen in der Gesellschaft häufig vielfältige *Vorurteile*. Oft ist den Mitmenschen nicht bewußt, daß sozial abweichendes Verhalten ein Symptom der Krankheit ist. Die während des aktiven Suchtverhaltens vom sozialen Umfeld beobachtete „Labilität" oder *„Willensschwäche"* äußert sich in erster Linie als *Resultat der Krankheit*, bezieht sich primär auf den Umgang mit dem Suchtmittel, und muß keineswegs Ausdruck der Persönlichkeit sein. Nach einer Entwöhnungszeit vom Suchtmittel können durchaus Defizite in der Persönlichkeitsentwicklung sichtbar werden, wie sie auch bei anderen neurotischen oder psychosomatischen Erkrankungen vorliegen, aber in den selteneren Fällen handelt es sich dabei um dissoziales oder moralisch/ethisch abweichendes Verhalten.

In den vorangegangenen Kapiteln wurde immer wieder betont, wie wichtig es als Voraussetzung für eine stabile Abstinenz ist, daß der Suchtkranke in der Lage ist, sein Verhalten als Krankheit zu akzeptieren. In einem sozialen Umfeld, das möglicherweise erhebliche Vorurteile gegenüber Suchtkranken hegt, wird die Krankheitsakzeptanz dadurch erheblich erleichtert und gefördert, daß sich der Patient mit anderen Abhängigkeitskranken identifiziert und aus ihrem Selbstverständnis lernt, mit der sozialen Stigmatisierung umzugehen. Dabei stellt sich die Frage, ob es ohne Identifikationsprozeß in der Gruppe von Abhängigkeitskranken überhaupt möglich wäre, diese schwierige Krankheitsakzeptanz zu erreichen. In der therapeutischen Praxis ist zu beobachten, daß, wenn ein Patient sich mit dem Eingeständnis schwer tut, die Kontrolle über sein Spielverhalten verloren zu haben, und sich nicht mit der Spielkrankheit identifiziert, fast zwangsläufig ein weiteres „Experimentieren" mit Glücksspielen die Folge ist, was dann leicht wieder in altes oder sogar gesteigertes Spielverhalten mündet.

Sich innerhalb der Klinik mit den Mitpatienten und der Erkrankung zu identifizieren, bedeutet noch nicht, daß dies auch außerhalb in einer sozialen Umgebung gelingt. Sie kann der eigenen Akzeptanz möglicherweise entgegenwirken, weil zum Beispiel von den Eltern oder der Partnerin der Wunsch ausgeht, es möge doch nach dem Klinikaufenthalt „alles in Ordnung" sein, und der Patient sei geheilt. Von ehemaligen Mitspielern kann oft erheblicher Druck, insbesondere bei illegalem Glücksspiel, ausgeübt werden, weiterzuspielen. Um so wichtiger scheint es, die Angehörigen und das soziale Umfeld weitestgehend in die Behandlung einzubeziehen, den Patienten auf Komplikationen nach der Behandlung vorzubereiten und genügend Ausgänge und Heimaturlaube zur Realitätserprobung zu gewährleisten.

Örtlicher und zeitlicher Rahmen

Gruppenstunden sollten möglichst nicht in Aufenthaltsräumen stattfinden, in denen der Therapeut zu Gast ist und sich die Patienten zu Hause fühlen. Taber (1981) betont, daß die Sitzungen auf seinem Territorium stattfinden, in seinem Büro oder in einem extra dafür vorgesehenen Raum, um Autoritätskonflikte zu vermeiden.

Gruppenstunden sollten auch nicht vorzeitig beendet werden, weil einige Patienten ungeduldig sind und ihre Zigaretten hervorholen, wobei jedoch eine autoritäre Maßregelung nur selten einen guten Effekt hat. Wenn zum Ende der Gruppenstunde das Thema erschöpft ist, muß man allerdings auch nicht darauf bestehen, die letzten Minuten noch abzusitzen.

Die Gruppenstunden dauern etwa 1½ Stunden. In einer sehr angeregten Diskussion äußern die Spieler öfter das Bedürfnis, doch über die Zeit hinaus weiterzumachen. Es ist zu beobachten, daß die Spieler in solchen Situationen Schwierigkeiten haben, mit dem Gespräch aufzuhören. Die Patienten reagieren meistens mit Verständnis, wenn der Therapeut darauf hinweist, daß „Gesprächsexzesse" möglichst zu vermeiden sind und es ein wichtiger Lernprozeß ist, eine positiv stimulierende Situation auch rechtzeitig zu beenden.

Anfängliche Nervosität und Unruhe

Die pathologischen Glücksspieler neigen dazu, Gesprächsthemen nicht spannend genug zu finden. Es ist ihnen zu wenig Nervenkitzel vorhanden, und die Unmutsgefühle darüber adressieren sie nicht selten als Vorwurf an den Gruppentherapeuten. Der Therapeut sollte dann darauf hinweisen, daß er nicht die Aufgabe hat, die Patienten spannend zu unterhalten, daß eigener Unmut über den Gruppenverlauf frühzeitig geäußert werden sollte, und der unzufriedene Teilnehmer Alternativvorschläge machen kann. Für den erfolgreichen Verlauf einer Sitzung sind alle mitverantwortlich, und Psychotherapie ist kein mit dem exzessiven Spielverhalten vergleichbarer Nervenkitzel. Es sollte dem Patienten vermittelt werden, daß es kein Patentrezept gibt, seine anhaltende Nervosität und Ungeduld aufzufangen, und daß der Entwöhnungsprozeß Zeit braucht. Dabei ist es wichtig, vielfältige Anregungen aus dem gesamten Therapieprogramm aufzunehmen, Eigeninitiative zu zeigen und alternative Entspannungsmöglichkeiten zu entwickeln.

Lob

Spieler reagieren meistens sehr stark auf ein verbales Lob durch den Therapeuten. Er sollte dabei berücksichtigen, daß die Spieler in der Phase ihrer Krankheitsgenese nur noch wenig Anlaß dazu gegeben haben, sie positiv zu sanktionieren, wobei es nicht selten schon in ihrer Herkunftsfamilie daran gemangelt hat, gewünschtes Verhalten positiv zu verstärken. Das Bemühen um *aktive Mitarbeit*, die *konstruktive Lösung von Konflikten*, *selbstexploratives Verhalten*, alles was der Vertiefung der *Krankheitseinsicht* und der *Entwicklung der Persönlichkeit* dient, kann positiv verbal sanktioniert werden. Dabei sollte bedacht werden, daß die Patienten sehr unterschiedliche individuelle Voraussetzungen mitbringen, sich sprachlich zu äußern, in der Gruppe selbstsicher genug zu sein, belastende Gefühle auszudrücken. So ist es für den einen Patienten ein sehr großer Fortschritt, wenn er sich einmal ohne Aufforderung spontan zu einem Thema äußert, während ein anderer eher davon profitiert, einmal Zurückhaltung zu üben und seinen Gesprächsanteil in der Gruppe zu verringern. Es ist für Patienten außerdem ein schwieriger Prozeß, einzusehen, daß es nicht nur eine richtige Antwort oder Lösung für ein Problem gibt, sondern daß unterschiedliche Einstellungen und Meinungen nebeneinander bestehen und zu tolerieren sind. Positive Sanktionen des Therapeuten können den Gesprächsprozeß erheblich steuern und gewünschtes Verhalten fördern.

Das Ausleihen von Geld

In der Vergangenheit gehörte es für die Spieler häufig zum Alltag, sich Geld zu leihen, um Engpässe zu überbrücken und das Spielverlangen zu befriedigen. Auch während der Behandlungszeit treten noch erhebliche *finanzielle Schwierigkeiten* auf, und Schuldenregulierungen, Anträge auf Übergangsgelder etc. benötigen Zeit. Durch den starken Kaffee- und Zigarettenkonsum geben die Patienten, zum Erstaunen ihrer Partner und Angehörigen, beträchtliche Summen aus. Es entspricht dabei dann nur der alten Gewohnheit, sich wiederum Geld zu leihen, weil es schwierig erscheint, mit einer Anschaffung zu warten, sich einmal einzuschränken oder auf etwas zu verzichten. Häufig folgt der Spieler sehr unkritisch Kaufimpulsen, andererseits aber verleiht er durchaus größere Summen, wenn ein anderer sich in einer angeblichen Notlage befindet. Nicht selten bittet man gerade die Patienten um Geld, die zurückhaltender, eher gehemmt sind und schlecht nein sagen können. Da ja bekannt ist, daß Geldleihen unerwünscht ist, kann durch dieses Verhalten die Atmosphäre in der Therapiegruppe erheblichen Schaden nehmen und Mißtrauen entstehen.

In Gruppenstunden, in denen diese Problematik thematisiert wurde, zeigte sich dann, nach einigem Zögern, daß es kaum einen Patienten gab, der nicht schon einmal in „Geldgeschäfte" verwickelt war und Schwierigkeiten mit der Rückgabe hatte. Erst nach einer intensiveren Diskussion sahen einige Spieler ein, daß sie sich keineswegs in einer Notlage befunden hatten und auf das Geldleihen hätten verzichten können. Dabei wurde auch deutlich, daß sie sich deshalb bei den Geldausgaben nicht einschränken wollten, um anderen gegenüber nicht als ärmlich dazustehen, und daß sie bisher trotz Geldknappheit nicht bereit waren, auf höherwertige Konsumartikel zu verzichten. Das Geldleihen selbst schien ihr soziales Prestige jedoch nur wenig zu beeinträchtigen. In anderen Fällen war das Geldleihen durch einen Rückfall in Spielverhalten verursacht, so daß dieser Thematik in den Gruppenstunden latent Aufmerksamkeit zukommen muß. Selbstverständlich ist, daß Therapeuten kein Geld verleihen.

Die Rolle des Co-Therapeuten

In einer größeren Gruppe von Spielern übernehmen einzelne Patienten leicht die Rolle des *Co-Therapeuten*. Dies hat häufig zur Folge, daß sie Mitpatienten maßregeln, zum Teil Druck auf andere ausüben, die sich bisher weniger beteiligt haben. Da sie sich im Einverständnis mit dem Therapeuten wähnen, versuchen sie auch außerhalb der Gruppenstunden eine dominante Rolle einzunehmen. Sie reagieren sehr enttäuscht, wenn der Therapeut ihre Position hinterfragt und die Gruppe ihnen deutlich macht, daß sie ihr Rollenverständnis überprüfen und sich stärker auf ihre eigenen Probleme konzentrieren sollen.

Von der Position des „Co-Therapeuten" ist der Weg zur Analyse des Therapeuten nicht weit: Die leicht ironische Gegenfrage des Patienten: „Wie geht es Ihnen denn?" darf nicht dazu verführen, allzu Persönliches in die Gruppe einzubringen. In einer schlechten Gruppenatmosphäre finden zum Teil massive persönliche Angriffe statt, die beispielsweise die Motivation des Therapeuten zu der Gruppenstunde hinterfragen sollen: „Haben Sie denn Lust heute?" oder „Der sieht aber heute lustlos aus!", und Rivalität zum Ausdruck bringen können. Der Therapeut sollte sich jedoch nicht in Machtkämpfe verstricken lassen und in Betracht ziehen, daß eher Angst und Unsicherheit hinter diesen Angriffen stecken. Sie können damit zusammenhängen, daß die Gruppe mehr strukturelle Hilfen, zum Beispiel Themenvorschläge etc. benötigt, um wieder zu einer sinnvollen Arbeit zu finden. Es ist Aufgabe des Therapeuten, den Patienten zu helfen, die Hintergründe ihres Verhaltens zu erkennen. So kann er deutlich machen, daß auch der Therapeut zu Anfang der Gruppenstunde gespannt ist, wie sich die Sitzung entwickelt, daß die Patienten nicht davon profitieren, wenn der Therapeut seine persönlichen Probleme dort bespricht und die Rollen getauscht werden. Er sollte zeigen, daß die Stimmung des Therapeuten nicht immer gleich sein kann, daß Arbeit etwas mit Pflichtbewußtsein und nicht ausschließlich mit Lust zu tun hat. Nur das gemeinsame Bemühen von Patienten und Therapeuten führt zu einer für alle gewinnbringenden Gruppentherapie. Oft ergeben sich beiläufig Gelegenheiten, den Patienten einige persönliche Auskünfte zu geben, ob der Therapeut verheiratet ist, Kinder hat etc., was durchaus nicht schadet.

Verlagerung der Probleme nach außen

Es kommt vor, daß einzelne Spieler schon ein „perfektes Erklärsystem" mitbringen, warum sie gespielt haben. Sie führen bestimmte Erziehungsstile der Eltern oder Verhaltensweisen der Partnerin als Ursache an und empfinden dann das *eigene Verhalten* als völlig *fremdbestimmt*. Bei dieser *einseitigen Schuldzuweisung* übersehen sie meistens, daß hier noch Verletzungen zutage treten, die im Zusammenhang mit den Folgen des exzessiven Glücksspiels entstanden sind und mit den teilweise verzweifelten Versuchen der Angehörigen zu tun haben, den Spieler von seinem selbstzerstörerischen Verhalten abzubringen. Dies soll aber keineswegs darüber hinwegtäuschen, daß die Spieler teilweise in sehr *schwierigen Sozialisationsbedingungen* aufgewachsen sind und sich damit in der Therapie auseinandersetzen müssen. Einseitige Schuldzuweisungen führen aber kaum weiter, und es ist wichtig, daß der Patient während der Behandlung lernt, die Verantwortung für sich selbst zu übernehmen und den eigenen Weg zu bestimmen.

In der Diskussion zu diesem Thema ist es sehr wesentlich, zwischen den *Faktoren* zu unterscheiden, die den Krankheitsprozeß einmal *in Gang gesetzt* (*Individuum, Sozialfeld, Glücksspiel*) und denen, die ihn letztlich *aufrechterhalten* haben (*Entzugserscheinungen, veränderte Realitätswahrnehmung, subjektiver innerer Zwang, Folgeschäden – Eigendynamik*).

Bei Spielern und anderen Suchtkranken (vgl. Bühringer, 1992) scheinen Erziehungsstile häufiger aufzutreten, bei denen zum einen eine zu stark behütende oder zum anderen eine extrem wenig beschützende Haltung eingenommen wird. Zum einen scheinen Erziehungspersonen auch Ideale verkörpert zu haben, die von den Heranwachsenden als nicht erreichbar wahrgenommen wurden. Zum anderen mangelte es an Vorbildern, weil die Eltern zum Beispiel selbst suchtkrank waren und ihre Erziehungsaufgabe nicht ausreichend bewältigen konnten.

Schwierige Sozialisationsbedingungen haben häufig dazu geführt, daß wenig Selbstvertrauen entstanden ist und alltägliche Konflikte und Belastungen überforderten. Das manifestiert sich in der Gruppentherapie, indem die Patienten danach trachten, schwierige Situationen zu vermeiden oder sie mit großer Ungeduld möglichst schnell zu bereinigen, um sich dann wieder frei von Belastungen zu fühlen. Der Therapeut muß darauf achten, nicht in die Rolle des behütenden oder bestrafenden Elternteils zu geraten und dem Patienten wiederum die Selbständigkeit und die Verantwortung für sein Verhalten abzunehmen.

Frühzeitige Auseinandersetzung mit der Reintegration in die Arbeitswelt

Der äußere Schutzrahmen der Klinik entlastet den Patienten zunächst erheblich von den realen existentiellen Sorgen. Es sollte daher nicht kostbare Zeit verloren gehen, bei den häufig arbeitslosen und unausgebildeten Patienten Maßnahmen zur beruflichen Wiedereingliederung anzuregen. Nicht selten haben die Spieler große Illusionen über ihre Möglichkeiten dabei. Hier scheinen sich irrationale Gedanken aus der Glücksspielwelt zu übertragen, und die Spieler streben zu hochgesteckte Ausbildungsziele an, die die Gefahr eines erneuten Scheiterns mit sich bringen. Da sich die Patienten bei ihrer letzten Beschäftigung, häufig bedingt durch Folgeerscheinungen des exzessiven Glücksspiels, als Versager oder als letztlich überfordert empfunden haben, planen sie dann einen völligen Neuanfang. Dabei übersehen sie, daß durch die Genesung und zukünftige Abstinenz vom Glücksspiel erhebliche *Energien* frei werden und die Aufnahme der schon gewohnten Tätigkeiten oder des alten Arbeitsplatzes mit bedeutend weniger Risiken behaftet wäre als eine völlige Umstellung. Häufig sind es massive Scham- und Schuldgefühle, die den Patienten daran hindern, an seinen alten Arbeitsplatz zurückzukehren oder ein Gespräch über eine Wiedereinstellung zu führen, weil sie Kollegen noch Geld schulden und infolge des Spielverhaltens viele Unstimmigkeiten entstanden sind. Eine Kontaktaufnahme mit dem Arbeitgeber während eines Heimaturlaubs oder die Einladung von Betriebsangehörigen in die Klinik kann das Unbehagen des Patienten oft drastisch reduzieren und zu einer realistischeren Berufsplanung beitragen. Frühzeitig sollten die Rehabilitationsberatung des Arbeitsamtes und notwendige Tests zur beruflichen Eignung durchgeführt werden. Bei all diesen Überlegungen muß der Patient möglichst viele Maßnahmen selbst planen und durchführen, die Therapiegruppe kann lediglich Anstöße geben, und es ist gemeinsam darüber nachzudenken, ob der Patient eine realistische Perspektive entwickelt, ob er sich ausreichend genug um die Verwirklichung bemüht oder ob unangemessene Ängste ihn daran hindern, auf

vorhandene Beschäftigungsmöglichkeiten oder berufliche Erfahrungen zu-
rückzugreifen.

Gleichzeitige Abhängigkeitsprobleme

Ein nicht unerheblicher Anteil der pathologischen Glücksspieler hat gleichzeitig *substanzgebundene Abhängigkeitsprobleme*, in erster Linie handelt es sich
um Alkohol. Dabei besteht die Gefahr, die stoffliche Abhängigkeitsproblematik zu vernachlässigen, und der Patient hat Schwierigkeiten, sich zusätzlich
eingestehen zu müssen, damit nicht kontrolliert oder in Maßen umgegangen zu
sein. Das Selbstbild kann erheblich unter dieser Vorstellung leiden, und der
Spieler empfindet zusätzliche Scham, den Angehörigen und dem sozialen Umfeld gegenüber weitere Probleme zu offenbaren. Einige Patienten fragen, was
ihnen denn dann noch bliebe, wenn sie auf Alkohol auch noch verzichten
sollen. Es ist häufiger zu beobachten, daß Patienten *Schwierigkeiten mit Alkohol* stark *bagatellisieren* oder *leugnen*. Auf die Frage nach dem Umgang mit
Alkohol äußerte ein Patient zunächst, daß er bisher keinerlei Schwierigkeiten
damit habe, nur selten überhaupt Alkohol trinke. Bei weiterem Nachfragen
stellte sich dann heraus, daß er schon mindestens zweimal wegen einer Alko-
holvergiftung im Krankenhaus war und nach dem Überschreiten einer gewissen Menge leicht die Kontrolle über das Trinkverhalten verlor. Allerdings
hatten diese negativen Erfahrungen ihn so abgeschreckt, daß er dann phasenweise nichts mehr anrührte. Spieler berichteten, daß Alkohol die *Hemmschwelle senken kann*, wieder mit dem Spielen zu beginnen, wenn sie längere
Zeit abstinent vom Spielen gewesen sind. Einige Spieler versuchten ihre Alko-
hol- oder andere Drogenprobleme bewußt aus der therapeutischen Auseinandersetzung herauszuhalten und verstießen schon während der stationären Behandlung gegen die Vereinbarung, zumindest in dieser Zeit auf alle substanzgebundenen Suchtstoffe zu verzichten.
Es kann nicht Ziel der Therapie sein, Abstinenz vom Glücksspielen zu
erreichen, während sich eine stoffliche Abhängigkeitsproblematik möglicherweise weiter ausprägt. In der gemeinsamen Behandlung von Glücksspielern
und Alkoholikern ergeben sich vielfältige Ansatzpunkte, das Problem der
Mehrfachabhängigkeiten zu thematisieren. Wie einige Fälle zeigen, besteht
auch für Alkoholiker die Gefahr des „Umsteigens" auf Glücksspiele, und es
muß Sinn der Behandlung sein, nicht nur von den primären, sondern auch von
potentiellen Suchtmitteln abstinent zu sein. Die kognitive und emotionale
Akzeptanz einer mehrfachen Abhängigkeit scheint allgemein schwieriger zu
sein, doch im Verlauf des Therapieprozesses setzt sich in den meisten Fällen
durchaus die Einsicht durch, daß es keine negativen Konsequenzen für das
Selbstbild haben muß, wenn zusätzlich auf Alkohol verzichtet wird und sich
der Patient keine sog. „Hintertürchen" offen läßt, sondern konsequent zu der
eigenen Abhängigkeitsproblematik steht.

Die Gruppentherapie ist nicht nur von den bisher beschriebenen allgemeinen Wirkfaktoren und spielerspezifischen Fragestellungen bestimmt, sondern ebenfalls von der jeweiligen schulischen Ausrichtung der oder des Therapeuten beeinflußt, auf die hier nicht näher eingegangen werden kann. Grawe und Fiedler (1982; vgl. auch Feuerlein, 1989) nennen hier u. a. *psychoanalytische Gruppe, Psychodramagruppe, gesprächspsychotherapeutische Gruppe, Gestalttherapiegruppe* sowie verschiedene *verhaltenstherapeutische Gruppenansätze.* Von den hier genannten Therapieformen nimmt nur das Psychodrama für sich in Anspruch, ein originäres Gruppenverfahren zu sein, während die anderen Verfahren ihren Ursprung in entsprechenden Einzeltherapien haben (vgl. Schneider-Düker, 1980).

Individualtherapie

Nicht vorwiegend aus ökonomischen Gründen, sondern in erster Linie wegen der Möglichkeit des Modellernens und zu gegenseitiger Identifikation, findet der weitaus größte Teil der therapeutischen Arbeit mit pathologischen Glücksspielern im stationären und im ambulanten Bereich in Gruppen statt.

In der stationären Einrichtung suchen Spieler darüber hinaus in erheblichem Maß um Einzeltherapiegespräche nach. In erster Linie sind es zunächst ungeklärte *finanzielle Probleme*, die ein erstes individuelles Beratungsgespräch notwendig machen. Der Therapeut darf dabei nicht in die Rolle desjenigen geraten, der für den Patienten alles erledigt und ihn von seinen Sorgen befreit. Es sind jedoch vielfältige *Hilfestellungen* nötig, zum Beispiel die *Vermittlung zur Schuldnerberatung*, die Herausgabe von *Adressen* etc., die den Patienten befähigen sollen, sich selbst zu helfen.

Keineswegs sind es jedoch nur materielle Schwierigkeiten, die den Patienten bewegen, das Einzelgespräch zu suchen. *Häusliche Beziehungsprobleme* können sich während des Klinikaufenthaltes krisenhaft zuspitzen, indem Partnerbeziehungen zu scheitern drohen oder z. B. Elternteile massive Kontrollfunktionen während des stationären Aufenthalts durchzusetzen versuchen. Durch den Wegfall des Suchtmittels treten *innerpsychische Konflikte* und *Identifikationsprobleme* zu Tage, die starke *Ängste* und *depressive Verstimmungen* auslösen.

Entwöhnungssymptome der *inneren Leere*, sich nicht beschäftigen und ablenken zu können, sowie massive *Schuldgefühle* aufgrund ethisch und moralisch abweichender Verhaltensweisen im Zusammenhang mit der Geldbeschaffung führen zu erheblichen *psychischen Belastungen*, die eine *Einzeltherapie* notwendig machen. Eine zu große Verlagerung des Therapiegeschehens in die Individualtherapie führt jedoch dazu, daß die Gruppenstunden von der individuellen Konfliktbearbeitung ausgeklammert werden und Patienten darauf verweisen, daß sie bestimmte Themen schon in der Einzeltherapie besprochen hätten.

Taber (1981, S. 62 f.) weist darauf hin, daß die Patienten ein großes Bedürfnis nach individueller Aufmerksamkeit mitbringen: „Nicht nur, daß die meisten Spieler eine individuelle Aufmerksamkeit wünschen, sie wollen auch den besten Therapeuten für ihre Einzelgespräche. . . . Die Einladung zur Individualtherapie kann eine Falle sein, in die wir leicht hineingeraten, und der Gruppe wird so ihre eigentliche Funktion genommen, nämlich als der exakteste Spiegel zu dienen, den der einzelne jemals hatte."

In krisenhaften Situationen können Patient und Therapeut erwägen, ob es möglich ist, das Problem in der vielleicht kurzfristig bevorstehenden Gruppenstunde zu besprechen. Die stationäre Therapie suggeriert dem Patienten leicht eine psychosoziale Versorgungslage, die für die reale Lebenssituation außerhalb der Klinik völlig unrealistisch ist und eher Abhängigkeitsbedürfnisse befriedigt als zur Selbständigkeit und Selbstverantwortung anregt. Allerdings gibt es *Krisensituationen*, bestimmte Formen *neurotischer Verhaltensstörungen*, wie z. B. sexuelle Problematiken, die zum Teil längerfristige einzeltherapeutische Maßnahmen parallel zur Gruppentherapie notwendig machen. Immer sollte jedoch nach Wegen gesucht werden, die Gruppe an der Entwicklung des einzelnen teilhaben und Inhalte aus den Einzelgesprächen durch den Patienten in die Gruppe einfließen zu lassen.

Ebenso wie Gruppentherapie sind Einzeltherapiegespräche von den unterschiedlichen psychologischen Schulen der Therapeuten beeinflußt, auf die wir hier nicht näher eingehen können. Häufig macht es die praktische therapeutische Arbeit notwendig, Elemente aus unterschiedlichen therapeutischen Richtungen zu vereinen, um eine komplexere Situation in der Gruppe oder im Einzelgespräch zu bewältigen. So ist es z. B. neben gesprächspsychotherapeutischen Maßnahmen notwendig, ganz konkrete Verhaltensziele zu definieren, z. B. die „Hausaufgabe" zu vereinbaren, einen genauen Schuldenplan und Rückzahlungsmodalitäten zu erstellen, und diese Aktivitäten positiv zu verstärken.

> Unterschiedliche therapeutische Methoden ergänzen sich wechselseitig (vgl. Lazarus, 1978; Kommer, 1982). Unter dem Begriff des Eklektizismus (abgeleitet vom altgriechischen Adjektiv eklektikos = ausgewählt) ist ein Handeln zu verstehen, das therapeutische Elemente und Verfahren unterschiedlicher Schulen miteinander kombiniert, ohne dabei auf grundlegende Widersprüche zwischen den theoretischen Kernannahmen der verschiedenen Schulrichtungen zu achten. Lazarus (1978) geht sogar so weit, die theoretische Orientierung eines Therapeuten als dessen Privatangelegenheit zu betrachten, die keinen Einfluß auf die Auswahl der therapeutischen Methoden und Techniken haben sollte.

Die – möglicherweise oft unausgesprochen – weite Verbreitung eklektischer Ansätze unter den praktizierenden Therapeuten beruht darauf, daß einzelne Therapieschulen theoretisch einseitig und praktisch unzulänglich sind (vgl. Kommer, 1982). Ein vielfältiges methodisches Können eröffnet die Möglichkeit, sich stärker auf das *individuelle Krankheitsbild* des jeweiligen Patienten einzustellen. Persönlichkeit und geistige Struktur machen es in dem einen Falle vielleicht notwendig, stärker im *Verhaltensbereich* zu arbeiten, während bei einem anderen Patienten akute innerpsychische Konflikte *gesprächspsychotherapeutische Maßnahmen* erfordern. Es setzt eine umfangreiche methodische Kenntnis und Flexibilität voraus, dem komplexen Krankheitsbild des pathologischen Glücksspielers gerecht zu werden, was einerseits durch die Eigendynamik des Suchtverhaltens mit all den Abwehrhaltungen und Folgeerscheinungen und andererseits in der multikausalen Verursachung der Krankheitsentwicklung begründet ist.

Sport, kreatives Gestalten, Arbeitstherapie

Spielsüchtige sind häufig durch mangelhafte Ernährung und starken Mißbrauch von Kaffee und Nikotin gesundheitlich geschwächt. Das emotionale Belastungs- und Durchhaltevermögen hat bei vielen Spielern stark gelitten, so daß *sportliche Betätigungen, beschäftigungs- und arbeitstherapeutische Maßnahmen* zur *physischen* und *psychischen Stabilisierung* erheblich beitragen. Dabei handelt es sich um nichtverbale Therapieformen, die erst durch verbale Begleitung zur vollen Wirkung gelangen (vgl. Haerlin, 1982).

Ein gut strukturiertes Therapieprogramm einer Facheinrichtung für Suchtkranke hilft, auftretende Entwöhnungssymptome einer emotionalen Labilität aufzufangen, und regt zu neuen Interessen und Aktivitäten an. Ein multidimensionales stationäres Therapiekonzept, in das der Patient mehrere Wochen bis zu mehreren Monaten integriert ist, stellt von den psychischen und physischen Anforderungen her eine gute Vorbereitung auf das Leben nach der Therapie und den damit verbundenen Arbeitsalltag dar. In einem 1½stündigen Rhythmus, mit entsprechenden Pausen, lösen sich über den Tag verteilt gesprächspsychotherapeutische Maßnahmen (einschließlich Information, Autogenes Training) und weniger verbal ausgerichtete Therapieformen wie Sport, Kreatives Gestalten und Ergotherapie in einem festgelegten Wochenplan ab. Die Gruppenzusammensetzung aus der Gesprächsgruppe wird über alle Therapiemaßnahmen hinweg beibehalten, so daß gemeinsame Erfahrungen aus den Aktionsgruppen in der Gesprächsgruppe aufgenommen und psychotherapeutisch ausgewertet werden.

Sportliche Betätigungen stehen in der Beliebtheit bei den pathologischen Glücksspielern ganz oben an. Je nach Ausstattung der stationären Einrichtungen reichen sie von gezielter physiotherapeutischer Gymnastik bis zu Radfahren, Schwimmen und wenig verletzungsanfälligen Mannschaftssportarten. Insbesondere die Mannschaftsspiele, wie zum Beispiel Volleyball, regen zu heftigen Diskussionen in den Gesprächsgruppen an. Dabei wird immer wieder deutlich, daß es einigen Spielern extrem schwer fällt, sich in ein Mannschaftsspiel zu integrieren, aber auch verlieren zu können und tolerant gegenüber schwächeren Spielern zu sein. Eigene Fehler akzeptieren sie ebensowenig wie die von anderen und kämpfen teilweise mit einer Verbissenheit, die sie nach einigem Nachdenken an ihr Verhalten während des Glücksspiels erinnert.

Im Gegensatz zum pathologischen Glücksspiel ist die Spieldauer jedoch zeitlich begrenzt, es treten keine schädlichen psychischen und sozialen Folgen auf, da dieses Verhalten in den Gruppen verbal aufgearbeitet wird. Der Spieler wird dadurch in die Lage versetzt, seine Selbsterfahrung zu vertiefen, neue Formen der Selbstkontrolle zu entwickeln und veränderte Einsichten und Bewertungen direkt in korrigiertes Handeln umzusetzen. Der Patient kommt zu realistischeren Einstellungen, erkennt, daß Verlieren zum Spiel gehört, übersteigerte perfektionistische Ansprüche schädlich sind und abzuwägen ist, wieviel Energie man in eine Sache investiert.

In einer viel beachteten Studie beschreibt Weber (1984) eine *Lauftherapie für Alkoholiker*. Neben dem schon beschriebenen multidimensionalen Therapieansatz wurde in einer stationären Einrichtung für Suchtkranke mit einer zufällig ausgewählten Gruppe von Patienten ein gezieltes Lauftraining unter psychischer und medizinischer Evaluation durchgeführt. Dabei geht Weber von Thesen aus, nach denen selbstauferlegter körperlicher Streß für die Gesundheit besonders wichtig ist. Amerikanische Untersuchungen mit Suchtkranken hatten bereits 1970 gezeigt, daß durch ein 4wöchiges Laufprogramm (5 Tage pro Woche jeweils 1 Meile) nicht nur die körperliche Fitneß verbessert wurde, sondern auch das *Selbstwertgefühl* bedeutsam anstieg. In einem von Weber in ähnlicher Weise durchgeführten Versuch (3mal pro Woche ein standardisiertes Laufprogramm) zeigte sich, daß sich zu Beginn der Therapie gemessene *Angstwerte* (Zustandsangst) durch das Lauftraining noch zusätzlich über den allgemein festgestellten Behandlungseffekt hinaus *verbesserten*. Mit der Zustandsangst verbunden sind Gefühle der inneren Unruhe, Anspannung, Nervosität und übergroßen Besorgtheit. Neben der wichtigen körperlichen Fitneß und der *psychisch ausgleichenden Funktion* in der schwierigen Entwöhnungsphase vom pathologischen Glücksspiel kann eine ausgewogene sportliche Betätigung auch dauerhaft eine Alternative zum Suchtverhalten bilden, alltägliche Konflikte und Belastungen besser zu bewältigen.

Exzessives Glücksspiel hat zur Folge, daß andere Interessen in starkem Maß verlorengehen und alle anderen Aktivitäten absorbiert werden (Interessenabsorption). Dabei ist nicht zu vernachlässigen, daß es sich beim Spielvorgang zum größten Teil um äußerst monotone und sogar stumpfsinnige Verhaltensweisen handelt, die ihren Anreiz lediglich durch die Gewinn- und Verlustmöglichkeiten erzielen. Es zeigt sich, daß Spieler Möglichkeiten des *Kreativen Gestaltens* teilweise mit anfänglichem Unbehagen und Widerständen annehmen. Die Kreativität soll nicht primär anderen dienen (vgl. Bischoff, 1992) oder ein nützliches Resultat liefern, sondern ist primär auf sich selbst und die *Erlangung einer inneren Befriedigung* gerichtet. Das pathologische Glücksspiel hat möglicherweise eher eine *materialistische Denkweise* gefördert, die, wenn auch eher in der Phantasie, stark von *Nützlichkeitserwägungen* geprägt war. *Kreatives Gestalten* darf keine Flucht in eine Phantasiewelt begünstigen, sondern ist immer eine *konstruktive Auseinandersetzung* und ein wirkliches *Eingehen* auf *unterschiedliche Materialien und Formen*. Gerade dieses Verhalten scheint bei vielen Spielern in der Kindheit und im Heranwachsen nur wenig gefördert worden zu sein. Schwierige Sozialisationsbedingungen sowie zum Teil auch enge räumliche Verhältnisse und wenig gestaltbare Umweltbedingungen haben kreatives Interesse häufig erst gar nicht aufkommen lassen. Neuere Untersuchungen, insbesondere aus Großstädten, zeigen, daß die Sinneswahrnehmungen der Kinder zum Teil sehr einseitig auf optische und akustische Reize ausgerichtet, während psychomotorische Fähigkeiten wie Bewegen, Fühlen, Tasten stark verkümmert sind.

Es muß deshalb nicht verwundern, daß z. B. Spielgeräte und Automaten, die dieser einseitigen Sinneswahrnehmung entgegenkommen einen besonderen

Anreiz ausüben. Um so wichtiger scheint es zu sein, dieser einseitigen Wahrnehmungsausrichtung entgegenzuwirken, bei Widerständen gegenüber alternativen Betätigungen nicht so schnell aufzugeben und die Sinneswahrnehmungen und das Handlungspotential insgesamt zu erweitern.

Ein pathologischer Glücksspieler, der Interesse an der Seidenmalerei entwickelt hatte, und dies auch mit von den Mitpatienten anerkannten guten Ergebnissen praktizierte, thematisierte in den Gesprächsgruppen mehrfach seine emotionalen Probleme damit, daß ein Alkoholiker schönere Resultate und mehr Anerkennung bei den anderen erziele. Es fiel ihm offensichtlich schwer, sich von einem Konkurrenzdenken zu lösen und eine innere Befriedigung an seinem Tun zu finden.

Kreatives Gestalten setzt in erheblichem Maße *Selbsterfahrungsprozesse* in Gang, die in die gesprächsorientierten Therapiemaßnahmen einfließen und dort weiter vertieft werden. Je nach Ausstattung der Klinik finden ganz unterschiedliche Techniken und Materialien Anwendung, wie zum Beispiel Töpfern, Hinterglasmalerei, Seidenmalerei, Aquarelltechniken, Holzbrandmalen, Makramee, Peddigrohrflechten, Arbeiten mit Leder, Holz- und Metallarbeiten und Tiffanyarbeiten. Das Kreative Gestalten wird als Einzel- oder Gruppenarbeit oder in einem längerfristigen Projekt durchgeführt. Insbesondere Arbeiten mit Ton, bei denen Form und Gestalt am wenigsten vorgegeben sind und vielfältige psychomotorische Anforderungen an ein freies Gestalten gerichtet sind, lösen zunächst die größten Frustrationen aus. Sind nach einiger Zeit Widerstände und Berührungsängste abgebaut, ist das Erfolgserlebnis um so größer.

Zur Indikation der *Arbeitstherapie* führt Haerlin (1982) aus, daß diese Therapieform bei allen Erkrankungen und Störungen angezeigt ist, die mehr als einige Wochen fortdauern und den Patienten oder Klienten aus seinem normalen Lebensrhythmus von Arbeit und häuslichen Pflichten herausreißen. Bisher festgestellte stationäre Therapiedauern von 8 Wochen bis zu 4 Monaten erfüllen diese Indikation bei weitem, und so gehören die verschiedensten *arbeitstherapeutischen Maßnahmen* zum *festen Therapieprogramm* der Facheinrichtungen für Suchtkranke. Während in psychiatrischen Kliniken Arbeitstherapie durch zum Teil monotone Industrieaufträge mit minimaler Bezahlung gekennzeichnet war, bewegen sich arbeitstherapeutische Maßnahmen im Suchtbereich eher im Rahmen der *hauswirtschaftlichen* und *gartengestalterischen Versorgung*. Die Arbeitseinteilungen erfolgen dabei überwiegend in Absprache mit dem therapeutischen Team, wobei z. B. zwischen Einsätzen unterschieden wird, die mehr oder weniger soziales Konfliktpotential und Durchsetzungsvermögen erfordern, körperlich unterschiedliche Anstrengungen beinhalten, eher einzeln oder in Gemeinschaft durchzuführen sind oder besonderes gestalterisches Geschick und eventuell auch Reinlichkeit verlangen. Bei längerfristigen stationären Aufenthalten sollte immer im Auge behalten werden, daß der Patient nach der stationären Maßnahme meistens ein großes tägliches Arbeitspensum zu verkraften hat, auf das er psychisch und körperlich möglichst optimal vorbereitet sein muß. Der Patient nimmt arbeitstherapeutische Einsätze manchmal nicht ohne Widerspruch hin. Es kann durchaus sein, daß der junge pathologische Glücksspieler erstmalig in seinem Leben einen Schrubber in die Hand nimmt und andere Arbeiten im Hausdienst verrichtet, die er bisher nicht gewohnt war, die aber seiner geplanten Verselbständigung durchaus entgegenkommen. Arbeitseinsätze im Küchen- und Aufenthaltsbereich erfordern teilweise ein beträchtliches Durchsetzungsvermögen und ermöglichen ein lebensnahes Training sozialer Kompetenzen. Eine sorgfältige Indikationsstellung und therapeutische Begleitung ist dabei notwendig, damit keine Überforderung und starke Mißerfolge eintreten. In Abständen von einigen Wochen sollten die Arbeitsplätze gewechselt werden, damit ein unterschiedliches Anforderungspotential wirksam wird und keine zu starke Gewöhnung an Arbeiten entsteht, die mit der Beschäftigung nach der Behandlung nur wenig vereinbar sind. An industrielle Fertigungen angelehnte arbeitstherapeutische Maßnahmen sind dann sinnvoll, wenn eine ähnliche berufliche Beschäftigung vorhanden oder geplant ist.

Die tägliche Gesprächsgruppenstunde muß offen sein für Probleme und Konflikte, die in den Therapiebereichen Sport, Kreatives Gestalten und Arbeitstherapie entstanden sind. Dadurch wird eine lebensnahe Psychotherapie möglich, die gewährleistet, daß der Patient auch außerhalb der Klinik fähig ist, seine alltäglichen Anforderungen ohne Einsatz des Suchtmittels zu bewältigen. Er lernt, belastende Gefühle durch Aussprache und Reflektion zu mindern und Konflikte mit Unterstützung anderer zu lösen, eigene Ansprüche und Standpunkte zu überprüfen, notwendige Einstellungs- und Verhaltensänderungen zu planen und wiederum realitätsnah zu erproben.

Informationen aus diesen Therapiebereichen fließen nicht nur durch Gesprächsbeiträge von Patienten in den psychotherapeutischen Bereich, es ist auch eine enge Zusammenarbeit im therapeutischen Team mit Sport-, Arbeits- und Beschäftigungstherapeuten notwendig.

Erfolgskriterien

Mit Hilfe der folgenden wichtigsten *Erfolgskriterien* läßt sich der Therapiefortschritt beurteilen (in Anlehnung an Custer & Milt, 1985):

1. Der Patient gesteht ein, daß er ein Spielproblem hat, daß er krank ist und daß dies die Ursache seiner Probleme ist, die er überwinden möchte, und nicht das Bedürfnis, Geld zu gewinnen und seine Schulden zu begleichen.

2. Der Patient beginnt damit, fehlangepaßte Einstellungen, Gefühle und Verhaltensweisen einzusehen, und erkennt, wie sie zur Eigendynamik des Spielens beigetragen haben.

3. Er versucht, seinen alten Arbeitsplatz zurückzubekommen oder bemüht sich um Unterstützung, eine neue Stelle zu finden, und nimmt so schnell wie möglich wieder eine Arbeit auf.

4. Der Patient entwickelt klare Vorstellungen davon, wie er seine finanziellen Belange in der Zukunft regelt und wie er seine Schulden zurückzahlt.

5. Er strebt eine aktive Mitgliedschaft in einer Selbsthilfegruppe an und ist bereit, anderen mit den gleichen Problemen zu helfen.

6. Für die Bedürfnisse seiner Familie zeigt der Patient ein aufrichtiges Interesse und demonstriert dies durch konkretes Verhalten.

7. Er entwickelt zunehmend Fähigkeiten, spezielle Probleme zu isolieren, sie zu handhaben und Lösungen einzuleiten.

8. Es treten weniger Krisen und Probleme in seinem Leben auf.

9. Er trifft eindeutigere Entscheidungen.

10. Der Patient entwickelt einen gewissen Stolz darüber, was er tut und wohin ihn sein Weg führt.

11. Es sind Fortschritte in der Beziehung zu Frau, Kindern und anderen Familienmitgliedern festzustellen.

12. Der Patient kann sich selbst mit seinen Stärken und Schwächen besser akzeptieren, ohne das eine oder andere zu sehr hervorzuheben.

13. Das Glücksspiel tritt mehr und mehr in den Hintergrund, und das Interesse daran schwindet.

Die bloße Abstinenz vom Spielen bedeutet noch nicht, daß das Problem beseitigt ist. In der Vergangenheit mag es häufiger zu kürzeren oder längeren Spielpausen gekommen sein, die in Wirklichkeit keine Veränderung gebracht haben. Custer und Milt betonen, daß ohne fundamentale Änderungen in Verhalten, Gefühlen, Einstellungen und in der Persönlichkeit Abstinenz vom Spielen nur von vorübergehender Natur ist und erste Krisen wieder altes Glücksspielverhalten auslösen. Therapiefortschritte sehen sie dann gefährdet, wenn ein Patient nicht einsieht, daß er ein Problem hat und Hilfe benötigt. Statt dessen haben die Eltern oder die Ehefrau die Schwierigkeiten gesehen und ihn zur Behandlung gedrängt.

Die von den Autoren dargestellten Merkmale zur Beurteilung des Therapieerfolgs lassen sich ohne Probleme in das bereits ausführlicher besprochene Schema der Therapieschritte (Motivation, Krankheitseinsicht und Psychotherapie der Ursachen) und Fragestellungen einordnen.

Der Therapieverlauf – Ein Fallbeispiel

Den Abschluß des Kapitels bildet ein Therapieverlaufsbericht von einem (Automaten-) Spieler, der 1991 gemeinsam mit Alkoholikern an einer mehrmonatigen Entwöhnungsbehandlung in einem Fachkrankenhaus für Suchtkranke teilnahm.

Fallbeispiel:

[30 Jahre, männlich, ledig, Automatenspieler, Realschulabschluß, zwei abgebrochene kaufmännische Lehren]

Herr W. begann am . . . seine erste stationäre Suchtmittelentwöhnungsbehandlung in unserer Klinik. Herr W. ist spielabhängig. Nach der testpsychologischen Untersuchung vermittelte er zu Beginn der Behandlung folgenden *psychologischen Eindruck*:

Der Patient erreichte etwas über dem Durchschnitt liegende Werte im abstrakten Denkvermögen. Im Umgang mit anderen Personen beschrieb er sich als überdurchschnittlich kontaktfreudig und einfühlsam. Er arbeitet lieber mit Menschen als mit Sachen und zeigt sich in sozialen Konfliktsituationen eher großzügig. Seinen emotionalen Zustand beschrieb er zu Beginn als eher instabil und fühlte sich den Anforderungen des täglichen Lebens nicht ausreichend gewachsen. Er hatte nur eine geringe Frustrationstoleranz, schob anstehende Probleme immer wieder vor sich her und fühlte sich auch ohne besondere Anstrengung erschöpft.

Dennoch reagierte er häufig impulsiv und unbesonnen. Er ließ sich leicht zu einer Sache hinreißen und bedachte zu wenig die Folgen seiner Handlungen. Des weiteren beschrieb er sich als überdurchschnittlich sensibel und leicht verletzbar. Er stellte hohe Ansprüche an die Hilfsbereitschaft anderer und zeigte eher Nachsicht gegenüber Leistungsmängeln bei sich als bei anderen. In Belastungs- und Konfliktsituationen wurde er leicht von Nervosität und Versagensängsten geplagt. Dabei traten auch Schuldgefühle auf, wenn er oft voreilig annahm, er könne eine bestimmte Situation nicht mehr bewältigen. Mißerfolge schrieb er sich eher selbst zu und reagierte sensibel auf die Kritik von anderen.

Der Patient suchte stark die Geselligkeit und den Halt der Gruppe. Es fiel ihm schwer, eigene Entscheidungen zu treffen und zu verantworten. Es mangelte ihm außerdem extrem stark an Selbstkontrolle und Disziplin, einmal gesteckte Ziele auch zu verwirklichen. Er ließ sich leicht von augenblicklichen Stimmungen leiten und vergaß unter Belastungen, was er eigentlich wollte.

Therapieverlauf

Auf der *Aufnahmestation* lebte sich Herr W. durch seine freundliche und hilfsbereite Art schnell ein. Er fand guten Kontakt zu den Mitpatienten und Therapeuten. Aktiv nahm er an allen angebotenen Therapien teil. In den Gesprächsgruppen mußte er zunächst eher gefordert werden, war später aber bereit, offen über seine Suchtproblematik zu sprechen. Seine Aufgaben im Hausdienst erledigte er ohne Beanstandungen und achtete auf Sauberkeit und Ordnung.

Im *Anamnesegespräch* wirkte Herr W. sehr offen und zugewandt. Bereits hier wurden eine gute Behandlungsmotivation deutlich und ein enormer Leidensdruck, der sich aus dem Bedürfnis entwickelt hatte, ein neues Leben zu beginnen. Es zeigte sich außerdem ein starkes Mitteilungsbedürfnis, das wohl aus seiner ausgeprägten sozialen Verarmung entstanden war. Herr W. berichtete, daß seine familiären Verhältnisse es nicht zugelassen hätten, sich wirklich mitzuteilen und Vertrauen und engere Kontakte bei den einzelnen Elternteilen zu finden. In der Kindheit und Jugend habe er häufig massive Streitgespräche der Eltern mitbekommen, sich gefürchtet, daß sie sich trennen, und er habe immer auszugleichen und zu schlichten versucht. Er wolle seinen Eltern aber keinerlei Schuld zuweisen, sondern Eigenverantwortung für sein Leben übernehmen. Allerdings erkannte er während des Gesprächs bereits, daß ein Großteil der Gründe für seine mangelnde Selbständigkeit und Selbstverwirklichung in dem problematischen Familiensystem liegen. Bei der Schilderung der familiären Situation, in der er sich nicht ausleben konnte und unverstanden gefühlt hatte, wurde Herr W. sehr traurig. Ein Therapieziel sei es, die Trennung von Zuhause vorzunehmen, eigenverantwortlich für sich und sein Leben zu werden, berufliche Versagensängste, die er im Zusammenhang mit einem mangelnden Selbstwertgefühl sah, zu verringern und neue Ideen und Anregungen für sein Freizeitverhalten zu entwickeln.

Auf der *Therapiestation* lebte sich der Patient ebenfalls gut ein und entwickelte Vertrauen zu Mitpatienten und Therapeuten. An den Gruppengesprächen beteiligte er sich am Anfang unter starker Nervosität und Spannung, konnte sie aber im Laufe der Zeit ablegen. Er äußerte, daß es für ihn seit Jahren eine neue Erfahrung sei, wieder soziale Kontakte zu erleben und sich in Gruppen mitzuteilen und zu unterhalten. Offen setzte er sich mit seinem Suchtverhalten auseinander und konnte in zunehmendem Maße an Krankheitseinsicht gewinnen. Im Austausch mit den Mitpatienten empfand Herr W. Erleichterung darüber, daß er mit seinen Problemen nicht allein dastand, und andere ebenfalls erhebliche Konflikte hatten. Obwohl er gute Kontakte zu allen Mitpatienten hatte, suchte er sich nur wenige engere aus. Anderen Patienten gegenüber konnte er sich gut abgrenzen, konnte eigene Interessen behaupten und Kontaktangebote ablehnen. Er bemühte sich grundsätzlich um Ehrlichkeit, sich selbst und anderen gegenüber.

In zusätzlichen Einzelgesprächen setzte er sich mit den Hintergründen seiner Suchtproblematik auseinander, indem er sich intensiv mit seiner Lebensgeschichte befaßte. Er hatte sich überwiegend ungeliebt, unverstanden und ausgenutzt gefühlt, hatte sich innerhalb der Familie immer um Ausgleich bemüht und kein Recht auf ein eigenes Leben gehabt. Gleichzeitig sah er aber auch, daß die Mutter sich überbehütend und überfürsorglich verhalten habe, was seine mangelnde Eigenständigkeit noch verstärkte. Aus gesundheitlichen Gründen sei er von klein auf das Sorgenkind gewesen, sei verhätschelt worden, und man habe ihm nichts zugetraut. Ein mangelndes Selbstvertrauen habe sich durch sein gesamtes Leben gezogen. Durch seine enge Bindung an das Zuhause und die immerwährende Angst, dies zu verlieren, habe er während der Pubertät die sozialen Kontakte zu den Freunden verloren und sei recht erstaunt gewesen, als diese dann bald verheiratet waren.

Zu Frauen habe er kaum Kontakt gehabt, sei schüchtern und zurückhaltend gewesen, habe sich selbst nichts zugetraut. Partnerschaftliche Beziehungen habe er nicht in Einklang mit seiner Familie bringen können. Zusammen mit beruflichen Überforderungen seien diese Probleme wohl Auslöser für ein intensiver werdendes Spielverhalten gewesen. In der Spielhalle habe er sich aufgehoben und geborgen gefühlt, keiner habe an ihm herumkritisiert, und er habe keine Angst mehr gehabt. Seine ganzen Emotionen, Wut, Angst und Enttäuschung habe er an den Automaten auslassen können.

Selbst in der Zeit, als er allein gewohnt habe, sei er nicht selbständig gewesen, da er immer intensive Kontakte zur Familie gehalten habe, dort gegessen und seine Wäsche habe machen lassen. Dies sollte sich in Zukunft alles ändern.

Herr W. nahm Kontakt zum Arbeitsberater des Arbeitsamtes auf, um seine berufliche Zukunft zu planen. Er nahm an einem arbeitspsychologischen Test teil und begann, sich für eine neue Ausbildung zu interessieren. Des weiteren bemühte er sich um eine neue Wohnung bzw. Nachsorgeeinrichtung. Während des ersten Heimaturlaubs nahm er vorwiegend Kontakte zu seinen Geschwistern auf, konnte hier für sich neue Beziehungen gestalten und mit ihnen über die familiäre Situation sprechen. Er stellte fest, daß die Geschwister sehr ähnliche Erfahrungen gemacht hatten, was ihn erleichterte und dazu führte, daß er seine eigene Realität besser akzeptieren konnte. Um weiterhin vorhandene emotionale Konflikte den Eltern gegenüber abzubauen und den Ablösungsprozeß zu fördern, wurde mit ihm vereinbart, die Eltern zu einem *Angehörigenseminar* einzuladen. Entgegen seinen Erwartungen sagten die Eltern zu. Während des Angehörigenseminars wurde die Familienstruktur sehr deutlich sicht-

bar, in der die Mutter eine dominante, überbehütende und zum Teil „besserwisse-
rische" Rolle einnahm. Sie ließ Herrn W. nur wenig Raum für eigene Empfindungen,
reagierte empört, verletzt und ungläubig auf die Darstellung seiner Gefühle und
seiner Erlebnisse. Es wurde deutlich, daß die Familie bemüht war, ein heiles Bild
nach außen zu bewahren. Der Vater nahm eher eine untergeordnete Rolle ein, schien
selber an diesen Strukturen zu leiden. Er konnte seinem Sohn keine Hilfe sein, da er
selbst zu sehr in seine Paarbeziehung verstrickt war. Allerdings konnten beide Elternteile eingestehen, daß sie selbst unter massiven Konflikten litten, und sie begrüß-
ten es, wenn ihr Sohn selbständig werden würde.

Arbeitstherapeutisch wurde Herr W. in der Ergotherapie-Werkhalle eingesetzt.
Anfangs war er im Bereich der Verpackung tätig, wo er zunächst Schwierigkeiten
hatte, sich an diese Arbeit zu gewöhnen. Mit zunehmender Dauer wurde er sich
seiner Fähigkeiten mehr bewußt und konnte so an Sicherheit gewinnen. An neuen
Arbeitsplätzen stellte sich dann zunächst wieder Unsicherheit ein, sich den Anforderungen gewachsen zu fühlen. Auf Kritik reagierte er zunächst unwirsch, fühlte sich
sofort als Person angegriffen. Er benötigte Zeit, um mit seinen Gefühlen fertig zu
werden, lernte dann aber zusehends, sich offen auseinanderzusetzen und so innere
Spannungen abzubauen.

In der *Gestaltungstherapie* lernte Herr W. unterschiedliche Werktechniken kennen. Er schaffte es, seine Wünsche angstfrei zu äußern und konnte sich an getroffene
Vereinbarungen halten. Er akzeptierte Hilfe und Kritik, reagierte aber auf Einwände
der Mitpatienten eher beleidigt und verletzt. Anschließend zeigte er sich jedoch
gesprächsbereit, so daß eine weitere Zusammenarbeit gut möglich war. Er verhielt
sich verantwortungsbewußt gegenüber den Materialien.

Herr W. nahm regelmäßig an der *Bewegungstherapie* teil. Er zeigte sich von
Anfang an interessiert und motiviert an den sporttherapeutischen Inhalten. Dabei
entwickelte er einen eigenen Interessenschwerpunkt und engagierte sich auch über
die obligatorische Sporttherapiestunde hinaus im Rahmen des Freizeitsports. Herr
W. wirkte in seinem Gesamtverhalten ruhig, besonnen und selbstkontrolliert. Gegenüber Erfolgserlebnissen zeigte er sich angemessen gelassen. Er verhielt sich recht
selbstsicher und schien in seiner kooperativen Art von seinen Mitpatienten akzeptiert zu werden.

Abschließend: Herr W. konnte während der Behandlung an Krankheitseinsicht gewinnen und seinen Wunsch nach einem abstinenten Leben festigen. Er setzte sich in
ausreichendem Maße mit den Hintergründen und Folgen seiner Suchterkrankung
auseinander, konnte intrapsychische Konflikte und Beziehungsstörungen aufarbeiten und sich in seiner Persönlichkeit beträchtlich stabilisieren. Dabei konnte er
realitätsnahen Arbeitsanforderungen genügen und erheblich an Selbstvertrauen gewinnen. Er wird sich nach der Therapie einer Selbsthilfegruppe anschließen und
Kontakte zur örtlichen Beratungsstelle halten.

Zusammenfassung

Im Vergleich zu den ambulanten Therapien ist es in einer stationären Einrichtung erheblich leichter, *Symptomabstinenz* zu erreichen. Freiwillige Ausgangsbeschränkungen führen dazu, daß der Spieler das Glücksspielverhalten nicht mehr ausübt. Nach wie vor gibt es erhebliche Probleme, die Finanzierung einer Behandlung in einer Fachklinik für Suchtkranke sicherzustellen. Das Scheitern ambulanter Behandlungsversuche, starke psychische Schwierigkeiten sowie soziale Notlagen können eine stationäre Therapie dringend notwendig machen.

In den USA gab es erste stationäre Therapien, bei denen Spieler in separaten Gruppen behandelt wurden, die dem Suchtbereich angegliedert waren. Die Konzeption war stark an der Therapie von Alkoholismus ausgerichtet und strebte Abstinenz vom Glücksspiel an. Eine wichtige Voraussetzung dafür war die *Krankheitsakzeptanz* und eine *Aufarbeitung von Persönlichkeitsstörungen* und *fehlangepaßten Verhaltensweisen*, die mit dem Spielverhalten zusammenhingen.

Im Gegensatz zu den ersten amerikanischen stationären Behandlungen wurden in Deutschland, und neuerdings auch in den USA, von Anfang der 80er Jahre an Spieler in gemeinsamen Gruppen mit Alkoholikern behandelt.

Eine neuere Untersuchung aus dem amerikanischen Raum (Lesieur u. Blume, 1991 b) evaluiert einen solchen Therapieansatz mit ähnlichen therapeutischen Rahmenbedingungen wie in Deutschland und kommt zu dem Ergebis, daß zumindest vergleichbare Erfolge zu erzielen sind (Abstinenzquote: separate Spielerbehandlungen: 55%, gemeinsame Behandlung mit Alkoholikern: 63%).

Von den stationären Einrichtungen werden häufig zunächst *Vorstellungs- und Informationsgespräche* durchgeführt, um festzustellen, ob der angestrebte Therapieaufenthalt die indizierte Form der Hilfe darstellt. Dabei werden Informationen über den Krankheitsverlauf und die Erwartungen des Patienten erfaßt.

In der *Aufnahmephase* des Klinikaufenthalts werden diese Informationen durch eine gründliche *medizinische und psychologische Diagnostik* ergänzt. Erste Auswertungen dieser Krankengeschichten zeigen, daß die Spieler in der stationären Einrichtung bei soziographischen Daten und psychodiagnostischen Verfahren erheblich von der Normalpopulation abweichen. So hat ein extrem hoher Anteil der Spieler bereits einen Suizidversuch unternommen, und ein hoher Anteil leidet unter Angstzuständen und depressiven Verstimmungen. Die ermittelten Ergebnisse unterstreichen die Behandlungsbedürftigkeit der aufgenommenen Spieler.

Die *Gruppentherapie* ist der zentrale Bestandteil eines multimodalen Therapiekonzepts (Gruppen-, Individualtherapie, Sport-, Arbeits- und Beschäftigungstherapie) der Fachkliniken für Suchtkranke. Ziel der Gruppenstunden ist es

- den Spieler anfangs mit seinem Entzug vom Glücksspielen zu unterstützen,
- die Motivation zu einer umfassenden Behandlung zu stärken,
- die Krankheitseinsicht und Akzeptanz zu vertiefen,

- den Abstinenzwunsch zu festigen,
- Krankheitsfolgen und Ursachen der Krankheitsentwicklung aufzuarbeiten, wie dies auch in der ambulanten Therapie der Fall ist.

Der Krankheitsprozeß wird in umgekehrter Richtung aufgearbeitet, d. h. die zuletzt aufgetretenen Symptome werden als erstes in die Therapie einbezogen.

In einer zusätzlichen Gruppenstunde nur für Spieler kommen *spielerspezifische Themen und Probleme* zur Sprache, die sich z. B. mit den irrationalen Gedanken bezüglich der Gewinnwahrscheinlichkeit, Folgen der Geldbeschaffung und dem zukünftigen Umgang mit Geld befassen.

Die Gruppe in der stationären Therapie ist ein sozialer Mikrokosmos, der dem Patienten vielfältige Möglichkeiten eröffnet, fehlangepaßtes Verhalten zu reflektieren und soziale Kompetenzen in lebensnaher Weise zu erproben. Eine gute Gruppenatmosphäre und der Zusammenhalt sind wichtige Voraussetzungen für einen positiven Lernprozeß. Frühzeitig sollten Maßnahmen der sozialen Reintegration und insbesondere Schritte zur beruflichen Wiedereingliederung eingeleitet werden.

Häufig haben Spieler Probleme mit *Alkohol*. Es muß das Therapieziel sein, nicht nur von dem primären, sondern ebenfalls von dem potentiellen Suchtmittel abstinent zu werden, um die Gefahr des „Umsteigens" zu vermeiden.

Unabhängig von der schulischen Ausrichtung des Gruppentherapeuten sollten die hier genannten Aspekte Eingang in das Behandlungskonzept finden. Die *rational-emotive Therapie* bietet eine wichtige Grundlage dafür, in der Gruppentherapie auf ein *rationales und zielorientiertes Denken* hinzuarbeiten. In der *praktischen therapeutischen Arbeit* findet oft eine *Kombination unterschiedlicher Verfahren* statt. Notwendige individualtherapeutische Maßnahmen dürfen nicht dazu führen, daß Gruppenprozesse behindert und von der persönlichen Konfliktbewältigung ausgenommen sind.

Durch eine mangelhafte Ernährung und starken Mißbrauch von Nikotin und Kaffee sind Spieler gesundheitlich geschwächt und das emotionale Belastungs- und Durchhaltevermögen hat stark gelitten, so daß sportliche Betätigungen, Beschäftigungs- und Arbeitstherapiemaßnahmen zur Genesung erheblich beitragen und zu neuen Interessen und Aktivitäten anregen.

Eine Reihe von Erfolgskriterien, die von der Krankheitsakzeptanz bis hin zur familiären und sozialen Reintegration reichen, bieten die Möglichkeit, den Therapiefortschritt des einzelnen Patienten zu bewerten.

Familiäre Faktoren als Ursache der Krankheitsentwicklung

Wildman (1989) befaßt sich mit der Frage der familiären Faktoren als Ursache der Krankheitsentwicklung und bezieht dabei die unterschiedlichen psychotherapeutischen Schulen ein. *Psychoanalytische Annahmen* gehen demnach davon aus, daß Glücksspiel mit Masturbationsphantasien und familiären Konflikten verbunden ist und eine Ähnlichkeit zwischen sexuellen Aktivitäten und der Erregung bei Spielbeginn und der Erleichterung bei Bekanntwerden des Ergebnisses besteht. Im Rahmen dieses theoretischen Ansatzes hält Wildman die Beobachtung für relevant, daß Spieler oft impotent seien, somit Spielen als Ersatzhandlung ausüben. Es hat sich gezeigt (vgl. Lorenz & Shuttlesworth, 1983), daß aus der Sicht der Ehefrauen etwa die Hälfte der pathologischen Glücksspieler das sexuelle Interesse während der aktiven Spielphasen verloren, allerdings machte nur etwa 1/5 der Spieler ähnliche Aussagen.

Unter *lerntheoretische Gesichtspunkte* ordnet Wildman (1989) Beobachtungen ein, daß in den USA ein hoher Prozentsatz der Eltern der Spieler ebenfalls gespielt haben und viele Spieler von den Eltern in das Glücksspiel eingeführt wurden. Die Eltern fungierten so nicht nur als Modelle, sondern forderten direkt zum Spielen auf und verstärkten es entsprechend. Des weiteren stellte er fest, daß die Eltern Glücksspielverhalten auch dann tolerierten, wenn die Kinder nicht das gesetzlich vorgeschriebene Alter erreicht hatten, sich zumindestens kaum Sorgen darüber machten und dieses Fehlverhalten nicht bestraften.

> Ähnliche Beobachtungen konnten bei deutschen Spielern und ihren Eltern gemacht werden. Einzelne Spieler berichteten, daß ihre ersten Erfahrungen mit dem Spielautomaten dadurch zustande gekommen waren, daß sie als Kinder mit dem Vater die Gastwirtschaft besuchten und dort einige Geldstücke erhielten, um am Automaten zu spielen und beschäftigt zu sein, während der Vater sich bei einem Bier unterhielt oder auch mitspielte. Bei Gewinnen wurde teilweise überschwenglich gelobt, so daß das Kind einen beträchtlichen Stolz empfand, sich schon auf den nächsten Wirtshausbesuch freute und manchmal schon sehr früh die Illusion entwickelte, für dieses Spiel besondere Fähigkeiten zu besitzen. Andere Spieler schilderten, daß in der Kindheit in ihrer Familie exzessiv Karten- oder andere Glücksspiele betrieben worden seien und diese Form der Unterhaltung oder Freizeitgestaltung schon immer einen hohen Stellenwert hatte. Eltern machten sich keine Sorgen darüber, wenn Kinder anfingen, sich an den für ihr Alter verbotenen Glücksspielen zu betätigen.

Aus *ehe- und -familientherapeutischer Sicht* leitet Wildman (1989) die Aussage ab, daß es in einer glücklichen, harmonischen und stimulierenden Partnerschaft weniger wahrscheinlich sei, Anregungen und Aktivitäten wie das Glücksspiel zu suchen. Für diese möglicherweise voreilige und das Problem sehr vereinfachende Annahme kann die Beobachtung, daß sich das Spielverhalten oft erst während der Partnerschaft verschlimmert hat, nur sehr bedingt als Unterstützung dienen. Dieser Umstand kann auch dadurch bedingt sein, daß der Spieler keine ausreichenden persönlichen Voraussetzungen mitbrachte, eine befriedigende Partnerschaft zu führen und vor alltäglichen Problemen und Konflikten in Spielverhalten flüchtete. Einfache Kausalannahmen der Krankheitsverursachung, zum Beispiel den Ehepartner betreffend, dürften lediglich Vorurteile bestätigen und schon vorhandene Schuldgefühle auf seiten der Angehörigen verstärken. Der komplexen multikausalen Entstehungsgeschichte einer Suchterkrankung werden sie nicht gerecht. Unter dem gleichen Aspekt sind Beobachtungen zu bewerten, daß Eltern der pathologischen Glücksspieler ein Interesse daran hätten, das Spielverhalten aufrechtzuerhalten, um eigene Partnerschaftsprobleme zu verdecken (Lorenz, 1989).

Es kann durchaus eine Reihe von Faktoren innerhalb der Familie geben, die das Spielverhalten begünstigen und zur Aufrechterhaltung beitragen. Wer aber in der täglichen therapeutischen Praxis häufig mit Eltern konfrontiert ist, die mit all ihren Kräften verzweifelt darum bemüht sind, das Spielverhalten ihrer Kinder zu stoppen, sie vor Suizidalität und drohender Delinquenz zu bewahren, und die dabei mit Sicherheit beträchtliche Fehler machen, weiß, daß man vor Pauschalurteilen und übereilten Schlußfolgerungen warnen sollte. Am Ende dieses Kapitels werden unterschiedliche familientherapeutische Ansätze und Vorgehensweisen noch einmal kurz aufgegriffen.

Auswirkungen des pathologischen Glücksspiels auf den Partner

Eine umfangreiche Untersuchung zu diesem Thema wurde von Lorenz und Shuttlesworth (1983) durchgeführt und bezog sich in erster Linie auf die Ehefrau und Kinder des Spielers. Dabei wurden mittels eines Fragebogens Informationen erhoben über

- die Persönlichkeit der Ehefrau,
- ihre Wahrnehmung des gestörten Spielverhaltens,
- ihre Reaktionen auf den Umstand, mit einem Spieler zu leben,
- die Versuche, dieses Problem zu bewältigen.

Die Resultate zeigten, daß die Partnerin des pathologischen Glücksspielers stark belastet ist durch *soziale, psychologische* und *ökonomische Probleme*, die direkt mit dem Spielverhalten verbunden sind. Die Auswirkungen dieser Streßfaktoren führen zu unterschiedlichen *Bewältigungsstrategien*. Alle Teilnehmerinnen dieser Untersuchung nahmen an einem Kongreß der Gam-Anon, der Angehörigen-Selbsthilfegruppen der Gamblers Anonymous in den USA, teil.

Die meisten *Spielerfrauen* berichteten von einer relativ normalen *Kindheit*, während jedoch 19% in Familien aufwuchsen, in denen Glücksspiel oder Zwangsneurosen vorhanden waren, in weiteren 9% waren andere verschiedene psychische Störungen festzustellen, 17% erlebten längere Perioden der Trennung der Eltern, wovon dann viele in der Scheidung endeten. Durchschnittlich waren die Ehefrauen 22 Jahre alt, als sie den Spieler heirateten, wobei ca. 60% angaben, daß die Ehemänner zu diesem Zeitpunkt schon zwanghafte Glücksspieler waren, allerdings hatten sie die Bedeutung und Schwere dieses Problems überwiegend nicht richtig eingeschätzt. Schon nach 2 Jahren Ehe war jedoch über 80% der Frauen bewußt geworden, wie massiv die Probleme des Mannes waren. 84% der Spielerfrauen beschrieben sich selbst *in Folge der Erfahrungen mit dem pathologischen Glücksspieler als emotional krank*. Dabei hatten sie selbst Zuflucht zu exzessivem Trinken, Rauchen, übermäßigem Essen und Hungern oder impulsivem Einkaufen gesucht, um mit ihren Problemen fertig zu werden. In 43% der Fälle war es zu emotionalen, verbalen und physischen Mißhandlungen gekommen, und über die Hälfte der Frauen berichtete, daß die Spieler in der Zeit aktiven Glücksspiels das Interesse an Sexualität verloren hätten. 78% der Frauen hatten bereits mit Trennung oder Scheidung gedroht, wobei jedoch 94% der Befragten weiterhin mit ihrem Partner zusammenlebten. 12% der Spielerfrauen begingen Suizidversuche (Suizidrate in der Gesamtbevölkerung: 12,7 per 100 000), was zum Teil damit zusammenhing, daß physische und verbale Mißhandlungen stattfanden und Trennungs- und Scheidungsabsichten geäußert wurden.

Auch die *Kinder* wurden in Mitleidenschaft gezogen. In 10% der Fälle kam es zu körperlichen Mißhandlungen der Kinder durch den Spieler. Die Ehefrauen berichteten, daß 25% der Kinder unter Verhaltens- und Anpassungsstörungen litten. Dies zeigte sich in Schulschwierigkeiten, dem Weglaufen von Zuhause und Kontakten der Kinder zu Drogen, Alkohol oder Glücksspielaktivitäten. Fast alle Frauen berichten von finanziellen Problemen durch das Spielverhalten, wobei ein großer Teil der Frauen eigene Ersparnisse verlor und Schulden für den Spieler bei Freunden und Familienmitgliedern machte. Obwohl über 80% der Spielerfrauen der Meinung waren, dem Partner sollte der freie Zugang zum Familieneinkommen versperrt sein, praktizierten nur etwa 47% solche Regeln.

Wie sahen die Frauen den Glücksspieler? Über 93% bezeichneten ihn als Lügner, 89% als unfreundlich, 89% als verantwortungslos, 88% als unkommunikativ, 82% als unsicher und 80% als impulsiv. Alle Frauen waren sich darüber einig, daß der Spieler keine Kontrolle über sein Verhalten habe und emotional krank sei. Trotz dieser Schwierigkeiten hielten 94% der Frauen ihr Familienleben aufrecht. Dies geschah u.a. aus Furcht vor dem Alleinsein und Angst um den Spieler (58%), wegen der Kinder (52%), da sie den Spieler nach wie vor mochten (48%), aufgrund der Hoffnung, der Spieler würde abstinent sein (48%) und wegen des Einflusses von Gam-Anon (45%).

Diese Zahlen (vgl. auch Lorenz & Yaffee, 1988) sprechen für sich. Sie machen die *verhängnisvollen Auswirkungen* des pathologischen Glücksspiels innerhalb der Familie und die Notwendigkeit der *familientherapeutischen Hilfe* in *Selbsthilfeorganisationen* und *professionellen Einrichtungen* deutlich.

Die Einbeziehung der Familie in die Therapie

In den Facheinrichtungen für Suchtkranke im ambulanten und stationären Bereich ist die *Einbeziehung der Familie* in die Therapie seit Jahren weitgehend selbstverständlich geworden. Da es aus dem deutschsprachigen Raum kaum spezielle Literatur über die familientherapeutische Behandlung von pathologischen Glücksspielern gibt, folgen zunächst einige kurze Darstellungen therapeutischer Ansätze aus den USA, obwohl sich möglicherweise auch in diesem Bereich die unterschiedliche soziokulturelle Lebensweise, andere Formen des Spielens und die verschiedene Altersstruktur der Spieler auswirken.

Franklin (1981) beschreibt in einer Fallstudie die Familientherapie eines pathologischen Glücksspielers, der eine 14tägige stationäre Behandlung absolviert hatte. Der Spieler hatte bereits 2 Gefängnisaufenthalte wegen Delikten in Zusammenhang mit Glücksspielen hinter sich. Franklin schreibt dazu, daß die Familie bereits seit über 15 Jahren in ein Netz aus Täuschung, Bitterkeit, Streit, Ärger, Einsamkeit und massiven finanziellen Problemen verstrickt war. An der Therapie nahmen außer der Ehefrau auch die 16jährige Tochter und der 14jährige Sohn teil.

Fallbeispiel:

Das Verhalten der Familienmitglieder beschreibt die Autorin als stark auf den pathologischen Glücksspieler orientiert, und sie stellt keine ausreichende Abgrenzung zwischen Eltern und Kindern fest.

Gestalttherapeutische Techniken sollen in der Therapie dem einzelnen Erfahrungen der Differentiation und Individuation ermöglichen. Die Aufmerksamkeit der Klienten wird dabei auf die mangelnden klaren Generationslinien zwischen Eltern- und Kindsystemen gelenkt. Die Kinder sind mit der häufigen Abwesenheit des Vaters aufgewachsen, und der Ehefrau fehlte die notwendige Unterstützung bei der Kindererziehung und Haushaltsführung. Als Konsequenz übernahmen die Kinder Unterstützerrollen für die Mutter, und die Familienmitglieder versuchten sich gegenseitig vor möglichen Angriffen zu schützen.

Analyse der familiären Strukturen und Prozesse

Oberflächlich betrachtet konnte diese Familie als nett, rational und immer freundlich charakterisiert werden. Ärger äußerte sich dann, wenn der „Kessel explodierte", mit der Wucht unterdrückter Emotionen. Die Ehefrau befand sich weniger in der Rolle der Partnerin, sondern hatte dem pathologischen Glücksspieler gegenüber eher mütterliche oder elterliche Funktionen zu übernehmen. Statt daß die Kinder sich kindlich verhalten konnten, übernahmen sie Verantwortung für die Mutter, unterstützen sie und versuchten den Vater zu korrigieren. Gefühle wurden eher indirekt gezeigt, Ablehnung und Ärger durch den Entzug der Aufmerksamkeit zum Ausdruck gebracht. Oft wurde die Familie in extreme Gefühle der Freude und des Unglücks gebracht, je nachdem, ob der Vater als strahlender Gewinner mit großartigen Geschenken oder als niedergeschlagener Verlierer nach Hause zurückkehrte. Es gelang der Familie eher Gefühle von Schmerz und Leid zu äußern als für den anderen möglicherweise unangenehme Gefühle der Unzufriedenheit und des Ärgers.

Franklin betont, daß es in der therapeutischen Intervention zunächst wichtig ist, sich eher *beruhigend* auf die kommunikative Haltung der Familie einzustellen. So wurde ein eher *kognitiver Ansatz* gesucht, die ungünstigen Einstellungen der Familie hinsichtlich ihres Umgangs mit Gefühlen deutlich zu machen und neue Verhaltensformen auszubilden. Das Hauptziel der Familientherapie war darauf gerichtet, die alten Rollenstrukturen aufzubrechen und die Familienmitglieder zu befähigen, mit den alltäglichen Anforderungen realistisch umzugehen.

Gruppentherapie mit Paaren

In einem 1jährigen Therapieversuch, bei dem die Frauen der pathologischen *Spieler in die Gruppentherapie einbezogen* wurden, konnten Boyd und Bolen (1970) Erfolge erzielen hinsichtlich des Glücksspielverhaltens und bezüglich der Partnerschaftskonflikte, die sie als Ursache des symptomatischen Spielerverhaltens ansahen. Sie gingen dabei von einem *psychoanalytischen Interpretationsmodell* aus und stellten die Übertragungshaltung zwischen den Ehepartnern aufgrund des als zwanghaft diagnostizierten Symptoms in den Vordergrund der Behandlung.

Kurzzeittherapie für Spielerpaare in der Gruppe, die sich stark an das Programm der GA anlehnte, beschreibt Tepperman (1985). An der Gruppe nahmen 10 freiwillige Paare teil, die aktive Mitglieder bei GA und Gam-Anon waren. Tepperman verfolgte dabei das Ziel, den Paaren zu helfen, weniger defensiv, abwehrend zu reagieren und damit die eheliche Verträglichkeit, Umgänglichkeit und Kommunikation zu verbessern. Dabei ging der Autor von der These aus, daß es zwischen den Partnern des Spielerpaares eine symbiotische Beziehung gibt und die Partner der Spieler Verleugnung und Bagatellisierung als Abwehrmechanismen entwickelten, um ihr psychisches Gleichgewicht in der Partnerschaft aufrechtzuerhalten. Eine Öffnung dieser Abwehr würde dann dazu führen, daß unterdrückte Gefühle wie Ärger, Depression, Unsicherheit und Hilflosigkeit bei den Paaren zum Ausdruck kommen. Diese Selbstöffnung sieht er als Voraussetzung dafür an, vorhandene Konflikte in der Partnerschaft aufzuarbeiten. Im Ergebnis zeigten sich bei den primären Untersuchungszielen in der behandelten Gruppe von Paaren keine bedeutenden Unterschiede zu einer Kontrollgruppe, in der die Paare nicht gemeinsam behandelt wurden. Bei beiden Gruppen wurde z. B. ein Rückgang der Depressionswerte festgestellt, so daß sich die paradoxe und provokative These Teppermans nicht bestätigte, daß die Therapiegruppe sich nach der Behandlung mehr öffnen bzw. dadurch stärkere depressive Gefühle zeigen würde. Es wurde jedoch festgestellt, daß sich die Beziehung der gemeinsam behandelten Paare verbessert hatte und sie zuversichtlicher waren, zukünftige Konflikte gemeinsam zu lösen.

Auswirkungen der familiären und beruflichen Zufriedenheit auf den Therapieerfolg

Zu den Auswirkungen der familiären und beruflichen Zufriedenheit auf den Therapieerfolg stellt Lorenz (1989) fest, daß *zwischenmenschliche Konflikte* die häufigste Ursache für *Rückfälle* des pathologischen Glücksspielers sind. Familienmitglieder können ihrer Meinung nach durch zu starke Betonung eigener Bedürfnisse und dem Gefühl, zu kurz zu kommen, zu einem Rückfall beitragen. Die Autorin betont dabei die Ähnlichkeit des pathologischen Glücksspiels mit anderen Süchten, die ebenfalls mit *multiplen familiären Problemen* in der Herkunfts- und momentanen Familie verbunden sein können. Lorenz wirft die Frage auf, ob es, neben den gravierenden negativen Folgeerscheinungen des Glücksspiels für die Familie, auch Vorteile haben kann, mit einem Spielsüchtigen zusammenzuleben. Dadurch, daß an diesen Vorteilen festgehalten wird, könnte, wenn auch unbewußt, die Genesung des Spielers durch den Angehörigen behindert werden.

Fallbeispiel:

Lorenz berichtet von einem Fall, in dem die Ehefrau eine längere Abstinenzzeit immer wieder mit teuren Geschenken belohnte, obwohl noch erhebliche Schulden vorhanden waren. Dies zwinge den Klienten dazu, wiederum mehr zu arbeiten und hindere ihn daran, eine stationäre professionelle Hilfe in Anspruch zu nehmen. So wachse der Druck auf den Spieler mit der Zeit stark an und er werde rückfällig. Lorenz spekuliert, daß die Frau durch ihre Geldausgaben verhindern möchte, daß ihr Mann eine stationäre Therapie aufsucht, Abstand von ihr gewinnt, sich auch ihrer Fehler bewußt wird und sie zurückweisen könnte. Als tieferliegendes Motiv für ihr Verhalten wäre demnach *Angst vor Zurückweisung* anzunehmen. Die Frau stammte selbst aus einer zerbrochenen Alkoholikerfamilie und fürchtete sich vor Ablehnung und Trennung. In diesem Fall hält Lorenz einen kognitiven Therapieansatz für sinnvoll, der dazu führen soll, daß die Ehefrau sich mit ihren Einstellungen und Befürchtungen auseinandersetzt und lernt, Ängste nicht übermäßig zu generalisieren und die Zukunft nicht zu negativ zu sehen. Dabei soll sie sich mit ihren Stärken und Schwächen besser akzeptieren und keine Perfektion anstreben.

Einen weiteren Grund für die Behinderung der Genesung sieht Lorenz darin, daß Partnerinnen *Angst vor sexueller Intimität* haben. Im Verlauf der „Spielerkarriere" kam es möglicherweise zu verbal mißhandelndem Verhalten des Ehemannes bezüglich ihrer sexuellen Ausstrahlung oder ihres ehelichen Verhaltens, so daß eventuell schon vorhandene Ängste sich dadurch noch verstärken. Sind bei der Ehefrau durch die individuelle Lebensgeschichte vorgeprägte sexuelle Probleme vorhanden, so wäre therapeutisch sowohl auf dieser Ebene als auch beim mißhandelnden Ehemann anzusetzen.

Das Bedürfnis, gebraucht zu werden: Bei anderen Suchtformen ist ebenfalls die Beobachtung zu machen, daß Abhängigkeitskranke Partner wählen, von denen sie sich versorgt fühlen, ähnlich wie von der Mutter. Die Partnerin hat dann oft Schwierigkeiten, ihre überbehütende Rolle aufzugeben.

Lorenz fand in den Spielerfamilien u. a. folgende Verhaltensweisen vor:

- Sie verschaffen Spielern Alibis und Entschuldigungen, wenn sie schulische oder berufliche Pflichten versäumten,
- sie verdecken das Spielproblem, damit nichts nach außen dringt,
- sie ignorieren das Spielproblem,
- sie wollen die eigenen Gefühle bezüglich des Spielens nicht wahrhaben und alle Gespräche darüber vermeiden,
- sie übernehmen immer mehr Verantwortung für den Spieler.

Es kann ein entscheidender Beitrag zur Genesung des Klienten sein, wenn Angehörige ihre Bedürfnisse, gebraucht zu werden, kritisch überprüfen und mehr Distanz in der Beziehung zulassen, die dem Spieler Selbständigkeit und Eigenverantwortlichkeit ermöglicht. Familienangehörige können aus der Spielabhängigkeit den Vorteil ziehen, daß sie sich als dem Süchtigen überlegen sehen. Eine Genesung könnte hier zu erheblichen Veränderungen führen, indem Kompetenzen umverteilt werden und familiäre Rollenverteilungen sich ändern. So ist festzustellen, daß Angehörige die *Kontrolle über die finanziellen Mittel* nach längeren Abstinenzzeiten nicht wieder abgeben, wobei es häufig nicht darum gehen dürfte, Kompetenzen wiederum einseitig zu delegieren, sondern partnerschaftlich zu handeln, ohne daß es einen Gewinner oder Verlierer gibt.

Diese in erster Linie durch Einzelfallstudien erfaßten möglichen *Behinderungen bei der Genesung* des Spielers sollen jedoch nicht darüber hinwegtäuschen, daß die Familie durch die Spielsucht in *massivster Weise in Mitleidenschaft* gezogen war und es eine ganze Reihe von Gründen, außer den genannten, gibt, die zu *Rückfällen* führen. Hierzu gehören u. a.:

- innerpsychische Konflikte,
- finanzielle Schwierigkeiten,
- berufliche Probleme,
- andere Umwelteinflüsse,
- der Wunsch des Spielers, wieder zu spielen.
  (Auf Rückfallursachen wird im nächsten Kapitel noch näher eingegangen.)

Es ist wichtig, möglichst viele *Faktoren* zu identifizieren, die einen *Behandlungserfolg beeinflussen* können. Die Genese und die Behandlung von Suchtkrankheiten sind bisher so wenig erforscht, daß der Therapeut nach jedem „Strohhalm" greifen muß, der die Erfolgswahrscheinlichkeit der Therapie vergrößert.

Eine ähnliche Fragestellung verfolgten Hudak, Varghese und Politzer (1989), die 26 stationär behandelte Spieler bezüglich ihrer familiären, ehelichen und beruflichen Zufriedenheit erfaßten und einen Zusammenhang zum Therapieerfolg postulierten. In der Nachuntersuchung stellten sie zunächst fest, daß 31% der Spieler abstinent lebten. Neben der Spielabstinenz wurden unterschiedliche Spielfrequenzen, von der Entlassung an gerechnet, festgehalten. Mittels eines Fragebogens wollten die Autoren die Zufriedenheit in den 3 genannten Bereichen durch eine telefonische Befragung ermitteln. Es zeigte sich, daß es einen negativen Zusammenhang zwischen der beruflichen Zufriedenheit und der Spielfrequenz gab, d. h., je größer die berufliche Zufriedenheit war, um so weniger wurde gespielt. Die berufliche Zufriedenheit hat möglicherweise einen erheblichen Einfluß auf das Therapieergebnis, wobei jedoch nicht zu unterscheiden ist, ob nicht umgekehrt Spielabstinenz oder eine geringe Spielintensität die berufliche Zufriedenheit erhöht. Als Trend ergab sich, daß die Zufriedenheit mit der Familie bzw. dem Eheleben einen positiven Einfluß auf den Therapieerfolg ausübt.

Unterschiede in der Behandlung von Alkoholiker- und Spielerfrauen

In einer 16monatigen Studie verglich Heineman (1987) die Behandlungsmöglichkeiten von Alkoholiker- und Spielerfrauen und kam dabei zu dem Resultat, daß die Frauen der pathologischen Glücksspieler mit *speziellen Problemen* zu tun haben, die in der Behandlung von Frauen von Alkoholikern nicht in dem Maße in Erscheinung treten. Insbesondere die oft *massiven finanziellen Probleme, Auseinandersetzungen mit Kreditgebern* und die *Übernahme des Haushaltsbudgets* sind hier zu nennen. Das Vertrauen zu den Ehemännern scheint langsamer zurückzukehren, da die finanziellen Probleme häufig noch langfristig fortbestehen und die Verfügbarkeit von Selbsthilfegruppen und professioneller Hilfe für die Spielerfrauen noch nicht ausreichend entwickelt ist. Die *Einsamkeit* scheint ein Problem zu sein, weil der Ehemann durch Überstunden und Mehrfachtätigkeiten bemüht ist, die Schulden in den Griff zu bekommen.

Grundsätzlich sieht Heineman jedoch viele *Parallelen* in der *Zielsetzung der Behandlung*. Die Frauen lernen,

- daß die Krankheit einen progressiven Verlauf hat und fatal enden kann,
- daß die Abhängigkeitskranken letztlich nur selbst eine Veränderung herbeiführen können,
- daß niemand sie kontrollieren kann und sie lernen müssen, die Verantwortung für sich selbst zu übernehmen.

Nach Heineman liegt ein entscheidender Unterschied darin, daß nicht Alkohol, sondern *Geld* mißbraucht wird. In vielen Fällen haben die Angehörigen mit erheblichen Überraschungen zu rechnen, was das wahre Ausmaß der Schulden angeht.

In der amerikanischen Literatur wird des öfteren darauf hingewiesen, daß es notwendig ist, den Frauen der Suchtkranken zunächst Informationen über das Krankheitsbild zu vermitteln, um stark vorhandene Ärger- und Schuldgefühle abzubauen, bevor gemeinsame Gespräche mit den Eheleuten stattfinden. Kenntnisse über den Suchtverlauf und den damit verbundenen Kontrollverlust können von individuellen Schuldgefühlen entlasten, z. B. für die häufige Abwesenheit des Spielers verantwortlich zu sein, und das Verhalten des Suchtkranken verständlicher machen.

Auf eine Trennung der bisher besprochenen Ansätze danach, ob sie eher von einem *Sucht-* oder einem *Neurosemodell* ausgehen, wurde bewußt verzichtet, da jede Vorgehensweise für sich Einsichten und Anregungen für die Behandlung der Spieler mit ihren Angehörigen erbringt und die Einbeziehung des Abstinenzzieles und anderer suchtspezifischer Aspekte sich in keinem Falle ausschließen.

Neuere ambulante und stationäre familientherapeutische Ansätze in Deutschland

Thomas (1989 b) berichtet über Erfahrungen mit einer expertengestützten *ambulanten Ehepaar-Spielergruppe*, die sich in Selbsthilfe organisiert hatte. Die Teilnahme an einer solchen Gruppe sollte relativ früh einsetzen, da eine lange Vorbereitungszeit durch Einzel- und/oder Paargespräche Bedürfnisse nach Versorgtsein und der Delegation von Verantwortung an den Berater intensivierten. Grundsätzliche Überlegungen für die Vorgehensweise in Ehepaargruppen sind:

- Erste therapeutische Bemühungen zielen auf die *Spielabstinenz* ab,
- besonderes Augenmerk richtet sich darauf, daß der Spieler sich als krank akzeptieren lernt, Scham- und Schuldgefühle abbaut und somit zu einer tiefergehenden therapeutischen Auseinandersetzung bereit ist,
- zeitlich befristete Kontrollverträge über die Geldangelegenheiten können vereinbart werden, die aber nicht unbefristet und entmündigend wirken sollen.
- Dies wird jedoch nur etwa bei der Hälfte der Klienten vorgeschlagen und ist indiziert, wenn es trotz Bemühen nicht gelingt, Abstinenz einzuhalten und die Maßnahme nicht als auferlegter Zwang, sondern als selbst gewählte Problemlösung verstanden wird,
- nach einer eher auf das Spielverhalten konzentrierten „Symptomphase" folgt eine eher an Persönlichkeitskonflikten orientierte „Problemphase", in der Beziehungskonflikte und alltägliche Problemsituationen zur Sprache kommen.

Für die Ehepaare war es dabei neu, sich zwar heftig, aber nicht verletzend auseinanderzusetzen, ohne dabei ihre Partnerschaft zu gefährden. Thomas sieht in diesem Zusammenhang eine *deutungsfreie Besprechung der Alltagskonflikte mit Lösungsangeboten* in der Gruppe als ausreichend an, damit die Ehepaare genügend Selbstvertrauen entwickeln, ihren Problemen gewachsen zu sein. Er geht dabei nicht nach einem einseitig ausgerichteten theoretischen Konzept vor, sondern orientiert sich überwiegend an erlebniszentrierten und *konfliktorientierten Techniken* der humanistischen Therapie.

In *stationären Facheinrichtungen* für Suchtkranke sind Familiengespräche bzw. Familienseminare weitestgehend *obligatorisch*. Es finden regelmäßige Zusammenkünfte in Abständen von mehreren Wochen statt, in denen bis zu vier Paare oder mehrere Elternpaare von pathologischen Glücksspielern, zum Teil über mehrere Tage, gemeinsam mit einem oder mehreren Therapeuten zusammentreffen. Diese Maßnahmen werden dadurch ergänzt, daß je nach

Bedarf Einzel-Paargespräche angeboten oder auch Einzel-Eltern-Patientenge-spräche durchgeführt werden. Alle therapeutischen Verfahren sollten zuvor mit den Patienten abgesprochen werden.

Der Therapeut sollte keinen Zwang oder Druck ausüben, wenn der Patient nicht einverstanden ist, Kontakte wieder aufzunehmen. In der stationären Entwöhnungsbehandlung ist genügend Zeit vorhanden, eine *individuelle Indi-kation* zu erarbeiten und mit dem Patienten festzulegen, welche Maßnahmen sinnvoll sind. Es kommt nicht darauf an, ohne entsprechende Diagnostik und Therapieplanung ein bestimmtes Programm abzuwickeln. Für die Genesung des Patienten kann es sich durchaus als günstiger erweisen, bestimmte Kontakte innerhalb eines sozialen Umfeldes nicht wieder zu intensivieren und ihn dabei zu unterstützen, mehr Distanz zu entwickeln und sich zu verselbständigen.

Seminare oder Familiengespräche beginnen häufig mit einem *separaten Kontakt- oder Informationsgespräch* zwischen den Angehörigen und dem oder den Therapeuten. Dabei soll jedoch nicht über den Patienten, sondern in erster Linie über die *Probleme und Schwierigkeiten des Angehörigen* gesprochen wer-den, die sich als Folge des Zusammenlebens mit einem Suchtkranken ergeben haben. Es ist für die Beteiligten äußerst befreiend, wenn sie über Ängste und psychische Belastungen vielleicht erstmalig offen reden und dabei feststellen, daß andere Betroffene ganz ähnliche Erfahrungen gemacht haben. Eine zu-sätzliche erhebliche Erleichterung findet dadurch statt, daß die Angehörigen verletzendes und moralisch fragwürdiges Verhalten des Spielers als *Symptom der Suchterkrankung* erkennen, Informationen über den Kontrollverlust des abhängigen Spielers austauschen und feststellen, daß viele Verhaltensweisen im Zusammenhang mit der Ausübung des pathologischen Spielverhaltens im Gegensatz zur eigentlichen Persönlichkeit und dem Charakter des Patienten stehen. Durch das über viele Jahre hinweg verletzte Vertrauen sitzt die Angst vor der Zukunft, die Enttäuschung und das Mißtrauen zunächst tief, insbeson-dere dann, wenn Diebstähle innerhalb der Familie aufgetreten sind, und der Spieler persönlich wertvolle Dinge und Familienbesitz nicht verschont hat. Finanzielle Engpässe haben nicht selten dazu geführt, daß die Wohnung ge-fährdet oder die Versorgung mit Nahrungsmitteln schwierig war. Es ist immer wieder festzustellen, daß Angehörige erheblich besser mit ihrer Situation fertig werden, wenn sie eine örtliche Selbsthilfegruppe besuchen, in der sie kontinu-ierlich ihre psychischen Belastungen aus der Vergangenheit aufarbeiten und gegenwärtige Ängste bewältigen lernen. Die Angehörigen gelangen dabei zu der Einsicht, daß sie für sich selbst etwas tun müssen und ihr Leben nicht mehr vollständig an ihrem suchtkranken Partner orientieren dürfen. Es ist mit einem schwierigen *Lernprozeß* verbunden, bis Angehörige erkennen, daß der Sucht-kranke sich selbst helfen muß, daß er nur in Selbständigkeit und Selbstverant-wortung eine Chance hat, sein Leben ohne Suchtmittel zu bewältigen. Eine weitgehende Übernahme von Verantwortung und Bevormundung durch An-gehörige nach der Therapie sind die schlechtesten Voraussetzungen für eine weitere Genesung.

In dem darauf folgenden *gemeinsamen Gespräch mit den Angehörigen und Patienten* sollten Vorwürfe und Schuldzuweisungen vermieden werden. Die

Eltern und auch Partner haben sich schon oft intensive Gedanken darüber gemacht, ob sie Fehler im Umgang mit dem Spielkranken begangen haben, und bringen deshalb teilweise erhebliche Ängste mit in das Familienseminar. In einer Atmosphäre der gegenseitigen Akzeptanz und Wertschätzung können die Betroffenen diese belastenden Gedanken und Gefühle offen aussprechen und neue Einsichten in die Hintergründe der Suchterkrankung gewinnen. Über Jahre nicht ausgesprochene Konflikte, das Gefühl, nicht ausreichend geborgen oder geliebt gewesen oder überbehütet, ständig gegängelt worden zu sein, kann der Spieler verbalisieren und aufarbeiten, ohne daß sich der andere angegriffen oder verletzt fühlen muß. In dieser Gesprächsgruppe kann der Therapeut die Patienten dazu ermuntern, über ihren bisherigen Therapieverlauf und mögliche Zukunftsperspektiven zu berichten. Dabei sind Fragen

- *der Therapiemotivation*: War es bisher schwierig durchzuhalten?
- *der Krankheitseinsicht*: Kann er „sich als spielsüchtig akzeptieren"?
- *der Abstinenz*: Gibt es Schwierigkeiten, alternative Verhaltensweisen zu entwickeln? Flüchtet sich der Spieler in einseitige Ersatzhandlungen?
- nach der Ursache oder Entstehung der Krankheitsentwicklung

zu behandeln. Das Gespräch erhält dadurch eine *gewisse Struktur*, daß der Therapeut zunächst eher das „*Symptomverhalten*", das Spielen, und dann das „*Problemverhalten*", die Ursachen und Folgen der Krankheitsentwicklung, anspricht. Dies bedeutet, daß der Krankheitsprozeß auch im Familienseminar sozusagen in umgekehrter Richtung bis an die Entstehungsbedingungen zurückverfolgt wird.

Es kommt nicht selten vor, daß Angehörige erhebliche Probleme dabei haben, das Spielverhalten des Patienten als Krankheit zu akzeptieren, es nicht als reine *Willens- oder Charakterschwäche* zu sehen. Angehörige können Schwierigkeiten haben, z.B. Bekannten gegenüber einzugestehen, daß ihr Mann oder Sohn in einer Suchtklinik ist, weil sie Diskriminierung fürchten. Hier kann das Verhalten der anderen Eltern oder Ehefrauen, die schon besser mit dieser Problematik umgehen können, eine erhebliche *Vorbildfunktion* ausüben, und es sind durch die gemeinsamen Gespräche erstaunlich schnelle *Einstellungsänderungen* festzustellen. Das Gefühl, mit einem Problem nicht allein zu sein, weckt *Solidaritätsgefühle* und stärkt das Selbstvertrauen der Angehörigen.

In den Seminaren sind wichtige *Zukunftsperspektiven* zu erörtern, ob sich jemand zum Beispiel vom Elternhaus lösen, sich eine eigene Wohnung nehmen soll. Der Therapeut darf nicht den Fehler machen, dem Patienten und der Familie die Entscheidung abzunehmen. Es zeigt sich immer wieder, daß sich selbst äußerst krisenhafte Partnerbeziehungen im Verlauf der Therapie wieder stabilisieren. Der Therapeut sollte nicht einseitig Partei ergreifen und immer wieder darauf hinweisen, daß die Beteiligten selbst die Verantwortung für ihre Entscheidungen übernehmen müssen. Unabhängig von der theoretischen Ausrichtung des Therapeuten kann eine Haltung angemessen sein, die auf die *Erhaltung und Förderung des Familienlebens* ausgerichtet ist.

Ein Spieler berichtet:

[23 Jahre, männlich, Automatenspieler, ledig, Abitur, abgebrochenes BWL-Studium, abgebrochene Lehre]

„So langsam wird mir klar, daß ich mich mit der Zeit immer mehr von meinen Eltern vernachlässigt gefühlt habe, daß sie mir bei den Problemen, die ich ihnen vortrug, überhaupt nicht zu helfen imstande waren. Es ist denkbar, daß ich nicht der einzige bin, der den Umzug nicht verkraftet hat. Tatsache ist, daß sie mit ihrer Ehe und Kindern total überfordert und viel zu tief in ihren eigenen Konflikten verstrickt waren, um jemand anderem helfen zu können. Ich habe mich x-male unverstanden gefühlt. Auch mit sexuellen Problemen und Verklemmtheit waren und sind sie bis oben hin vollgestopft. So haben sie es nie für nötig gehalten, mich aufzuklären. Auch erkenne ich, wenn ich zurück in die Vergangenheit blicke, in erschreckendem Maße die Wandlung, die meine Eltern durchlebt haben. Ich muß die für mich verblüffende Erkenntnis machen, daß sie nicht zeitlebens voll von Verbitterung, Kapitulation und wütender Ohnmacht waren, sondern durchaus auch mal harmoniert haben und glücklich waren. Es gab Zeiten, wo meine Eltern Zeit für lange Spaziergänge, Besuche von Jahrmärkten, Zirkus oder Hafenrundfahrten mit mir . . . hatten. Auch meine Mutter war nicht immer diese selbstmitleidige Frau, die ewig alles auf sich bezog und bei jeder Gelegenheit Tränen als Waffe einsetzte. Mein Vater war nicht immer dieser unnahbare Felsblock, der Fremde in der Wohnung, der bei der allerkleinsten Kleinigkeit die Jalousien herunterläßt. Jeder von uns hat sich mit der Zeit in eine Ecke zurückgezogen. Wir haben uns total auseinandergelebt. Die Familie war nur noch eine Fassade, um den Anschein nach außen hin zu wahren. Dieses Vorspielen einer heilen Familie war allen unausgesprochen das höchste Ideal. Durch den Selbstmordversuch meines Vaters ist dieses Kartenhaus in sich zusammengefallen. Die Masken sind gefallen. Als wir zum Essen waren, habe ich (zum 1. Mal in aller Deutlichkeit!) zwei Menschen gesehen, die völlig am Ende sind. Sie waren Spiegelbilder meiner Selbst, beide auch keinen Schritt weitergekommen. Aber ihre Reden kamen mir sehr bekannt vor, und sie verrieten mir einiges über die Lächerlichkeit meines eigenen Festklammerns an bestimmten Verhaltensweisen. Und trotz alledem saßen mir dort auch zwei völlig Fremde gegenüber; wir redeten alle total aneinander vorbei. Obwohl immer noch heftige Gefühlsverwirrung in mir herumschwirrt, kann ich doch einige Dinge schon klar und deutlich erkennen: Meine Eltern haben dermaßen viel mit sich und ihren eigenen Problemen zu tun, daß gar nicht daran zu denken ist, daß sie mir irgendeine Unterstützung geben könnten, weder in materieller Hinsicht noch auf emotionalem Wege. Ganz im Gegenteil! Ich glaube, daß das Schiff Familie im Begriff ist zu kentern, und daß es sinkt, ist mehr als wahrscheinlich. Meine Eltern brauchen im Moment ebenso viel Hilfe wie ich, und ich kann sie ihnen auf gar keinen Fall geben. Ich muß die finanzielle Rettungsleine und die emotionale Nabelschnur kappen, sonst gehe ich womöglich mit unter, so makaber dies vielleicht auch klingen mag. Ich bin irgendwie froh darüber, daß die Masken jetzt abgebröckelt und meine Eltern als solche von ihren Podesten gestürzt sind. Ich habe sie bewußt als Menschen gesehen, was reichlich spät kommt. Auch ist eins der Hintertürchen, das ich mir offengehalten habe, nun für mich klar sichtbar verschlossen. Unbewußt habe ich mir doch das Elternhaus als Rettungsanker für einen eventuellen Rückfall vorgestellt. Totaler Humbug! Weder meine Eltern für mich, noch ich für meine Eltern besitzen eine solche Verantwortung für den anderen."

Theoretische Grundlagen der Familientherapie

Wie in der Gruppen- und Individualtherapie ist das familientherapeutische Vorgehen häufig nicht nur von suchtspezifischen Fragestellungen, sondern auch von der jeweiligen *schulischen Ausrichtung* des Therapeuten beeinflußt. Obwohl die einzelnen Therapieansätze hier nur in Teilen wiedergegeben werden können, lassen sich aus jeder Schulrichtung wichtige Anregungen für die Behandlung von pathologischen Glücksspielern und ihren Familien ableiten.

Nach Probst (1982; vgl. auch Vollmoeller, 1989) entstand aus Ansätzen der *Psychoanalyse* und der *Kommunikationstheorie* die Familientherapie. Im Laufe der Zeit haben sich daraus heterogene familientherapeutische Definitionen und Strategien entwickelt, die in der therapeutischen Arbeit eklektisch verknüpft sind. In der Familientherapie wird von der Annahme einer engen Verzahnung zwischen der psychischen Störung des Individuums und der Kommunikation bzw. Struktur seiner Familie ausgegangen. Dazu Vollmoeller (1989, S. 16): „Familientherapie heißt im Prinzip, daß die ganze Familie als Einheit behandelt wird, da nicht der einzelne Symptomträger als erkrankt anzusehen ist, sondern das soziale System der Familie." Er bezeichnet es jedoch als 2 *extreme* Sichtweisen, einerseits grundsätzlich alle individuellen Schwierigkeiten als Familienprobleme mit entsprechender Therapienotwendigkeit zu betrachten oder andererseits familientherapeutische Maßnahmen erst dann zum Zuge kommen zu lassen, wenn individuelle Behandlungen gescheitert sind.

Es werden vier verschiedene Schulrichtungen unterschieden (Vollmoeller, 1989):

- Psychodynamische Familientherapie,
- verhaltenstherapeutische Familientherapie,
- entwicklungsorientierte Familientherapie,
- systemorientierte Familientherapie,
  strukturelle Familientherapie.

Der p*sychodynamische Ansatz* richtet die Therapie auf *unbewußte Konflikte*, deren Entstehung weit in der Familiengeschichte zurückliegen kann. Nach diesem Ansatz kommt es dann zu psychischen Störungen, wenn unbewußte überfordernde Rollenerwartungen an ein Familienmitglied gestellt wurden. Nach Stierlin (1982) kann der Prozeß der Individuation dadurch gestört sein, daß eine Über- und eine Unterindividuation eintritt. Bei ersterer kapseln sich die Personen starr und kommunikationsfeindlich von einander ab, während bei Unterindividuation gegenseitige Abgrenzungen mißlingen und symbiotische Beziehungen entstehen. In der Therapie ist die Fähigkeit und Bereitschaft zum *Dialog* zu fördern, wobei die Familienmitglieder im eigenen Namen sprechen und z. B. unangemessene Verallgemeinerungen vermeiden sollen.

Der Prozeß der Ablösung von den Eltern kann gestört sein, weil u. a. eine zu starke Verwöhnung, eine zu reichliche Bedürfnisbefriedigung oder das andere Extrem, eine zu geringe Zuwendung und Bedürfnisbefriedigung, stattgefunden haben. Beide Extreme können dazu führen, daß es den Kindern an

Selbstvertrauen mangelt, die Bindungen zu den Eltern zu lockern. Aus psychodynamischer Sicht (Stierlin, 1982) ist in diesem Falle ein nicht vollzogener Abschied, nicht geleistete Trauer nachzuholen. Haben sich Kinder dauerhaft vernachlässigt, nicht geliebt gefühlt, kann eine emotionale Heranführung an die verlorenen, vielleicht niemals besessenen Eltern sowie das Wiedererleben von Erinnerungen die Bindungsproblematik lösen. Für die Eltern ist es schwierig einzusehen, daß sie sich nicht immer sorgen müssen, während die Patienten die Einsicht gewinnen sollen, daß die Eltern nicht ständig für sie da sein können. Der Therapeut muß sich dabei um „Allparteilichkeit" bemühen und versuchen, sich in jedes Familienmitglied einzufühlen und dessen Position zu verstehen. Stierlin betont, daß der Therapeut aktiv sein soll, ansonsten verfestigten sich leicht die gewohnten Abwehrmanöver. Die vorhandenen Ressourcen der Familie sollten genutzt werden, indem insbesondere auf positive Kräfte und Ansatzpunkte verwiesen wird. Häufig sind Verhaltensansätze positiv gemeint, obwohl sie letztlich negative Konsequenzen hatten. Durch diese Vorgehensweisen lassen sich Scham- und Schuldgefühle abbauen, und die Familienmitglieder sind eher zu einer therapeutischen Auseinandersetzung bereit. Der Therapeut soll sich bemühen, einen befreienden innerfamiliären Dialog in Gang zu setzen, der bisher unausgesprochene Gefühlsäußerungen zuläßt.

Die *verhaltentherapeutische Familientherapie* betont ebenfalls die *aktive Einflußnahme des Therapeuten auf die familiäre Organisation* (vgl. Minuchin, 1977) und versucht, die Fähigkeiten zur Kommunikation und Problemlösung innerhalb der Familie mit *systematischem Training* zu verbessern (vgl. Vollmoeller, 1989). Zum Beispiel soll statt verletzender gegenseitiger Kontrolle der Austausch von positiven Verstärkern den Umgang miteinander verbessern. Zur Behebung von Verhaltensstörungen können unterschiedliche verhaltenstherapeutische Verfahren zum Einsatz kommen (z. B. *Familienverträge, Modelllernen, Interventionsstrategien* nach dem operanten Modell), die oft auf einer genauen Identifikation komplexer Verstärkungsmuster in der Ehe und Familie beruhen. In diesem Zusammenhang betont Petermann (1981), daß die Familie zwar als Einheit zu begreifen ist, den Mitgliedern der Familie aber sehr spezifische Aufgaben zukommen. Die daraus resultierende soziale Rolle und die damit verbundenen Erwartungen, Wertvorstellungen und Verhaltensweisen manifestieren sich in der Interaktion der Familienmitglieder. Seiner Meinung nach ist es aus verhaltenstherapeutischer Sicht wichtig, Teilbereiche der Familieninteraktion zu betrachten, z. B. Mutter–Kind, Vater–Kind, Eltern–Kinder und die komplexe Vater–Mutter–Kind-Interaktion.

In der Arbeit mit pathologischen Glücksspielern ist es manchmal durchaus sinnvoll, zunächst mit dem Ehepaar deren Konflikte aufzuarbeiten und zum Beispiel zu einem späteren Zeitpunkt auch die Eltern hinzuzuziehen, um möglicherweise vorhandene Probleme der mangelnden Ablösung und Selbständigkeit aufzugreifen.

Die *entwicklungsorientierte Familientherapie* beruft sich auf die „humanistische Psychologie", in der die Begriffe des *Wachstums* und der *Ganzheit der Persönlichkeit* im Vordergrund stehen. Die Familientherapie soll einzelne Familienmitglieder darin unterstützen, ihre Möglichkeiten zur Selbstverwirklichung auszuschöpfen und damit dem gesamten Familiensystem zum Wachstum verhelfen (vgl. Probst, 1982; Vollmoeller, 1989). Von dieser Therapierichtung wird die *individuelle Eigenart der Persönlichkeit* besonders hervorgehoben. Störungen werden nach Auffassung der entwicklungsorientierten Familientherapie (vgl. Luthman & Kirschenbaum, 1977; v. Schlippe, 1984) dadurch verursacht, daß es zu Blockierungen und Verstrickungen innerhalb der Familie kommt, die die Selbstachtung und das Selbstwertgefühl beeinträchtigen. Die Vermittlung von Anerkennung und Wertschätzung sowie das einfühlende Verstehen des Therapeuten sollen Prozesse der Persönlichkeitsdifferenzierung fördern und zur Ich-Stärkung beitragen. Die Familienmitglieder sollen zu mehr Eigenverantwortung und größerer gegenseitiger Wertschätzung und Akzeptanz finden und familiäre Konflikte auf partnerschaftliche Weise lösen lernen.

Innerhalb des *systemtheoretischen Ansatzes* wird angenommen, daß ein Familienmitglied, das ein Symptom aufweist (Symptomträger), ein fester Bestandteil eines Familiensystems ist. Das gestörte Verhalten erscheint als *untrennbarer* Teil des familiären Systems, und es wird postuliert, daß die psychische Störung eines Mitglieds als „Systempathologie" homöostatisch (das Gleichgewicht erhaltend) aufrechterhalten wird (vgl. Vollmoeller, 1989; Watzlawick, 1985; Ludewig, 1987). In diesem Sinne ist die Individualität und persönliche Verantwortung einer Person in starkem Maße Systemkräften untergeordnet, deren Parallelen in physiologischen Gesetzmäßigkeiten zu suchen sind.

Unterschiedliche Modelle bzw. Schulen der systemischen Therapie lassen sich unterscheiden:

Das „*Palo-Alto-Modell*" (vgl. Watzlawick, Beavin und Jackson, 1974) ist durch *kommunikationstheoretische Gesichtspunkte* geprägt, und versucht, in der familientherapeutischen Praxis die Kommunikationsformen, Doppeldeutigkeiten und wechselseitigen Beziehungen zu klären. Strategien der paradoxen Intention (z. B. jemanden zum Glücksspielen aufzufordern) und der positiven Konnotation, das Positive an einem Symptom hervorzuheben (z. B. das Glücksspielen habe dazu beigetragen, das Familiensystem aufrechtzuerhalten), kommen zur Anwendung (vgl. Erbach, 1989).

Die „*Mailänder Schule*" (vgl. Selvini Palazzoli, Boscolo, Cecchin und Prata, 1981; Simon & Stierlin, 1984) betont das *kybernetische Verständnis von Familienbeziehungen*. Dabei geht es um die Klärung und Beeinflussung der familiären *Steuerungs-* und *Regelmechanismen*.

Eine bestimmte Technik des Gesprächs, das zirkuläre Fragen, dient dazu, die Interaktion zu fördern, vorhandene Probleme deutlich zu machen und in das Gespräch einzubeziehen. Der Therapeut soll strenge Neutralität bewahren und sich nicht auf die Seite eines der Familienmitglieder stellen. Diese Einstellung ist insbesondere dann auf Kritik gestoßen, wenn es in den Familien sexuellen Mißbrauch und Gewalt gegeben hat und Fragen der Machtverteilung in der Familie relevant waren. In der praktischen Therapie entwickeln die Therapeuten bestimmte Hypothesen, die sie der Familie mitteilen, wie innerhalb der Familie zukünftig kommuniziert werden soll, es finden Symptomverschreibungen (paradoxe Intention) und ebenfalls positive Symptombewertungen statt. Einer der Therapeuten hält sich in den Sitzungen oft hinter einer Einwegscheibe auf und kann, ohne direkt Mitagierender zu sein, durch seine Beobachtungen zusätzliche Informationen über das Therapiegeschehen gewinnen und sie in das Geschehen eingeben.

In der „*strukturellen Familientherapie*" (Minuchin, 1983) wird angenommen, daß sich innerhalb der Familie *Subsysteme* ausdifferenzieren, die sich gegeneinander abgrenzen. So können z. B. die Mutter-Kind- oder Mann-Frau-Beziehung Subsysteme sein, die bestimmte Aufgaben und Pflichten in der Familie erfüllen. Verwischen sich Grenzen, indem beispielsweise die Kinder in massiver Form die Rolle der Eltern oder eines Elternteils übernehmen, können *dysfunktionale Strukturen* entstehen, die den einzelnen in seiner Entwicklung behindern. Im Gegensatz zu den vorherigen Ansätzen geht der Therapeut bewußt Koalitionen mit Familienmitgliedern ein, um das System zu verändern. Er verhält sich direktiv und fordert die Familie heraus. Es sind feste Vorstellungen und Normen darüber vorhanden, welche Aufgaben und Pflichten die einzelnen Familienmitglieder zu erfüllen haben.

Fraglich ist, ob systemische Ansätze, die eine psychische Syptomatik allein aus abweichenden Familienstrukturen herleiten (vgl. Probst, 1982), multikausalen Störungsbildern wie dem pathologischen Glücksspiel als einzige Behandlungsmethode gerecht werden können, wenn sowohl *Faktoren des Suchtmittels*, des *sozialen Umfeldes* und des *Individuums* an der Entstehung und Aufrechterhaltung des abweichenden Verhaltens beteiligt sind. In der Arbeit mit Abhängigkeitskranken ist zudem zu berücksichtigen, daß das Suchtverhalten eine starke *Eigendynamik* bekommt, die dazu führt, daß sich das Symptom quasi selbst perpetuiert. Autoren, die sich aus systemischer Sicht mit Abhängigkeitskranken beschäftigen (vgl. Erbach, 1984, 1989; Schmidt, 1988), streben Abstinenz nicht als unmittelbares Therapieziel an. Die fortdauernde Ausübung des Suchtverhaltens während des Therapiegeschehens kann bei Abhängigkeitskranken jedoch zu irreparablen psychischen, physischen, familiären und existentiellen Schäden führen. Innerhalb eines suchttherapeutischen Ansatzes, in dem Abstinenz und Krankheitseinsicht angestrebt wird und im weiteren Verlauf der Behandlung Ursachen der Krankheitsentwicklung aufgearbeitet werden, lassen sich durchaus Elemente systemischer Familientherapie integrieren. Probst (1982) weist darauf hin, daß sich Individuen auch verändern können, wenn sich die anderen Mitglieder der Familie nicht mitverändern und daß ein dogmatischer Ansatz der systemischen Theorie Ergebnisse der differentiellen Psychologie vernachlässigt.

Familientherapeutische Ansätze sollten die Elemente des Suchtmodells (Krankheitseinsicht, Abstinenz, Ursachenbearbeitung) integrieren, um eine dauerhafte Stabilisierung des Patienten und des Familienlebens zu erreichen. Gelingt es dem Suchtkranken nicht, sein Symptomverhalten, das Spielen, einzustellen, ist die Existenz der Familie und der Fortbestand des sozialen Netzes hochgradig gefährdet. Erfolge in der Familientherapie werden in kürzester Zeit zunichte gemacht, wenn der Patient nicht dauerhaft abstinent ist.

Zusammenfassung

In der Beurteilung von familiären Faktoren als Ursache der Krankheitsentwicklung gilt aus psychoanalytischer Sicht das pathologische Glücksspiel als Ersatzhandlung für eine befriedigende Sexualität. Eltern fungieren vom verhaltenstherapeutischen Standpunkt aus als Vorbilder für das Glücksspielverhalten und haben möglicherweise versäumt, auf das altersmäßig verbotene Glücksspiel der Kinder angemessen negativ zu reagieren.

Autoren sehen *Partnerschaftsprobleme* häufig als Ursache dafür, daß sich das Glücksspielverhalten verschlimmert hat, wobei hier die Ursache nicht einseitig bei den Angehörigen zu suchen ist. Die Ehefrauen beschrieben sich in Folge ihrer Erfahrungen mit dem pathologischen Glücksspieler als emotional krank und hatten zu einem großen Teil mit Trennung oder Scheidung gedroht. Die Kinder waren in Mitleidenschaft gezogen, reagierten mit Verhaltensstörungen und Schulschwierigkeiten.

In der Suchtkrankenhilfe ist die *Einbeziehung der Familie* in die Therapie weitgehend selbstverständlich geworden. Dabei findet sowohl Gruppen- als auch Einzeltherapie mit Paaren statt, und es gibt die getrennte Behandlung von Glücksspielern und Angehörigen, wie es auch bei den GA der Fall ist. Familiäre Konflikte können zu Rückfällen beitragen. Im Verlauf der Krankheitsentwicklung kann sich z. B. ein dominantes Verhalten des Angehörigen gegenüber dem Suchtkranken herausgebildet haben, das er nur schwer aufgibt, obwohl der Spieler abstinent ist und ein anderes Rollenverständnis angebracht wäre. Die Abstinenz des Suchtkranken kann Ängste bei der Ehefrau auslösen, eigene Schwächen würden von ihrem Partner nun stärker wahrgenommen und sie werde nicht mehr in dem Maße gebraucht. Erste Untersuchungsergebnisse zeigen, daß die berufliche Zufriedenheit ebenfalls einen beträchtlichen Einfluß auf die zukünftige Entwicklung des Suchtkranken ausübt. Anhaltende finanzielle Probleme führen in der Familie dazu, daß verlorengegangenes Vertrauen nur langsam zurückkehrt und existentielle Ängste nur allmählich abklingen.

In der ambulanten Ehepaartherapie sollte das therapeutische Vorgehen dadurch eine gewisse *Strukturierung* erfahren, daß zunächst das Symptomverhalten Glücksspielen im Mittelpunkt steht, und bei Bedarf z. B. befristete Kontrollverträge über den Zugang zum Geld vereinbart werden, um Abstinenz zu gewährleisten. In der darauf folgenden „Problemphase" können dann Persönlichkeits- und alltägliche Beziehungskonflikte zur Sprache kommen.

Im stationären Bereich entfallen häufig die Bemühungen, Symptomabstinenz zu erreichen, dennoch ist es hier wichtig, die *Krankheitsakzeptanz* zu fördern, das Verständnis innerhalb der Familie über den Krankheitsverlauf zu vertiefen und erst dann mögliche Ursachen der Krankheitsentwicklung sowie das zukünftige Verhalten innerhalb der Familie einzubeziehen. Angehörige erfahren in den Gesprächen erstmalig, daß sie mit ihrem Leid nicht allein dastehen und andere ganz ähnliche Erfahrungen gemacht haben, daß fehlangepaßtes Verhalten krankheitsinhärent ist und eine offene Aussprache der psychischen Belastungen und Verletzungen eine erhebliche Erleichterung bringt.

Die unterschiedlichen theoretischen Ansätze zur Familientherapie vermitteln wichtige Anregungen für das therapeutische Vorgehen. In der Praxis findet häufig eher eine Verknüpfung verschiedener Methoden, der psychodynamischen, verhaltenstherapeutischen, entwicklungsorientierten und systemtheoretischen familientherapeutischen Ansätze statt.

Familientherapeutische Maßnahmen dürfen suchtspezifische Aspekte der Abstinenz und Krankheitsakzeptanz nicht ausklammern. Darüber hinaus sind auch individualpsychologische Erkenntnisse nicht zu unterschätzen, daß sich ein Individuum auch dann verändern kann, wenn innerhalb der Familie sonst keine Veränderungen stattfinden.

11 Rückfallprävention

**Rückfälligkeit, Krankheitskonzept
und die Frage des kontrollierten Suchtmittelgebrauchs**

In der Alkoholismusforschung ist die Rückfälligkeit und Rückfallprävention ein aktuelles Thema (vgl. Cummings, Gordon und Marlatt, 1980; Körkel & Lauer, 1989; de Jong-Meyer, Brodd, Schiereck, Schlimm und Skaletz 1989). Dabei hinterfragen die Autoren zum Teil den Sinn der Abstinenzprogramme und diskutieren die negativen kognitiven und emotionalen Auswirkungen der Krankheitskonzepte, die von einer lebenslangen Kontrollunfähigkeit dem Suchtmittel gegenüber ausgehen.

Erste Nachuntersuchungen bei stationär behandelten pathologischen Glücksspielern zeigen, daß 55% bzw. 63% der behandelten Spieler nach einem längerfristigen Zeitraum noch völlig abstinent leben (vgl. McCormick & Taber, 1991; Lesieur & Blume, 1991 b), während etwa ein Drittel in das alte Spielverhalten zurückgefallen ist und ein geringerer Prozentsatz „gebessert spielt". In ambulanten Therapien gehören Rückfälle in der ersten Behandlungsphase eher zur Regel und sind fester Bestandteil der therapeutischen Arbeit. Von daher handelt es sich keineswegs um eine Neuheit, *konstruktiv mit rückfälligen Suchtkranken zu arbeiten*. Die Rückfallzahlen geben kaum Anlaß dazu, die Abstinenzprogramme insgesamt in Frage zu stellen und wiederum die Diskussion des kontrollierten bzw. mäßigen Suchtmitteleinsatzes zu beleben, wie dies im Zusammenhang mit der Rückfallforschung geschieht.

Weder im Bereich des Alkoholismus, wo nach einem Zeitraum von 4 Jahren lediglich noch 2,6% der Patienten als „gebesserte" (mäßige) Alkoholtrinker festzustellen waren (vgl. Körkel & Lauer, 1989), noch bei den pathologischen Glücksspielern (vgl. Dickerson, 1990), wo ebenfalls nur über einen kurzen Zeitraum mäßiges Spielen zu erzielen war, haben sich bisher nennenswerte *Alternativen* zum Therapieziel der totalen Abstinenz ergeben. Insbesondere die hohe Rate der Suizidversuche und die drohende Delinquenz bei suchtkranken Spielern weisen darauf hin, daß es auch bei dieser Suchtform leicht zu irreparablen physischen, psychischen und sozialen Schädigungen kommen kann, wenn nicht Abstinenz vom Glücksspiel angestrebt wird.

In der Rückfalldiskussion und der damit immer wieder verknüpften Frage des kontrollierten Gebrauchs des Suchtmittels wird die Frage irreparabler physiologischer und psychosozialer Folgen zum Teil völlig ignoriert. Selbst junge Alkoholiker können schon so starke physiologische Krankheitsfolgen zu verzeichnen haben, daß schon ganz geringe Mengen Alkohol lebensbedrohlich sind. Die jungen Spieler haben teilweise mehrere Suizidversuche hinter sich, und ihre soziale Existenz war oder ist hochgradig gefährdet. So können aufgrund von Beschaffungsdelikten längerfristige Haftstrafen drohen und Bewährungsauflagen widerrufen werden.

Es ist nicht auszuschließen, daß die Vorstellung von der lebenslangen Abstinenz und davon, daß eine irreversible Krankheit vorliegt, ein bestimmtes Verhalten nicht mehr kontrollierbar ist, auch negative Konsequenzen für das Selbstbild oder Selbstwertgefühl des Betroffenen hat (Cummings et al., 1980).

In den vergangenen Kapiteln wurde schon mehrfach darauf hingewiesen, daß es eine wichtige Voraussetzung für die Verwirklichung der Abstinenz darstellt, daß sich der Patient als spielsüchtig oder spielkrank akzeptieren kann. Dies bedeutet für den Patienten zunächst oft eine erhebliche Überwindung, sich realistisch mit seinem Spielverhalten auseinanderzusetzen. Oft ist die Einsicht, krank zu sein, dann jedoch mit einer erheblichen Erleichterung verbunden. Viele Verhaltensweisen, die insbesondere mit der Geldbeschaffung zu tun hatten und im krassen Gegensatz zu eigenen Normen- und Wertvorstellungen standen, werden in einem anderen Licht gesehen und als Bestandteile des Krankheitsprozesses gewertet. Es findet eine erhebliche moralische Entlastung dadurch statt, daß der Patient feststellt, daß es nicht nur ihm so gegangen ist und auch andere unter starken Scham-, Schuldgefühlen und depressiven Verstimmungen gelitten haben, weil sie Dinge taten, die sie mit ihrem Gewissen nicht vereinbaren konnten. Die Krankheitseinsicht bringt jedoch nicht nur eine Entlastung von negativen Symptomen des exzessiven Glücksspielens mit sich, sie kann ihrerseits auch negative Gefühle hervorrufen, wenn sich der Patient z. B. damit auseinandersetzt, wie das Ansehen der Suchtkranken bei bestimmten Personen seiner Umgebung oder in der Gesellschaft insgesamt ist.

Es stellt sich jedoch die Frage, ob die Schlußfolgerung nicht abwegig ist, daß diese negativen Konsequenzen der Krankheitseinsicht oder der Abstinenzprogramme Rückfälligkeit fördern sollen. Vielmehr scheint es in der Praxis so zu sein (vgl. de Jong-Meyer et al., 1989), daß die Rückfallgefährdung dann besonders groß ist, wenn die Krankheitseinsicht schwindet. Nach einer Abstinenzphase sind häufig keine unmittelbaren Krankheitssymptome mehr spürbar, und die Illusion entsteht, wieder kontrolliert spielen zu können. Aus zahlreichen Berichten von Spielern und anderen Suchtkranken ist zu entnehmen, daß es nicht das negative Selbstbild ist, ein labiler Mensch zu sein, der unfähig ist, ein bestimmtes Verhalten zu kontrollieren, das eine hohe Rückfallgefährdung zur Folge hat, sondern genau die gegenteilige Annahme, daß alles in Ordnung ist, keine Krankheitssymptome spürbar sind, und das Gefühl, es wieder mit einem kleinen Spieleinsatz probieren zu können, führen häufig zum Rückfall. Möglicherweise wird die Kontrollfähigkeit dann zunächst an einem Glücksspiel getestet, das der Spieler als besonders ungefährlich einschätzt. Litman et al. (1979) sprechen in diesem Zusammenhang davon, daß die kognitive Wachsamkeit mit der Zeit nachlassen kann und die Abhängigen annehmen, sie könnten nicht mehr rückfällig werden.

De Jong-Meyer et al. stellten fest, daß etwa die Hälfte der rückfälligen Alkoholiker ihr erneutes Trinken als einen Versuch ansahen, kontrolliert trinken zu wollen. Noch erheblich höher sind die Werte in einer weiteren deutschen katamnestischen Untersuchung von Letner-Jedlicka und Feselmeyer (1981), bei denen 83,3% diese Hoffnung hegten, während eine amerikanische Erhebung von Marlatt und Gordon (1980) im krassen Gegensatz dazu nur bei 9% der Rückfälligen ähnliche Einstellungen ermittelte.

Es ist äußerst schwierig zu sagen, inwieweit derartige empirische Befunde auf abhängige Glücksspieler zu übertragen sind und ob die unterschiedlichen Untersuchungsergebnisse auf kulturelle Unterschiede oder auf unterschiedliche Erhebungstechniken zurückzuführen sind, die durch die jeweilige theoretische Ausgangsposition beeinflußt sein können.

Wie schon in den vorangegangenen Kapiteln deutlich gemacht, unterscheiden pragmatische deutsche Therapieansätze (vgl. Jahrreiss, 1989; Windgassen & Leygraf, 1991; Bachmann, 1989) zwischen einem *problematischen Glücksspielverhalten* und einem *abhängigen Glücksspielverhalten*, wobei im letzten Fall Abstinenz als ein wichtiges Therapieziel angesehen wird, während beim problematischen oder neurotischen Spielverhalten die Behandlung nicht primär auf das Spielverhalten abzielt. Im Zusammenhang mit abhängigen Glücksspielern wird keine Möglichkeit zum Aufbau eines kontrollierten Glücksspielverhaltens gesehen, und auch bei problematischem Spielverhalten kann es möglicherweise einfacher sein, ganz zu verzichten, als kontrolliert mit Geld zu spielen.

Ganz abgesehen von der teilweise unverständlichen Verknüpfung von Rückfälligkeit und „kontrolliertem" Suchtmittelgebrauch, können die unterschiedlichen Überlegungen zum Rückfallgeschehen Aufschlüsse über Verhütung und Eingrenzung des Rückfallverhaltens ergeben.

Rückfallmodelle

Nach Marlatt (1985) können ein *unausgewogener Lebensstil* und zunächst *scheinbar unbedeutende Entscheidungen*, die mit dem Glücksspiel zusammenhängen (wie z. B. Spielhallenbesuche, um jemanden zu treffen oder nur zuzuschauen), zu einer hoch *rückfallgefährdenden Situation* führen. Ist keine Bewältigungsreaktion vorhanden und nimmt die Erwartung zu, die Situation mit der Durchführung des süchtigen Verhaltens zu meistern, kann der erste Gebrauch des Suchtmittels eintreten. Dies bezeichnet Marlatt noch als *Ausrutscher*, der noch keinen schweren Rückfall nach sich ziehen muß. Es kann nun aber ein *Abstinenzverletzungseffekt* (AVE) eintreten, d. h. ein Dissonanzkonflikt zu eigenen selbstauferlegten Abstinenzerwartungen. Beim AVE erfolgt eine *massive Schuldzuschreibung* auf die eigene Person, wie z. B. „ich war schon immer ein Versager", was dann die Wahrscheinlichkeit des weiteren Suchtmittelgebrauchs und eines schweren Rückfalls erhöht. Dies kann sich noch dadurch verstärken, daß schon nach einem kurzfristigen Suchtmittelgebrauch angenommen wird, es sei nicht mehr möglich, sich zu kontrollieren und das Abstinenzvorhaben sei gescheitert. Ähnliche Berichte sind durchaus in der alltäglichen Arbeit mit suchtkranken Spielern festzustellen. Der Aspekt der *zurückgehenden Krankheitseinsicht* findet in diesem Modell von Marlatt keine ausreichende Berücksichtigung. Unter Einbeziehung der fehlenden (kognitiven)

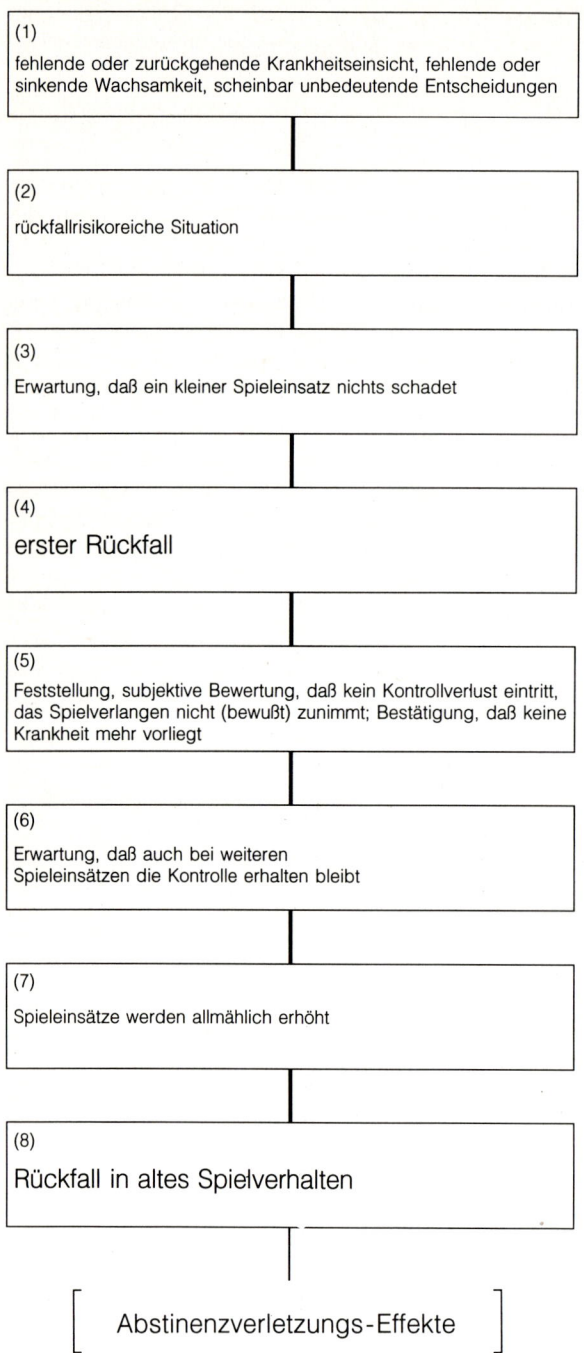

Abb. 10. Rückfallmodell – fehlende Krankheitseinsicht/Wachsamkeit. (Vgl. Bachmann, 1993)

Wachsamkeit und einer fehlenden, nicht ausreichend vorhandenen oder sinkenden Krankheitseinsicht beschrieben Patienten häufiger folgenden Rückfallverlauf (vgl. Bachmann, 1993) (Abb. 10).

Dieses Modell verzichtet im Gegensatz zu Marlatt bewußt darauf, einen begrifflichen Unterschied (Ausrutscher oder Rückfall) zwischen dem ersten und weiteren Rückfällen zu machen. Es erscheint günstiger, sich dem Sprachgebrauch der Patienten anzupassen, die durchaus zwischen kurzfristigen, nicht so ausgeprägten Rückfällen und dem Rückfall in altes Suchtverhalten unterscheiden, ohne den Begriff „Ausrutscher" zu wählen, denn *Rückfall ist Rückfall*. Der in Klammern hinzugefügte Abstinenzverletzungseffekt kann je nach Stärke der Krankheitseinsicht oder des Abstinenzwunsches an unterschiedlichen Punkten des Ablaufs (4–8) hinzutreten, denn die kognitiven und emotionalen Abläufe des Rückfallprozesses sind häufig nicht eindeutig, sondern wie das gesamte Abhängigkeitsgeschehen hochgradig ambivalent.

Wie bei Marlatt postuliert, könnte zu Punkt 1 der Abb. 10 durchaus auch ein unausgewogener Lebensstil hinzutreten und das Rückfallrisiko weiter erhöhen, aber diese Abbildung soll deutlich machen, daß *keine besondere Lebensproblematik* vorliegen muß, um einen Rückfallprozeß in Gang zu setzen, der in die Eigendynamik des alten Suchtverhaltens zurückführt.

Ein Spieler berichtet:

[27 Jahre, männlich, Automatenspieler, verheiratet, Höhere Handelsschule, Beamter. Einige Wochen nach einer 10wöchigen Behandlung wegen Spielsucht in einem Landeskrankenhaus hatte der Patient einen Rückfall]

„Ich habe meinen Bruder dauernd vor dem Spielautomaten stehen sehen und wollte ihn davon abhalten. Praktisch wollte ich ihm erzählen, was ihm alles bevorsteht. Da bin ich dort hingegangen, weil er auch sonst gar nicht ansprechbar war, zu Hause auch nicht. Ich habe mich mit ihm unterhalten, und dann auf einmal kam so ein Rappel: da kannst du es mal wieder mit 2,– versuchen. Die habe ich verloren und konnte auch sofort wieder aufhören. Am anderen Tag bin ich jedoch schon wieder hingegangen. Ich wollte mit ihm reden, dabei habe ich natürlich auch weiter gespielt. Es dauerte keine 2 Wochen, da war ich wieder voll drauf."

Zwischen dem ersten Rückfall und der Rückkehr des alten exzessiven Spielverhaltens können mehrere Stunden, Tage, ja sogar Wochen und Monate vergehen. Empirische Untersuchungen, die die Problematik der Krankheitseinsicht im Rückfallgeschehen stärker mit einbeziehen, wären dringend erforderlich.

Rückfälligkeit in der therapeutischen Auseinandersetzung

Das *Thema des Rückfalls* darf *in der Therapie* keineswegs ein Tabu sein, dagegen sollten die Patienten mit unterschiedlichen Rückfallüberlegungen vertraut gemacht und auf *Gefahrenpotentiale* hingewiesen werden. Insbesondere in stationären Einrichtungen verfügen die Patienten über reichhaltige eigene Erfahrungen mit Rückfällen, die sie in unterschiedlichen ambulanten Behandlungsversuchen gemacht haben. In vielen stationären Behandlungseinrichtungen (vgl. Körkel, Dittmann, Pahlke und Wohlfahrt, 1988) führt der Rückfall nicht automatisch zur Entlassung, sondern wird als ein mögliches Krankheitssymptom gewertet und therapeutisch aufgearbeitet. Es gibt keine Anhaltspunkte dafür, daß ein solches Verhalten die Rückfälligkeit in einer Klinik fördert. Allerdings sind Rückfälle in Kliniken mit *Konsequenzen* verbunden, die zunächst wieder *Ausgangsbeschränkungen* bedeuten, um kein weiteres Risiko einzugehen. Grundsätzlich wird die Frage nach der *Behandlungsmotivation* und *Krankheitseinsicht* gestellt, was vor allem bei wiederholter Rückfälligkeit auch eine vorzeitige Entlassung des Patienten zur Folge haben kann. Außerdem erhält der Patient häufig *Auflagen*, sich schriftlich oder mündlich vor der eigenen Therapiegruppe oder Großgruppe aus Patienten und Therapeuten verschiedener Stationen über sein Verhalten auseinanderzusetzen. Diese Rückfallkonsequenzen haben ein erhebliches „*Abschreckungspotential*", sollten aber nicht als Bestrafung oder unüberwindliches Hindernis für sozial weniger kompetente Patienten erscheinen, die dann nach einem Rückfall die Behandlung von sich aus vorzeitig abbrechen.

Ein Rückfall kann dem Patienten wichtige Informationen und Einsichten über seinen Krankheitsverlauf vermitteln und Ausgangspunkt für eine positive therapeutische Entwicklung sein. Es soll aber auch nicht darüber hinwegtäuschen, daß ein Rückfall erhebliche *negative Konsequenzen* für das eigene Selbstvertrauen hat, die über den beschriebenen Abstinenzverletzungseffekt weit hinausgehen. Der Spieler kann in eine Phase geraten, in der Abstinenzversuche und exzessives Spielen sich ablösen, ebenso wie sich dann Gefühle der Hoffnung und Verzweiflung ablösen, die auch das nähere soziale Umfeld erfassen. Ehefrauen und andere Bezugspersonen sind oft psychisch nicht mehr dazu in der Lage, die Belastungen durch das erneute Spielen zu ertragen, so daß auch *Trennungen* und *massive soziale Konsequenzen* die Folge sind, wenn Behandlungsversuche scheitern. Es ist für Außenstehende häufig kaum nachvollziehbar, welches Leid das akute Suchtverhalten in der Familie verursacht. Suchtverhalten ist nicht nur selbstzerstörerisch, es kann das Familiensystem nachhaltig beeinträchtigen und zerstören. Wegen der starken finanziellen und letztlich existentiellen Gefährdung der Familie, immer wieder enttäuschten Vertrauens und wiederkehrender Ängste, kann nur ein *langfristig konsequentes Abstinenzverhalten* dem sozialen Bezugssystem wieder Gleichgewicht und Stabilität geben. Damit soll nicht systemischen Überlegungen, die jedoch keineswegs neu sind, widersprochen werden, daß es innerhalb des engeren sozialen Bezugssystems Verhaltenstendenzen geben kann, zum Beispiel weiterhin stark kontrollierendes oder überprotektives Verhalten, die hochgradig rückfallgefährdend sind. Möglicherweise haben Bezugspersonen Schwierigkeiten, dem Patienten mehr Eigenverantwortung und Selbstständigkeit zu übertragen und für sich selbst neue Rollenmuster zu finden. Schon zu Beginn des Krankheitsprozesses sind diese Verhaltensweisen möglicherweise mit *Auslöser* des Spielverhaltens, und sie treten erneut nach der Behandlung auf, wenn keine ausreichende familientherapeutische Arbeit stattgefunden hat. Dennoch stellt die Rückfälligkeit nicht das alte Gleichgewicht des Familiensystems wieder her, wie dies von systemischer Sichtweise anzunehmen ist, sondern führt, falls sie nicht eingegrenzt und gestoppt werden kann, in die Eigendynamik des alten selbst- und fremdzerstörerischen Suchtverhaltens zurück.

Cummings et al. (1980) haben u. a. bei (amerikanischen) pathologischen Glücksspielern *Rückfallsituationen* untersucht.

Dabei unterteilen sie die Rückfalldeterminanten in intra- und interpersonelle Faktoren. Bei den 19 befragten Spielern wurden 79% der Rückfallursachen dem *innerpersonellen* und 21% dem zwischenmenschlichen Bereich zugeordnet. Innerhalb der 1. Kategorie wurde mit 47% die Rückfalldeterminante „negatives emotionales Befinden" am häufigsten gezählt. Diese negativen emotionalen Zustände beziehen sich auf Faktoren, die entweder keinen Bezug zu anderen Personen haben, mit Umweltereignissen zu tun haben oder doch mit zwischenmenschlichen Beziehungen zusammenhängen, aber dann weiter zurückliegen. Auch bei anderen Suchtkranken stellten Cummings et al. in diesem Bereich die meisten Antworten fest. In dieser Kategorie lag die Ursache für den Rückfall in 16% der Fälle dann darin, zu testen, ob man den Spieleinsatz kontrollieren könne. So gab ein Spieler an: „Ich begann zu spielen, um festzustellen, ob ich Spielbeginn und Ende nach meinen Wünschen bestimmen konnte." Ebenfalls 16% in der innerpersonellen Ursachenkategorie erhielt der Faktor, daß eine starke innere Versuchung oder ein innerer Druck zu spielen aufgetreten sei. Bei der 2. Kategorie *zwischenmenschlicher* Determinanten fielen in den Bereich „zwischenmenschliche Konflikte" mit 16% die meisten Antworten und nur bei 5% hatte sozialer Druck eine Rolle dabei gespielt, wieder mit dem Spielen zu beginnen. Keiner der Spieler hatte angegeben, daß ihn positive Gefühlszustände zu einem Rückfall veranlaßt hätten.

Bei dieser Untersuchung ist die kleine Stichprobe von Spielern zu berücksichtigen, und es sind altersmäßige und möglicherweise erhebliche soziokulturelle Unterschiede zu deutschen Spielern vorhanden.

De Jong-Meyer et al. (1989) ermittelten in der BRD, daß Rückfällen bei *Alkoholikern* meistens negative Gedanken und Gefühle vorangingen und gleichzeitig positive Erwartungen bezüglich der Alkoholeffekte bestanden. Die Mehrzahl der Rückfälle fand in Gegenwart bekannter Personen statt, die nur selten sozialen Druck zum Trinken ausübten, aber auch nicht versuchten, die Abhängigen von der Ausübung ihres Suchtverhaltens abzuhalten. Nur wenigen Befragten gelang es, nach dem ersten Suchtmittelgebrauch mit dem Trinken aufzuhören. Erstaunlich ist, daß sie in risikoreichen Situationen kaum negative Konsequenzen des Suchtmittelgebrauchs erwarten, was möglicherweise damit zusammenhängt, daß die sehr wohl erlebten negativen Konsequenzen im nachhinein nicht mehr ausreichend erinnert werden.

Bei rückfälligen Spielern war häufiger zu beobachten, daß sie zunächst Glücksspiele ausübten, die sie selbst für ungefährlich hielten, zum Beispiel den Kauf von Rubbellosen. Nachdem so erste Vorbehalte überwunden waren, nichts passiert war, wandte der Spieler sich wieder seinem primären Spielverhalten zu, mit der Hoffnung, auch dieses im Griff zu behalten.

Ein Spieler berichtet:

[32 Jahre, männlich, polyvalent abhängig (Roulette, Automaten etc., Alkohol), ledig, Realschulabschluß, u. a. Bankkaufmann und Croupier]

„Als ich auf dem Weg zur stationären Behandlung auf dem Hauptbahnhof war, wollte ich unbedingt einen Stapel Lottoscheine abgeben. Doch der Zug fuhr ab, und ich hatte keine Gelegenheit mehr, meine Tips loszuwerden. Ich nahm an, ich hätte in der Klinik lange Zeit keine Gelegenheit, Lotto zu spielen. Bei diesem Gedanken wurde ich furchtbar nervös und unruhig. In . . . [Ort der Klinik] suchte ich sofort eine Lottoannahmestelle auf. Jetzt hatte ich für 5 Wochen meine Ruhe. Meine Standardzahlen für Mittwoch und Samstag hatte ich abgegeben. Ich vermutete zwar, daß ich gegen ein Verbot verstieß, doch ich hatte meine Zahlen schon 14 Jahre gespielt und konnte mir nicht vorstellen, ohne die Hoffnung oder den Traum von einem großen Gewinn zu leben. So fieberte ich jeden Mittwoch und Samstag der Ziehung entgegen. Ich steigerte mich mehr und mehr in den Glauben zu gewinnen. Dieses Gefühl wurde hier in der Klinik stärker als je zuvor. Nach 3 Wochen bat ich eine Mitpatientin, 3 zusätzliche Tips abzugeben. Sie tat es. Mir wurde langsam klar, daß ich wieder anfing, die Kontrolle zu verlieren. Lotto war schon früher ein großes Problem für mich. Bevor ich in die Spielhalle oder ins Casino ging, spielte ich oft für Unsummen Lotto. Dies tat ich, um meine Hoffnungen und Träume über einen längeren Zeitraum zu behalten. Einerseits wußte ich, daß ich nicht so weitermachen konnte, doch ich machte mir immer wieder etwas vor. Ich bildete mir ein, es wäre der einzige Weg aus meiner katastrophalen Finanzlage zu kommen. Ich war überzeugt davon, während meiner Therapie einen Volltreffer zu machen. Warum gerade jetzt? 14 Jahre hat's nicht hingehauen. Idiotie? Ich klammerte mich trotzdem an den Glauben, einmal Glück zu haben.

Am . . . November kam ich auf die Station . . . [Therapiestation] und hatte bald Stadtausgang. Ich ging allein und fühlte mich ziemlich unsicher, klein und elend in . . . Mir fiel auf, daß keine Spielhallen im Zentrum waren. Ich dachte nicht daran zu spielen. Trotzdem ging ich so lange, bis ich einen Spielsalon fand. Beim Reingehen bildete ich mir ein, es wäre keine Gefahr für mich, mich nur einmal umzusehen. Wie es dazu kam, daß ich dann doch 20,– DM in den Automaten warf, kann ich nicht verstehen. War es das Verbot, die Gefahr gesehen zu werden oder die Neugier auf meine eigenen Gefühle und Reaktionen, die mich reizten? Ich wollte mir beweisen, daß mich der Automat kalt läßt und ich jederzeit damit aufhören kann. Den eigentlichen Rückfall habe ich zu verdrängen versucht. Ich bildete mir ein, daß ich mich total unter Kontrolle habe, wenn ich an Automaten spiele. Meine Automatenspielsucht habe ich immer runtergespielt. Meine Bekannten und Verwandten wissen kaum etwas davon, weil ich mich schämte, ein Automatenspieler zu sein. Selber konnte ich mir nicht eingestehen, daß ich einer bin. Darum habe ich lange Zeit Pferde, Roulette, Karten und Würfeln vorgeschoben. Diese Spiele sind für die Außenstehenden leichter zu verstehen. 4 Wochen später, am . . . Dezember, bin ich mit einem Mitpatienten (Alkoholiker) in eine Kneipe gegangen und habe ihm beim Spielen zugesehen. Momentan fühlte ich mich stark und ihm überlegen, weil ich dem Reiz der Tasten widerstehen konnte. Irgendwie passierte es trotzdem, daß ich kurz eindrückte. Am nächsten Tag ging ich allein in die Stadt und verspielte 100,– DM. Am . . . Januar verspielte ich 40,– DM. So konnte es nicht weiter gehen. Ich nahm mir vor, die Rückfälle zu beichten. Was hielt mich davon ab? Ich redete mir ein rauszufliegen, um es nicht zu tun. Doch der wahre Grund war die Angst, nicht mehr Lotto spielen zu können (4 Wochen Ausgangssperre). Jetzt ist Schluß mit der Lügerei. Ich werde versuchen, meine Träume und Ausflüchte zu unterdrücken. Für meine Zukunft habe ich mir realisierbare Ziele gesteckt. Das wichtigste ist, daß ich nicht mehr am Roulette arbeite und aufhöre, vom großen Gewinn zu träumen. Dieser

Gedanke macht mir Angst, weil ich dann vor nackten Tatsachen stehe. Sparen, Schulden, kleines Gehalt, kein Luxus.

1. Warum habe ich angefangen zu spielen? 2. Was habe ich dabei gesucht? 3. Was hat mir das Spiel gegeben?

Spielen um Geld war für mich als Jugendlicher eine Möglichkeit, von Freunden bewundert und akzeptiert zu werden. Ich gehörte dazu, es war ein tolles Gefühl, Erfolg zu haben oder der „Beste" zu sein, Geld zu haben. Es war der Reiz, ohne große Anstrengung Erfolg zu haben und von Freunden bewundert zu werden. Auch das anfängliche Glück an Automaten schrieb ich damals meinen besonderen Fähigkeiten und meiner Ausdauer zu spielen zu. Mit 21 Jahren begann ich Roulette zu spielen. Anfangs gewann ich, gab mich mit kleinen Gewinnen zufrieden und arbeitete wie besessen an allen möglichen Strategien und Systemen. Ich wollte Berufszokker werden und träumte von Reichtum und Unabhängigkeit. Nächtelang testete ich Systeme, doch der Erfolg blieb aus. Trotzdem kam ich nie von der Vorstellung los, es doch eines Tages zu schaffen. Leute, denen ich davon erzählte, lachten über mich. Ich wußte, es war tollkühn von mir zu glauben, ich könnte mich über die Gesetze der Mathematik hinwegsetzen, und zu glauben, ich sei ein Genie. Immer wieder dachte ich daran, obwohl ich es mir nicht zutraute, langfristig ein System zu spielen. Es bedeutet langweilige Arbeit ohne Höhepunkte wie beim eigentlichen Spiel. Ich muß aufhören ans Spielen zu denken. Der Gedanke an den „Ausweg Spielen" flammt auf, wenn es mir schlecht geht und ich keine Perspektiven für meine Zukunft sehe. Seit Mittwoch versuche ich es absolut ohne Spielen, weder mit meinen Gedanken noch mit den Gefühlen oder der Sympathie meiner Mitmenschen. Ich muß den Mut und die Kraft aufbringen, mich nur auf meine Zukunft zu konzentrieren. Bisher hatte ich Angst vor den Anforderungen des Lebens. Ich traute mir nicht viel zu in Beruf, Liebe, Partnerschaft. Oft denke ich, von mir würde etwas Außergewöhnliches erwartet. Warum? Niemand stellte große Erwartungen an mich. Den Leistungsdruck schraubte ich mir selber in die Höhe. Ich wäre gerne etwas Besonderes gewesen, doch ich fand mich nie intelligent genug, um etwas aus eigener Kraft zu erreichen. Darum versuchte ich es erst gar nicht, stellte mich ungeschickter an als ich war und nahm mich nie ernst. Meine Unsicherheit habe ich immer überspielt oder ins Lächerliche gezogen. Das gelang mir besonders gut mit Alkohol. Beim Spiel mit Geld war das anders. Ich konnte Erfolg haben, ohne eine große Leistung zu erbringen. Beim Verlieren hatte ich eine Entschuldigung: kein Glück. Es folgte Selbstmitleid."

Das allmähliche Herantasten an das primäre Glücksspielverhalten kann damit zusammenhängen, daß der Spieler anfänglich negative Spielkonsequenzen empfindet, sie aber sukzessive abbaut. Ähnliches Verhalten war in der stationären Behandlung bei einzelnen Spielern zu beobachten, die zunächst gegen Vereinbarungen verstießen, bestimmte Karten- oder Gesellschaftsspiele nicht auszuüben und dann einzeln oder gar zu zweit ihre Hemmschwelle so weit gesenkt hatten, daß sie zunächst mit kleineren Einsätzen wieder am Automaten spielten. Da schon die ersten Schritte zu ihrem ursprünglichen Glücksspielverhalten mehr oder weniger heimlich geschahen, vertiefte sich das Rückfallverhalten meist erheblich, die Einsätze steigerten sich, bevor es, häufig durch Mitpatienten, zur Aufdeckung kam. Obwohl mitwissende Patienten stark unter Schuldgefühlen, Ängsten und Spannungen litten, verging häufig eine beträchtliche Zeit, bis sie das Geheimnis lüfteten. Falsch verstandene Kameradschaft hatte dazu geführt, daß sie sich selbst kaum mehr auf das Therapiegeschehen konzentrierten, sie selbst den Erfolg ihrer Behandlung aufs Spiel setzten und dabei zusahen, wie ein anderer immer tiefer in sein altes Suchtverhalten zurückkehrte.

In der stationären Behandlung sollten Themen, wie man auf rückfällige Mitpatienten reagieren kann, immer wieder zur Diskussion stehen, auch wenn es aktuell keine Hinweise auf Rückfälle gibt. Überwiegend kommt bei diesen Gesprächen die Antwort, den Rückfall nicht dem Therapeuten direkt zu melden, sondern der Rückfällige sollte zunächst von den Mitpatienten aufgefordert werden, sich innerhalb einer Frist selbst in der Gruppenstunde oder bei einem Mitglied des therapeutischen Teams zu offenbaren. Die Patienten unterschätzen dabei, daß vom rückfälligen Spieler starker Gegendruck ausgehen kann, der möglicherweise damit argumentiert, daß das Bekanntwerden erhebliche Konsequenzen für ihn hätte, den Behandlungsabbruch bedeuten könnte oder daß seine Ehefrau oder Bekannte ihn verlassen würde, wenn sie davon erführe. So vergeht oft kostbare Zeit, den Rückfall zu stoppen, und der mitwissende Patient fühlt sich selbst immer stärker mitverantwortlich, leidet darunter und verliert seine Aufnahmebereitschaft und -fähigkeit für die therapeutischen Maßnahmen, da er selbst auch zur Heimlichkeit verpflichtet ist.

In Selbsthilfegruppen und anderen ambulanten Gesprächskreisen sollte das *Rückfallrisiko* ebenfalls *kein Tabuthema* sein. Teilweise gibt es von seiten der Patienten einen gewissen Widerstand dagegen, weil dieses Thema keine angenehmen Erinnerungen auslöst und der Gedanke an einen erneuten Rückfall erhebliche Ängste hervorruft. Diese Abwehrhaltung gegenüber möglichen Gefahren- und Risikosituationen führt aber eher dazu, daß eine unzureichende Rückfallprävention stattfindet. Es gibt keinerlei Anhaltspunkte dafür, daß eine gedankliche und emotionale Auseinandersetzung mit rückfallriskanten Situationen, mit Reaktionen nach dem ersten Spieleinsatz, Rückfälle etwa wahrscheinlicher machen. Wachsamkeit und ein individuelles Risiko- und Gefahrenbewußtsein sind wichtige Voraussetzungen für eine dauerhafte Abstinenz. Der regelmäßige Besuch von Selbsthilfegruppen nach der Behandlung kann dazu einen ganz wesentlichen Beitrag leisten.

Rückfallvorsorge in verschiedenen Behandlungsphasen

Im Bereich des *Alkoholismus*, und dies ist uneingeschränkt für Spielsucht anwendbar, unterscheidet Lauer (1988) u.a. zwischen der *Rückfallvorbeugung* (Prophylaxe) in der *Kontaktphase, Entwöhnungsphase* und *Nachsorgephase*. Vom Standpunkt der Rückfallprophylaxe ist es in der *Kontaktphase* besonders wichtig, den Patienten zu einer umfassenden Behandlung zu motivieren und vorzeitige Behandlungsabbrüche zu verhindern. Hierzu ist es notwendig,

- lange Wartezeiten für Gesprächstermine zu vermeiden,
- Schwellenängste abzubauen und
- „Wiedereinstiege" in die Therapie nach Rückfällen und kurzfristigen Therapieunterbrechungen zu erleichtern, zum Beispiel durch die Einrichtung von offenen Gesprächsgruppen.

Frühzeitige Gespräche über eventuell zu erwartende Rückschläge und die häufig noch vorhandene ambivalente Behandlungsmotivation bilden von vornherein eine *realistischere Therapieplattform* zwischen Helfern und Patienten und schützen vor falschen Erwartungen. Um eine verbindlichere Zusammenarbeit zu erreichen, ist das *soziale Umfeld* möglichst rasch mit in die Behandlung *einzubeziehen.*

In der *Entwöhnungsphase* gewinnt der Patient Einsicht in die Entstehung und psychosozialen Hintergründe seiner Abhängigkeitserkrankung und lernt neue *Bewältigungsstrategien*, innerpsychische und soziale Konfliktsituationen ohne Einsatz des Suchtmittels zu überwinden. Er kann risikoreiche Situationen erkennen und durch die Analyse früherer Rückfälle (vgl. Marlatt, 1985) und Rückfallsituationen *alternative Verhaltensstrategien* aufbauen. Neue Methoden der Entspannung und Streßbewältigung sind zu entwickeln und in lebensnahen Situationen zu erproben. Insgesamt müssen die Patienten ihre sozialen und kognitiven Kompetenzen zur Bewältigung alltäglicher Anspannungen und Belastungen erhöhen und positive Erwartungen an die Wirkung des Suchtmittelgebrauchs abbauen. Es kann vorteilhaft sein, sie dazu aufzufordern, schriftlich darzulegen,

- *wo Rückfallrisiken liegen,*
- *wie frühere Rückfallepisoden verlaufen sind,*
- wie *alternative Reaktionsmöglichkeiten* zur Bewältigung solcher Situationen aussehen.

Dazu gehört

- die *Darlegung negativer Suchtmittelerfahrungen,*
- die Auseinandersetzung mit der Kurzfristigkeit der positiven Suchtmittelkonsequenzen.

Außerdem sollte eine intensive Auseinandersetzung mit dem von Marlatt dargestellten *Abstinenzverletzungseffekt* stattfinden. Scham- und Schuldgefühle nach dem ersten Spieleinsatz dürfen nicht zu einem unvermeidlichen Abgleiten in altes Spielverhalten führen. Daher sollten *konkrete Schritte* entwickelt werden, *sich zu offenbaren* und notwendige *Hilfsmaßnahmen einzuleiten.* Nicht nur dem Rückfall sollte bewußt vorgebeugt werden, sondern *auch der Verschlimmerung eines bereits eingetretenen Rückfalls*, wobei der Begriff Ausrutscher vermieden werden sollte. Sich *bewußt* und offen *mit dem Verlangen nach dem Suchtmittel auseinanderzusetzen,*

- erhöht die Selbstkontrollmöglichkeiten,
- schafft Bewegungsspielraum für alternative Entscheidungen,
- reduziert das Verlangen und läßt es als veränderbar erleben.

In der *Nachsorgephase* muß der Patient darauf eingestellt sein, daß weniger Fremd- sondern mehr *Selbstkontrolle* zur Steuerung seines Verhaltens notwendig ist. Kontaktmöglichkeiten zu potentiellen Helfern sind erschwert und alte Verhaltensgewohnheiten um so massiver wirksam. Nach einer intensiven ambulanten oder stationären Behandlung können *Gefühle einer erneuten Isolation oder Einsamkeit* ein erhebliches Rückfallrisiko darstellen. Nach einer längerfristigen Abstinenz und dem zeitlichen Abstand zur Behandlung kann die Gefahr zunehmen, daß die *Krankheitseinsicht schwindet* und neue Illusionen geweckt werden, sich in einem, bisher vielleicht für ungefährlich gehaltenen, Glücksspiel erneut zu beweisen. Andauernde finanzielle Engpässe oder langfristige Schuldenabzahlungen können den Wunsch wieder stärken, sich mit einem glücklichen Spieleinsatz von diesen Sorgen zu befreien. Erste *kleinere Spieleinsätze führen dabei oft zu der fatalen Fehleinschätzung, der Kontrollversuch sei gelungen* und weiteren Spieleinsätzen stünde nichts im Wege. Auch wenn ein recht ausgewogener und von keinen besonderen Belastungen geprägter Lebensstil erreicht wurde, sollte doch eine regelmäßige und dauerhafte Nachsorge eingeplant sein, um die notwendige Wachsamkeit gegenüber dem Rückfallrisiko und der schwindenden Krankheitseinheit zu gewährleisten.

Erkenntnisse aus den eigenen Rückfallerfahrungen der Patienten und der Rückfallforschung können zu allen Zeiten des Genesungsprozesses in die Therapiegespräche eingebracht werden.

Zusammenfassung

Die in der Rückfallforschung aufgestellten Thesen, negative Selbstwertgefühle, die aus dem Krankheitskonzept und dem Abstinenzgebot des Suchtmodells resultieren sollen, könnten Rückfälligkeit fördern, werden durch keine neuen theoretischen oder empirischen Erkenntnisse gestützt, die eine in diesem Zusammenhang wiederbelebte Hoffnung, es gäbe für Abhängige eine Rückkehr zum kontrollierten Suchtmittelgebrauch, rechtfertigen. Negative Assoziationen, die mit der Akzeptanz der Suchtkrankheit einhergehen, sollten aktiv in den Therapieprozeß einbezogen werden und lassen sich insbesondere durch die Solidarität und Identifikation mit anderen Abhängigkeitskranken auffangen.

Die Rückfallgefährdung scheint, im Gegensatz zu den zuvor beschriebenen Thesen, dann besonders groß zu sein, wenn die Krankheitseinsicht bzw. Akzeptanz nachläßt. Dies fand Eingang in ein entsprechendes Rückfallmodell: „Fehlende Krankheitseinsicht/Wachsamkeit". Im Unterschied zu Marlatts Rückfalltheorie wurde dabei vermieden, zwischen einem „Ausrutscher" und einem Rückfall zu unterscheiden, was in der therapeutischen Praxis zu erheblichen Schwierigkeiten führen dürfte.

Sowohl in der ambulanten als auch in der stationären Suchtkrankenhilfe ist es nicht neu, konstruktiv mit Rückfällen umzugehen. Während in der ambulanten Therapie in der Anfangsphase Rückfälle noch vermehrt auftreten, Spielanreize und -auslöser erst erkannt und sich alternative Verhaltensweisen erst entwickeln müssen, ist es in der beschützenden Umgebung der stationären Behandlung für die Patienten leichter, abstinent zu sein. Ein Rückfall in der Klinik kann erhebliche Konsequenzen für die gesamte Gruppendynamik haben und die Therapie von Mitpatienten gefährden, wenn das Rückfallgeschehen über längere Zeit andauert und Mitwisserschaft und Heimlichkeiten in der

Gruppe entstehen. Wiederholte Rückfälligkeit im stationären Bereich führt deshalb meistens zur vorzeitigen Entlassung des Patienten.

Der Rückfall eines Patienten sollte ansonsten sorgfältig analysiert und aufgearbeitet werden, um wichtige Informationen für die weitere Therapie und zukünftige Strategien zur Bewältigung risikoreicher Situationen zu gewinnen. Individuell unterschiedlich können innerpsychische und zwischenmenschliche Konflikte Auslöser für Rückfälle sein, aber auch der Wunsch, das pathologische Glücksspiel wieder kontrolliert auszuüben.

Rückfälligkeit sollte in der Therapie generell kein Tabuthema sein und auch Verhaltensstrategien nach einem möglichen ersten Rückfall sind vorbeugend zu diskutieren. Der regelmäßige Besuch von *Selbsthilfegruppen*, insbesondere nach ambulanten oder stationären Therapiemaßnahmen, stellt eine *wichtige Rückfallprävention* dar und sorgt dafür, daß die notwendige Wachsamkeit und Krankheitsakzeptanz erhalten bleiben. Aus der Rückfallforschung lassen sich wichtige Rückschlüsse für die Verwirklichung und Stabilisierung des Abstinenzziels gewinnen.

12 Vorbeugende Maßnahmen

Unter Prävention versteht Perrez (1991) Maßnahmen, die unerwünschten psychischen oder physischen Zuständen vorbeugen oder sie verhindern sollen. *Personenorientierte Prävention* setzt am einzelnen Individuum an, während *systemorientierte Prävention* psychische Gesundheit fördernde und Störungen verhindernde *Lebensbedingungen* zu verwirklichen sucht, indem Fragen der gesellschaftlichen Strukturen wie z. B. der Wohn-, Schul- und Arbeitsbedingungen behandelt werden. Bei Abhängigkeitserkrankungen handelt es sich nicht um monokausale ätiologische Bedingungen, so daß spezifische, lediglich auf die Störung zugeschnittene präventive Maßnahmen, nicht ausreichen dürften (vgl. Legewie, 1982). An die aufgezeigten Entstehungsbedingungen pathologischen Glücksspiels anknüpfend, sind die drei Faktoren der Suchttrias *„Glücksspiel, Individuum* und *Sozialfeld"* als Ansatzpunkte vorbeugender Maßnahmen zu betrachten.

Glücksspiel

Die Expansion des Glücksspielangebotes und der Anstieg der Erkrankungsrate in den letzten 10 Jahren lassen die Vermutung zu, daß insbesondere der gestiegenen *„Griffnähe"* des Glücksspiels ein bedeutender Einfluß auf diese Entwicklung zuzuschreiben ist. Ihre Reduktion wäre – wie bei stoffgebundenen Abhängigkeiten (Feuerlein, 1984) – eine geeignete Maßnahme, die Anzahl der Betroffenen erheblich zu vermindern. Gemeint ist nicht ein generelles Verbot, das illegalem Glücksspiel Vorschub leisten würde, sondern eine *restriktivere Zulassung* zumindest von Spielformen mit *höherem Suchtpotential* als es in der jüngsten Vergangenheit der Fall war. Unter Berufung auf die Gesetzgebung zum Glücksspiel ist eine stärkere *Einschränkung der Verfügbarkeit* anzustreben, die auch vor einer Reduzierung der inzwischen zahlreichen Gelegenheiten auf ein verträgliches Niveau nicht haltmachen sollte. Der Staat als Glücksspielmonopolist sollte sich wieder auf das Gefahrenpotential von Glücksspielen und den Schutzzweck des § 284 (StGB) besinnen, statt einzig und allein darauf zu achten, wie die lukrative Einnahmequelle ausgebaut und mittels Werbung ihre Ausbeutung intensiviert werden kann. Alles was auf Markterweiterung, auf Weckung von Bedürfnissen ausgerichtet ist, kann nicht der Gefahrenabwehr bzw. -vorbeugung dienen. Sinnvoll wäre vielmehr eine *Beschränkung der Werbung* für Lotterien, so daß Glücksspiele nicht mehr als etwas Alltägliches erscheinen, und ein *Werbeverbot* für Formen mit höherem Suchtpotential, ergänzt durch Maßnahmen wie die Besetzung des Nicht-Spielens mit erwünschten Werten und ein Sozial-Marketing für glücksspielfreie Lebensstile (vgl. Bölckow, 1991).

Weiterhin sollten Schutzbestimmungen nicht nach und nach abgebaut, sondern erweitert werden. Warum gilt das *Residenzverbot* nur noch südlich der „Main-Linie"? Es hätte auch in den übrigen Bundesländern präventive Wirkungen. Die Einführung der *Ausweispflicht* beim Besuch eines Automatenkasinos könnte wie beim „Großen Spiel" die *Überprüfung von Eigensperren* gewährleisten. Die Aufhebung der Spielbank-Sperre sollte pathologischen Spielern erschwert statt erleichtert werden.

> Mehrfach berichteten Betroffene, daß sie allein mit dem Hinweis, ihre wirtschaftlichen Verhältnisse hätten sich gebessert, eine Aufhebung der Sperre erreicht und innerhalb weniger Minuten Zugang zu den Spielsälen erhalten hatten. Eine derart nachlässige Handhabung seitens der Spielbanken grenzt schon an eine Farce.

Die *Einlösung von Schecks* zur Beschaffung von Spielkapital sollte in den „Zockertempeln" drastisch begrenzt oder ganz untersagt werden. Eine großzügige Kreditvergabe, wie sie amerikanische Kasinos praktizieren (Eadington, 1987), gehört in Deutschland zwar (noch) nicht zum Angebot, aber uns sind Fälle bekannt geworden, in denen Spielbank- oder Spielhallenangestellte „abgebrannten Zockern" mit Krediten zum Weiterspielen verholfen haben. Solche Auswüchse sind ebenso zu unterbinden wie die Tätigkeit von privaten Kreditvermittlern in den Spielsälen.

Auch Eingriffe in den Ablauf des Glücksspiels, wie *größere Zeitabstände* zwischen den einzelnen Roulettespielen oder ein *Verbot des Einsatzes nach dem Einwurf der Kugel* in den Kessel, sowie in die räumliche Gestaltung der einschlägigen Einrichtungen, so daß ein Spieler beispielsweise *nicht an mehreren Automaten gleichzeitig* spielen kann, kommen in Betracht. Eine *Begrenzung der Höchsteinsätze* pro Spiel auf einem deutlich niedrigeren Niveau als bisher wäre in diesem Zusammenhang für die verschiedenen staatlich konzessionierten Glücksspiele ebenfalls in Erwägung zu ziehen.

In bezug auf Geldspielautomaten sind *Strukturveränderungen* zu fordern, die diesem Spiel den Glücksspielcharakter nehmen – wie es die Gesetzgebung auch vorsieht. Gewinne, Einsätze und Verluste mit Vermögenswert müßten ausgeschlossen werden. Erst unter dieser Voraussetzung handelt es sich um harmlose „Unterhaltungsautomaten mit Gewinnmöglichkeit" und ist die Öffnung für eine gewerbliche Betätigung und die kaum gezügelte Verbreitung zu rechtfertigen.

Die *Aufklärung der Bevölkerung* über die Wirkungsmechanismen von Glücksspielen, über lustbetonte Effekte und potentielle Gefahren, stellen einen weiteren Aspekt der Prävention dar. Hier liegen erste positive Erfahrungen aus einem Projekt mit Jugendlichen und jungen Erwachsenen vor (Aktion Jugendschutz, 1989). Lehrern stehen bereits *Unterrichtseinheiten* zu dem Thema zur Verfügung (Jugendrotkreuz, 1989). Ziel sollte u. a. ein bewußterer Umgang des Einzelnen mit Glücksspielen sein, den auch eine gesellschaftliche Akzeptanz der „Spielsucht" als Krankheit fördern würde.

Soziales Umfeld und Individuum

Im *sozialen Umfeld* nach potentiellen Ursachen für pathologisches Glücksspiel zu suchen, heißt nicht, Schuld zu verteilen. Zur Frage präventiver Maßnahmen im sozialen Umfeld lassen sich wichtige Parallelen zu substanzgebundenen Abhängigkeiten ziehen.

Bühringer (1992 a) äußert im Zusammenhang mit Drogenabhängigkeit, daß es Erziehungsstile gibt, die die Wahrscheinlichkeit erhöhen, daß eine Abhängigkeit entsteht. Er unterscheidet zwischen *Risikofaktoren* und *Schutzfaktoren* gegenüber der Gefahr einer Abhängigkeit. Die von Bühringer genannten Risikofaktoren:

- Mißbrauchsverhalten in der Familie,
- Erziehungsstile,
- Freundeskreis der Kinder,
- Verfügbarkeit des Suchtmittels

lassen sich auch auf pathologisches Glücksspiel übertragen.

Mißbrauch in der Familie

Mißbrauchsverhalten in der Familie bezieht sich sowohl auf Glücksspielverhalten als auch auf Alkohol oder Medikamente. Erfahrungen zeigen, daß Glücksspielverhalten durch *Modellernen* vermittelt werden kann, indem Angehörige in exzessiver Weise Glücksspiele, seien es Karten- oder Würfelspiele, betreiben und diese Art der Beschäftigung einen allzu hohen Stellenwert einnimmt.

Andere pathologische Glücksspieler berichteten davon, daß die Angehörigen sie direkt in das Automatenglücksspiel einführten. Es wurde schon erwähnt, daß Väter auch ihre kleineren Kinder in der Gastwirtschaft damit zu beschäftigen suchten, daß sie sie zum Automatenspielen animierten, um selbst in Ruhe an der Theke zu sitzen. Die Patienten werteten diese Erfahrung durchaus als ein *einschneidendes Erlebnis*.

Ein hoher Anteil der Eltern pathologischer Glücksspieler zeigte jedoch Abhängigkeits- und Mißbrauchsverhalten, das sich auf *substanzgebundene Suchtmittel* bezog. Durch dieses Verhalten geht ebenfalls eine *negative Modellwirkung* auf die Kinder oder jungen Erwachsenen aus, die die Persönlichkeitsbildung beeinträchtigt. Wenn z. B. statt über Probleme zu reden oder Konflikte auszutragen, immer wieder zur Flasche oder zu Medikamenten gegriffen wird, fördert dies die Bereitschaft der Heranwachsenden zu ähnlichen *Flucht- oder Ersatzhandlungen*, wobei sie dann nicht in ausreichendem Maße lernen, durch andere Kompensationsmöglichkeiten, Spannungen und psychischen Streß abzubauen.

Erziehungsstile

Eltern sind meistens keine Erziehungswissenschaftler, auch ungünstige *Erziehungsstile* sind oft gut gemeint, und die negativen Auswirkungen werden nicht wahrgenommen. In den Aussagen der pathologischen Glücksspieler erscheinen häufig 2 extreme Erziehungshaltungen:

- der überbehütende, stark einschränkende, zum Teil sehr verwöhnende Erziehungsstil und das krasse Gegenteil davon,
- die wenig behütende, zumindest gefühlsmäßig vernachlässigende, oft auch sehr dominante Erziehungshaltung.

Sowohl die zu geringe elterliche Zuwendung als auch die überbesorgte Haltung scheinen dazu zu führen, daß die Kinder zu wenig Selbstvertrauen in die eigenen Fähigkeiten entwickeln, alltägliche Probleme und Konflikte zu bewältigen. Zum einen sind die Kinder daran gehindert worden, genügend Selbständigkeit und eigene Erfahrungen zu sammeln, zum anderen führte die zu geringe Zuwendung zu Überforderungen und Ängsten, die ebenfalls einen psychischen Reifungsprozeß verhinderten.

Kontakte mit Gleichaltrigen, Freizeitgestaltung

Auch ohne ausreichende wissenschaftliche Untersuchung gibt es Anzeichen dafür, daß pathologische Glücksspieler in ihrer Kindheit teilweise zu wenig *Kontakte mit Gleichaltrigen* gepflegt und so möglicherweise zu geringe soziale Kompetenzen erworben haben. Die insgesamt geringere Kinderzahl in den Familien und im sozialen Umfeld mag dazu beitragen, daß Kontaktaufnahmen und eine personale Kommunikation stark erschwert wurden und die Bedeutung von Unterhaltungsgeräten dadurch zugenommen hat.

Fallbeispiel:

Die Mutter eines Spielers äußerte auf die Frage, wie sie sich das Interesse ihres Sohnes an den Glücksspielautomaten erklären könne, daß er schon als Kind kaum Kontakte zu anderen Kindern gehabt und sich schon immer mit seinen Unterhaltungsgeräten wie Kassettenrekorder, Hifi-Anlage, Computerspielen etc. beschäftigt habe.

In einer Gesellschaft, in der zwischenmenschliche Kontakte möglicherweise immer mehr verkümmern, übernehmen anscheinend Maschinen verstärkt die Funktion eines Kommunikations- und Unterhaltungspartners. Auch die sich zeitlich immer weiter ausweitenden Fernsehgewohnheiten mögen ein Indiz dafür sein. Zum Teil nehmen Eltern heute erhebliche Erschwernisse auf sich, über größere Entfernungen hinweg Kinder zum gemeinsamen Spiel zusam-

menzubringen. Schulen und Jugendzentren müssen einen Teil der Erziehungsaufgabe übernehmen, Beziehungs- und Kontaktfähigkeiten heranzubilden.

Einengende Räumlichkeiten und fehlende Spielflächen führen dazu, daß
eine *einseitige Ausrichtung auf akustische und sensorische Reize* erfolgt und
psychomotorische Fähigkeiten, die mit körperlicher Bewegung und Geschicklichkeit einhergehen, vernachlässigt werden. Dieser Entwicklung scheinen die
oft stupiden, einseitig auf akustische und sensorische Reize ausgerichteten
Spielautomaten und Unterhaltungsgeräte entgegenzukommen und sie zu verfestigen.

Die *Verfügbarkeit* insbesondere von Automatenspielgeräten hat in den letzten Jahren in einigen Teilen Deutschlands ganz drastisch zugenommen. Wie
die Kneipe an der Ecke so sind inzwischen Spielhallen verbreitet, und fast jedes
Café oder jeder Imbiß ist mit den entsprechenden Geldspielautomaten ausge-
stattet. Bei fehlenden Möglichkeiten zur sinnvollen *Freizeitgestaltung* und vor
allem für arbeitslose Jugendliche dürfte dieses Angebot einen erheblichen Reiz
ausüben, fehlende Herausforderungen und Beschäftigungsmöglichkeiten zu
kompensieren. Eltern sollten es nicht als Bagatelle einstufen, wenn ihre Kinder
sich schon vor Erreichen der Altersgrenze (von 18 Jahren) in Spielhallen aufhalten oder sich in Gaststätten an den Geräten betätigen. Es gehört längst auch
in den Aufklärungsunterricht über Drogen- und Alkoholgefährdung, daß von
bestimmten Glücksspielen mit Gewinnmöglichkeiten ein *hohes Suchtpotential*
ausgeht.

Schutzfaktoren

Zu den Faktoren, die einen *Schutz gegen Abhängigkeitserkrankungen* bieten,
gehören nach Bühringer (1992 a) u. a.

- Belastungs- und Streßverarbeitung,
- Selbstvertrauen/Selbstsicherheit,
- Kommunikationsfähigkeit.

Hurrelmann (1990) weist darauf hin, daß Kinder und Jugendliche vielfältige
Formen von *Streß* (Familienstreß, Schulstreß, Freizeitstreß) zu *bewältigen*
haben, was auch ein hohes gesundheitliches Risiko in sich birgt. Dabei wi-
derspricht er der landläufigen Meinung, daß es den Kindern noch nie so gut
gegangen sei wie heute – Kinder werden vernachlässigt, ihre Bedürfnisse
mißachtet, und es entstehen neue Krankheiten, Allergien und Abhängigkeiten.
Probleme ergeben sich dadurch, daß Familien zerbrechen, beide Eltern berufs-
tätig und/die Wohnverhältnisse oft nicht kindgerecht gestaltet sind.

Bühringer (1992 a) postuliert, daß es nicht unbedingt die erhöhte Belastung
ist, die Schwierigkeiten macht, sondern vor allem die Art und Weise, wie mit
Streß umgegangen wird.

Nach Hurrelmann und Hesse (1991) müssen Schulen verstärkt auf *psychosozialen Ebenen* tätig werden:

- Übungen zur Entwicklung psychosozialer Identität,
- Übungen zur Verbesserung der Selbstwahrnehmung,
- Bewußtmachung von Normen und Werten,
- Übungen und Spiele zur Körpererfahrung

anbieten, um Kinder vor Drogenmißbrauch und Abhängigkeiten zu schützen.

In der Familie sollte es möglich sein, über belastende Gefühle offen zu sprechen, auch Mißerfolge einzugestehen, um latente Überforderungen und Anspannungen zu vermeiden.

Damit ein ausreichendes *Selbstvertrauen* in die eigenen Fähigkeiten entsteht, brauchen Kinder *Ermutigung* und *positive Selbsterfahrungen*. Nur so können sie neue Aufgaben selbstsicher und mit positiven Erwartungen annehmen und bewältigen. Allzu oft führt ein zu hoher Leistungs- und Erwartungsdruck zu ersten Mißerfolgen, die sich leicht dadurch kumulieren, daß Nervosität und Versagensängste vorherrschend werden.

Die pathologischen Glücksspieler sind in ihrer *Kommunikations- und Kontaktfähigkeit* oft erheblich eingeschränkt. In einer Spielertherapiegruppe erörterten die Patienten ernsthaft die Frage, ob das Spielgerät für sie wirklich nur eine Maschine gewesen sei.

Angesichts solcher Entwicklungen sollte es in einer modernen Industriegesellschaft die Aufgabe aller Verantwortlichen und Betroffenen sein, neue Wege aufzuzeigen, um Kindern und Heranwachsenden ausreichend soziale Kompetenzen zu vermitteln, damit befriedigende zwischenmenschliche Beziehungen entstehen und nicht Abhängigkeiten von Maschinen und Glücksspielen.

13 Literatur

Adler, J. (1966) Gambling, drugs, and alcohol: a note on functional equivalents. Issues in Criminology, 2, 111–117.

Adler, N. & Goleman, D. (1968) Gambling and alcoholism; symptom substitution and functional equivalents. Quarterly Journal of Studies on Alcohol, 733–736.

Aktion Jugendschutz (1989) Prävention pathologischen Glücksspiels mit Jugendlichen und jungen Erwachsenen. AJS-Informationen, 25(5), 1–5.

American Psychiatric Association (1980) Diagnostic and statistical manual of mental disorders, 3. ed. (DSM-III). Washington DC: APA.

American Psychiatric Association (1987) Diagnostic and statistical manual of mental disorders, 3. ed.-revised (DSM-III-R). Washington DC: APA.

Anderson, G. & Brown, R.I.F. (1984) Real and laboratory gambling, sensation seeking and arousal. British Journal of Psychology, 75, 401–410.

Anderson, G. & Brown, R.I.F. (1987) Some applications of reversal theory to the explanation of gambling and gambling addictions. Journal of Gambling Behaviour, 3, 179–189.

Anonyme Spieler (1984) Broschüre der Anonymen Spieler. AS-Gruppe Hamburg (Hrsg.). Hamburg.

Anonyme Spieler (1986) Broschüre der Anonymen Spieler. Kontaktstelle Deutschland der „Anonymen Spieler" (Hrsg.) Hamburg.

Apter, M.J. (1982) The experience of motivation: The theory of psychological reversals. London: Academic Press.

Arenz-Greiving, I. (1989) Selbsthilfe für Spieler. In J. Brakhoff (Hrsg.), Glück-Spiel-Sucht. Beratung und Behandlung von Glücksspielern. S. 109–122. Freiburg: Lambertus.

Aubin, B., Kummer, H., Schroth, H.-J. & Wack, P. (1981) Die rechtliche Regelung der Glücksspiele und Spielautomaten in europäischen Ländern. Stuttgart: Kohlhammer.

Aubry, W.E. (1975) Altering the gambler's maladaptive life goals. International Journal of the Addictions, 10, 29–33.

Bachmann, M. (1989) Spielsucht: Krankheitsmodell, Therapiekonzept und stationäre Behandlungsergebnisse. Suchtgefahren, 35, 56–64.

Bachmann, M. & Banze, M. (1992) Der pathologische Glücksspieler in der stationären Einrichtung. Unveröffentl. Manuskript, Bernhard-Salzmann-Klinik, Gütersloh.

Bachmann, M. (1993) Rückfallmodell – fehlende Kranheitseinsicht/Wachsamkeit. Unveröfftl. Manuskript., Bernhard-Salzmann-Klinik, Gütersloh.

Baekeland, F., Lundwall, L., Kissin, B. & Shanahan, T. (1971). Correlates of outcome in disulfiram treatment of alcoholics. J. nerv. ment. Dis. 153.

Bannister, G. (1977) Cognitive and Behavior Therapy in a Case of Compulsive Gambling. Cognitive Therapy and Research, Vol. 1, No. 3, 223–227.

Barker, J.C. & Miller, M. (1968) Aversion therapy for compulsive gambling. Journal of Nervous and Mental Diseases, 146, 285–302.

Beck, A.T. & Emery, G. (1977) The Cognitive Therapy of Substance Abuse. Philadelphia, Center for Cognitive Therapy.

Beck, A.T., Rush, A.J., Shaw, B.F. & Emery, G. (1981) Kognitive Therapie der Depression. München: Urban & Schwarzenberg.

Beckemeyer-Schweer, M. (1986) Erfahrungen einer Beratungsstelle mit dem Problem Spielsucht. (Tagungsbericht der Koordinationsstelle für Drogenfragen und Fortbildung, Landschaftsverband Westfalen-Lippe, 6./7. Juni).

Bellaire, W. & Caspari, D. (1989) Die Behandlung von Spielern in der Universitäts-Nervenklinik-Psychiatrie (Homburg/Saar). Praxis der Klinischen Verhaltensmedizin und Rehabilitation, 2, 15–18.

Bergler, E. (1936) Zur Psychologie des Hasardspiels. Imago, 22, 409–411.

Bergler, E. (1943) The gambler: a misunderstood neurotic. Journal of Criminal Psychopathology, 4, 379–393.

Bergler, E. (1958) The psychology of gambling. New York: International Universities Press.

Bischoff, A. (1992) Therapiekonzept für die Organisationseinheit Arbeitstherapie. Unveröffentl. Manuskript, Bernhard-Salzmann-Klinik, Gütersloh.

Blaszczynski, A.P., Buhrich, N. & McConaghy, N. (1985) Pathological gamblers, heroin addicts and controls compared on the E.P.Q. "addiction scale". British Journal of Addiction, 80, 315–319.

Blaszczynski, A. P. & McConaghy, N. (1988) SCL-90 assessed psychopathology in pathological gamblers. Psychological Reports, 62, 547–552.

Blaszczynski, A.P., McConaghy, N. & Frankova, A. (1989) Crime, personality and pathological gambling. Journal of Gambling Behavior, 5, 137–152.

Blaszyzynski, A.P., Wilson, A.C. & McConaghy, N. (1986) Sensation seeking and pathological gambling. British Journal of Addiction, 81, 113–117.

Blaszczynski, A.P., Winter, S.W. & McConaghy, N. (1986) Plasma endorphin levels in pathological gambling. Journal of Gambling Behavior, 2, 3–14.

Bloch, H.A. (1951) The sociology of gambling. American Journal of Sociology, 57, 215–221.

Blume, S. (1987) Compulsive gambling and the medical model. Journal of Gambling Behavior, 3, 237–247.

Bochnik, H.J. & Richtberg, W. (1980) Depravation – Ausdruck und Folgen einer suchtspezifischen Besinnungsstörung. In W. Keup (Hrsg.) Folgen der Sucht (S. 83–99). Stuttgart: Thieme.

Bölckow, C. (1990) Suchtmittel und Werbung. In Deutsche Hauptstelle gegen die Suchtgefahren (Hrsg.) Jahrbuch Sucht '91 (S. 94–114). Hamburg: Neuland.

Bolen, D.W. & Boyd, W.H. (1968) Gambling and the gambler. Archieves of General Psychiatry, 18, 617–630.

Bolen, D.W., Caldwell, A.B. & Boyd, W.H. (1975) Personality traits of pathological gamblers. Paper presented at the Second Annual Conference on Gambling, Lake Tahoe (USA).

Boyd, W.H. & Bolen, D.W. (1970) The compulsive gambler and spouse in group psychotherapy. International Journal of Group Psychotherapy, 20, 77–90.

Brakhoff, J. (1989) Glück – Spiel – Sucht, Beratung und Behandlung von Glücksspielern. Freiburg: Lambertus.

Brengelmann, J.C. (1990) Sucht, Glücksspiel und Verhaltenseffektivität. Suchtgefahren, 36, 392–401.

Brengelmann, J.C. & Waadt, S. (1985) Verhalten in Glücksspielsituationen. München: Röttgers.

Brenk-Schulte, E., Feuerlein, W. & Pfeiffer, W. (1992) Motivierungsarbeit in der Kontaktphase der Alkoholismustherapie. In S. Tasseit (Hrsg.), Ambulante Suchttherapie. Möglichkeiten und Grenzen (S. 27–61). Geesthacht: Neuland.

Brown, R.I.F. (1986) Dropouts and continuers in Gamblers Anonymous: life-context and other factors. Journal of Gambling Behavior, 2, 130–140.

Brown, R.I.F. (1987a) Models of gambling addictions as perceptual filters. Journal of Gambling Behavior, 3, 224–236.

Brown, R.I.F. (1987b) Classical and operant paradigms in the management of gambling addiction. Behavioural Psychotherapy, 15, 111–122.

Brown, R.I.F. (1987c) Pathological gambling and associated patterns of crime: comparisons with alcohol and other drug addictions. Journal of Gambling Behavior, 83, 98–114.

Brown, R.I.F. (1987d) Dropouts and continuers in Gamblers Anonymous: part 3. Some possible specific reasons for dropout. Journal of Gambling Behavior, 3, 202–210.

Brown, R.I.F. (1987e) Dropouts and continuers in Gamblers Anonymous: part 2. Analysis of free-style accounts of experiences with GA. Journal of Gambling Behavior, 3, 68–79.

Brown, R.I.F. (1987f) Gambling Addictions, Arousal, and an Affective/Decision-Making Explanation of Behavioral Reversions or Relapses. The International Journal of the Addictions, 22(11), 1053–1067.

Brown, R.I.F. (1988) Reversal theory and subjective experience in the explanation of addiction and relapse. In: M.J. Apter, J.H. Kerr, M.P. Cowles (Eds.) Progress in reversal theory (pp. 191–211). North-Holland: Elsevier Science.

Browne, B.R. (1991) The selective adaption of the Alcoholics Anonymous program by Gamblers Anonymous. Journal of Gambling Studies, 7, 187–206.

Bühringer, G. (1983) Buchbesprechung zu G. Meyer: Geldspielautomaten mit Gewinnmöglichkeiten. Suchtgefahren, 29, 323–326.

Bühringer, G. (1992) Spielen – ist das harmlos oder nicht? Der Kassenarzt, 24, 31 f.

Bühringer, G. (1992a) Drogenabhängig. Wie wir Mißbrauch verhindern und Abhängigen helfen können. Freiburg: Herder.

Bühringer, G. & Konstanty, R. (1989) Vielspieler an Geldspielautomaten in der Bundesrepublik Deutschland. Suchtgefahren 35, 1–13.

Carlton, P.L., Manowitz, P., McBride, H., Nora, R., Swartzburg, M. & Goldstein, L. (1987) Attention deficit disorder and pathological gambling. Journal of Clinical Psychiatry, 48, 487–488.

Casson, F. (1968) Brain operation for gambler. Lancet, 1, 815.

Cayuela, R. & Guirao, J.L. (1990) Characteristics and situation of gambling addiction in Spain. Paper presented at the "Eighth International Conference on Risk and Gambling", London.

Ciarrocchi, J. (1987) Severity of impairment in dually addicted gamblers. Journal of Gambling Behavior, 3, 16–26.

Ciarrocchi, J. & Hohmann, A.A. (1989) The family environment of married male pathological gamblers, alcoholics, and dually addicted gamblers. Journal of Gambling Behavior, 5, 283–292.

Ciarrocchi, J. & Richardson, R. (1989) Profile of compulsive gamblers in treatment: update and comparisons. Journal of Gambling Behavior, 53–65.

CIPS (1986) Internationale Skalen für Psychiatrie (S. 291–321). Beltz-Test, Weinheim: Beltz

Commission of the European Communities (1991) Gambling in the single market – a study of the current legal and market situation, Vol. I. Luxemburg: Office for Official Publications of the European Communities.

Conrad, E.L. (1978) The identification of three types of gamblers and related personality characteristics and gambling experiences. Unpublished doctoral dissertation, Loyola University of Chicago.

Cornish, D.B. (1978) Gambling: a review of the literature and its implications for policy and research. London: Her Majesty's Stationery Office.

Coulombe, A., Ladouceur, R., Desharnais, R. & Jobin, J. (1992) Erroneous perceptions and arousal among regular and occasional video poker players. Journal of Gambling Studies, 8, 235–244.

Cromer, G. (1978) Gamblers Anonymous in Israel: A Participant Observation Study of a Self-Help Group. The International Journal of the Addictions, 13(7), 1069–1077.

Culleton, R.P. (1989) The prevalence rates of pathological gambling: a look at methods. Journal of Gambling Behavior, 5, 22–41.

Cummings, C., Gordon, J. & Marlatt, G. (1980) Relapse: prevention and prediction. In W. Miller (Ed.) The addictive behaviors: treatment of alcoholism, drug abuse, smoking and obesity (pp. 291–321). Oxford: Pergamon Press.

Custer, R.L. (1982) An overview of compulsive gambling. In P.A. Caronne, S.N. Yoles, S.N. Kiefer, L. Krinsky (Eds.) Addictive disorders update – alcoholism, drug abuse, gambling (pp. 107–124). New York: Human Sciences Press.

Custer, R.L. (1987) The diagnosis and scope of pathological gambling. In T. Galski (Ed.) The handbook of pathological gambling (pp. 3–7). Springfield (USA): Thomas

Custer, R.L. & Custer, L.F. (1978) Characteristics of the recovering compulsive gambler: a survey of 150 members of GA. Paper presented at the "Fourth Annual Conference on Gambling", Reno (USA).

Custer, R.L. & Milt, H. (1985) When luck runs out. New York: Facts on File Publications.

Dell, L.J., Ruzicka, M.F. & Palisi, A.T. (1981) Personality and other factors associated with the gambling addiction. The International Journal of the Addictions, 16, 149–156.

Devereux, E.C. (1968) Gambling in psychological and sociological perspective. International Encyclopedia of the Social Sciences, 6, 53–62.

Dickerson, M.G. (1974) The effect of betting shop experience on gambling behavior. Unpublished doctoral dissertation, University of Birmingham, Great Britain.

Dickerson, M.G. (1984) Compulsive gamblers. London: Longman.

Dickerson, M.G. (1987) The future of gambling research – learning from the lessons of alcoholism. Journal of Gambling Behavior, 3, 248–256.

Dickerson, M.G. (1989) Gambling: a dependence without a drug. International Review of Psychiatry, 1, 157–172.

Dickerson, M.G. & Adcock, S. (1987) Mood, arousal and cognitions in persistent gambling: preliminary investigation of theoretical model. Journal of Gambling Behavior, 3, 3–15.

Dickerson, M.G., Cunningham, R., Legg England, S. & Hinchy, J. (1991) On the determinants of persistent gambling, III, personality, prior mood, and poker machine play. The International Journal of the Addictions, 26, 531–548.

Dickerson, M.G. & Hinchy, J. (1988) The prevalence of excessive and pathological gambling in Australia. Journal of Gambling Behavior, 4, 135–151.

Dickerson, M.G., Hinchy, J. & Legg England, S. (1990) Minimal treatments and problem gamblers: a preliminary investigation. Journal of Gambling Studies, 6, 87–102.

Dickerson, M.G. & Weeks, D. (1979) Controlled gambling as a therapeutic technique for compulsive gamblers. Journal of Behavior Ther. and Experimental Psychiatry, Vol. 10, 139–141.

Dilling, H., Mombour, W. & Schmidt, M.H. (1991) Internationale Klassifikation psychischer Störungen: ICD-10, Kapitel V (F), klinisch-diagnostische Leitlinien, Weltgesundheitsorganisation. Bern: Huber.

Downes, D.M., Davies, B.P., David, M.E. & Stone, P. (1976) Gambling, work and leisure: a study across three areas. London: Routledge and Kegan Paul.

Düffort, R. (1986) Ratgeber für Spieler und ihre Angehörigen. Freiburg i. Br.: Lambertus.

Düffort, R. (1989) Ambulante Arbeit mit Spielern. In J. Brakhoff (Hrsg.) Glück – Spiel – Sucht: Beratung und Behandlung von Glücksspielern. Freiburg i.Br.: Lambertus, 30–44.

Eadington, W.R. (1987) Credit play and casinos: profitability, legitimacy, and social responsibility. Journal of Gambling Behavior, 3, 83–97.

Erlenmeyer, A. (1887). Die Morphiumsucht und ihre Behandlung. Berlin: Heusers Verlag.

Ellis, A. & Harper, R.A. (1975) A new guide to rational living. North Hollywood. CA: Wilshire Books.

Erbach, F. (1984) Familientherapie bei Abhängigkeit. Caritas, Zeitschr. für Caritasarbeit und Caritaswissenschaft, 85, 5.

Erbach, F. (1989) Systemische Beratung und Therapie von Glücksspielern und ihren Angehörigen. In J. Brakhoff (Hrsg.) Glück – Spiel – Sucht: Beratung und Behandlung von Glücksspielern (S. 52–70) Freiburg i.Br.: Lambertus.

Fabian, T. & Wetzels, P. (1990) Delinquenz und Schuldfähigkeitsbegutachtung bei pathologischem Glücksspiel. In R. Egg (Hrsg.), Brennpunkte der Rechtspsychologie (S. 363–383). Bonn: Forum Verlag.

Fahrenberg, J., Hampel, R. & Selg, H. (1984) Das Freiburger Persönlichkeitsinventar – Revidierte Fassung (FPI-R). Göttingen: Hogrefe.

Fenichel, O. (1945) The psychoanalytic theory of neurosis. New York: Norton.

Feuerlein, W. (1979/1984/1989) Alkoholismus – Mißbrauch und Abhängigkeit. Stuttgart: Thieme, 2., 3., 4. Aufl.

Feuerlein, W., Küfner, H., Ringer, C. & Antons, K. (1979) Münchner Alkoholismustest. Weinheim: Beltz.

Fink, H.K. (1961) Compulsive gambling. Acta Psychotherapy, 9, 251–261.

Fischer, H. (1905) Spieler-Moral – eine irrenärztliche Studie über die Spielsucht und ihr Verhältnis zur Trunksucht und Morphiumsucht. Berlin: Modernes Verlagsbureau.

France, C.J. (1975) The gambling impulse. In J. Halliday, P. Fuller (Eds.) The psychology of gambling (pp. 115–156). New York: Harper and Row.

Frank, M.L. (1979) Why people gamble: a behavioral perspective. In D. Lester (Ed.) Gambling today (pp. 71–83). Springfield (USA): Thomas Books.

Frank, M.L., Lester, D. & Wexler, A. (1991) Suicidal behavior among members of Gamblers Anonymous. Journal of Gambling Studies, 7, 249–254.

Frank, M.L. & Smith, C. (1989) Illusion of control and gambling in children. Journal of Gambling Behavior, 5, 127–136.

Franklin, J. (1981) Family counseling and therapy for pathological gambling. A case study. (5th National Conference on Gambling and Risk Taking, The John Hopkins University, Mt. Wilson, Maryland, Oct.).

Franklin, J. & Ciarrocchi, J. (1987). The team approach: Developing an experimental knowledge base for the treatment of the pathological gambler. J. Gamb. Behav., Vol. 3(1), 60–67.

Freud, S. (1928) Dostojewski und die Vatertötung. Ges. Werke (1925–1931), Bd. XIV. London: Imago.

Freud, S. (1917/1977) Vorlesungen zur Einführung in die Psychoanalysis. Frankfurt: Fischer.

Fröhling, U. (1984) Droge Glücksspiel – Betroffene erzählen von einer heimlichen Sucht. München: Mosaik.

Füchtenschnieder, I. (1991) „Manchmal habe ich das Gefühl, auch wenn ich die Hände vom Steuer nehmen würde, mein Auto würde mich auch so in die Spielhalle fahren". Wolfgang L., Spieler. Bericht über die Arbeit der Beratungsstelle für Spielabhängige und Angehörige. In M. Heide, H. Lieb (Hrsg.) Sucht und Psychosomatik (S. 147–153). Bonn: Nagel.

Füchtenschnieder, I. (1992) Fortunas falscher Kuss, Sucht Report, 6, 41–45

Füchtenschnieder, I. & Thomas, G. (1991) Gruppen für Spieler – Hilfe für Spieler? In Petzold, H., Schobert, R. (Hg.): Selbsthilfe und Psychosomatik, Paderborn: Junfermann. 125–144.

Gaboury, A. & Ladouceur, R. (1987) Irrational thinking and gambling. Paper presented at the "Seventh International Conference on Gambling and Risk-Taking", Reno (USA).

Gaboury, A. & Ladouceur, R. (1989) Erroneous perceptions and gambling. Journal of Social Behavior and Personality, 4, 411–420.

Galdstone, I. (1951) The psychodynamics of the triad alcoholism, gambling and superstition. Mental Hygiene, 35, 589–598.

Galdstone, I. (1960) The gambler and his love. American Journal of Psychiatry, 117, 553–555.

Gamblers Anonymous (1984a) Sharing recovery through Gamblers Anonymous. Los Angeles: GA-Publishing.

Gamblers Anonymous (1984b) A guide to forth step inventory. Los Angeles: GA-Publishing

Garry, C. & Sangster, R.J. (1968) Gambling in a lower class area. In W.R. Mann (Ed.) Deviant behavior in Canada (pp. 102–120). Toronto: Social Science Publishers.

Giese, H. (1962) Psychopathologie der Sexualität. Stuttgart: Enke.

Gilovich, T. (1983) Biased evaluations and persistence in gambling. Journal of Personality and Social Psychology, 44, 1110–1126.

Gizycki, J. & Górny, A. (1970) Glück im Spiel zu allen Zeiten. Zürich: Stauffacher.

Glen, A.M. (1979) Personality research on pathological gambling. Paper presented at the "American Psychological Association Annual Convention", New York.

Goffman, I. (1969) Where the action is. London: Penguin Press.

Goldstein, L., Manowitz, P., Nora, R., Swartzburg, M. & Carlton, P.L. (1985) Differential EEG activation and pathological gambling. Biological Psychiatry, 20, 1232–1234.

Goorney, A.B. (1968) Treatment of a Compulsive Horse Race Gambler by Aversion Therapy. Brit. J. Psychiat., 114, 329–333.

Graham, J.R., Lowenfeld, B.H. (1986) Personality dimensions of the pathological gambler. Journal of Gambling Behavior, 2, 58–66.

Grawe, K. & Fiedler, P. (1982) Psychotherapie in Gruppen. In R. Bastine, P. Fiedler, K. Grawe, S. Schmidtchen & G. Sommer (Hrsg.) Grundbegriffe der Psychotherapie (S. 149–153) Weinheim: Edition Psychologie

Greenberg, D. & Rankin, H. (1982) Compulsive gamblers in treatment. British Journal of Psychiatry, 140, 364–366.

Greenberg, H.R. & Schmidt, R. (1989) Psychologie des Glücksspiels. In A.M. Freedman, H.J. Kaplan, B.J. Sadock, U.H. Peters (Hrsg) Psychiatrie in Praxis und Klinik, Bd. 5, Psychiatrische Probleme der Gegenwart I (S. 418–430). Stuttgart: Thieme.

Greenson, R.R. (1947) On gambling. American Imago, 4, 61–77.

Griffith, M. (1990) The cognitive psychology of gambling. Journal of Gambling Studies, 6, 31–42.

Griffiths, F.V. (1982) A case of compulsive gambling treated by hypnosis. International Journal of Clinical and Experimental Hypnosis, 30, 195.

Grigoleit, H., Wenig, M. & Ziegler, H. (1990) Handbuch der Sucht. St. Augustin: Asgard.

Gross, W. (1990) Sucht ohne Drogen. Frankfurt: Fischer.

Haase, H. (1992) Der Spieler zwischen Wissenschaft und Propaganda. Düsseldorf: Livonia Verlag.

Haerlin, C. (1982) Beschäftigungs- und Arbeitstherapie. In R. Bastine, P. Fiedler, K. Grawe, S. Schmidtchen & G. Sommer (Hrsg.) Grundbegriffe der Psychotherapie (S. 32–34). Weinheim: Edition Psychologie.

Halliday, J. & Fuller, P. (1974) The psychology of gambling. New York: Harper Colophon Books.

Hand, I. (1986) Spielen – Glücksspielen – krankhaftes Spielen. In D. Korczak (Hrsg.) Die betäubte Gesellschaft (S. 76–98). Frankfurt/M.: Fischer.

Hand, I. (1988) Verhaltenstherapie als Kurzzeit-Psychotherapie. Prax. Psychother. Psychosom., 33, 268–277.

Hand, I. (1990) Pathologisches Spielen – eine Sucht? In H.-W. Carlhoff & P. Wittemann (Hrsg.) Jugend, Spiel, Schutz (S. 39–41). Stuttgart: Aktion Jugendschutz.

Hand, I. (1992) Pathologisches Spielen und delinquentes Verhalten – Probleme der forensischen Begutachtung. In T.R. Payk (Hrsg.) Dissozialität – psychiatrische und forensische Aspekte (S. 97–117). Stuttgart: Schattauer.

Hand, I. & Kaunisto, E. (1984) Multimodale Verhaltenstherapie bei problematischem Verhalten in Glücksspielsituationen („Spielsucht"). Suchtgefahren, 30, 1–11.

Hänsel, D. (1980) Gedanken zum Verlauf der Motivation bei suchtkranken Patienten. Suchtgefahren, 26, 112–118.

Harris, H.J. (1964) Gambling addiction in an adolescent male. Psychoanalytic Quarterly, 33, 513–525

Harris, J.L. (1989) A model for treating compulsive gamblers through cognitive-behavioral approaches. Psychotherapy Patient, 4, 211–226.

Hattingberg, H. von (1914) Analerotik, Angstlust und Eigensinn. Zeitschrift für ärztliche Psychoanalyse, 2, 244–258.

Haustein, J. & Schürgers, G. (1987) Ist Spielen eine Sucht? – Zum Phänomen des exzessiven Spiels an Geldspielautomaten – Versuch einer diagnostischen Einordnung. Manuskript eines Vortrages im Rahmen des 14. Kongresses für angewandte Psychologie, Mainz.

Hayano, D.M. (1984) The professional gambler: fame, fortune, and failure. The Annals of the American Academy of Political and Social Science, 474, 157–167.

Hayano, D.M. (1989) Like eating money: card gambling in a Papua New Guinea highlands village. Journal of Gambling Behavior, 5, 231–245.

Heckhausen, H. (1974) Motivationsanalyse. Berlin: Springer.

Heckmann, W. (1985) Neue (alte) Formen der Sucht. Zum Beispiel: Spielleidenschaft. Psychologie Heute, 12, 36–39.

Heineman, M. (1987) A comparison: The treatment of wives of alcoholics with the treatment of wives of pathological gamblers. Journal of Gambling Behavior, Vol. 3 (1), 27–40.

Heineman, M. (1989) Parents of male compulsive gamblers: clinical issues/treatment approaches. Journal of Gambling Behavior, 5, 321–333.

Henslin, J.M. (1967) Craps and magic. American Journal of Sociology, 73, 316–330.

Herbst, K. (1993): Verlaufsanalyse bei Spielern an Geldspielautomaten in Spielhallen. Verhaltensmedizin, im Druck.

Hermkens, P. & Kok, I. (1990) Gambling in the Netherlands: developments, participation, and compulsive gambling. Journal of Gambling Studies, 6, 223–240.

Hess, H.F. & Diller, J.V. (1969) Motivation for gambling as revealed in the marketing methods of the legitimate gambling industry. Psychological Reports, 25, 19–27.

Hickey, J.E., Haertzen, C.A. & Henningfield, J.E. (1986) Simulation of gambling responses on the addiction research center inventory. Addictive Behaviors, 11, 345–349.

Holden, C. (1988) Alkoholismus: Ein schweres Erbe. In Redaktion Psychologie heute (Hrsg.) Thema Sucht (S. 35–46). Weinheim: Beltz.

Hollander, E., Frenkel, M., DeCaria, C., Trungold, S. & Stein, D.J. (1992) Treatment of pathological gambling with clomipramine. American Journal of Psychiatry, 149, 710f.

Holtgraves, T.M. (1988) Gambling as self-presentation. Journal of Gambling Behavior, 4, 78–91.

Horodccki, I. (1992) The treatment model of the guidance center for gamblers and their relatives in Vienna/Austria. Journal of Gambling Studies, 8, 115–129.

Hübl, L., Hohls, U. & Hollmann, I. (1987) Der Gewinnspielmarkt in der Bundesrepublik Deutschland. Unveröffentlichte Untersuchung im Auftrag des Deutschen Lotto- und Toto-Blocks, Münster.

Hudak, C., Varghese, R. & Politzer, R. (1989) Family, marital, and occupational satisfaction for recovering pathological gamblers. Journal of Gambling Behavior, Vol. 5 (3), 201–210.

Hurrelmann, K. (1990) Familienstreß – Schulstreß – Freizeitstreß. Weinheim: Beltz.

Hurrelmann, K. & Hesse, S. (1991) Drogenkonsum als problematische Form der Lebensbewältigung im Jugendalter. Sucht, 37, 240–252.

IFO-Institut für Wirtschaftsforschung (1990). Zur Situation der Automatenwirtschaft in der Bundesrepublik Deutschland. München: IFO.

Jacobs, D.F. (1987) Effects on children of parental excesses in gambling. Paper presented at the "Seventh International Conference on Gambling and Risk-Taking", Reno (USA).

Jacobs, D.F. (1989) A general theory of addictions: rationale for and evidence supporting a new approach for understanding and treating addictive behaviors. In Shaffer, H.J. et al. (Eds.) Compulsive gambling (pp. 35–64). Lexington (USA): Lexington.-Vorbeugende Maßnahmen

Jäcksch, C. (1992) Sozialanamnese von pathologischen Glücksspielern. Unveröffentlichtes Manuskript, Bernhard-Salzmann-Klinik, Gütersloh.

Jahrreiss, R. (1989) Zur Kontroverse um den Suchtbegriff bei pathologischem Glücksspiel. Praxis der Klinischen Verhaltensmedizin und Rehabilitation, Heft 5, 5–9.

Jandek, G. (1986) Der internationale Casino Führer. München: Universitas.

de Jong-Meyer, R., Brodd, W., Schiereck, H., Schlimm, A. & Skaletz, R. (1989). Analyse von Rückfällen bei Alkoholabhängigen. Münsteraner Schriften zur Psychologischen Diagnostik und Klinischen Psychologie. Nr. 4.

Jost, K. (1988) Spielen – eine Sucht? Mögliche forensische Konsequenzen. In C. Wahl, (Hrsg.) Spielsucht – Praktiker und Betroffene berichten über pathologisches Glücksspiel (S. 133–149). Hamburg: Neuland.

Jost, K. (1990) „Spielsucht" – gibt es sie? Erklärungsmodelle – Behandlungskonzepte. TW Neurologie Psychiatrie, 4, 671–686.

Jugendrotkreuz (1989) Politik . . . betrifft uns – Gesund ohne Alltagssüchte, 11/89.6. Aachen: Bergmoser und Höller.

Kellermann, B. (1987) Pathologisches Glücksspiel und Suchtkrankheit – aus suchtpsychiatrisch-therapeutischer Sicht. Suchtgefahren, 33, 110–120.

Kellermann, B. (1988a) Sucht aus der Sicht des Praktikers. In C. Wahl (Hrsg.) Spielsucht. Praktiker und Betroffene berichten über pathologisches Glücksspiel (S. 91–99). Hamburg: Neuland.

Kellermann, B. (1988b) Glücksspieler in der stationären Therapie: In C. Wahl (Hrsg.) Spielsucht (S. 243–257). Hamburg: Neuland.

Kellermann, B. & Meyer, G. (1993) Was ist Sucht? Grundlagen eines empirisch-pragmatischen Sucht-Begriffes. Buch-Manuskript, in Vorbereitung.

Kellermann, B. & Sostmann, M. (1992) Pathologisches Automaten-Glücksspielen aus der Sicht einer psychiatrischen Suchttherapiestation. Hamburger Ärzteblatt, 46, 169–176.

Kind, J. (1988) Selbstobjekt Automat. Zur Bedeutung der frühen Triangulierung für die Psychogenese der Spielsucht. Forum der Psychoanalyse, 4, 116–138.

Klepsch, R., Hand, I., Wlazlo, Z, Fischer, M., Friedrich, B. & Bodek, D. (1989) Langzeiteffekte multimodaler Verhaltenstherapie bei krankhaftem Glücksspielen, III: Zweite prospektive Katamnese der Hamburger Projektstudie. Suchtgefahren, 35, 35–49.

Klepsch, R., Hand, I., Wlazlo, Z., Kaunisto, E. & Friedrich, B. (1989) Pathologisches Spielen. In I. Hand & H.U. Wittchen (Hrsg.) Verhaltenstherapie in der Medizin (S. 313–326). Berlin: Springer.

Knapp, T.J. (1976) A functional analysis of gambling behavior. In W.R. Eadington (Ed.) Gambling and society (pp. 276–293). Springfield (USA): Thomas Books.

Knapp, T.J. & Lech, B.C. (1987) Pathological gambling: a review with recommendations. Adv. Behav. Res. Theo., 9, 21–49.

Körkel, J. & Lauer, G. (1988). Der Rückfall: Einführung und Überblick. In J. Körkel (Hrsg.) Der Rückfall des Suchtkranken. Flucht in die Sucht? (S. 6–122). Berlin, Heidelberg: Springer.

Körkel, J., Dittmann, E., Pahlke, B. & Wohlfahrt, R. (1988) Grundzüge stationärer Rückfallarbeit. In J. Körkel (Hrsg.) Der Rückfall des Suchtkranken. Flucht in die Sucht? (S. 239–267). Berlin, Heidelberg: Springer.

Kommer, D (1982) Eklektizismus. In R. Bastine, P.A. Fiedler, K. Grawe, S. Schmidtchen & G. Sommer (Hrsg.) Grundbegriffe der Psychotherapie (S. 49–51). Weinheim: Edition Psychologie.

Koller, K.M. (1972) Treatment of poker-machine addicts by aversion therapy. The Medical Journal of Australia, 1, 742–745.

Kramer, A.S. (1987) Preliminary Report on the Relapse Phenomenon Among Pathological Gamblers. Seventh international conference on gambling and risk taking. Reno/Nevada

Kreuzer, A. (1987) Jugend – Drogen – Kriminalität (3. Aufl.). Neuwied: Luchterhand.

Kröber, H.-L. (1987) „Spielsucht" und Schuldfähigkeit – Zur Notwendigkeit differenzierter Psychopathologie bei straffälligen Spielern. Forensia, 8, 113–124.

Kröber, H.-L. (1991) Automatenspieler und Roulettespieler – psychiatrische und kriminologische Differenzen. Nervenarzt, 62, 670–675.

Kryspin-Exner, I. (1990) Alkoholismus. In H. Reinecker (Hrsg.), Lehrbuch der Klinischen Psychologie (S. 166–185). Göttingen: Hogrefe.

Kuley, N.B. & Jacobs, D.F. (1988) The relationship between dissociative-like experiences and sensation seeking among social and problem gamblers. Journal of Gambling Behavior, 4, 197–207.

Kummer, H. & Kummer, H.J. (1986) Glücksspiele in Deutschland. Mainz: Schmidt.

Kunkel, K., Herbst, K. & Reye, I. (1987) Subjektive Belastung von Spielern an Unterhaltungsautomaten mit Gewinnmöglichkeiten. Suchtgefahren, 33, 76–86.

Kusyszyn, I. & Rubenstein, L. (1985) Locus of control and race track betting behaviors: a preliminary investigation. Journal of Gambling Behavior, 1, 106–110.

Kusyszyn, I. & Rutter, R. (1985) Personality characteristics of male heavy gamblers, light gamblers, non-gamblers, and lottery players. Journal of Gambling Behavior, 1, 59–63.

Ladouceur, R. (1991) Prevalence estimates of pathological gambling in Quebec. Canadian Journal of Psychiatry, 36, 732–734.

Ladouceur, R., Gaboury, A., Dumont, M. & Rochette, P. (1988) Gambling: relationship between the frequency of wins and irrational thinking. The Journal of Psychology, 122, 409–414.

Laforgue, R. (1930) On the eroticization of anxiety. International Journal of Psycho-Analysis, 11, 312–321.

Langer, E.J. (1975) The illusion of control. Journal of Personality and Social Psychology, 32, 311–328.

Langer, E.J. & Roth, J. (1975) Head I win, tails it's chance: the illusion of control as a function of the sequence of outcomes in a purely chance task. Journal of Personality and Social Psychology, 32, 951–955.

Lauer, G. (1988) Interventionsstudien zur Rückfallprophylaxe: Ergebnisse und Probleme. In J. Körkel (Hrsg.), Der Rückfall des Suchtkranken. Flucht in die Sucht? (S. 217–237). Berlin, Heidelberg: Springer.

Lazarus, A.A. (1978) Multimodale Verhaltenstherapie. Frankfurt: Fachbuchhandlung für Psychologie.

Leary, K. & Dickerson, M.G. (1985) Levels of arousal in high- and low-frequency gamblers. Behavior, Research and Therapy, 23, 635–640.

Legarda, J.J., Babio, R. & Abreu, J.M. (1992) Prevalence estimates of pathological gambling in Seville (Spain). British Journal of Addiction, 87, 767–770.

Legewie, H. (1982) Prävention. In: R. Bastine, P.A. Fiedler, K. Grawe, S. Schmidtchen & G. Sommer (Hrsg.), Grundbegriffe der Psychotherapie (S. 269–272). Weinheim: Edition Psychologie.

Lempp, R. (1987) Spielsucht – Lust, Zwang und schlechtes Gewissen. Neue Praxis, 17, 289–299.

Lesieur, H.R. (1977) The chase-career of the compulsive gambler. Garden City: Anchor.

Lesieur, H.R. (1979) The compulsive gambler's spiral of options and involvement. Psychiatry: Journal of the Study of Interpersonal Processes, 42, 79–87.

Lesieur, H.R. (1983) Pathological gambling and criminal behavior. Paper presented at Carrier Foundation Training Conference, Atlantic City (USA).

Lesieur, H.R. (1987a) The female pathological gambler. Paper presented at the "Seventh International Conference on Gambling and Risk Taking". Reno (USA).

Lesieur, H.R. (1987b) Gambling, pathological gambling and crime. In T. Galski (Ed.), The handbook on pathological gambling (pp. 89–110). Springfield (USA): Thomas.

Lesieur, H.R. (1989) Current research into pathological gambling and gaps in the literature. In H.J. Shaffer et al. (Eds.), Compulsive gambling (pp. 225–248). Lexington (USA): Lexington Books.

Lesieur, H.R. & Blume, S. (1987) The South Oaks Gambling Screen (SOGS): a view instrument for the identification of pathological gamblers. American Journal of Psychiatry, 144, 1184–1188.

Lesieur, H.R. & Blume, S. (1991a) When lady luck loses: women and compulsive gambling. In N. Van Den Bergh (Ed.), Feminist perspectives on addictions (pp. 181–197). Berlin: Springer.

Lesieur, H.R. & Blume, S. (1991b) Evaluation of patients treated for pathological gambling in a combined alcohol, substance abuse and pathological gambling treatment unit using the Addiction Severity Index. British Journal of Addiction, 86, 1017–1028.

Lesieur, H.R., Blume, S. & Zoppa, R. (1986) Alcoholism, drug abuse, and gambling. Alcoholism: Clinical and Experimental Research, 10, 33–38.

Lesieur, H.R. & Custer, R.L. (1984) Pathological gambling: roots, phases, and treatment. The Annals of the American Academy of Political and Social Science, 474, 146–156.

Lesieur, H.R. & Rosenthal, R.J. (1991) Pathological gambling: a review of the literature (prepared for the American Psychiatric Association task force on DSM-IV committee on disorders of impulse control not elsewhere classified). Journal of Gambling Studies, 7, 5–39.

Lesieur, H.R. & Rosenthal, R.J. (1992) Pathological gambling: a review for the DSM-IV source book: In: American Psychiatric Association (Ed.): DSM-IV source book – a task force report. Washington: APA, in press.

Letner-Jedlicka, S. & Feselmeyer, S. (1981) Katamnestische Untersuchung über die ambulante Nachbehandlung und den Rückfall des Alkoholikers. In W. Keup (Hrsg.), Behandlung der Sucht und des Mißbrauchs chemischer Stoffe. (S. 211–220) Stuttgart: Thieme.

Levitz, L.S. (1971) The experimental induction of compulsive gambling. Unpublished doctoral dissertation, University of Illinois (USA).

Levy, M. & Feinberg, M. (1991) Psychopathology and pathological gambling among males: theoretical and clinical concerns. Journal of Gambling Studies, 7, 41–53.

Levy, L.H., Knight, B.G. Padsett, V.P. & Wollert, R.W. (1977) Patterns of Help-Giving in Self-Help-Groups. American Psycholog. Assoc. Meetings. Unveröff. Manuskript.

Lewis, D.J. & Duncan, C.P. (1956) Effect of different percentages of money reward on extinction of a lever-pulling response. Journal of Experimental Psychology, 52, 23–27.

Lewis, D.J. & Duncan, C.P. (1957) Expectation and resistance of extinction of a lever-pulling response as functions of percentage of reinforcement and amount of reward. Journal of Experimental Psychology, 54, 115–120.

Li, W.L. & Smith, M.H. (1976) The propensity to gamble: some structural determinants. In W.R. Eadington (Ed.), Gambling and society (pp. 189–206). Springfield (USA): Thomas.

Linden, R.D., Pope, H.G. & Jonas, J.M. (1986) Pathological gambling and major affective disorder: preliminary findings. Journal of Clinical Psychiatry, 47, 201–203.

Lindgren, H.E., Youngs, G.A., McDonald, T.D., Klenow, D.J. & Schiner, E.C. (1987) The impact of gender on gambling attitudes and behavior. Journal of Gambling Behavior, 3, 155–167.

Lindner, R.M. (1950) The psychodynamics of gambling. The Annals of the American Academy of Political and Social Science, 269, 93–107.

Litman, G.K., Eiser, J.R., Rawson, N.S.B. & Oppenheim, A.N. (1979) Differences in relapse precipitants and coping behavior between alcohol relapsers and survivors. Behav. res. & Therapy, 17, 89–94.

Livingston, J. (1974) Compulsive gamblers. New York: Harper and Row.

Lorenz, V.C. (1987) Family dynamics of pathological gamblers. In T. Galski (Ed.) The handbook of pathological gambling (pp. 71–88). Springfield (USA): Thomas.

Lorenz, V.C. (1989) Some treatment approaches for family members who jeopardize the compulsive gambler's recovery. J Gamb Beh, 5(4), 303–312.

Lorenz, V.C. (1990) State lotteries and compulsive gambling. Journal of Gambling Studies, 6, 383–396.

Lorenz, V.C. & Shuttlesworth, D.E. (1983) The impact of pathological gambling on the spouse of the gambler. Journal of Community Psychology, 11, 67–76.

Lorenz, V.C. & Yaffee, R.A. (1986) Pathological gambling: psychosomatic, emotional, and marital difficulties as reported by the gambler. Journal of Gambling Behavior, 2, 40–49.

Lorenz, V.C. & Yaffee, R.A. (1988) Pathological gambling: psychosomatic, emotional, and marital difficulties as reported by the spouse. Journal of Gambling Behavior, 4, 13–26.

Lorenz, V.C. & Yaffee, R.A. (1989) Pathological gamblers and their spouses: problems in interaction. Journal of Gambling Behavior, 5, 113–126.

Ludewig, K. (1987) Leitsätze bzw. Leitfragen: Grundzüge einer systemisch begründeten klinischen Theorie im psychosozialen Bereich. Z Syst Ther 5, 178–191.

Luthman, S. & Kirschenbaum, M. (1977) Familiensysteme. München: Pfeiffer.

Malkin, D. & Syme, G.J. (1985) Wagering preferences of problem gamblers. Journal of Abnormal Psychology, 94, 86–91.

Malkin, D. & Syme, G.J. (1986) Personality and problem gambling. The International Journal of the Addictions, 21, 267–272.

Mark, M.E. & Lesieur, H.R. (1992) A feminist critique of problem gambling research. British Journal of Addiction, 87, 549–565.

Marlatt, G.A. (1980) Relapse prevention: A self control program for the treatment of addictive behaviors. Unpublished manuscript, University of Washington.

Marlatt, G.A. (1985) Relapse prevention: Theoretical rationale and overview of the model. In G.A. Marlatt & J.R. Gordon (Eds.) Relapse prevention: Maintenance strategies in the treatment of addictive behaviors. (pp. 3–70), New York, London: Guilford.

Marlatt, G.A. & Gordon, J.R. (1980) Determinants of relapse: Implications for the maintenance of behavior change. In P.O. Davidson, S.M. Davidson (Eds), Behavioral medicine: Changing health lifestyles (pp. 410–452). New York: Brunner/Mazel.

Marlatt, G. & Rohsenow, D.J. (1980) Cognitive processes in alcohol use: expectancy and the balanced placebo design. In N.K. Mello (Ed.) Advances in substance abuse (pp. 159–199). Greenwich: JAI.

Matussek, P. (1953) Zur Psychodynamik des Glücksspielers. Jahrbuch für Psychologie und Psychotherapie, 2, 232–252.

Mazur, G. (1988) Stationäre Behandlung von Spielern. In R. Harten (Hrsg.), Spielsucht (S. 12–18). Hamburg: Neuland.

McClelland, I.C., Davies, W.N., Kalin, R. & Wanner, E. (1972) The drinking man. New York: Free Press.

McConaghy, N., Armstrong, M.S., Blaszczynski, A. & Allcock, C. (1983) Controlled comparison of aversive therapy and imaginal desensitisation in compulsive gambling. British Journal of Psychiatry, 142, 366–372.

McConaghy, N., Blaszczynski, A. & Frankova, A. (1991) Comparison of imaginal desensitisation with other behavioural treatments of pathological gambling. A two- to nine-year follow-up. British Journal of Psychiatry, 159, 390–393.

McCormick, R.A., Russo, A.M., Ramirez, L.F. & Taber, J.I. (1984) Affective disorders among pathological gamblers seeking treatment. American Journal of Psychiatry, 141, 215–218.

McCormick, R.A. & Taber, J.I. (1987) The pathological gambler: salient personality variables. In T. Galski (Ed.), The handbook of pathological gambling (pp. 9–39). Springfield (USA): Thomas.

McCormick, R.A. & Taber, J.I. (1991) Follow-up of Male Pathological Gambler after Treatment: The Relationship of Intellectual Variables to relapse. Journal of Gambling Studies, 7(2), 99–108.

McCormick, R.A., Taber, J., Kruedelbach, N. & Russo, A. (1987) Personality profiles of hospitalized pathological gamblers: the California Personality Inventory. Journal of Clinical Psychology, 43, 521–527.

Mergen, A. (1981) Spielsucht. In R. Hamm (Hrsg.), Festschrift für Werner Sarstedt (S. 189–196). Berlin: De Gruyter

Merz, J., Lehrl, S., Galster, V. & Erzigkeit, H. (1975) MWT-B – Ein Intelligenzkurztest. Psychiat. Neurol. med. Psychol., Leipzig, 27, 423–428.

Meyer, G. (1983) Geldspielautomaten mit Gewinnmöglichkeit – Objekte pathologischen Glücksspiels. Bochum: Brockmeyer.

Meyer, G. (1988) Die Beurteilung der Schuldfähigkeit bei Abhängigkeit vom Glücksspiel. Monatsschrift für Kriminologie und Strafrechtsreform, 71, 213–227.

Meyer, G. (1989 a, b) Glücksspieler in Selbsthilfegruppen – erste Ergebnisse einer empirischen Untersuchung. Hamburg: Neuland. Dito: Suchtgefahren, 35, 217–234.

Meyer, G. (1991 a) Glücksspiel. In Deutsche Hauptstelle gegen die Suchtgefahren (Hrsg.), Jahrbuch Sucht '92 (S. 103–116). Hamburg: Neuland.

Meyer, G. (1991 b) Klassifikation von Glücksspielern aus Selbsthilfegruppen mittels Clusteranalyse. Zeitschrift für Klinische Psychologie, Psychopathologie und Psychotherapie, 39, 261–282.

Meyer, G. (1992) Glücksspiel. In Deutsche Hauptstelle gegen die Suchtgefahren (Hrsg.), Jahrbuch Sucht '93 (S. 99–109). Hamburg: Neuland.

Meyer, G. & Fabian, T. (1988) Abhängigkeit vom Glücksspiel und Beschaffungskriminalität. In C. Wahl (Hrsg.), Spielsucht – Praktiker und Betroffene berichten über pathologisches Glücksspiel (S. 103–132). Hamburg: Neuland.

Meyer, G. & Fabian, T. (1992) Delinquency among pathological gamblers: a casual approach. Journal of Gambling Studies, 8, 61–78.

Meyer, G., Fabian, T. & Wetzels, P. (1990) Kriminalpsychologische Aspekte und die forensisch-psychologische Wertung des pathologischen Glücksspiels. Strafverteidiger, 10, 464–469.

Milkman, H. & Sunderwirth, S. (1982) Addictive processes. Journal of Psychoactive Drugs, 14, 177–192.

Milkman, H. & Sunderwirth, S. (1984) Warum werden wir süchtig? Psychologie Heute, 11, 34–40.

Miller, W. (1986) Individual outpatient treatment of pathological gambling. Journal of Gambling Behavior, 2(2), 95–107.

Minuchin, S. (1977) Familie und Familientherapie. Freiburg: Lambertus.

Minuchin, S. (1983) Praxis der strukturellen Familientherapie. Freiburg: Lambertus.

Moeller, M.L. (1978) Selbsthilfegruppen. Reinbek: Rowohlt.

Moody, G. (1972) The facts about the "money factories". London: Churches Council on Gambling.

Moran, E. (1970a) Pathological gambling. British Journal of Hospital Medicine, 4, 59–70.

Moran, E. (1970b) Varieties of pathological gambling. British Journal of Psychiatry, 116, 593–597.

Moran, E. (1970c) Gambling as a form of dependence. British Journal of Addiction, 64, 419–428.

Moran, E. (1970d) Clinical and social aspects of risk-taking. Proceedings of the Royal Society of Medicine, 63, 1273–1277.

Moran, E. (1979) An assessment of the report of the Royal Commission on Gambling 1976–1978. British Journal of Addiction, 74, 3–9.

Moravec, J.D. & Munley, P.H. (1983) Psychological test findings on pathological gamblers in treatment. The International Journal of the Addictions, 18, 1003–1009.

Moreno, I., Saiz-Ruiz, J. & López-Ibor, J.J. (1991) Serotonin and gambling dependence. Human Psychopharmacology, 6, 9–12.

Moskowitz, J.A. (1980) Lithium and lady luck – use of lithium carbonate compulsive gamblers. NY State J Med, 785–788.

Müller, N. & Laakmann, G. (1988) Investmentgeschäft als Objekt pathologischen Glücksspiels. Nervenarzt, 59, 356–359.

Nederlandse Vereniging CAD's (1992) Ladis 1991. Utrecht: Nederlandse Vereniging CAD's.

Neuendorff, S. & Schiel, J. (1982) Die Anonymen Alkoholiker – Portrait einer Selbsthilfeorganisation. Weinheim: Beltz.

Newmann, O. (1972) Gambling: hazard and reward. London: Athlone Press.

Oldman, D. (1978) Compulsive gamblers. Sociological Review, 26, 349–371.

Olmsted, C. (1962) Heads I win, tails you lose. New York: McMillan.

Opaschowski, H.W. (1992) Freizeit 2001 – ein Blick in die Zukunft unserer Freizeitwelt. Hamburg: BAT-Freizeit-Forschungsinstitut.

Orford, J. (1985) Excessive appetites: a psychological view of addiction. Chichester: Wiley.

Peck, D.F. & Ashcroft, J.B. (1972) The use of stimulus satiation in the modification of habitual gambling. Proceedings of the Second British and European Association Conference on Behavior Modification, Kilkerny (Irland).

Perrez, M. (1991) Prävention, Gesundheits- und Entfaltungsförderung: Systematik und allgemeine Aspekte. In M. Perrez, U. Baumann (Hrsg.), Klinische Psychologie (S. 80–98). 2, Bern: Huber.

Petermann, F. (1981) Verhaltenstherapeutische Familienberatung und Familienbehandlung: Versuch einer Standortbestimmung. Verhaltenstherapie Psychosoziale Praxis, 13, 386–395.

Petry, J. (1991 a) Zur Behandlungsmotivation beim Alkoholismus: Ein theoretisches Konzept und erste empirische Befunde. Dissertation, Wiesloch.

Petry, J. (1991 b) Neue und alte Süchte – ein Beitrag zur Begriffsbestimmung. Suchtprobleme und Sozialarbeit, 4, 180–185.

Pokorny, M.R. (1972) Compulsive gambling and the family. British Journal of Medical Psychology, 45, 355–364.

Politzer, R.M., Morrow, J.S. & Leavey, S.B. (1981) Report on the societal cost of pathological gambling and the cost-benefit/effectiveness of treatment. Paper presented at the "Fifth International Conference on Gambling and Risk Taking", Lake Tahoe (USA).

Politzer, R.M., Yesalis, C.E. & Hudak, C.J. (1992) The epidemiologic model and the risk of legalized gambling: where are we headed? Health Values, 16(2), 20–27.

Preston, F.W. & Smith, R.W. (1985) Delabeling and relabeling in Gamblers Anonymous: problems with transfering the Alcoholics Anonymous paradigm. Journal of Gambling Behavior, 1, 97–105.

Probst, P. (1982) Psychotherapie in der Familie. In R. Bastine, P.A. Fiedler, K. Grawe, S. Schmidtchen & G. Sommer (Hrsg.), Grundbegriffe der Psychotherapie (S. 95–97). Weinheim: Edition Psychologie.

Ramirez, L.F., McCormick, R.A., Russo, A.M. & Taber, J.I. (1983) Patterns of substance abuse in pathological gamblers undergoing treatment. Addictive Behaviors, 8, 425–428.

Rankin, H. (1982) Control rather than abstinence as the goal in the treatment of excessive gambling. Behavior, Research and Therapy, 20, 185–187.

Rasch, W. (1962) Über Spieler. In Randzonen menschlichen Verhaltens, Festschrift für H. Bürger-Prinz (S. 170–184). Stuttgart: Enke.

Rasch, W. (1992) Pathologisches Glücksspiel und Schuldfähigkeit. Praxis der Forensischen Psychologie, 2, 25–34.

Reid, R.L. (1986) The psychology of the near miss. Journal of Gambling Behavior, 2, 32–39.

Reuter, A. (1989) Erfahrungen in der ambulanten Arbeit mit Spielern. Praxis der Klinischen Verhaltensmedizin und Rehabilitation, 5, 23–26.

Revenstorf, D. & Metsch, H. (1986) Lerntheoretische Grundlage der Sucht. In W. Feuerlein (Hrsg.), Theorie der Sucht (S. 121–150). Berlin: Springer.

Rogers, C.R. (1973) Die klientbezogene Gesprächspsychotherapie. München: Kindler. (Original erschienen 1951: Client-centered therapy. Boston: Houghton Mifflin).

Rohwedder, D. (1987) Das Automatenspiel – moderne Freizeitgestaltung. Vaduz: Bild- und Verlagsanstalt.

Rosecrane, J. (1988) Gambling without guilt. Pacific Grove (USA): Brooks/Cole.

Rosenthal, R.J. (1986) The pathological gambler's system of self-deception. Journal of Gambling Behavior, 2, 108–120.

Rosenthal, R.J. (1987) The psychodynamics of pathological gambling: a review of the literature. In T. Galski (Ed.), The handbook of pathological gambling (pp. 41–70). Springfield (USA): Thomas.

Rosenthal, R.J. (1989) Pathological gambling and problem gambling: problems of definition and diagnosis. In H.J. Shaffer, S.A. Stein, B. Gambino, T.N. Cummings (Eds.), compulsive gambling (pp. 101–125). Lexington (USA): Lexington Books.

Rosenthal, R.J. & Lesieur, H.R. (1992) Self-reported with-drawal symptoms and pathological gambling. American Journal of Addictions, 1, 150–154.

Rosenthal, R.J. & Lorenz, V.C. (1992) The pathological gambler as criminal offender. Psychiatric Clinics of North America, 15, 647–660.

Roston, A.R. (1961) Some personality characteristics of compulsive gamblers. Unpublished doctoral dissertation, University of California, Los Angeles.

Roy, A., Adinoff, B., Roehrich, L., Lamparski, D., Custer, R., Lorenz, V., Barbaccia, M., Guidotti, A., Costa, E. & Linnoila, M. (1988) Pathological gambling: a psycho-biological study. Archives of General Psychiatry, 45, 369–373.

Roy, A., De Jong, J. & Linnoila, M. (1989) Extraversion in pathological gamblers. Archives of General Psychiatry, 46, 679–681.

Russo, A.M., Taber, J.I., McCormick, R.A. & Ramirez, L.F. (1984) An out-come study of an inpatient treatment program for pathological gamblers. Hospital and community psychiatry, 35, 823–827.

Saß, H. & Wiegand, C. (1990) Exzessives Glücksspielen als Krankheit? Kritische Bemerkungen zur Inflation der Süchte. Nervenarzt, 61, 435–437.

Schilling, J. (1990) Jugendarbeit: Zur Bedeutung des Spiels bei der Arbeit mit Jugendlichen. In H.W. Carlhoff & P. Wittemann (Hrsg.), Jugend, Spiel, Schutz. Stuttgart: (S. 150–157). Aktion Jugendschutz

Schlippe, A.v. (1984) Familientherapie im Überblick: Basiskonzepte, Formen und Anwendungsmöglichkeiten. Paderborn: Junfermann.

Schmidt, G. (1988) Rückfälle von als suchtkrank diagnostizierten Patienten aus systemischer Sicht. In J. Körkel (Hrsg.), Der Rückfall des Suchtkranken. Flucht in die Sucht? (S. 173–213). Berlin, Heidelberg: Springer.

Schmidt-Traub, S. (1988) Von der Spielleidenschaft zur Abhängigkeit? Über das Glücksspiel an Geldautomaten. Verhaltenstherapie und Psychosoziale Praxis, 20, 341–351.

Schneewind, K.A., Schröder, G. & Cattell, R.B. (1986) Der 16-Persönlichkeits-Faktoren-Test (16-PF). Bern, Stuttgart, Toronto: Huber.

Schneider, L.H. (1992) Drogenabhängigkeit und Spielsucht im Vergleich. Heidelberg: Kriminalistik Verlag.

Schneider-Düker, M. (1980) Gruppenpsychotherapie. In W. Wittling (Hrsg.) Handbuch der klinischen Psychologie (S. 165–196). Hamburg: Hoffmann und Campe.

Schuhler, P. (1989) Behandlung von Spielern in einer Fachklinik für psychosomatische und Suchterkrankungen. Praxis der Klinischen Verhaltensmedizin und Rehabilitation, 5, 19–22.

Schulte, W. & Tölle, R. (1977) Psychiatrie. Berlin: Springer.

Schumacher, W. (1981) Die Beurteilung der Schuldfähigkeit bei nicht-stoffgebundenen Abhängigkeiten (Spielleidenschaft, Fetischismen, Hörigkeit). In R. Hamm (Hrsg.), Festschrift für Werner Sarstedt (S. 361–372). Berlin: De Gruyter.

Schumacher, W. (1986) Untersuchungen zur Psychodynamik des abhängigen Spielverhaltens. In W. Feuerlein (Hrsg.), Theorie der Sucht (S. 165–179). Berlin: Springer.

Schürgers, G. & Haustein, J. (1988) Zum Phänomen des exzessiven Spiels an Geldspielautomaten. In Niedersächsische Landesstelle gegen die Suchtgefahren (Hrsg.), Jugend und Süchte – Fachtagung 1987 (S. 182–195). Hamburg: Neuland.

Schütte, F. (1985) Glücksspiel und Narzißmus. Bochum: Brockmeyer.

Schwarz, J. & Lindner, A. (1990) Die stationäre Behandlung pathologischer Glücksspieler. Suchtgefahren, 36, 402–415.

Schwickerath, J. & Engelhardt, W. (1991) Stationäre Verhaltenstherapie bei pathologischen Spielern: Modelldarstellung und Erfahrungsbericht. Verhaltensmedizin, 1, 307–311.

Scodel, A. (1964). Inspirational group therapy: a study of Gamblers Anonymous. American Journal of Psychotherapy, 18, 115–125.

Seager, C.P. (1970) Treatment of compulsive gamblers using electrical aversion. British Journal of Psychiatry, 117, 545–554.

Selvini Palazzoli, M., Boscolo, L., Cecchin, G. & Prata, G. (1981) Hypothetisieren – Zirkularität – Neutralität: Drei Richtlinien für den Leiter der Sitzung. Familiendynamik, 6, 138–147.

Shaffer, H.J. (1989) Conceptual crises in the addictions: the role of models in the field of compulsive gambling. In H.J. Shaffer et al. (Eds.) Compulsive gambling (pp. 3–33). Lexington (USA): Lexington Books.

Shaffer, H.J., Stein, S.A., Gambino, B. & Cummings, T.N. (1989) Compulsive gambling – theory, research and practice. Lexington (USA): Lexington Books.

Sharpe, L. & Tarrier, N. (1992) A cognitive-behavioral treatment approach for problem gambling. Journal of Cognitive Psychotherapy, 6, 193–203.

Simmel, E. (1920) Zur Psychoanalyse des Spielers. Internationale Zeitschrift für Psychoanalyse, 6, 397.

Simon, F.B. (1980) Glücksspiel als narzißtische Restitution. Materialien Psychoanalyse, 6, 25–46.

Simon, F.B. & Stierlin, H. (1984) Die Sprache der Familientherapie: ein Vokabular. Stuttgart: Klett-Cotta.

Skinner, B.F. (1953) Science and human behavior. New York: McMillan.

Smith, J.F. & Abt, V. (1984) Gambling as play. The Annals of the American Academy of Political and Social Science, 474, 122–132.

Solomon, R. (1980) The opponent-process theory of acquired motivation: the costs of pleasure and the benefits of pain. American Psychologist, 35, 691–712.

Sommers, I. (1988) Pathological gambling: estimating prevalence and group characteristics. International Journal of the Addictions, 23, 477–490.

Stekel, W. (1924) The gambler. In J.S. Van Teslaar (Trans-ed.) Peculiarities of behavior (pp. 233–255). New York: Liveright.

Stewart, R.M. & Brown, R.I.F. (1988) An outcome study of Gamblers Anonymous. British Journal of Psychiatry, 152, 284–288.

Stierlin, H. (1982) Dynamische Familientherapie. In R. Bastine, P.A. Fiedler, K. Grawe, S. Schmidtchen & G. Sommer (Hrsg.) Grundbegriffe der Psychotherapie (S. 98–103). Weinheim: Edition Psychologie.

Stiftung Warentest (1983) Spielend gewinnen? Chancen im Vergleich. Berlin: Stiftung Warentest.

Stiftung Warentest (1992) Gefährliches Spiel. Finanztest, 2, 41–45.

Strickland, L.H. & Grote, F.W. (1967) Temporal presentation of winning symbols and slot 5 machine playing. Journal of Experimental Psychology, 74, 10–13.

Strickland, L.H., Lewicki, R.J. & Katz, A.M. (1966) Temporal orientation and perceived control as determinants of risk-taking. Journal of Experimental Social Psychology, 2, 143–151.

Strobl, M. (1991) Auszug aus den EBIS-Statistiken 1988–1990 zum Thema „Spieler". Unveröffentlichtes Datenmaterial für den Workshop „Pathologisches Spielverhalten" der „Deutschen Hauptstelle gegen die Suchtgefahren".

Taber, J.I. (1984) Group psychotherapy with pathological gamblers. In W.R. Eadington (Ed.) The gambling papers. Proceedings of the 1981 conference on gambling. Reno, University of Nevada.

Taber, J.I. (1985) Pathological gambling: The initial screening interview. J Gamb Beh, 1, 23–34.

Taber, J.I. & Chaplin, M.P. (1988) Group psychotherapy with pathological gamblers. Journal of Gambling Behavior, 4, 183–196.

Taber, J.I. & McCormick, R.A. (1987) The pathological gambler in treatment. In T. Galski (Ed.) The Handbook of pathological gambling (pp. 137–168). Springfield: Thomas.

Taber, J.I., McCormick, R.A. & Ramirez, L.F. (1987) The prevalence and impact of major life stressors among pathological gamblers. The International Journal of the Addictions, 22, 71–79.

Taber, J.I., McCormick, R.A., Russo, A.M., Adkins, B.J. & Ramirez, L.F. (1987) Follow up of pathological gamblers after treatment. American Journal of Psychiatry, 144, 757–761.

Taber, J.I., Russo, A.M., Adkins, B.J. & McCormick, R.A. (1986) Ego strength and achievement motivation in pathological gamblers. Journal of Gambling Behavior, 2, 69–80.

Tasseit, S. (1992) Einleitung. In S. Tasseit (Hrsg.), Ambulante Suchttherapie. Möglichkeiten und Grenzen. Geesthacht: Neuland.

Tausch, T. & Tausch, A.-M. (1979) Gesprächs-Psychotherapie. Göttingen: Hogrefe.

Tec, N. (1964) Gambling in Sweden. Totowa (USA): Bedminster Press.

Tepperman, J.H. (1985) The effectiveness of short-term group therapy upon the pathological gambler and wife (pp. 119–130). J Gambl Behav, 1(2).

Thomas, G.J. (1989a) Basiskonzepte in der Arbeit mit Spielern. Medizin, Mensch, Gesellschaft, 14, 150–161.

Thomas, G.J. (1989b) Der Angehörige in der Beratungsarbeit mit Spielern am Beispiel einer ambulanten Ehepaar-Gruppe (S. 71–81). Freiburg, Lambertus.

Thomas, G.J. (1992) Ambulante Suchtkrankenarbeit im Verbund eines Suchtkrankenhauses. In S. Tasseit (Hrsg.), Ambulante Suchttherapie. Möglichkeiten und Grenzen (S. 131–154). Geesthacht: Neuland.

Thompson, W.N. (1991) Machismo: manifestations of a cultural value in the latin american casino. Journal of Gambling Studies, 7, 143–164.

Thompson, W.N. & Pinney, J.K. (1990): The emergence of dutch casinos: a case study of mismarketing. Journal of Gambling Studies 6, 205–221.

Toneatto, T. & Sobell, L.C. (1990) Pathological gambling treated with cognitive behavior therapy: a case report. Addictive Behaviors, 15, 497–501.

Topel, H. (1991) Euphorie und Dysphorie – zur Neurobiologie der Stimmungen und des Suchtverhaltens. Bonn: Nagel.

Törne, I. von, Konstanty, R. (1989) Spielverhalten und Störungsbilder bei Spielern an Geldspielautomaten. Suchtgefahren, 35, 14–34.

Victor, R.G. & Krug, C.M. (1967) Paradoxical intention in the treatment of compulsive gambling. Am J Psychother, 21, 808–814.

Volberg, R.A. (1990) Estimating the prevalence of pathological gambling in the United States. Paper presented at the "Eight International Conference on Risk and Gambling", London.

Volberg, R.A. & Steadman, H.J. (1988) Refining prevalence estimates of pathological gambling. American Journal of Psychiatry, 145, 502–505.

Volberg, R.A. & Steadman, H.J. (1989) Prevalence estimates of pathological gambling in New Jersey and Maryland. American Journal of Psychiatry, 146, 1618–1619.

Vollmoeller, W. (1989) Familientherapeutische Grundkonzepte im Überblick. Prax Psychother Psychosom, 34, 15–21.

Walker, M.B. (1992a) The psychology of gambling. Oxford: Pergamon Press.

Walker, M.B. (1992b) Irrational thinking among slot machine players. Journal of Gambling Studies, 8, 245–261.

Wanke, K. (1985) Normal – abhängig – süchtig: Zur Klärung des Suchtbegriffs. In Deutsche Hauptstelle gegen die Suchtgefahren (Hrsg.), Süchtiges Verhalten – Grenzen und Grauzonen im Alltag (S. 11–22). Hamm: Hoheneck.

Wanke, K. & Täschner, K.-L. (1985) Rauschmittel, Drogen – Medikamente – Alkohol. Stuttgart: Enke.

Watzlawick, P. (1985) Systempathologie – Systemtherapie. In W. Janzarik (Hrsg.), Psychopathologie und Praxis (S. 101–106). Stuttgart: Enke.

Watzlawick, P., Beavin, J.H. & Jackson, D.D. (1974). Menschliche Kommunikation: Formen, Störungen, Paradoxien. Bern, Stuttgart, Wien: Huber.

Weber, A. (1984) Laufen als Behandlungsmethode – eine experimentelle Untersuchung an Alkoholabhängigen in der Klinik. Suchtgefahren, 30, 160–167.

Weber, J. (1987) Sogenannte nicht-stoffgebundene Süchte und ihre forensisch-psychologische Bedeutung. Das Öffentliche Gesundheitswesen, 49, 581–585.

Weinstein, D. & Deitsch, L. (1974) The impact of legalised gambling – the socioeconomic consequences of lotteries and off-track betting. New York: Praeger.

Wikler, A. (1973) Dynamics of drug dependence. Archives of General Psychiatry, 28, 611–616.

Wildman, R.W. (1989) Pathological gambling: Marital-Familial factors, implications, and treatments. Journal of Gambling Behavior, 5(4), 293–301.

Windgassen, K. & Leygraf, N. (1991) Pathologisches Spielen: Entstehungsbedingungen und Behandlung. Deutsches Ärzteblatt, 88, B470–473.

Wittchen, H.-U., Saß, H., Zaudig, M. & Koehler, K. (1989) Diagnostisches und statistisches Manual psychischer Störungen: DSM-III-R. Weinheim: Beltz.

Wlazlo, Z., Hand, I., Klepsch, R., Friedrich, B. & Fischer, M. (1987) Langzeiteffekte multimodaler Verhaltenstherapie bei krankhaftem Glücksspielen, II: Prospektive Katamnese der Hamburger Projekt-Studie. Suchtgefahren, 33, 148–161.

Wolfgang, A.K. (1988) Gambling as a function of gender and sensation seeking. Journal of Gambling Behavior, 4, 71–77.

Wray, I. & Dickerson, M.G. (1981) Cessation of high frequency gamblers and "withdrawal" symptoms. British Journal of Addiction, 76, 401–405.

Wykes, A. (1967) Glücksspiele. München: Moderne Verlagsgesellschaft.

Yalom, I.D. (1989) Theorie und Praxis der Gruppenpsychotherapie. München: Pfeiffer.

Zola, J.K. (1967) Observations on gambling in a lower-class setting. In M.B. Clinard, R. Quinney (Eds.), Criminal behavior systems (pp. 301–309). New York: Holt, Rinehart and Winston.

Zung, W.W.K. (1965) A Self-Rating Depression Scale. Arch. Gen. Psychiat. 12, 63–70.

Zung, W.W.K. (1971) Rating Instrument for Anxiety Disorders. Psychosomatics, 12, 371–379.

14 Namensverzeichnis

15 Sachverzeichnis

Anhang

A. Kontaktadressen

Zentrale Kontaktstelle der GA-Anonymen Spieler
Interessengem. e.V.

Eilbecker Weg 20
22089 Hamburg

Telefon 0 40/2 09 90 09
        0 40/2 09 90 19
Telefondienst: Mo–Fr 19.00–21.00 Uhr

Anschriften von ambulanten Beratungsstellen und „freien" Selbsthilfegruppen für Spieler können Sie bei den folgenden zentralen Verbänden erfahren:

Deutscher Caritasverband

Referat Gefährdetenhilfe
Karlstr. 40
79104 Freiburg

Telefon 07 61/20 03 69

Gesamtverband für Suchtkrankenhilfe im Diakonischen Werk

Brüder-Grimm-Platz 4
34117 Kassel

Telefon 05 61/10 26 38

Deutsche Hauptstelle gegen Suchtgefahren

Westring 2
59065 Hamm

Telefon 0 23 81/2 58 55

B. Stationäre Einrichtungen

Fachkrankenhaus Nordfriesland
Krankenhausweg 3
25821 Bredstedt
Telefon 0 46 71/4 04-0

A K Ochsenzoll
Suchtpsychiatrisches Zentrum H 25
Langenhorner Chaussee 560
22419 Hamburg
Telefon 0 40/5 27 21-6 67

Bernhard-Salzmann-Klinik
Im Füchtei 150
33334 Gütersloh
Telefon 0 52 41/5 02 02

Therapiezentrum Münzesheim
Am Mühlberg
76703 Kraichtal
Telefon 0 72 50/5 71-5 73

Psychosomatische Fachklinik
Münchwies
Turmstraße 50–58
66540 Neunkirchen/Saar
Telefon 0 68 58/6 91-0

Fachkrankenhaus Michaelshof
Dannenfelserstr. 42
67292 Kirchheimbolanden
Telefon 0 63 52/31 16

Poliklinik und Klinik für
Psychiatrie der Universität Münster
Albert-Schweitzer Str. 11
48149 Münster
Telefon 02 51/83 66 76

Klinik Bad Herrenalb
Bernbacher Str. 33
76332 Bad Herrenalb
Telefon 0 70 83/20 71

C. Therapieschritte und Fragestellungen
zur Behandlung pathologischer Glücksspieler
(vgl. Bachmann, 1989)

Motivation/Entzug des Suchtmittels

„Es muß sich etwas ändern"

Fragestellungen

1. Leiden Sie unter Ihrem Glücksspielverhalten?
2. Haben nahestehende Personen unter Ihrem Glücksspiel gelitten?
3. Hat das Spielen noch Spaß gemacht?
4. Was haben Sie bisher unternommen – Behandlungsversuche?
5. Finden andere wichtig, daß Sie eine Therapie machen?
6. Warum wollen Sie zum jetzigen Zeitpunkt eine Therapie machen?
7. Stehen Ihre Familie und der Arbeitgeber hinter Ihnen?
8. Was ist jetzt noch positiv für Sie?
9. Was war der auslösende Anlaß, um eine Therapie zu beginnen?
10. Hat Sie jemand zur Therapie gedrängt?
11. Was erwarten Sie von der Therapie?
12. Haben Sie den Wunsch, mit dem Glücksspiel aufzuhören?

„Ich brauche Hilfe"

Fragestellungen

13. Schaffen Sie es allein, Ihr Spielverhalten zu stoppen?
14. Sind Sie bereit, offen über Ihr Suchtverhalten zu sprechen?
15. Benötigen Sie die Unterstützung der Gruppe, des Therapeuten, die Sucht-
    problematik zu bewältigen?
16. Woran merken Sie, daß Sie Hilfe brauchen und allein mit Ihren Problemen
    nicht fertig werden?
17. Sind Sie schon zu einer Selbsthilfegruppe gegangen?

Krankheitseinsicht

„Ich bin spielsüchtig"

Fragestellungen

18. Haben Sie die Kontrolle über Ihr Glücksspiel verloren?
19. Welche Ausmaße hat Ihr Geldspielverhalten angenommen?
20. Können Sie sich als spielsüchtig akzeptieren?
21. Wann und in welchen Situationen spielen Sie? (morgens, abends, den Tag
    über verteilt)

22. Wie hoch war Ihr Spieleinsatz (pro Tag/Woche/Monat)
23. An welchen Glücksspielen haben Sie sich beteiligt?
24. Spielen Sie heimlich?
25. Fühlen Sie sich von anderen ertappt, wenn Sie spielen?
26. Sind Sie schon einmal von anderen auf Ihr Spielverhalten angesprochen worden? (Ehefrau, Kinder, Arbeitgeber, Umfeld)
27. Gibt es in Ihrem Glücksspielverhalten Regelmäßigkeiten?
28. Haben Sie schon Spielpausen eingelegt?
29. Hatten Sie Entzugserscheinungen?
30. Müssen Sie oft ans Spielen denken, wenn ja, in welchen Situationen?
31. Was geht in Ihnen vor, wenn Sie ans Spielen denken? Haben sie körperliche Beschwerden durch mangelnde Ernährung, hohen Kaffee- und Nikotinmißbrauch?
32. Hat sich Ihr persönliches Umfeld verändert?

„Ich will abstinent leben"

Fragestellungen

33. Was ist für Sie Abstinenz?
34. Können Sie sich vorstellen, für immer abstinent zu leben?
35. Gibt es Menschen, die Sie dabei unterstützen?
36. Wollen Sie eine Selbsthilfegruppe besuchen, um sich immer wieder bewußt zu machen, daß die Suchterkrankung nicht heilbar ist?
37. Wollen Sie bestimmte Gewohnheiten (z.B. exzessives Video/Fernsehen/Computerspiele) verändern, um keinen Rückfall zu provozieren?
38. Können Sie sich vorstellen, wie Ihre Umwelt auf Ihre Abstinenz reagiert?
39. Wie wird die Abstinenz Ihr Leben verändern?
40. Wie sehen bisherige Rückfälle aus?

Psychotherapie der Ursachen

„Welche Ursachen hat die Suchterkrankung?"

Fragestellungen

41. Haben Sie Glücksspielen verstärkt eingesetzt, um Spannungs- und Belastungssituationen besser zu bewältigen – sich zu trösten, zu betäuben oder zu erleichtern?
42. Mangelt es Ihnen an der Fähigkeit, über belastende Gefühle zu sprechen?
43. Mangelt es Ihnen an Selbstvertrauen, alltägliche Probleme zu bewältigen?
44. Haben Sie überhöhte Ansprüche an die eigene Leistungsfähigkeit und Perfektion?
45. Gab es besondere Situationen, in denen Glücksspiel für Sie wichtig war?
46. Hatten Sie ein besonderes Erlebnis, wodurch Sie verstärkt gespielt haben?

47. Wie wurden Konflikte oder Probleme in Ihrer Ursprungsfamilie bewältigt?
48. Wie würden Sie Ihr Befinden beschreiben, wenn Sie gespielt haben?
49. Haben Sie Spielen bewußt als Anregungs- oder Beruhigungsmittel eingesetzt?
50. Füllen Sie Ihr Alleinsein mit Glücksspielen aus?
51. Wie gehen Sie mit Auseinandersetzungen in der Familie und am Arbeitsplatz um?
52. Gibt es Dinge in Ihrem Leben, worüber Sie bisher nicht reden konnten?
53. Können Sie Nähe bzw. Körperkontakt zulassen?
54. Wenn etwas nicht gleich gelingt, behalten Sie Ihre Geduld?
55. Wie reagieren Sie auf Lob?
56. Können Sie mit Kritik umgehen?
57. Was können Sie an sich nicht akzeptieren?
58. Welche Eigenschaften gefallen Ihnen bei anderen besonders und welche bei Ihnen?
59. Gibt es ein Ereignis in Ihrem Leben, von dem Sie annehmen, daß Sie es bisher nicht bewältigt haben?
60. Hat noch jemand in Ihrer Familie Abhängigkeitsprobleme?

Perspektiven nach der Behandlung

Fragestellungen

61. Welche konkreten Persönlichkeitseigenschaften, Verhaltensweisen, Wertvorstellungen und Lebensumstände müssen verändert werden, damit Sie dauerhaft auf das Suchtmittel verzichten können?
62. Was erwartet Sie nach der Therapie hinsichtlich Partnerschaft, Wohnung, Arbeitsplatz, Freunden und Bekannten?
63. Wollen Sie größere Summen Geldes im Hause haben?
64. Sehen Sie für sich eine Chance, zufrieden abstinent leben zu können?
65. Wie reagieren Sie auf das Thema Glücksspiel und auf Fragen an Sie, warum Sie nicht um Geld spielen?

D. Therapievertrag

Ich erkläre mich dazu bereit, während des Klinikaufenthalts zusätzlich zu der Abstinenz von Geld- und Automatenglücksspielen auch auf Spiele mit Würfeln und Karten zu verzichten. Es hat sich gezeigt, daß Karten- und Würfelspiele auch ohne Einsatz ein hohes Rückfallrisiko in altes Glücksspielverhalten bedeuten.

Außerdem verzichte ich auf die Einnahme von Alkohol, nicht verordneten Medikamenten und anderen Drogen.

_____   _____   _____

Ort   Datum   Unterschrift

Springer-Verlag und Umwelt

Als internationaler wissenschaftlicher Verlag sind wir uns unserer besonderen Verpflichtung der Umwelt gegenüber bewußt und beziehen umweltorientierte Grundsätze in Unternehmensentscheidungen mit ein.

Von unseren Geschäftspartnern (Druckereien, Papierfabriken, Verpackungsherstellern usw.) verlangen wir, daß sie sowohl beim Herstellungsprozeß selbst als auch beim Einsatz der zur Verwendung kommenden Materialien ökologische Gesichtspunkte berücksichtigen.

Das für dieses Buch verwendete Papier ist aus chlorfrei bzw. chlorarm hergestelltem Zellstoff gefertigt und im pH-Wert neutral.